문일 변호사
쓸수 있는 행정쟁송법
공인노무사 **동차합격**

문일 변호사

쓸수 있는 **행정쟁송법**

문일 변호사 쓸수있는 행정쟁송법

부지런히 메모해라.

손을 믿어라

쉬지 말고 적어라.

기억은 흐려지고 생각은 사라진다.

다산 정약용

머리를 믿지 말고 손을 믿어라.

메모는 생각의 실마리다.

습관처럼 적고 본능으로 기록해라.

메모가 있어야 기억이 복원된다.

THEME 01

행정상 법률관계   18

- Ⅰ. 행정상 법률관계의 개념   18
- Ⅱ. 행정상 법률관계의 종류   18
    1. 행정조직법적 관계   18
    2. 행정작용법적 관계   18

THEME 02

행정법관계의 당사자   21

- Ⅰ. 행정주체   21
    1. 의의   21
    2. 행정기관 내지 행정청과의 구별   21
    3. 항고소송에서 피고적격으로서의 처분청   22
- Ⅱ. 행정주체의 종류   22
    1. 국가   22
    2. 공공단체   22
    3. 공무수탁사인   22

THEME 03

피고적격   24

- Ⅰ. 서설   24
- Ⅱ. 행정청의 종류   24
- Ⅲ. 처분청의 예외   25
    1. 승계청   25
    2. 국가 등 행정주체   25
    3. 소속장관(대통령의 공무원에 대한 징계 등 인사상 불이익한 처분)   25
- Ⅳ. 개별적 검토   26
    1. 권한의 위임·위탁   26
    2. 내부위임   26
    3. 대리   27
    4. 지방의회의 의결   27
    5. 행정심판의 재결   28

THEME 04

피고경정   29

- Ⅰ. 의의 및 취지   29
- Ⅱ. 구체적 유형   29
    1. 원고가 피고를 잘못 지정한 때   29
    2. 권한승계 등의 경우   30
    3. 소의 변경이 있는 때   30
- Ⅲ. 피고경정의 요건(법제14조제1항)   30
    1. 사실심 변론종결 전일 것   30
    2. 피고의 동의여부   30
- Ⅳ. 피고경정의 절차   31
- Ⅴ. 피고경정의 효과   31
- Ⅵ. 법원의 석명의무   31
- ▶ 사례연습   32

THEME 05

헌법상 기본권 및 헌법원칙   37

- Ⅰ. 헌법상 기본권   37
- Ⅱ. 행정법의 일반원칙(=불문헌법=조리)   38
    1. 비례의 원칙   38
    2. 평등원칙   38
    3. 신뢰보호의 원칙   38
    4. 부당결부금지의 원칙   38

THEME 06

강학상 행정행위(≦처분 등)   39
- Ⅰ. 행정행위의 관념   39
- Ⅱ. 강학상(학문상) 행정행위의 요소   39
  1. '행정청'의 행위   39
  2. 권력적 단독행위   40
  3. 구체적 사실에 관한 법집행행위   40
  4. 법적 행위(법률행위)   40
  5. 거부행위   40
- Ⅲ. 행정행위의 효과에 따른 수익적·침익적·복효적 행정행위   41
  1. 수익적 행정행위와 침익적 행정행위의 구별 필요성   41
  2. 복효적 행정행위   41
- Ⅳ. 기속행위와 재량행위   41
  1. 강학상 허가   41
  2. 강학상 특허   42
  3. 구별의 필요성   42
- Ⅴ. 재량권의 한계   42
  1. 재량권의 일탈   43
  2. 재량권의 남용   43

THEME 07

원고적격   44
- Ⅰ. 당사자능력   44
- Ⅱ. 원고적격   44
  1. 의의   44
  2. 법률상 이익의 의미   44
  3. '법률'의 범위   45
  4. '자'의 의미(당사자능력)   45
  5. 원고적격의 구체적 검토   47
- ▶ 사례연습   51

THEME 08

행정입법   57
- **제1항 개설**   57
- **제2항 법규명령**   57
  - Ⅰ. 의의   57
  - Ⅱ. 법규명령의 종류   57
    1. 대통령령   57
    2. 총리령·부령   57
    3. 명령·규칙의 항고소송 대상여부   57
    4. 행정입법부작위(행정입법권의 불행사로 인한 침해 구제)   58
- **제3항 행정규칙**   59
  - Ⅰ. 의의   59
  - Ⅱ. 법규성 유무   59
  - Ⅲ. 고시   59
    1. 개념   59
    2. 일반처분적 고시   59

THEME 09

행정행위의 종류   61
- Ⅰ. 하명   61
- Ⅱ. 허가   61
  1. 의의   61
  2. 기속행위   61
  3. 허가의 갱신 및 소멸   61
- Ⅲ. 특허   62
  1. 의의   62
  2. 재량행위   62
- Ⅳ. 인가   62
  1. 의의   62
  2. 쟁송대상   63

V. 확인	63
1. 의의	63
2. 성질 및 형식	63
VI. 공증	63
1. 의의	63
2. 종류	64
VII. 통지	64
1. 의의	64
2. 종류	64
VIII. 수리	65

THEME 10

다단계 행정결정   66

I. 확약	66
1. 의의	66
2. 확약의 처분성	66
3. 권리구제	66
II. 부분허가	66
1. 의의	66
2. 법적 성질	66
3. 권리구제	67
III. 가행정행위	67
1. 의의	67
2. 법적 성질	67
3. 권리구제	68

THEME 11

행정행위의 성립(적법)요건 및 효력발생요건   69

I. 성립(적법)요건(주체, 내용, 형식, 절차)	69
1. 주체에 관한 요건	69
2. 내용에 관한 요건	69
3. 형식에 관한 요건	69
4. 절차에 관한 요건	69
II. 효력발생요건	70
1. 서설	70
2. 통지의 방법	70
3. 도달주의	71

THEME 12

행정행위의 하자   73

I. 서설	73
II. 처분의 하자 즉 위법성 판단시점	73
III. 무효와 취소의 구별	73
1. 구별의 필요성	73
2. 무효와 취소의 구별기준	74

THEME 13

행정행위의 특징   75

I. 실체적 구속력	75
II. 공정력(구성요건적 효력)	75
1. 의의	75
2. 한계	75
III. 불가쟁력	75

THEME 14

행정행위의 폐지 및 실효   76

I. 행정행위의 취소	76
1. 쟁송취소와 직권취소의 구별	76
2. 취소사유의 존재와 취소신청권과의 관계	76

Ⅱ. 행정행위의 철회 76
Ⅲ. 행정행위의 실효 76

THEME 15

공법상 부당이득반환청구권 77

Ⅰ. 부당이득의 의의 77
Ⅱ. 부당이득반환청구권의 성질 77
   1. 학설 77
   2. 판례 77
   3. 검토 77

THEME 16

국가배상청구권 78

Ⅰ. 공무원 78
Ⅱ. 공의 직무를 집행하면서 78
Ⅲ. 고의 또는 과실 78
   1. 의의 78
   2. 항고소송에서 처분이 취소된 경우 공무원의 과실 78
Ⅳ. 법령을 위반하여(위법) 79
Ⅴ. 타인에게 손해발생 79
Ⅵ. 국가배상청구권의 성질 79
   1. 학설 79
   2. 판례 79
   3. 검토 79

THEME 17

구성요건적 효력과 선결문제 80

Ⅰ. 행정행위의 위법성 판단이 민·형사법원의 선결문제인 경우 80
   1. 학설 80
   2. 판례 80
   3. 검토 80
Ⅱ. 민사법원이 처분의 효력을 부인할 수 있는지 여부 81
Ⅲ. 형사법원이 처분의 효력을 부인할 수 있는지 여부 81
   1. 학설 81
   2. 판례 81
   3. 검토 81
Ⅳ. 행정행위가 당연무효인 경우가 민·형사법원의 선결문제인 경우 81
▶ 사례연습 83

THEME 18

행정상 사실행위 88

Ⅰ. 의의 88
Ⅱ. 권력적 사실행위의 처분성 88
Ⅲ. 행정지도(비권력적 사실행위) 89
   1. 의의 89
   2. 행정지도(비권력적 사실행위)의 처분성 89

THEME 19

공법상 계약 90

Ⅰ. 의의 90
Ⅱ. 행정소송법상 특색 90

THEME 20

법무부 행정소송법 개정안 … 91

- I. 국민의 권익구제 확대를 위한 소송제도 개선 … 91
  - 가. 의무이행소송 도입 … 91
  - 나. 원고적격 확대 … 91
- II. 사전 권리구제절차의 정비 … 91
  - 가. 집행정지 요건 완화 … 91
  - 나. 가처분제도 도입 … 91
- III. 이용하기 쉬운 행정소송 제도 마련 … 92
  - 가. 소의 변경·이송의 허용범위 확대 … 92
  - 나. 관할지정제도 도입 … 92
  - 다. 제3자 소제기 사실 통지제도 신설 … 92
  - 라. 결과제거의무 규정 신설 … 92

THEME 21

무명항고소송 인정여부 … 93

- ▶ 사례연습 … 96

THEME 22

취소소송의 소송물 … 101

- I. 의의 및 성질 … 101
- II. 취소소송의 소송물 … 101
  - 1. 문제의 소재 … 101
  - 2. 학설 … 101
  - 3. 판례 … 102
  - 4. 검토 … 102
- III. 취소소송의 소송요건 (원, 피, 대, 기, 판, 익, 관) … 102

THEME 23

관련청구의 이송 및 병합 … 103

- I. 관련청구의 이송 … 103
  - 1. 의의 및 제도의 취지 … 103
  - 2. 관련청구의 범위 … 103
  - 3. 관련청구의 이송요건 … 104
  - 4. 이송의 효과 … 104
- II. 관련청구의 병합 … 104
  - 1. 의의 … 104
  - 2. 병합의 요건 … 104
  - 3. 병합의 종류 … 105
  - 4. 원시적 병합과 추가적(후발적) 병합 … 105
  - 5. 관할법원 … 105
- III. 이송 및 병합된 민사사건의 적용법규 … 105
- IV. 관련청구에 대한 판례 … 106
  - 1. 주된 청구가 부적법 각하된 경우 … 106
  - 2. 병합된 부당이득반환청구가 인용되기 위하여 당해 처분의 취소판결의 확정을 요하는 지 여부 … 106
- ▶ 사례연습 … 107

THEME 24

소송참가 … 112

- I. 소송참가 … 112
- II. 제3자의 소송참가 (공동소송적 보조참가) … 113
  - 1. 의의 … 113
  - 2. 참가요건(법률상의 이해관계) … 113
  - 3. 참가의 절차 … 114
  - 4. 참가인의 지위 … 114

Ⅲ. 다른 행정청의 소송참가(단순보조참가) 114
   1. 의의 및 취지 115
   2. 요건 115
   3. 절차 115
   4. 참가인의 지위 115
Ⅳ. 제3자의 재심청구 115
▶ 사례연습 116

THEME 25
취소소송과 행정심판과의 관계 121
Ⅰ. 원칙 : 임의적 행정심판전치주의 121
Ⅱ. 예외 : 필요적 행정심판전치주의 121
Ⅲ. 행정심판전치의 충족요건 122
Ⅳ. 필요적 행정심판전치의 적용범위 122
   1. 원칙 122
   2. 무효선언을 구하는 의미의 취소소송에의 적용여부 122
Ⅴ. 필요적 행정심판전치의 완화 123
Ⅵ. 필요적 행정심판전치주의의 예외 123
   1. 행정심판의 재결을 거치지 않고 제소할 수 있는 경우 123
   2. 행정심판을 제기함이 없이 제소할 수 있는 경우 123
▶ 사례연습 124

THEME 26
취소소송의 대상 127
Ⅰ. 처분의 의의(or 인정요건) 127
Ⅱ. 처분성 인정 요건 127
   1. 행정청의 행위일 것 127
   2. 구체적 사실에 관한 행위 128
   3. 법집행행위 128
   4. 공권력의 행사 129
Ⅲ. 그 밖에 이에 준하는 행정작용 129
   1. 문제의 소재 129
   2. 학설 129
   3. 판례 129
   4. 검토 129
Ⅳ. 처분성 유무의 판단방법 131
Ⅴ. 원처분 후 행정청이 직권으로 증액 또는 감액의 변경처분을 한 경우 131
   1. 문제의 소재 131
   2. 학설 131
   3. 판례 131
   4. 검토 132
Ⅵ. 원처분 후 소폭의 변경처분이 있는 경우에 항고소송의 대상 133
▶ 사례연습 134

THEME 27
거부처분 138
Ⅰ. 거부행위가 처분이 되기 위하여 신청권이 필요한지(대상적격) 138
   1. 학설 138
   2. 판례 138
   3. 검토 (대상적격설) 138
Ⅱ. 신청권의 종류 138
   1. 행정개입청구권 138
   2. 무하자재량행사청구권 139
▶ 사례연습 142

THEME 28

원처분주의와 재결주의 148

- I. 재결 148
  1. 의의 148
  2. 원처분주의와 재결주의 148
  3. 행정소송법은 원처분주의 채택 148
  4. 재결 자체의 고유한 위법 148
  5. 행정심판의 공통적인 재결의 경우 소송의 대상 149
  6. 취소심판의 인용재결의 경우 소송의 대상 149
  7. 교원징계의 경우(원처분주의) 151
- II. 개별법상 재결주의를 채택하고 있는 경우 151
  1. 감사원의 재심의판정 151
  2. 중앙노동위원회의 재심판정 151
  3. 특허심판원의 심결 152
  ▶ 사례연습 153

THEME 29

부당해고 등에 대한 구제절차 155

- I. 지방노동위원회의 처분 155
- II. 중앙노동위원회의 재심 155
- III. 행정소송의 특징 155
  1. 절차 155
  2. 특징 155
  ▶ 사례연습 157

THEME 30

제소기간 161

- I. 행정심판을 거치지 않은 경우 161
  1. 처분등이 있음을 '안 날'로부터 '90일' 161
  2. 처분이 있은 날로부터 1년 162
  3. 90일과 1년의 관계 163
- II. 행정심판을 거친 경우 163
- III. 기타 항고소송의 제소기간 163
  1. 무효등 확인소송 163
  2. 부작위위법확인소송 163

THEME 31

소의 이익(권리보호의 필요성) 164

- I. 서설 164
- II. 원칙 164
- III. 예외 164
  1. 행정소송법 제12조제2문의 법률상 이익의 의미 164
  2. 회복되는 법률상 이익의 범위 164
- IV. 구체적 검토 165
  1. 제재적 처분이 장래 처분의 가중요건인 경우 165
  2. 위법한 처분의 반복위험성이 있는 경우 165
  3. 원상회복이 불가능한 경우 167
  4. 명예·신용 등의 회복 167
  5. 경원자소송의 경우 168
  6. 직위해제 168
  ▶ 사례연습 169

THEME 32

공무원에 대한 징계 등에 대한 구제절차 171

- I. 법률상 공무원의 징계처분 171

1. 파면 171
2. 해임 171
3. 강등 171
4. 정직 171
5. 감봉 171
6. 견책 171
II. 기타 불이익처분 171
  1. 불문경고조치 171
  2. 직위해제 172
III. 징계 기타 불이익한 처분에 대한 구제절차 173
  1. 소청심사의 의의 173
  2. 행정소송 173
▶ 사례연습 174

THEME 33

집행정지 및 민사집행법상 가처분 준용여부 177

I. 집행부정지의 원칙 178
II. 취소소송과 가(假)구제 178
III. 집행정지제도 178
  1. 집행정지의 요건 178
  2. 집행정지의 절차 180
  3. 소명책임 180
  4. 신청인적격 180
  5. 집행정지결정의 종류 180
  6. 집행정지결정의 효력 181
  7. 집행정지결정의 취소 182
  8. 집행정지결정에 대한 불복 및 불복사유 182
  9. 거부처분에 대한 집행정지결정의 이익 유무 182

IV. 민사집행법상 가처분규정의 준용여부 183
  1. 의의 및 문제의 소재 183
  2. 학설 183
  3. 판례 184
  4. 검토 184
▶ 사례연습 185

THEME 34

취소소송의 심리 190

I. 서설 190
II. 심리의 내용 190
  1. 요건심리 190
  2. 본안심리 190
III. 심리의 범위 190
IV. 심리에 관한 원칙들 191
  1. 원고의 처분권주의 191
  2. 변론주의·직권탐지주의 191
  3. 직권심리주의 191
  4. 제26조에 따른 법원의 직권증거조사의 범위 191
  5. 행정심판기록제출명령 192
  6. 구술심리주의 및 공개주의 192
V. 주장책임과 입증책임 192
  1. 주장책임 192
  2. 입증책임 192
VI. 위법성 판단의 기준시 194
  1. 위법성 판단의 기준시로서의 처분시의 의미 194
  2. 법령 및 사실상태가 변경된 경우 194
  3. 거부처분 이후 법령 및 사실상태가 변경된 경우 194
▶ 사례연습 196

THEME 35

소송계속 중 처분사유의 추가 및 변경 허용여부　198

- Ⅰ. 의의　198
- Ⅱ. 허용여부　198
  - 1. 문제의 소재　198
  - 2. 학설　198
  - 3. 판례　198
  - 4. 검토　198
- Ⅲ. 기본적 사실관계의 동일성 판단기준　199
  - 1. 시간적 기준　199
  - 2. 객관적 기준　199
- Ⅳ. 이의신청 및 행정심판의 경우　200
  - 1. 행정심판의 경우　200
  - 2. 이의신청의 경우　200
- ▶ 사례연습　201

THEME 36

취소소송의 판결　206

- Ⅰ. 취소소송의 판결　206
- Ⅱ. 소송판결(각하판결)·본안판결　206
- Ⅲ. 종국판결의 내용　206
  - 1. 각하판결　206
  - 2. 인용판결　206
  - 3. 일부인용판결　206
  - 4. 기각판결　207
  - 5. 사정판결(후술)　207
- ▶ 사례연습　208

THEME 37

부관부 행정행위　210

- Ⅰ. 서설　210
- Ⅱ. 부관의 필요성과 문제점　210
- Ⅲ. 부관의 종류　210
  - 1. 조건　210
  - 2. 기한　210
  - 3. 부담　210
- Ⅳ. 부관의 하자 및 쟁송방법　211
  - 1. 부관만의 독립쟁송가능성 및 쟁송형태　211
  - 2. 부관만의 독립취소가능성　211
- ▶ 사례연습　213

THEME 38

취소소송의 판결의 효력　216

- Ⅰ. 취소판결의 형성력　217
  - 1. 의의　217
  - 2. 취소판결의 제3자효(대세효)　217
  - 3. 소급효　217
- Ⅱ. 취소판결의 기속력　218
  - 1. 의의　218
  - 2. 기판력과 기속력의 관계 (기속력의 성질)　218
  - 3. 기속력의 범위　218
  - 4. 기속력의 내용　218
  - 5. 기속력 위반의 효과　219
  - 6. 구체적 검토　219
- Ⅲ. 기판력　220
  - 1. 의의　220
  - 2. 취지 및 내용　220
  - 3. 기판력의 효력 범위　220

  4. 취소소송 확정판결의 기판력이 국가배상
   청구소송에 미치는지 여부   221
  5. 기판력의 조사   222
▶ 사례연습   223

THEME 39

사정판결   233

Ⅰ. 의의   233
Ⅱ. 요건   233
  1. 원고의 청구가 이유있을 것   233
  2. 처분등을 취소하는 것이 현저히
   공공복리에 적합하지 않을 것   233
  3. 사정조사   234
Ⅲ. 처분의 위법성과 사정판결 필요성
  판단의 기준시   234
Ⅳ. 사정판결 필요성의 주장·입증의 책임
    234
Ⅴ. 사정판결의 효과   235
Ⅵ. 법원의 직권가능여부   235
  1. 문제의 소재   235
  2. 학설   235
  3. 판례   235
  4. 검토   235
Ⅶ. 무효등확인소송에 인정여부   235
  1. 문제의 소재   235
  2. 학설   236
  3. 판례   236
  4. 검토   236
▶ 사례연습   237

THEME 40

제3자의 재심청구   239

Ⅰ. 의의   239
Ⅱ. 요건   239
  1. 취소판결의 확정   239
  2. 권리 또는 이익의 침해를 받은 제3자
    239
  3. 자신에게 책임없는 사유로 참가하지
   못했을 것   239
Ⅲ. 청구기간   240
▶ 사례연습   241

THEME 41

거부처분취소판결의 간접강제   243

Ⅰ. 의의 및 취지   243
Ⅱ. 요건   243
Ⅲ. 절차   244
Ⅳ. 배상금의 성질   244
Ⅴ. 인정범위   244
  1. 부작위법확인소송의 경우   244
  2. 무효등 확인소송의 경우   245
▶ 사례연습   246

THEME 42

무효등 확인소송   248

Ⅰ. 서설   248
Ⅱ. 적용법규   249
Ⅲ. 소송요건   249
  1. 원고적격   249
  2. 피고적격   249

3. 소송의 대상 249
 4. 제소기간 249
 5. 필요적 행정심판전치주의 적용 여부 249
 6. 권리보호의 필요 249
 7. 확인의 이익과 확인소송의 보충성 250
Ⅳ. 소송의 심리 251
 1. 주장책임과 입증책임 251
 2. 위법성 판단의 기준시 251
▶ 사례연습 252

THEME 43
취소소송과 무효등 확인소송의 관계 256
Ⅰ. 무효사유에 해당하는 처분에 대해
 취소소송을 제기한 경우(무효선언적
 의미의 취소소송) 256
Ⅱ. 취소사유에 해당하는 처분에 대해
 무효확인소송을 제기한 경우 256
 1. 취소소송의 제기요건을 갖추지
  못한 경우 256
 2. 취소소송의 제기요건을 갖춘 경우 256

THEME 44
부작위위법확인소송 258
Ⅰ. 서설 258
Ⅱ. 적용법규 258
Ⅲ. 소송요건 259
 1. 원고적격 259
 2. 피고적격 259
 3. 소송의 대상(위법한 부작위의 성립요건) 259
 4. 제소기간 260

 5. 필요적 행정심판전치주의 260
 6. 소의 이익 260
Ⅳ. 소송의 심리 260
 1. 심리의 범위 260
 2. 입증책임 261
 3. 위법성 판단의 기준시 261
Ⅴ. 간접강제 261
▶ 사례연습 262

THEME 45
당사자소송 267
Ⅰ. 서설 267
Ⅱ. 당사자소송의 종류 267
 1. 실질적 당사자소송 267
 2. 형식적 당사자소송 269
Ⅲ. 소송요건 270
 1. 당사자 및 관계인 270
 2. 피고적격 271
Ⅳ. 당사자소송에의 민사집행법상 가처분
 준용 271
Ⅴ. 당사자소송의 소의 이익 271
▶ 사례연습 272

THEME 46
소의 변경 275
Ⅰ. 의의 및 취지 275
Ⅱ. 행정소송법상 소의 변경 275
 1. 소 종류의 변경 275
 2. 처분변경으로 인한 소의 변경 277
Ⅲ. 행정소송과 민사소송간의 변경 278
 1. 문제의 소재 278

2. 학설	278		2. 위법 내지 부당의 판단기준시	296
3. 판례	278		3. 인용재결내용의 구분	296
4. 검토	278		4. 처분재결과 처분명령재결의 우선순위의 문제	297
▶ 사례연습	279		▶ 사례연습	298

THEME 47
민중소송 및 기관소송   283

- Ⅰ. 민중소송   283
  - 1. 공직선거법상의 선거소송·당선소송   284
  - 2. 지방자치법상 주민소송   284
- Ⅱ. 기관소송   285
- ▶ 사례연습   286

THEME 48
행정심판 개관   289

- Ⅰ. 행정심판의 관념   289
- Ⅱ. 구별제도   290
  - 1. 행정소송   290
  - 2. 이의신청   290

THEME 49
의무이행심판   295

- Ⅰ. 의의 및 취지   295
- Ⅱ. 성질   295
- Ⅲ. 심판청구요건   295
  - 1. 청구인적격   295
  - 2. 피청구인적격   295
  - 3. 대상적격 및 청구기간   296
- Ⅳ. 인용재결의 종류   296
  - 1. 의의 및 성질   296

THEME 50
청구인적격   300

- Ⅰ. 청구인적격   300
- Ⅱ. 행정심판법상 청구인적격에 관한 입법론적 문제점   300
  - 1. 문제의 소재   300
  - 2. 학설   300
  - 3. 검토   300
- ▶ 사례연습   301

THEME 51
행정심판위원회   305

THEME 52
행정심판 청구기간   306

- Ⅰ. 서설   306
- Ⅱ. 심판청구기간   306
- Ⅲ. 제3자효 행정행위와 심판청구기간   307
- Ⅳ. 불고지·오고지의 경우   307
  - 1. 불고지의 효과   307
  - 2. 오고지의 효과   307

THEME 53
행정심판의 고지제도   **308**

- Ⅰ. 고지의 의의 및 성질   308
- Ⅱ. 고지의 종류   309
  1. 직권에 의한 고지(법제58조 제1항)   309
  2. 청구에 의한 고지(법제58조 제2항)   309
- Ⅲ. 고지의무위반의 효과   309
  1. 불고지의 효과   309
  2. 오고지의 효과   309
  3. 행정심판전치의 불요   310
- Ⅳ. 고지의 하자와 처분의 효력   310
  - ▶ 사례연습   311

THEME 54
행정심판법상 집행정지   **314**

THEME 55
임시처분   **315**

- Ⅰ. 의의   315
- Ⅱ. 요건   315
- Ⅲ. 절차   315
- Ⅳ. 보충성   315
  - ▶ 사례연습   316

THEME 56
행정심판의 재결의 종류   **318**

- Ⅰ. 각하재결   318
- Ⅱ. 기각재결   319
- Ⅲ. 사정재결   319
- Ⅳ. 인용재결   319
  1. 취소심판   319
  2. 무효등 확인심판   319
  3. 의무이행심판의 재결   319

THEME 57
재결의 효력   **320**

- Ⅰ. 인용재결의 특수한 효력   320
  1. 형성력   320
  2. 인용재결의 기속력   320
- Ⅱ. 거부처분취소재결에 따른 재처분의무 인정여부(행정심판법 개정 전 논의)   322
  1. 문제의 소재   322
  2. 학설   322
  3. 판례   322
  4. 검토   322

THEME 58
위원회의 직접처분   **323**

- Ⅰ. 의의 및 취지   323
- Ⅱ. 요건   323
  1. 적극적 요건   323
  2. 소극적 요건   323
- Ⅲ. 직접처분에 대한 불복   324
  1. 제3자의 불복   324
  2. 자치사무에 대한 직접처분의 경우   324
- Ⅳ. 직접처분에 따른 행정청의 후속조치   324

THEME 59

위원회의 간접강제 325
- ▶ 사례연습 326

THEME 60

재결에 대한 불복 330
- Ⅰ. 재심판청구의 금지 330
- Ⅱ. 재결에 대한 행정소송 330
- Ⅲ. 인용재결(또는 직접처분)에 대한 피청구인의 불복허용여부 330
  - 1. 문제의 소재 330
  - 2. 학설 330
  - 3. 판례 331
  - 4. 검토 331
- ▶ 사례연습 332

THEME 61

행정심판법상 조정 334
- Ⅰ. 의의 및 한계 334
- Ⅱ. 절차 334
- Ⅲ. 성립 334
- Ⅳ. 효력 334

THEME 62

하자의 승계 335
- Ⅰ. 서설 335
- Ⅱ. 논의의 전제 335
  - 1. 선행정행위와 후행정행위 모두 처분일 것 335
  - 2. 선행정행위의 취소사유 335
  - 3. 선행정행위에 불가쟁력이 발생하였을 것 335
  - 4. 후행정행위는 적법할 것 335
- Ⅲ. 하자승계의 인정범위에 관한 기준 336
  - 1. 학설 336
  - 2. 판례 (원칙 : 하자의 승계론) 336
- ▶ 사례연습 338

부록 법전

- ▶ 행정소송법 342
- ▶ 행정심판법 351

THEME 01 행정상 법률관계

I. 행정상 법률관계의 개념

법률관계란 법률에 의하여 규율되는 생활관계를 의미하는 것으로서 권리·의무를 주된 내용으로 한다.

II. 행정상 법률관계의 종류

1 행정조직법적 관계

1) 행정주체 상호 간의 관계
국가와 지방자치단체의 관계, 지방자치단체 상호 간의 관계 등이 이에 해당한다.

2) 행정조직 내부관계
상·하급관청 또는 대등관청 상호 간의 관계, 국가기관의 장과 지방자치단체의 장의 관계 등을 말한다. 권리와 의무가 아닌 행정기관 간의 권한에 의한 관계이다.

2 행정작용법적 관계

1) 공법관계

① 권력관계

국가 등 행정주체가 국민과의 관계에서 공권력의 주체로서 우월한 지위가 인정되고, 일방적인 행위(행정행위 내지 처분 등)에 의하여 국민의 권리·의무를 발생, 변경, 소멸시킬 수 있는 관계를 말한다. 주의할 것은 행정청이 국민보다 본래적으로 우월한 지위가 있다는 것은 실질적 법치국가에서 인정될 수 없다. 우월한 지위는 공익달성을 위하여 헌법 내지 국회가 제정한 법률에 근거가 있어야만 인정된다. 행정처분은 행정소송 중 항고소송의 대상이다.

> 국가인권위원회의 성희롱결정과 이에 따른 시정조치의 권고(행정지도 X)는 불가분의 일체로 행하여지는 것인데 국가인권위원회의 이러한 결정과 시정조치의 권고는 성희롱 행위자로 결정된 자의 인격권에 영향을 미침과 동시에 공공기관의 장 또는 사용자에게 일정한 법률상의 의무를 부담시키는 것이므로 국가인권위원회의 성희롱결정 및 시정조치 권고는 행정소송(항고소송)의 대상이 되는 행정처분에 해당한다고 보지 않을 수 없다(대판 2005두487).

공무원 대한 법률상 징계처분(항고소송의 대상)

1. 파면
파면이란 공무원의 신분을 박탈하여 공무원관계를 배제하는 징계처분이다.

2. 해임
해임이란 파면과 같이 공무원신분을 박탈하여 공무원관계를 배제하는 징계처분이다. 퇴직급여·퇴직수당의 감액이 없다는 점에서 파면과 다르다.

3. 강등
강등은 1계급 아래로 직급을 내리고, 공무원신분은 보유하나 3개월간 직무에 종사하지 못하며 그 기간 중 보수는 전액을 감한다.

4. 정직
정직이란 공무원의 신분을 보유하되 일정기간 직무에 종사하지 못하게 하는 징계처분이다. 정직기간은 1월 이상 3월 이하이며, 이 기간 중에 보수의 3분의 2를 감한다.

5. 감봉
감봉이란 1월 이상 3월 이하의 기간 동안 보수의 3분의 1을 감하는 징계처분이다.

6. 견책
견책이란 전과에 대하여 훈계하고 회개하게 하는 징계처분이다.

② 비권력적 관계

비권력적 관계에서는 행정주체와 국민 간의 관계가 대등한 지위에 놓이는 바, 국가 등 행정주체가 국민과 공법상 계약을 체결하는 경우 또는 공법상 금전청구권을 행사하는 경우가 대표적인 예이다. 행정소송 중 당사자소송의 대상이 된다.

1. 전문계약직공무원인 공중보건의사(서울시립무용단원)의 채용계약 해지의 의사표시는 일반공무원에 대한 징계처분과는 달라서 항고소송의 대상이 되는 처분 등의 성격을 가진 것으로 인정되지 아니하고, 일정한 사유가 있을 때에 관할 도지사가 채용계약 관계의 한쪽 당사자로서 대등한 지위에서 행하는 의사표시로 취급하고 있는 것으로 이해되므로, 공중보건의사 채용계약 해지의 의사표시에 대하여는 대등한 당사자 간의 소송형식인 공법상의 당사자소송으로 그 의사표시의 무효확인을 청구할 수 있는 것이다(대판 95누10617).

2. 현행 실정법이 지방직공무원 채용계약 해지의 의사표시를 일반 공무원에 대한 징계처분과는 달리 항고소송의 대상이 되는 처분등의 성격을 가진 것으로 인정하지 아니하고, 지방자치단체가 채용계약관계의 한쪽 당사자로서 대등한 지위에서 행하는 의사표시로 취급하고 있는 것으로 이해되므로, 지방직공무원 채용계약 해지의 의사표시에 대하여는 대등한 당사자 간의 소송형식인 공법상 당사자소송으로 그 의사표시의 무효확인을 청구할 수 있다(대판 92누4611).

3. 서울특별시립무용단원의 공연 등 활동은 지방문화 및 예술을 진흥시키고자 하는 서울특별시의 공공적 업무수행의 일환으로 이루어진다고 해석될 뿐 아니라, 단원으로 위촉되기 위하여는 일정한 능력요건과 자격요건을 요하고, 계속적인 재위촉이 사실상 보장되며, 공무원연금법에 따른 연금을 지급받고, 단원의 복무규율이 정해져 있으며, 정년제가 인정되고, 일정한 해촉사유가 있는 경우에만 해촉되는 등 서울특별시립무용단원이 가지는 지위가 공무원과 유사한 것이라면, 서울특별시립무용단 단원의 위촉은 공법상의 계약이라고 할 것이고, 따라서 그 단원의 해촉에 대하여는 공법상의 당사자소송으로 그 무효확인을 청구할 수 있다(대판 95누4636).

4. 지방계약직공무원인 이 사건 옴부즈만 채용행위는 공법상 대등한 당사자 사이의 의사표시의 합치로 성립하는 공법상 계약에 해당한다. 이와 같이 이 사건 옴부즈만 채용행위가 공법상 계약에 해당하는 이상 원고의 채용계약 청약에 대응한 피고의 '승낙의 의사표시'가 대등한 당사자로서의 의사표시인 것과 마찬가지로 그 청약에 대하여 '승낙을 거절하는 의사표시' 역시 행정청이 대등한 당사자의 지위에서 하는 의사표시라고 보는 것이 타당하고, 그 채용계약에 따라 담당할 직무의 내용에 고도의 공공성이 있다거나 원고가 그 채용과정에서 최종합격자로 공고되어 채용계약 성립에 관한 강한 기대나 신뢰를 가지게 되었다는 사정만으로 이를 행정청이 우월한 지위에서 행하는 공권력의 행사로서 행정처분에 해당한다고 볼 수는 없다(대판 2013두6244).

2) 국고관계(행정상 사법관계)

국고관계란 행정주체가 사법상 재산권의 주체로서 국민과 대등한 지위에서 사익을 추구하기 위하여 맺는 법률관계이다. 예컨대 국유일반재산의 매매, 임대차, 대부계약, 물품구매, 건축공사도급계약 등은 사법관계에 해당하고 민사소송의 대상이 된다.

1. 공무원및사립학교교직원의료보험법 등 관계법령의 규정내용에 비추어 보면, 공무원및사립학교교직원의료보험관리공단 직원의 근무관계는 공법관계가 아니라 사법관계이다(대판 93누15212).

2. 서울지하철공사가 소속직원에 대하여 징계처분을 한 경우에, 그 징계처분의 취소를 구하는 소송은 민사소송에 의할 것이지 행정소송에 의할 수는 없다(대판 89누2103).

3. 사립학교 교원은 학교법인 또는 사립학교 경영자에 의하여 임면되는 것으로서 사립학교 교원과 학교법인의 관계를 공법상의 권력관계라고는 볼 수 없으므로 사립학교 교원에 대한 학교법인의 해임처분을 취소소송의 대상이 되는 행정청의 처분으로 볼 수 없고, 따라서 학교법인을 상대로 한 불복은 행정소송에 의할 수 없고 민사소송절차에 의할 것이다(대판 92누13707).

4. 행정소송의 대상이 되는 행정처분이란 행정청 또는 그 소속기관이나 법령에 의하여 행정권한의 위임 또는 위탁을 받은 공공단체 등이 국민의 권리·의무에 관계되는 사항에 관하여 직접 효력을 미치는 공권력의 발동으로서 하는 공법상의 행위를 말하며, 그것이 상대방의 권리를 제한하는 행위라 하더라도 행정청 또는 그 소속기관이나 권한을 위임받은 공공단체 등의 행위가 아닌 한 이를 행정처분이라고 할 수 없다. 따라서 한국마사회가 조교사 또는 기수의 면허를 부여하거나 취소하는 것은 경마를 독점적으로 개최할 수 있는 지위에서 우수한 능력을 갖추었다고 인정되는 사람에게 경마에서의 일정한 기능과 역할을 수행할 수 있는 자격을 부여하거나 이를 박탈하는 것에 지나지 아니하므로, 이는 국가 기타 행정기관으로부터 위탁받은 행정권한의 행사가 아니라 사법상의 법률관계에서 이루어지는 단체내부에서의 징계 내지 제재처분이다(대판 2005두8269).

THEME 02 행정법관계의 당사자

> **행정소송법**
>
> **제2조 【정의】** ① 이 법에서 사용하는 용어의 정의는 다음과 같다.
> 1. "처분 등"이라 함은 행정청이 행하는 구체적 사실에 관한 법집행으로서의 공권력의 행사 또는 그 거부와 그 밖에 이에 준하는 행정작용(이하 "처분"이라 한다) 및 행정심판에 대한 재결을 말한다.
> 2. "부작위"라 함은 행정청이 당사자의 신청에 대하여 상당한 기간 내에 일정한 처분을 하여야 할 법률상 의무가 있음에도 불구하고 이를 하지 아니하는 것을 말한다.
>
> **제3조 【행정소송의 종류】** 행정소송은 다음의 네 가지로 구분한다.
> 1. 항고소송 : 행정청의 처분 등이나 부작위에 대하여 제기하는 소송
> 2. 당사자소송 : 행정청의 처분 등을 원인으로 하는 법률관계에 관한 소송 그 밖에 공법상의 법률관계에 관한 소송으로서 그 법률관계의 한쪽 당사자를 피고로 하는 소송
>
> **제4조 【항고소송】** 항고소송은 다음과 같이 구분한다.
> 1. 취소소송 : 행정청의 위법한 처분 등을 취소 또는 변경하는 소송
> 2. 무효등 확인소송 : 행정청의 처분 등의 효력 유무 또는 존재여부를 확인하는 소송
> 3. 부작위위법확인소송 : 행정청의 부작위가 위법하다는 것을 확인하는 소송

I 행정주체

1 의의

국가 지방자치단체 등 행정주체란 행정각부의 장, 시장, 도지사 등 행정권을 실제로 행사하는 행정기관이 아니라 행정기관의 행위로 인하여 발생하는 법적 효과인 권리, 의무가 귀속되는 당사자를 말한다.

2 행정기관 내지 행정청과의 구별

국가 등 행정주체는 권리, 의무의 귀속주체로서 존재하지만 실제로 인간과 같이 행위를 할 수 없기에 실제로 행위를 할 수 있는 행정기관이 필요하다. 이처럼 행정을 실제로 수행하는 자를 행정기관이라 한다. 예를 들면 대한민국은 행정주체이고 대통령, 국세청장, 지방경찰청장 등은 행정기관이다. 또한 행정청이라 함은 행정주체의 의사를 결정하여 외부에 표시할 수 있는 권한을 가진 행정기관을 의미하고 대외적 표시권한이 없으면 원칙적으로 행정청이 될 수 없다. 예를 들어 고용노동부장관은 행정청이지만 그 소속 국장은 행정청이 아니다.

> **보충**
>
> 권한(행정기관)이란 권리자(국가, 지방자치단체 등 행정주체)를 위하여 일정한 법률효과를 발생시킬 수 있는 지위 내지 자격을 말한다.

3 항고소송에서 피고적격으로서의 처분청

> **행정소송법**
>
> **제13조 【피고적격】** ① <u>취소소송은</u> 다른 법률에 특별한 규정이 없는 한 <u>그 처분 등을 행한 행정청을 피고로 한다</u>. 다만, 처분 등이 있은 뒤에 그 처분 등에 관계되는 권한이 다른 행정청에 승계된 때에는 이를 승계한 행정청을 피고로 한다.
>
> **제39조 【피고적격】** 당사자소송은 국가·공공단체 그 밖의 권리주체를 피고로 한다.

Ⅱ 행정주체의 종류

1 국가

2 공공단체

공공단체라 함은 특정한 국가목적을 위하여 설립된 법인격이 부여된 단체를 말하는 바, 특정한 행정목적을 수행함에 있어서 필요한 범위 내에서 행정주체의 지위에 서게 된다.

1) 지방자치단체

일정한 지역과 주민들로 구성되어 국가로부터 전래된 행정권한, 즉 자치권을 가지는 법인격을 가지는 행정주체이다.

2) 영조물법인

특정한 행정목적에 제공된 인적·물적 시설의 결합체에 공법에 의하여 법인격이 부여된 것을 말한다(예 서울대학교 등 국·공립대학교).

3) 공공조합

행정목적상 특수한 사업을 위하여 일정한 자격을 가진 사람, 즉 조합원들의 결합으로 설립된 사단법인이다. 예를 들어 (구)농지개량조합, 재건축조합, 재개발조합 등이 있다.

3 공무수탁사인

1) 의의

행정법관계에서 사인은 일반적으로 행정객체에 해당한다. 그런데 <u>법률이나 법률에 근거한 수</u>

권(授權)행위를 통하여 사인이 자신의 이름으로 공행정사무를 처리할 수 있는 권한을 위임받아 행정주체 내지 행정청으로서의 지위를 가지게 되는 경우가 있는 데, 이를 '공무수탁사인'이라고 한다.

2) 항고소송의 피고적격

공무수탁사인의 임무수행과 관련하여 권리가 침해당한 사인은 행정심판·행정소송을 제기할 수 있다. 행정심판법과 행정소송법상 공무수탁사인은 행정청에 포함되므로, 공무수탁사인이 처분 등을 한 경우에는 행정심판의 피청구인이나 항고소송의 피고적격을 가진다.

> 성업공사가 체납압류된 재산을 공매하는 것은 세무서장의 공매권한위임에 의한 것으로 보아야 할 것이므로, 성업공사가 한 그 공매처분에 대한 취소 등의 항고소송을 제기함에 있어서는 수임청으로서 실제로 공매를 행한 성업공사를 피고로 하여야 하고, 위임청인 세무서장은 피고적격이 없다(대판 96누1757).

THEME 03 피고적격

> **행정소송법**
>
> **제13조 【피고적격】** ① 취소소송은 다른 법률에 특별한 규정이 없는 한 그 처분 등을 행한 행정청을 피고로 한다. 다만, 처분 등이 있은 뒤에 그 처분 등에 관계되는 권한이 다른 행정청에 승계된 때에는 이를 승계한 행정청을 피고로 한다.
> ② 제1항의 규정에 의한 행정청이 없게 된 때에는 그 처분 등에 관한 사무가 귀속되는 국가 또는 공공단체를 피고로 한다.

I 서설

원칙적으로 취소소송의 피고는 처분등을 행한 행정청, 즉 처분청이 원칙이다(행소법제13조제1항). 이때 처분청이라 함은 국가 또는 공공단체 등의 의사를 결정하여 외부적으로 표시할 수 있는 권한을 가진 기관을 말하고, 법령에 의하여 행정권한의 위임 또는 위탁을 받은 행정기관, 공공단체 및 그 기관 또는 사인이 포함된다(행소법제2조제2항). 논리적으로는 취소소송의 피고는 권리·의무의 귀속주체, 즉 당사자능력이 있는 국가 등 행정주체가 되어야 하지만 행정소송법은 국민의 소송수행상 편의를 위하여 처분을 행한 행정청에 피고적격을 인정하고 있다.

> **보충**
>
> 당사자능력이란 소송의 원고나 피고가 될 수 있는 능력을 말하는 추상적 개념이다. 당사자능력은 자연인, 법인은 물론 법인격 없는 사단·재단도 대표자 또는 관리인이 있으면 그 단체가 소송상 당사자가 될 수 있다.

II 행정청의 종류

정부조직법은 독임제 행정청을 원칙으로 하면서도 예외적으로 합의제 행정청도 존재하는 바, 합의제 행정청의 처분은 합의제 행정청이 피고가 된다. 예컨대 행정심판위원회, 공정거래위원회, 각 토지수용위원회의 처분 내지 재결에 대해서는 행정심판위원회, 공정거래위원회, 각 토지수용위원회가 취소소송의 피고가 된다. 다만 중앙노동위원회의 처분의 경우에는 노동위원회법 제27조가 중앙노동위원회의 위원장을 피고로 규정하고 있다.

Ⅲ 처분청의 예외

1 승계청

> 근로복지공단이 갑 지방자치단체에 대하여 고용보험료를 부과·고지하는 처분을 한 후, 국민건강보험공단이 위 법 제4조에 따라 종전 근로복지공단이 수행하던 보험료의 고지 및 수납 등의 업무를 수행하게 되었고, 위 법 부칙 제5조가 '위 법 시행 전에 종전의 규정에 따른 근로복지공단의 행위는 국민건강보험공단의 행위로 본다'고 규정하고 있어, 갑 지방자치단체에 대한 근로복지공단의 고용보험료 부과처분에 관계되는 권한 중 적어도 보험료의 고지에 관한 업무는 국민건강보험공단이 그 명의로 고용노동부장관의 위탁을 받아서 한 것으로 보아야 하므로, 위 처분의 무효확인 및 취소소송의 피고는 국민건강보험공단(승계청)이 되어야 함에도, 이와 달리 위 처분의 주체는 여전히 근로복지공단이라고 본 원심판결에 고용보험료 부과고지권자와 항고소송의 피고적격에 관한 법리를 오해한 위법이 있다(대판 2012두22904).
>
> **고용보험 및 산업재해보상보험의 보험료징수 등에 관한 법률(약칭 '고용보험법')**
> **제4조 [보험사업의 수행주체]** 「고용보험법」 및 「산업재해보상보험법」에 따른 보험사업에 관하여 이 법에서 정한 사항은 고용노동부장관으로부터 위탁을 받아 「산업재해보상보험법」 제10조에 따른 근로복지공단(이하 "공단"이라 한다)이 수행한다. 다만, 다음 각 호에 해당하는 징수업무는 「국민건강보험법」 제13조에 따른 국민건강보험공단(이하 "건강보험공단"이라 한다)이 고용노동부장관으로부터 위탁을 받아 수행한다.
> 1. 보험료 등의 고지 및 수납
>
> **부칙**
> **제5조 [처분 등에 관한 경과조치]** 제5조(처분 등에 관한 경과조치) 이 법 시행 전에 종전의 규정에 따른 공단의 행위 또는 공단에 대한 행위는 건강보험공단의 행위 또는 건강보험공단에 대한 행위로 본다.

2 국가 등 행정주체

처분등이 있은 후에 처분이나 재결을 한 행정청이 없게 된 때에는 그 처분등에 관한 사무가 귀속되는 국가 또는 공공단체가 피고가 된다(법제13조②). 다만 그 승계사유가 취소소송제기 후에 발생한 것이면 법원은 당사자의 신청 또는 직권에 의해 피고를 경정한다.

3 소속장관(대통령의 공무원에 대한 징계 등 인사상 불이익한 처분)

검찰청법에 의하면 검사의 임명 및 보직은 법무부장관의 제청으로 대통령이 행하고, 국가공무원법에 의하면 공무원에 대한 징계, 강임, 휴직, 직위해제, 면직 기타 본인의 의사에 반한 불리한 처분 중 대통령이 행한 처분에 대한 행정소송의 피고는 소속장관이므로 이 사건에서와 같은 검사임용거부처분에 대한 취소소송의 피고는 법무부장관으로 함이 상당하다(대판 90두4).

> **국가공무원법**
>
> **제16조【행정소송과의 관계】** ② 제1항에 따른 행정소송을 제기할 때에는 대통령의 처분 또는 부작위의 경우에는 소속 장관(대통령령으로 정하는 기관의 장을 포함한다. 이하 같다)을, 중앙선거관리위원회위원장의 처분 또는 부작위의 경우에는 중앙선거관리위원회사무총장을 각각 피고로 한다. 또한 국회의장, 대법원장, 헌법재판소장이 행한 처분에 대해서는 각각 국회사무총장, 법원행정처장, 헌법재판소사무처장을 행정소송의 피고로 한다.

> 국무회의에서 건국훈장 독립장이 수여된 망인에 대한 서훈취소를 의결하고 대통령이 결재함으로써 서훈취소가 결정된 후 국가보훈처장이 망인의 유족 갑에게 '독립유공자 서훈취소결정 통보'를 하자 갑이 국가보훈처장을 상대로 서훈취소결정의 무효 확인 등의 소를 제기한 사안에서, 갑이 서훈취소 처분을 한 행정청(대통령)이 아니라 국가보훈처장을 상대로 제기한 위 소는 피고를 잘못 지정한 경우에 해당하므로, 법원으로서는 석명권을 행사하여 정당한 피고로 경정하게 하여 소송을 진행해야 함에도 국가보훈처장이 서훈취소 처분을 한 것을 전제로 처분의 적법 여부를 판단한 원심판결에 법리오해 등의 잘못이 있다(대판 2013두2518).

Ⅳ 개별적 검토

1 권한의 위임·위탁

사무처리권한의 일부를 다른 행정청에 이전한 것으로는 위임과 위탁이 있는 바, 그 성질은 같으나 주로 위임은 하급관청에 이전하는 것이고, 위탁은 대등관청 등에 이전하는 경우를 말한다. 권한이 위임·위탁된 때에는 위임이나 위탁을 받은 수임청·수탁청이 자신의 명의로 처분을 하게 되므로 취소소송의 피고도 수임청·수탁청이 된다. 한편, 국가나 지방자치단체의 사무가 공법인, 예컨대 공무원연금관리공단·국민연금관리공단·근로복지공단·한국도로공사 등에 위임된 경우에는 그 대표자가 아니라 공법인 그 자체가 피고가 된다.

> 성업공사(현 한국자산관리공사)가 체납압류된 재산을 공매하는 것은 세무서장의 공매권한위임에 의한 것으로 보아야 할 것이므로, 성업공사가 한 그 공매처분에 대한 취소 등의 항고소송을 제기함에 있어서는 수임청으로서 실제로 공매를 행한 성업공사를 피고로 하여야 하고, 위임청인 세무서장은 피고적격이 없다. 따라서 피고 지정을 잘못하여 피고적격이 없는 세무서장을 상대로 그 공매처분의 취소를 구하는 소송이 제기된 경우, 법원으로서는 석명권을 행사하여 피고를 성업공사로 경정하게 하여 소송을 진행하여야 한다(대판 96누1757).

2 내부위임

내부위임이란 위임청이 수임청에게 내부적으로 권한을 위임하되 외부적으로는 권한행사 명의와 책임을 위임청이 가지고 있는 경우를 말하고, 따라서 내부위임에서는 처분이 위임청의 명의로 이루어지므로 위임청이 피고가 된다. 그러나 내부위임을 받았음에도 수임청이 자신의 이름으로 권한을 행사한 경우에 피고는 수임청이 된다.

> 행정처분을 행할 적법한 권한 있는 상급행정청으로부터 내부위임을 받은 데 불과한 하급행정청이 권한 없이 행정처분을 한 경우에 실제로 그 처분을 행한 하급행정청을 피고로 하여야 할 것이다(대판 90누5641).

3 대리

대리란 행정청이 자신의 권한을 다른 기관으로 하여금 행사하게 하는 것을 말하는데, 이때 대리청은 피대리청을 위한 것임을 표시(현명주의)하면서 행위를 하여야 한다. 예를 들면 서울특별시장이 관악구청장에게 대리권을 수여하였다면 관악구청장은 '서울특별시장 직무대리 관악구청장'과 같이 하는 것이다. 따라서 대리에서는 피대리청이 피고가 된다. 그러나 대리권을 수여 받았음에도 대리청이 자신의 명의로 권한을 행사한 경우 이때 피고는 대리청이 된다. 그런데 최근 대법원은 이에 대한 예외적인 판시를 하였다.

> 대리권을 수여받은 데 불과하여 그 자신의 명의로는 행정처분을 할 권한이 없는 행정청의 경우 대리관계를 밝힘이 없이 그 자신의 명의로 행정처분을 하였다면 그에 대하여는 처분명의자인 당해 행정청이 항고소송의 피고가 되어야 하는 것이 원칙이지만, 비록 대리관계를 명시적으로 밝히지는 아니하였다 하더라도 처분명의자가 피대리 행정청 산하의 행정기관으로서 실제로 피대리 행정청으로부터 대리권한을 수여받아 피대리행정청을 대리한다는 의사로 행정처분을 하였고 처분명의자는 물론 그 상대방도 그 행정처분이 피대리 행정청을 대리하여 한 것임을 알고서 이를 받아들인 예외적인 경우에는 피대리 행정청이 피고가 되어야 한다. 근로복지공단의 이사장으로부터 보험료의 부과 등에 관한 대리권을 수여받은 지역본부장이 대리의 취지를 명시적으로 표시하지 않고서 산재보험료 부과처분을 한 경우, 그러한 관행이 약 10년간 계속되어 왔고, 실무상 근로복지공단을 상대로 산재보험료 부과처분에 대한 항고소송을 제기하여 온 점 등에 비추어 지역본부장은 물론 그 상대방 등도 근로복지공단과 지역본부장의 대리관계를 알고 받아들였다는 이유로, 위 부과처분에 대한 항고소송의 피고적격이 근로복지공단(이사장X)에 있다(대판 2005부4).

4 지방의회의 의결

지방의회는 원칙적으로 지방자치단체의 내부의결기관에 불과하여 취소소송의 피고가 될 수 없으나, 지방의회가 자신의 명의로 의원에 대한 징계·의장에 대한 불신임의결·지방의회의장선거와 같은 행위를 하는 경우에는 지방의회도 합의제 행정청으로서 피고가 될 수 있다.

> 1. 지방자치법 제78조 내지 제81조의 규정에 의거한 지방의회의 의원징계의결은 그로 인해 의원의 권리에 직접 법률효과를 미치는 행정처분의 일종으로서 행정소송의 대상이 된다할 것이고 피고는 지방의회이다(대판 93누7341).
> 2. 지방의회를 대표하고 의사를 정리하며 회의장 내의 질서를 유지하고 의회의 사무를 감독하며 위원회에 출석하여 발언할 수 있는 등의 직무권한을 가지는 지방의회 의장에 대한 불신임의결은 의장으로서의 권한을 박탈하는 행정처분의 일종으로서 항고소송의 대상이 된다할 것이고 피고는 지방의회이다(대판 94두23).

5 행정심판의 재결

재결 자체의 고유한 하자가 있는 경우에 재결취소소송에서는 재결을 행한 행정심판위원회가 피고가 된다.

> **행정소송법**
>
> **제19조 【취소소송의 대상】** 취소소송은 처분 등을 대상으로 한다. 다만, 재결취소소송의 경우에는 재결 자체에 고유한 위법이 있음을 이유로 하는 경우에 한한다.

THEME 04 피고경정

> **행정소송법**
>
> **제14조 【피고경정】** ① 원고가 피고를 잘못 지정한 때에는 법원은 원고의 신청에 의하여 결정으로써 피고의 경정을 허가할 수 있다.
> ② 법원은 제1항의 규정에 의한 결정의 정본을 새로운 피고에게 송달하여야 한다.
> ③ 제1항의 규정에 의한 신청을 각하하는 결정에 대하여는 즉시항고할 수 있다.
> ④ 제1항의 규정에 의한 결정이 있은 때에는 새로운 피고에 대한 소송은 처음에 소를 제기한 때에 제기된 것으로 본다.
> ⑤ 제1항의 규정에 의한 결정이 있은 때에는 종전의 피고에 대한 소송은 취하된 것으로 본다.
> ⑥ 취소소송이 제기된 후에 제13조제1항 단서 또는 제13조제2항에 해당하는 사유가 생긴 때에는 법원은 당사자의 신청 또는 직권에 의하여 피고를 경정한다. 이 경우에는 제4항 및 제5항의 규정을 준용한다.
>
> **제21조 【소의 변경】** ① 법원은 취소소송을 당해 처분등에 관계되는 사무가 귀속하는 국가 또는 공공단체에 대한 당사자소송 또는 취소소송외의 항고소송으로 변경하는 것이 상당하다고 인정할 때에는 청구의 기초에 변경이 없는 한 사실심의 변론종결시까지 원고의 신청에 의하여 결정으로써 소의 변경을 허가할 수 있다.

I 의의 및 취지

원고가 소를 제기하면서 지정한 자가 피고이다. 그런데 원고가 법률지식의 부족으로 피고적격이 없는 자를 잘못 지정하는 경우 또는 소송계속 중 피고적격에 변동이 있는 경우가 발생하는 바, 이 경우 피고적격은 소송요건이므로 법원이 소각하를 하는 것보다 피고의 변경을 인정하여 원고의 보호 및 소송경제를 위하여 인정된 것이 피고의 경정이다(법제 조).

II 구체적 유형

1 원고가 피고를 잘못 지정한 때 (법제 조)

원고가 피고를 잘못 지정한 때는 당해 취소소송에 피고로 지정된 자가 행정소송법 등의 규정에 의한 피고적격을 가지지 아니한 자라는 것이 객관적으로 인식되는 경우를 말한다.

2 권한승계 등의 경우 (법제　조　)

소를 제기한 후 행정청의 권한이 다른 기관에 승계된 경우에는 당해 처분의 권한을 승계한 행정청으로 피고를 변경하고, 행정조직상의 개편으로 행정청이 없어지게 된 때에는 처분등에 관한 사무가 귀속되는 국가나 공공단체로 피고를 변경한다.

3 소의 변경이 있는 때 (법제　조　)

법원은 취소소송을 당해 처분 등에 관계되는 사무가 귀속하는 국가 또는 공공단체에 대한 당사자소송으로 변경하는 것이 상당하다고 인정할 때에는 청구의 기초에 변경이 없는 한 사실심의 변론종결시까지 원고의 신청에 의하여 결정으로써 소의 변경을 허가할 수 있는 바, 이 경우 피고의 변경이 수반된다.

III 피고경정의 요건(법제14조제1항)

1 사실심 변론종결 전일 것

> 행정소송법 제14조에 의한 피고경정은 사실심 변론종결에 이르기까지 허용되는 것으로 해석하여야 할 것이고, 굳이 제1심 단계에서만 허용되는 것으로 해석할 근거는 없다(대판 2005부4).

보충

행정소송은 3심제를 채택하고 있는데 사실관계의 확정은 제1심과 제2심에서만 담당하고 제3심인 대법원은 법리판단만 한다. 그래서 제1, 2심을 '사실심'이라 하고 제3심(대법원의 심리)을 '법률심'이라 한다.

2 피고의 동의여부

민사소송에서의 피고경정은 피고가 본안에 관하여 준비서면을 제출하거나 변론준비기일에서 진술하거나 변론을 한 뒤에는 피고의 동의를 받아야 하나(민사소송법 제260조제1항 단서) 행정소송에서는 피고의 동의를 요하지 않는다.

민사소송법

제260조 【피고의 경정】 ① 원고가 피고를 잘못 지정한 것이 분명한 경우에는 제1심 법원은 변론을 종결할 때까지 원고의 신청에 따라 결정으로 피고를 경정하도록 허가할 수 있다. 다만, 피고가 본안에 관하여 준비서면을 제출하거나, 변론준비기일에서 진술하거나 변론을 한 뒤에는 그의 동의를 받아야 한다.

Ⅳ 피고경정의 절차

피고경정의 결정은 서면으로 하여야 하며, 법원은 결정의 정본을 피고에게 송달하여야 한다. 피고경정신청을 각하하는 결정에 대해서는 즉시항고할 수 있다(법제 조). 즉시항고란 재판의 성질상 신속히 확정시킬 필요가 있는 결정에 대하여 인정되는 불복방법을 말하는 바, 즉시항고를 하게 되면 그에 대하여 법원은 신속히 결정한 후 다음 재판절차를 진행한다.

Ⅴ 피고경정의 효과

피고를 경정하는 것에 대한 허가결정이 있을 때에는 새로운 피고에 대한 소송은 처음에 소를 제기한 때에 제기된 것으로 본다(법제 조). 따라서 경정결정 당시는 제소기간이 경과한 경우에도 처음에 소를 제기할 때 제소기간을 지켰으면 제소기간이 준수된 것이다. 피고경정의 허가결정이 있으면 종전의 피고에 대한 소송은 취하된 것으로 본다(법제 조).

Ⅵ 법원의 석명의무

대법원은 원고가 피고를 잘못 지정하였다면 법원으로서는 당연히 석명권을 행사하여 원고로 하여금 피고를 경정하게 하여 소송을 진행케 하였어야 할 것임에도 불구하고 이러한 조치를 취하지 아니한 채 피고의 지정이 잘못되었다는 이유로 소를 각하한 것은 위법하다고 판시하였다.

> 원고가 피고를 잘못 지정하였다면 법원으로서는 당연히 석명권을 행사하여 원고로 하여금 피고를 경정하게 하여 소송을 진행케 하였어야 할 것임에도 불구하고 이러한 조치를 취하지 아니한 채 피고의 지정이 잘못되었다는 이유로 소를 각하한 것은 위법하다(대판 2002두7852).

사례연습

A회사에 근무하는 근로자 甲은 근로조건의 개선을 도모하고자 A회사에 노동조합을 조직하고 관할 행정청 乙에게 설립신고서를 제출하였다. 그런데 乙은 자신의 수리처분에 관한 권한을 하급기관인 丙에게 내부위임 하였고 丙은 자신의 명의로 甲의 설립신고서를 반려하였다. 이에 甲은 乙을 피고로 반려처분취소소송을 제기하였는바, 乙은 피고적격이 있는가? 만약 없다면 甲의 취소소송 계속 중 구제수단을 검토하시오.(30점)

목차

Ⅰ. 문제의 소재

Ⅱ. 피고적격이 있는 자
  1. 원칙
  2. 권한의 내부위임의 경우
  3. 사안의 경우

Ⅲ. 피고경정
  1. 의의 및 취지
  2. 피고경정의 요건
    1) 사실심 변론종결 전일 것
    2) 피고의 동의 불필요
  3. 피고경정의 절차
  4. 피고경정의 효과
  5. 법원의 석명의무

Ⅳ. 사안의 해결

모범 답안

Ⅰ. 문제의 소재

수리처분권한을 내부위임 받은 丙이 자신의 명의로 처분을 한 경우 피고적격이 乙에게 있는지, 만약 丙에게 있다면 행정소송법제14조의 피고경정을 검토해보아야 한다.

Ⅱ. 피고적격이 있는 자

1. 원칙

원칙적으로 피고적격이 있는 자는 처분 등을 행한 행정청, 즉 처분청이 원칙이다(행소법제13조제1항). 처분청이란 국가 등 행정주체의 의사를 결정하여 외부에 표시할 수 있는 권한을 가진 기관을 말하고, 법령에 의하여 행정권한의 위임 또는 위탁을 받은 행정기관, 공공단체 및 그 기관 또는 사인이 포함된다(법제2조제2항).

2 권한의 내부위임의 경우(판례) ❹

원칙적으로 내부위임의 경우에 처분은 위임청의 명의로 이루어지므로 위임청에게 피고 적격이 있다. 다만, 대법원은 내부위임을 수여받은 수임청이 처분을 하였다면 권한없이 자신의 명의로 한 수임청이 피고라고 판시하였다.

3 사안의 경우 ❸

乙은 수리처분에 관한 권한을 하급기관인 丙에게 내부위임 하였는데 丙은 자신의 명의로 甲의 설립신고서를 반려하였으므로 피고적격은 乙이 아니라 丙에게 있다. 따라서 甲이 제기한 취소소송은 피고를 잘못 지정한 경우에 해당한다.

Ⅲ 피고경정

1 의의 및 취지 ❸

원고가 법률지식의 부족으로 피고적격이 없는 자를 잘못 지정하는 경우 등이 발생한 경우에 피고적격은 소송요건이므로 법원이 소각하를 하는 것보다 피고의 변경을 인정하여 원고의 보호 및 소송경제를 위하여 인정된 것이 법제14조의 피고의 경정제도이다.

2 피고경정의 요건

1) 사실심 변론종결 전일 것 (판례) ❸

대법원은 행정소송법 제14조에 의한 피고경정은 사실심 변론종결시까지 허용되는 것이지 굳이 제1심 단계에서만 허용되는 것은 아니라고 판시하였다.

2) 피고의 동의 불필요 ❸

민사소송에서의 피고경정은 피고가 본안에 관하여 준비서면을 제출하거나 변론준비 기일에서 진술하거나 변론을 한 뒤에는 피고의 동의를 받아야 하나(민사소송법 제260조제1항 단서) 행정소송에서는 피고의 동의를 요하지 않는다.

3 피고경정의 절차 ❷

피고를 잘못 지정한 경우에는 원고의 신청이 있어야 하고 권한의 승계 등의 경우에는 원고의 신청은 물론 법원이 직권으로 경정할 수도 있고 법원의 피고경정결정은 서면으로 하여야 하며, 법원은 결정의 정본을 피고에게 송달하여야 한다. 피고경정신청을 각하하는 결정에 대해서는 즉시항고할 수 있다(법제14조②, ③).

4 피고경정의 효과 ❷

피고를 경정하는 것에 대한 허가결정이 있을 때에는 새로운 피고에 대한 소송은 처음에 소를 제기한 때에 제기된 것으로 본다. 따라서 경정결정 당시는 제소기간이 경과한 경우에도 처음에 소를 제기할 때 제소기간을 지켰으면 제소기간이 준수된 것이다. 피고경정의 허가결정이 있으면 종전의 피고에 대한 소송은 취하된 것으로 본다(법 제14조 ④,⑤).

5 법원의 석명의무 ❸

대법원은 원고가 피고를 잘못 지정하였다면 법원으로서는 당연히 석명권을 행사하여 원고로 하여금 피고를 경정하게 하여 소송을 진행케 하였어야 할 것임에도 불구하고 이러한 조치를 취하지 아니한 채 피고의 지정이 잘못되었다는 이유로 소를 각하한 것은 위법하다고 판시하였다.

Ⅳ 사안의 해결 ❸

甲은 피고를 乙에서 丙으로의 경정신청을 할 수 있는데 만약 甲이 경정신청을 하지 않고 있다면 수소법원은 석명을 통하여 피고를 경정할 수 있도록 하여야 한다. 수소법원의 경정허가 결정이 있게 되면 丙에 대한 소송은 처음에 소를 제기한 때에 제기된 것으로 보고 乙에 대한 소송은 취하된 것으로 본다.

● 근로복지공단의 대표자인 이사장은 관련법상 위임규정에 근거하여 그 산하 지역본부장과 지사장(이하 '지역본부장 등'이라 한다)에게 보험급여의 결정 및 지급, 보험료의 부과 및 징수 등에 관한 대리권을 부여하여 그로 하여금 관련 업무를 처리하게 하고 자신이 직접 보험급여의 결정 등과 관련한 행정처분을 해 오지 아니하였고, 지역본부장 등은 보험급여의 결정 등과 관련된 행정처분을 함에 있어서 근로복지공단을 대리하여 한다는 취지를 명시적으로 표시하지 아니한 채 그 자신의 이름으로 행하는 관행이 약 10년간 계속되어 왔는데, 이러한 관행에 따라 근로복지공단 서울지역본부장 甲은 자신의 명의로 주식회사 乙에게 산재보험료부과처분을 하였고 이에 乙은 이러한 관행을 알면서도 서울지역본부장 甲을 피고로 서울행정법원에 산재보험료부과처분취소소송을 제기하였다. 乙이 제기한 취소소송은 적법한가?(피고적격만 검토하시오) 만약 부적법하다면 소송계속 중 乙의 구제수단을 검토하시오. (30점)

목차

Ⅰ. 문제의 소재

Ⅱ. 피고적격이 있는 자
  1. 원칙
  2. 권한의 대리의 경우
  3. 사안의 경우

Ⅲ. 乙의 소송상 구제수단(피고경정)
  1. 의의 및 취지
  2. 피고경정의 요건
    1) 사실심 변론종결 전일 것
    2) 피고의 동의여부
  3. 피고경정의 절차
  4. 피고경정의 효과
  5. 법원의 석명의무

Ⅳ. 사안의 해결

모범 답안

I. 문제의 소재

근로복지공단의 대리청에 불과한 서울지역본부장 甲이 대리관계를 밝히지 않고 자신의 명의로 처분을 한 경우에 피고적격이 있는 자를 검토한 후, 만약 피고적격이 甲이 아닌 근로복지공단에 있는 경우 乙의 구제수단으로서 피고경정의 요건을 검토해본다.

II. 피고적격이 있는 자

1. 원칙

원칙적으로 피고적격이 있는 자는 처분 등을 행한 행정청, 즉 처분청이 원칙이다. (행소법제13조제1항). 처분청이란 국가 등 행정주체의 의사를 결정하여 외부에 표시할 수 있는 권한을 가진 기관을 말하고, 법령에 의하여 행정권한의 위임 또는 위탁을 받은 행정기관, 공공단체 및 그 기관 또는 사인이 포함된다(법제2조제2항).

2. 권한의 대리의 경우

원칙적으로 대리에서는 대리청이 피대리청과의 대리관계를 현명하고 처분이 행해지므로 피대리청이 피고가 된다. 다만, 대법원은 대리권을 수여받은 행정청이 처분을 하였다면 권한없이 자신의 명의로 한 행정청이 피고라고 판시하였는데, 최근 비록 대리관계를 명시적으로 밝히지는 아니하였다 하더라도 대리청이 피대리행정청을 대리한다는 의사로 행정처분을 하였고 처분명의자는 물론 그 상대방도 그 행정처분이 피대리행정청을 대리하여 한 것임을 알고서 이를 받아들인 예외적인 경우에는 피대리행정청이 피고가 되어야 한다고 판시하였다.

3. 사안의 경우

서울지역본부장 甲은 산재보험료부과처분을 하면서 근로복지공단을 대리한다는 취지를 표시하지 아니한 채 그 자신의 이름으로 하였지만 그러한 관행이 약 10년간 계속되어 왔고 상대방인 乙역시 이러한 관행을 알고 있는 경우이므로 甲이 아닌 근로복지공단에게 피고적격이 있으므로 乙이 제기한 소는 부적법하다.

III. 乙의 소송상 구제수단(피고경정)

1. 의의 및 취지

원고가 법률지식의 부족으로 피고적격이 없는 자를 잘못 지정하는 경우 등이 발생한 경우에 피고적격은 소송요건이므로 법원이 소각하를 하는 것보다 피고의 변경을 인정하여 원고의 보호 및 소송경제를 위하여 인정된 것이 행정소송법제14조의 피고경정제도이다.

2 피고경정의 요건

1) 사실심 변론종결 전일 것 2.5

대법원은 행정소송법 제14조에 의한 피고경정은 사실심 변론종결시까지 허용되는 것이지 굳이 제1심 단계에서만 허용되는 것은 아니라고 판시하였다.

2) 피고의 동의여부 2.5

민사소송에서의 피고경정은 피고가 본안에 관하여 준비서면을 제출하거나 변론준비 기일에서 진술하거나 변론을 한 뒤에는 피고의 동의를 받아야 하나(민사소송법 제260조제1항 단서) 행정소송에서는 피고의 동의를 요하지 않는다.

3 피고경정의 절차 (법제14조②, ③) 2

피고를 잘못지정한 경우에는 원고의 신청이 있어야 하고 권한의 승계 등의 경우에는 원고의 신청은 물론 법원이 직권으로 경정할 수도 있고 법원의 피고경정결정은 서면으로 하여야 하며, 법원은 결정의 정본을 피고에게 송달하여야 한다. 피고경정신청을 각하하는 결정에 대해서는 즉시항고할 수 있다.

4 피고경정의 효과 (법제14조④, ⑤) 2

피고를 경정하는 것에 대한 허가결정이 있을 때에는 새로운 피고에 대한 소송은 처음에 소를 제기한 때에 제기된 것으로 본다. 따라서 경정결정 당시는 제소기간이 경과한 경우에도 처음에 소를 제기할 때 제소기간을 지켰으면 제소기간이 준수된 것이다. 피고경정의 허가결정이 있으면 종전의 피고에 대한 소송은 취하된 것으로 본다.

5 법원의 석명의무(판례) 3

대법원은 원고가 피고를 잘못 지정하였다면 법원으로서는 당연히 석명권을 행사하여 원고로 하여금 피고를 경정하게 하여 소송을 진행케 하였어야 할 것임에도 불구하고 이러한 조치를 취하지 아니한 채 피고의 지정이 잘못되었다는 이유로 소를 각하한 것은 위법하다고 판시하였다.

Ⅳ. 사안의 해결 3

乙은 피고적격이 없는 甲을 상대로 소를 제기하였으므로 부적법한 소에 해당하지만 피고경정을 신청하여 법원의 허가결정이 있게 되면 처음부터 근로복지공단을 피고로 소를 제기한 것이 된다. 만약 乙의 신청이 없는 경우에 법원은 석명을 하여야 한다.

THEME 05 헌법상 기본권 및 헌법원칙

I 헌법상 기본권

헌법

구체적 기본권

제15조 모든 국민은 직업선택의 자유를 가진다.

제16조 모든 국민은 주거의 자유를 침해받지 아니한다.

제21조 ① 모든 국민은 언론·출판의 자유와 집회·결사의 자유를 가진다.

제23조 ① 모든 국민의 재산권은 보장된다. 그 내용과 한계는 법률로 정한다.

제27조 ① 모든 국민은 헌법과 법률이 정한 법관에 의하여 법률에 의한 재판을 받을 권리를 가진다.

제31조 ① 모든 국민은 능력에 따라 균등하게 교육을 받을 권리를 가진다.
④ 교육의 자주성·전문성·정치적 중립성 및 대학의 자율성은 법률이 정하는 바에 의하여 보장된다.

추상적 기본권

제34조 ① 모든 국민은 인간다운 생활을 할 권리를 가진다.

제35조 ① 모든 국민은 건강하고 쾌적한 환경에서 생활할 권리를 가지며, 국가와 국민은 환경보전을 위하여 노력하여야 한다.

▶ **헌법상 구체적 기본권**
국민의 알 권리, 특히 국가 정보에의 접근의 권리는 우리 헌법상 기본적으로 표현의 자유와 관련하여 인정되는 것으로, 그 권리의 내용에는 자신의 권익보호와 직접 관련이 있는 정보의 공개를 청구할 수 있는 이른바 개별적 정보공개청구권이 포함된다(대판 98두3426).

▶ **헌법상 추상적 기본권**
헌법 제35조 제1항에서 정하고 있는 환경권에 관한 규정만으로는 그 권리의 주체·대상·내용·행사방법 등이 구체적으로 정립되어 있다고 볼 수 없고, 환경정책기본법 제6조도 그 규정 내용 등에 비추어 국민에게 구체적인 권리를 부여한 것으로 볼 수 없다는 이유로, 환경영향평가 대상지역 밖에 거주하는 주민에게 헌법상의 환경권 또는 환경정책기본법에 근거하여 공유수면매립면허처분과 농지개량사업 시행인가처분의 무효확인을 구할 원고적격이 없다(대판 2006두330 전원합의체).

II 행정법의 일반원칙(=불문헌법=조리)

1 비례의 원칙

비례의 원칙(과잉금지의 원칙)이란 행정목적 내지 공익을 달성하기 위한 수단은 그 목적달성에 유효·적절하고 가능한 한 최소침해를 가져오는 것이어야 하며 아울러 그 수단의 도입으로 인한 침해가 달성하려는 공익을 능가하여서는 아니된다는 헌법상의 원칙을 말하는 것이다.

2 평등원칙

평등원칙은 "같은 것은 같게, 다른 것은 다르게" 즉, 합리적 차별사유가 없는 한 국민을 평등하게 대우하여야 한다는 원칙으로서 자의금지의 원칙이라고도 말한다. 헌법 제11조는 명문규정으로 평등원칙을 규율하고 있으나, 이로써 평등원칙이 창설된 것이 아니라 불문원리로서 인정된 원칙을 확인하는 규정에 불과하다.

3 신뢰보호의 원칙

행정기관의 확약(선행조치) 등의 존속이나 정당성을 사인이 신뢰한 경우, 그 신뢰가 보호가치 있는 신뢰라면 그 신뢰는 보호되어야 한다는 원칙을 말한다. 신뢰보호의 원칙이 적용되기 위하여는, ① 행정청이 개인에 대하여 신뢰의 대상이 되는 공적인 견해표명을 하여야 하고, ② 행정청의 견해표명이 정당하다고 신뢰한 데에 대하여 그 개인에게 귀책사유가 없어야 하며, ③ 그 개인이 그 견해표명을 신뢰하고 이에 상응하는 어떠한 행위를 하였어야 하고, ④ 행정청이 위 견해표명에 반하는 처분을 함으로써 ⑤ 그 견해표명을 신뢰한 개인의 이익이 침해되는 결과가 초래되어야 한다.

4 부당결부금지의 원칙

부당결부금지의 원칙이란 행정주체가 상대방에게 행정작용을 함에 있어서 실질적인 관련이 없는 의무를 부과하거나 그 이행을 강제하여서는 아니된다는 원칙을 말한다. 반대로 실질적 관련성이 있는 경우의 반대의무 등을 결부시키는 것은 허용되고 필요하다.

THEME 06 강학상 행정행위(≤처분 등)

> **행정소송법**
>
> **제2조【정의】** ① 이 법에서 사용하는 용어의 정의는 다음과 같다.
> 1. "처분 등"이라 함은 행정청이 행하는 구체적 사실에 관한 법집행으로서의 공권력의 행사 또는 그 거부와 그 밖에 이에 준하는 행정작용(이하 "처분"이라 한다) 및 행정심판에 대한 재결을 말한다.
> 2. "부작위"라 함은 행정청이 당사자의 신청에 대하여 상당한 기간 내에 일정한 처분을 하여야 할 법률상 의무가 있음에도 불구하고 이를 하지 아니하는 것을 말한다.
>
> **제3조【행정소송의 종류】** 행정소송은 다음의 네 가지로 구분한다.
> 1. 항고소송 : 행정청의 처분 등이나 부작위에 대하여 제기하는 소송
>
> **제4조【항고소송】** 항고소송은 다음과 같이 구분한다.
> 1. 취소소송 : 행정청의 위법한 처분 등을 취소 또는 변경하는 소송
> 2. 무효등 확인소송 : 행정청의 처분 등의 효력 유무 또는 존재여부를 확인하는 소송
> 3. 부작위위법확인소송 : 행정청의 부작위가 위법하다는 것을 확인하는 소송

Ⅰ 행정행위의 관념

행정청이 우월한 지위에서 행하는 구체적 법집행행위로서 국민의 권리·의무에 개별적·구체적·직접적 효력을 발생시키는 「행정행위」라는 표현은 학문상으로만 쓰이는 것이지 실정법상으로는 허가, 특허, 인가 등의 표현을 사용한다. 특히 행정소송법은 행정행위를 '처분'이라고 규정하고 있다.

Ⅱ 강학상(학문상) 행정행위의 요소

1 '행정청'의 행위

여기서 말하는 행정청은 반드시 행정조직법에 의하여 설치된 행정청일 필요는 없다. 국회나 법원 및 공공단체 등에 소속된 기관이라 하더라도 실질적, 기능적으로 행정청으로서의 행위를 하는 경우에는 행정청에 포함되며 공무수탁사인도 행정청이 될 수 있다. 따라서 행정부 소속이 아닌 법원행정처장·국회사무총장 등의 직원임명행위 등도 행정행위에 해당하고 행정행위를 하는 경우에는 행정청이 되는 것이다.

2 권력적 단독행위

행정행위는 행정청이 우월한 지위에서 일방적 의사로 행하는 공법행위를 말한다. 따라서 공법상 계약과 같은 비권력관계, 사법(私法)관계에서 행하는 행위는 행정행위가 아니다.

3 구체적 사실에 관한 법집행행위

1) 개별적·구체적 규율

개별적이란 특정 개인 또는 특정할 수 있는 다수인에 대하여, 구체적이란 현재 발생한 구체적 사실에 대하여 행하는 법집행행위로서 행정행위의 원칙적인 모습이다. 예를 들면 국세청장이 특정인 甲에게 작년 수입을 근거로 소득세 100만원을 부과하는 경우이다.

2) 일반적·구체적 규율(일반처분)

일반적이란 불특정 다수인을 대상으로, 현재 시간적·공간적으로 발생한 구체적인 사실에 대하여 행하는 법집행행위로서 행정행위에 포함되고 이러한 행정행위를 일반처분이라 한다.

① 대인적 일반처분

자정이후의 단란주점영업금지, 통행금지 등 구체적 사실과 관련될 수 있는 불특정다수인을 규율하는 처분을 말한다.

② 대물적 일반처분

개발제한구역지정, 주정차금지구역설정 등 물건을 규율대상으로 하는 행정행위로서 이로 인하여 불특정다수인들에게 그 효과가 발생한다.

> 1. 보건복지부 고시인 약제급여·비급여목록 및 급여상한금액표는 다른 집행행위의 매개 없이 그 자체로서 국민건강보험가입자, 국민건강보험공단, 요양기관 등의 법률관계를 직접 규율하는 성격을 가지므로 항고소송의 대상이 되는 행정처분에 해당하고 제약회사가 자신이 제조·공급하는 약제의 상한금액이 인하됨에 따라 위와 같이 보호되는 법률상 이익이 침해당할 경우 제약회사는 위 고시의 취소를 구할 원고적격이 있다(대판 2005두2506).
> 2. 구 청소년보호법에 따른 청소년유해매체물 결정 및 고시처분은 당해 유해매체물의 소유자 등 특정인만을 대상으로 한 행정처분이 아니라 일반 불특정 다수인을 상대방으로 하여 일률적으로 표시의무, 포장의무, 청소년에 대한 판매·대여 등의 금지의무 등 각종 의무를 발생시키는 행정처분이다(대판 2004두619).

4 법적 행위(법률행위)

법적 행위란 행정기관이 행정의 객체로서의 국민에 대하여 행하는 행위로서 국민의 권리·의무에 발생·변경·소멸이라는 직접적인 변동을 가져오는 법적 행위이다. 따라서 법적 효과가 발생하지 않는 사실행위는 학문상의 행정행위가 아니다.

5 거부행위

국민의 신청에 대한 거부행위가 행정행위가 되기 위해서는 행정청이 우월한 지위에서 행한 거부이어야 하고 거부처분의 상대방인 국민은 법규상·조리상 신청권이 있는 자가 신청하였어야 한다. (견해대립 후술)

Ⅲ 행정행위의 효과에 따른 수익적·침익적·복효적 행정행위

1 수익적 행정행위와 침익적 행정행위의 구별 필요성

원칙적으로 침익적인 경우에는 행정절차법상 사전통지(처분 X)를 하고 상대방의 의견을 들어야 한다.

행정절차법

제21조 [처분의 사전 통지] ① 행정청은 당사자에게 의무를 부과하거나 권익을 제한하는 처분을 하는 경우에는 미리 다음 각 호의 사항을 당사자등에게 통지하여야 한다.
1. 처분의 제목
3. 처분하려는 원인이 되는 사실과 처분의 내용 및 법적 근거
4. 제3호에 대하여 의견을 제출할 수 있다는 뜻과 의견을 제출하지 아니하는 경우의 처리방법

---

2 복효적 행정행위

복효적 행정행위의 모습에는 혼합효 행정행위와 제3자효 행정행위가 있는데, 전자는 동일인에게 수익적 효과와 침익적 효과가 모두 발생하는 경우(혼합효 행정행위. 예 행정청이 국민의 신청에 따라 대규모주택사업계획을 승인해 주면서 일정부분의 토지를 국가에게 기부하라는 부관을 부가하는 경우)를 말하고, 후자는 하나의 행정작용이 일방 당사자에게는 수익적 효과를 제3자에게는 침익적 효과를 발생시키는 경우(제3자효 행정행위. 예 행정청이 공해배출공장에 대하여 규제를 가하게 되면 공해배출공장에게는 침익이지만 공해배출로 피해를 입고 있는 인근 주민에게는 이익이 발생)를 말한다. 일반적으로 복효적 행정행위는 제3자효 행정행위를 말한다.

Ⅳ 기속행위와 재량행위

1 강학상 허가

허가의 대상인 행위는 본래 인간의 자연적 자유영역이었으나 현대사회로 오면서 공익을 위하여 일반적, 상대적으로 금지하게 된 행위이다. 그렇다면 이러한 행위를 할 수 있는 요건을 갖춘 국민이 자연적 자유를 회복시켜달라고 요구하면 행정청은 반드시 허가를 하여야 할 것이므로 기속행위로 볼 수 있다.

> 식품위생법상 일반음식점영업허가는 성질상 일반적 금지의 해제에 불과하므로 허가권자는 허가신청이 법에서 정한 요건을 구비한 때에는 허가하여야 하고 관계 법령에서 정하는 제한사유 외에 공공복리 등의 사유를 들어 허가신청을 거부할 수는 없고, 이러한 법리는 일반음식점 허가사항의 변경허가에 관하여도 마찬가지이다(대판 97누12532).

2 강학상 특허

특허란 일반 국민이 가지고 있지 못하는 새로운 권리를 특정인에게 부여하는 행정행위로서 특허를 받은 특정인은 다른 국민과 비교하여 권리가 하나 더 생기게 되는 모습으로서 이러한 경우에는 행정청이 반드시 특허를 하여야 한다고 보기는 어려우므로 재량행위로 볼 수 있다.

> 마을버스운송사업면허의 허용여부는 사업구역의 교통수요, 노선결정, 운송업체의 수송능력, 공급능력 등에 관하여 기술적·전문적인 판단을 요하는 분야로서 이에 관한 행정처분은 운수행정을 통한 공익실현과 아울러 합목적성을 추구하기 위하여 보다 구체적 타당성에 적합한 기준에 의하여야 할 것이므로 그 범위 내에서는 법령이 특별히 규정한 바가 없으면 행정청의 재량에 속하는 것이라고 보아야 할 것이다(대판 2001두10028).

3 구별의 필요성

1) 부관의 가능성

부관의 부가는 주된 행정행위가 재량행위인 경우에 가능하고 기속행위의 경우에는 허용되지 않는다.

> 건축허가를 하면서 일정 토지를 기부채납하도록 하는 내용의 허가조건은 부관을 붙일 수 없는 기속행위인 건축허가에 붙인 부담이거나 또는 법령상 아무런 근거가 없는 부관이어서 무효이다(대판 94다56883).

2) 경업자소송에서 기존업자의 원고적격

일반적으로 면허나 인·허가 등의 수익적 행정처분의 근거가 되는 법률이 해당 업자들 사이의 과당경쟁으로 인한 경영의 불합리를 방지하는 것도 그 목적으로 하고 있는 경우, 기존의 업자는 경업자에 대하여 이루어진 면허나 인·허가 등 행정처분의 상대방이 아니라 하더라도 당해 행정처분의 취소를 구할 원고적격이 있다. 그러한 법률이 없는 경우에는 원칙적으로 당해 영업이 국민 누구라도 영위할 수 있어야 하는 경우(강학상 허가)에는 반사적 불이익에 불과하겠지만 어느 특정인에 대해서만 권리를 만들어주는 경우(강학상 특허)라면 법률상 이익침해에 해당되어 원고적격이 있다.

Ⅴ 재량권의 한계

> **행정소송법**
>
> **제27조【재량처분의 취소】** 행정청의 재량에 속하는 처분이라도 재량권의 한계를 넘거나 그 남용이 있는 때에는 법원은 이를 취소할 수 있다.

1 재량권의 일탈

재량권의 일탈이란 재량권의 범위를 넘어선 것으로서 예를 들면 법률에서 "행정청은 이 법을 위반한 자에 대하여 6개월 이하의 범위에서 상당한 기간을 정하여 영업정지를 할 수 있다."라고 규정하고 있음에도 1년의 영업정지를 하는 경우이다. 재량권의 일탈은 성문법을 위배한 모습으로서 위법하다.

2 재량권의 남용

재량권의 남용이란 외형상으로는 재량권의 범위 내에서 이루어졌으나 그 실질이 ① 구체적 사실을 오인하거나 ② 평등원칙, 비례의 원칙 등 행정법의 일반원칙을 위반한 경우로서 위법하다.

> **▶ 사실오인**
> 원고는 육지로부터 7시간 이상 걸리는 거리에 떨어진 낙도근무자로서 1967.7.21항 학교회의에 참석하기 위하여 임지에서 군산으로 항해 도중 풍랑을 만나 현기증, 전신쇠약 등 병세와 뇌신경쇠약 등의 병발로 1968.1.23까지 입원 또는 병원치료하였고 이로 인하여 수로여행이 불가능하여 임지에 들어가지 못하고 관할교육청에 대하여 위와 같은 사정을 고하고 육지근무를 청원하였다 한다. 이와 같은 사정이라면 직무를 태만히 하였다고 보기 어려우므로 징계사유가 있다고 할 수 없다(대판 69누38).

> **▶ 비례의 원칙 위반**
> 원고(서울시립무용단원)가 급량비를 유용한 것은 개인적인 목적을 위한 것이 아니고 시립무용단장의 지시에 따라 시립무용단의 다른 용도에 일시 전용한 것이라는 점, 유용한 금액이 비교적 소액이고 그 후에 모두 단원들에게 지급된 점 등 이 사건 변론에 나타난 여러 사정 등을 종합하여 보면, 원고를 징계하기 위하여 한 이 사건 해촉(처분 X)은 너무 가혹하여 징계권을 남용한 것이어서 위법하고 무효이다(대판 95누4636). 당사자소송

THEME 07 원고적격

> **행정소송법**
>
> **제12조 【원고적격】** 취소소송은 처분 등의 취소를 구할 법률상 이익이 있는 자가 제기할 수 있다. 처분 등의 효과가 기간의 경과, 처분등의 집행 그 밖의 사유로 인하여 소멸된 뒤에도 그 처분등의 취소로 인하여 회복되는 법률상 이익이 있는 자의 경우에는 또한 같다.

I 당사자능력

당사자능력이란 소송의 원고나 피고가 될 수 있는 능력을 말하는 추상적 개념이다. 당사자능력은 자연인, 법인은 물론 법인격 없는 사단·재단도 대표자 또는 관리인이 있으면 그 단체가 소송상 당사자가 될 수 있다.

II 원고적격

1 의의

원고적격이란 구체적 소송사건에서 원고가 될 수 있는 정당한 자격을 의미하는 것으로, 행정소송법은 법률상 이익이 있는 자가 원고적격을 가진다고 규정하고 있다.

2 법률상 이익의 의미

1) 문제의 소재

행정소송법 제12조1문은 '처분의 직접 상대방' 내지 '권리'라고 규정하지 않고 '법률상 이익'이 있는 자로 규정하고 있어, 법률상 이익의 의미가 문제된다.

2) 학설

① 취소소송의 기능을 권리의 회복에 있다고 보는 권리구제설 ② 취소소송의 기능을 개인의 권익을 구제하는 것에 중점을 두어 고유한 의미의 권리뿐만 아니라 법률에서 보호되고 있는 이익을 가진 자가 원고적격이 있다고 보는 법률에서 보호되는 이익구제설 ③ 침해되는 이익이 법질서 전체의 관점에서 보호할 가치가 있는 이익으로 보는 소송상 보호가치 있는 이익구제설 ④ 취소소송의 기능을 객관적인 처분의 적법성유지로 보아 당해 처분을 다투는데 가장 적합한 자에게 원고적격을 인정하는 적법성보장설이 대립한다.

3) 판례

행정처분의 상대방이 아닌 제3자라도 당해 행정처분의 취소를 구할 법률상의 이익이 있는 경우에는 그 처분의 취소를 구할 수 있으나, 이 경우 법률상의 이익이란 당해 처분의 근거 법률에 의하여 직접 보호되는 구체적인 이익을 말하므로 제3자가 단지 간접적인 사실상 경제적인 이해관계를 가지는 경우에는 그 처분의 취소를 구할 원고적격이 없다(대판 2002추61).

4) 검토

생각건대 '권리구제설'은 원고적격의 범위를 너무 좁히고 오늘날 권리개념의 확장에 따라 법률상 보호되는 이익구제설과 차이가 없고 '소송상 보호가치 있는 이익구제설'은 객관적 기준이 없어 법관의 자의가 개입되는 문제점이 있으며 '적법성 보장설'은 취소소송은 주관소송임에도 객관소송화하는 문제가 있으므로 결국 행정소송법의 문언에 비추어 보면 법률상 보호되는 이익구제설이 타당하다.

3 '법률'의 범위

1) 문제점

법률상 보호되는 이익구제설에 의할 때 법률의 범위를 어떻게 보느냐에 따라 법률상 이익의 범위가 달라진다.

2) 학설

① 당해 처분의 근거법규에 한정하는 견해 ② 근거법규 외에 관련법규까지 포함하는 견해 ③ 근거법규, 관련법규는 물론 헌법상 기본권까지 고려하여야 한다는 견해가 있다.

3) 판례

대법원은 법률상 이익이란 근거법규 및 관련법규에 의하여 보호되는 이익이라고 하면서도 최근 상지학교법인 임원선임처분사건에서 사립학교법 및 헌법상 대학의 자율성 및 교육을 받을 권리를 근거로 원고적격을 인정하였다. 또한 헌법재판소는 처분의 제3자의 헌법소원 청구인적격에서 헌법상 기본권인 경쟁의 자유가 법률상 이익이 된다고 판시하였다.

4) 검토

생각건대 오늘날 권리의 개념이 확대되어 가고 있는 점, 헌법상 기본권은 국민에게 핵심적인 권리라는 점에 비추어 헌법상 기본권까지 고려하는 것이 타당하다.

4 '자'의 의미(당사자능력)

1) 원칙

자연인, 법인은 물론 법인격 없는 사단·재단도 대표자 또는 관리인이 있으면 그 단체가 소송상 당사자가 될 수 있고, 당사자능력이 있는 자가 법률상 이익을 침해받은 경우에는 원고적격이 인정된다.

2) 행정주체 내지 행정기관의 항고소송의 원고적격

① 지방자치단체의 원고적격

> 귀 건축법 규정 내용에 의하면, 건축협의의 실질은 지방자치단체 등에 대한 건축허가와 다르지 않으므로, 지방자치단체 등이 건축물을 건축하려는 경우 등에는 미리 건축물의 소재지를 관할하는 허가권자인 지방자치단체의 장과 건축협의를 하지 않으면 지방자치단체라 하더라도 건축물을 건축할 수 없다. 그리고 귀 지방자치법 등 관련 법령을 살펴보아도 지방자치단체의 장이 다른 지방자치단체를 상대로 한 건축협의 취소에 관하여 다툼이 있는 경우에 법적 분쟁을 실효적으로 해결할 구제수단을 찾기도 어렵다. 따라서 건축협의 취소는 상대방이 다른 지방자치단체 등 행정주체라 하더라도 '행정청이 행하는 구체적 사실에 관한 법집행으로서의 공권력 행사'로서 처분에 해당한다고 볼 수 있고, 지방자치단체인 원고가 이를 다툴 실효적 해결 수단이 없는 이상, 원고는 건축물 소재지 관할 허가권자인 지방자치단체의 장을 상대로 항고소송을 통해 건축협의 취소의 취소를 구할 수 있다(대판 2012두22980).

② 국가기관의 원고적격

1. 공무원 甲이 국민권익위원회에 부패신고와 신분보장조치를 요구하였고, 국민권익위원회가 甲의 소속기관 장인 乙(시·도선거관리위원회위원장)에게 '甲에 대한 중징계요구를 취소하고 향후 신고로 인한 신분상 불이익처분 및 근무조건상의 차별을 하지 말 것을 요구'하는 내용의 조치요구를 한 경우에 국가기관 일방의 조치요구에 불응한 상대방 국가기관에 국민권익위원회법상의 제재규정과 같은 중대한 불이익을 직접적으로 규정한 다른 법령의 사례를 찾아보기 어려운 점, 그럼에도 乙이 국민권익위원회의 조치요구를 다툴 별다른 방법이 없는 점 등에 비추어 보면 처분성이 인정되는 위 조치요구에 불복하고자 하는 乙로서는 조치요구의 취소를 구하는 항고소송을 제기하는 것이 유효·적절한 수단이므로 비록 乙이 국가기관이더라도 당사자능력 및 원고적격을 가진다고 보는 것이 타당하고, 乙이 위 조치요구 후 甲을 파면하였다고 하더라도 조치요구가 곧바로 실효된다고 할 수 없고 乙은 여전히 조치요구를 따라야 할 의무를 부담하므로 乙에게는 위 조치요구의 취소를 구할 법률상 이익도 있다(대판 2011두1214).
2. 국민권익위원회가 소방청장에게 인사와 관련하여 부당한 지시를 한 사실이 인정된다며 이를 취소할 것을 요구하기로 의결하고 그 내용을 통지하자 소방청장이 국민권익위원회 조치요구의 취소를 구하는 소송을 제기한 사안에서, 처분성이 인정되는 국민권익위원회의 조치요구에 불복하고자 하는 소방청장으로서는 조치요구의 취소를 구하는 항고소송을 제기하는 것이 유효·적절한 수단으로 볼 수 있으므로 소방청장이 예외적으로 당사자능력과 원고적격을 가진다(대판 2014두35379).

부패방지 및 국민권익위원회의 설치와 운영에 관한 법률

제62조의3 【신분보장 등의 조치 결정 등】 ① 위원회는 조사 결과 신분보장신청인이 신고등을 이유로 불이익조치(제2조제7호아목 및 자목에 해당하는 불이익조치는 제외한다)를 받았거나 받을 것으로 예상되는 경우에는 소속기관장등에게 30일 이내의 기간을 정하여 다음 각 호의 신분보장 등 조치를 취하도록 요구하는 결정(이하 "신분보장등조치결정"이라 한다)을 하여야 하며, 소속기관장등은 정당한 사유가 없으면 이에 따라야 한다.

제62조의4 【행정소송의 제기 등】 ① 소속기관장등은 신분보장등조치결정에 대하여 「행정소송법」에 따른 행정소송을 제기하는 경우에는 같은 법 제20조제1항에도 불구하고 신분보장등조치결정을 통보받은 날부터 30일 이내에 제기하여야 한다.
② 소속기관장등은 신분보장등조치결정에 대해서는 「행정심판법」에 따른 행정심판을 청구할 수 없다. [본조신설 2019. 4. 16.]

제90조 【불이익조치 및 신분보장등조치결정 불이행의 죄】 ① 다음 각 호의 어느 하나에 해당하는 자는 3년 이하

의 징역 또는 3천만원 이하의 벌금에 처한다.
2. 제62조의3제1항(제65조 및 제67조에서 준용하는 경우를 포함한다)에 따른 신분보장등조치결정을 이행하지 아니한 자

5 원고적격의 구체적 검토

📝 원고적격이 있는 경우

1. 관할청이 학교법인의 임원취임승인신청에 대하여 이를 반려하거나 거부하는 경우 학교법인에 의하여 임원으로 선임된 사람은 학교법인의 임원으로 취임할 수 없게 되는 불이익을 입게 되는 바, 이와 같은 불이익은 간접적이거나 사실상의 불이익이 아니라 직접적이고도 구체적인 법률상의 불이익이라 할 것이므로 학교법인에 의하여 임원으로 선임된 사람에게는 관할청의 임원취임승인신청 반려처분을 다툴 수 있는 원고적격이 있다(대판 2005두9651).

2. 임시이사제도의 취지, 교직원·학생 등의 학교운영에 참여할 기회를 부여하기 위한 개방이사 제도에 관한 법령의 규정 내용과 입법 취지 등을 종합하여 보면, 구 사립학교법 및 헌법 제31조 제4항에 정한 교육의 자주성과 대학의 자율성에 근거한 갑 대학교 교수협의회와 총학생회의 학교운영참여권을 구체화하여 이를 보호하고 있다고 해석되므로, 갑 대학교 교수협의회와 총학생회는 이사선임처분을 다툴 법률상 이익을 가진다(대판 2012두19496,19602).

3. 일반적으로 법인의 주주는 당해 법인에 대한 행정처분에 관하여 사실상이나 간접적인 이해관계를 가질 뿐이어서 스스로 그 처분의 취소를 구할 원고적격이 없는 것이 원칙이라고 할 것이지만, 그 부실금융기관결정처분으로 인하여 궁극적으로 주식이 소각되거나 주주의 법인에 대한 권리가 소멸하는 등 주주의 지위에 중대한 영향을 초래하게 되는데도 그 처분의 성질상 당해 법인이 이를 다툴 것을 기대할 수 없고 달리 주주의 지위를 보전할 구제방법이 없는 경우에는 주주도 그 처분에 관하여 직접적이고 구체적인 법률상 이해관계를 가진다고 보이므로 그 취소를 구할 원고적격이 있다(대판 2000두2648).

📝 원고적격이 없는 경우

1. 회사의 노사간에 임금협정을 체결함에 있어 운전기사의 합승행위 등으로 회사에 대하여 과징금이 부과 되면 당해 운전기사에 대한 상여금지급시 그 금액상당을 공제하기로 함으로써 과징금의 부담을 당해 운전기사에게 전가하도록 규정하고 있고 이에 따라 당해 운전기사의 합승행위를 이유로 회사에 대하여 한 과징금부과처분으로 말미암아 당해 운전기사의 상여금지급이 제한되었다고 하더라도, 이는 단순한 경제적 불이익에 불과하므로 과징금부과처분의 직접 당사자 아닌 당해 운전기사로서는 그 처분의 취소를 구할 직접적이고 구체적인 이익이 있다고 볼 수 없다(대판 93누24247).

2. 노동조합 설립신고의 수리 그 자체에 의하여 사용자에게 어떤 공적 의무가 부과되는 것도 아니라고 할 것이어서 당해 사안에서 지방자치단체장이 노동조합의 설립신고를 수리한 것만으로는 당해 회사의 어떤 법률상의 이익이 침해되었다고 할 수 없으므로 당해 회사는 신고증을 교부받은 노동조합이 부당노동행위구제신청을 하는 등으로 법이 허용하는 절차에 구체적으로 참가한 경우에 그 절차에서 노동조합의 무자격을 주장하여 다툴 수 있을 뿐 노동조합 설립신고의 수리처분 그 자체만을 다툴 당사자적격은 없다(대판 96누9829).

3. 노동조합은 근로자가 주체가 되어 자주적으로 단결하여 근로조건의 유지·개선 기타 근로자의 경제적·사회적 지위의 향상을 도모하기 위하여 조직된 단체인 점 등을 고려할 때, 학교의 직원으로 구성된 노동조합이 교육받을 권리나 학문의 자유를 실현하는 수단으로서 직접 기능한다고 볼 수는 없으므로, 개방이사에 관한 구 사립학교법과 구 사립학교법 시행령 및 을 법인 정관 규정이 학교직원들로 구성된 전국대학노동조합을 대학교지부의 법률상 이익까지 보호하고 있는 것으로 해석할 수는 없다(대판 2012두19496,19602).

4. 사단법인 대한의사협회는 의료법에 의하여 의사들을 회원으로 하여 설립된 사단법인으로서, 국민건강보험법상 요양급여행위, 요양급여비용의 청구 및 지급과 관련하여 직접적인 법률관계를 갖지 않고 있으므로, 보건복지부 고시

인 '건강보험요양급여행위 및 그 상대가치점수 개정'으로 인하여 자신의 법률상 이익을 침해당하였다고 할 수 없다는 이유로 위 고시의 취소를 구할 원고적격이 없다(대판 2003두11988) [건강보험요양급여행위등처분취소].

3) 복효적 행정행위

① 인근주민의 원고적격

일정지역 안에서 특정한 자에게 주어지는 수익적 행위가 그를 제외한 주민들의 법률상 이익을 침해하는 경우에 인근주민은 침해배제를 위한 원고적격이 인정된다. 그러나 관련법규가 인근주민의 이익을 보호하는 목적이 없다면 반사적 불이익에 해당하고 원고적격이 없음은 당연하다.

> **원고적격이 있는 경우**
>
> 1. 주거지역내에 위 법조 소정 제한면적을 초과한 연탄공장 건축허가처분으로 불이익을 받고 있는 제3거주자는 비록 당해 행정처분의 상대자가 아니라 하더라도 그 행정처분으로 말미암아 위와 같은 법률에 의하여 보호되는 이익을 침해받고 있다면 당해행정 처분의 취소를 소구하여 그 당부의 판단을 받을 법률상의 자격이 있다(대판 73누96, 97). LPG충전소설치허가처분에 대한 인근주민 또한 같다.
>
> 2. 원자력법 제12조 제2호(발전용 원자로 및 관계 시설의 위치·구조 및 설비가 대통령령이 정하는 기술수준에 적합하여 방사성물질 등에 의한 인체·물체·공공의 재해방지에 지장이 없을 것)의 취지는 방사성물질 등에 의한 생명·건강상의 위해를 받지 아니할 이익을 일반적 공익으로서 보호하려는 데 그치는 것이 아니라 방사성물질에 의하여 보다 직접적이고 중대한 피해를 입으리라고 예상되는 지역 내의 주민들의 위와 같은 이익을 직접적·구체적 이익으로서도 보호하려는 데에 있다 할 것이므로, 위와 같은 지역 내의 주민들에게는 방사성물질 등에 의한 생명·신체의 안전침해를 이유로 부지사전승인처분의 취소를 구할 원고적격이 있다(대판 97누19588).
>
> 3. 도시계획의 내용이 공설화장장의 설치에 관한 것일 때에는 도시계획법뿐만 아니라 매장및묘지등에관한법률 역시 그 근거 법률이 된다고 보아야 할 것이므로, 같은 법 시행령 제4조 제2호가 공설화장장은 20호 이상의 인가가 밀집한 지역, 학교 또는 공중이 수시 집합하는 시설 또는 장소로부터 1,000m 이상 떨어진 곳에 설치하도록 제한을 가하고, 같은 법 시행령 제9조가 국민보건상 위해를 끼칠 우려가 있는 지역, 도시계획법 제17조의 규정에 의한 주거지역, 상업지역, 공업지역 및 녹지지역 안의 풍치지구 등에의 공설화장장 설치를 금지함에 의하여 보호되는 부근 주민들의 이익은 위 도시계획결정처분의 근거 법률에 의하여 보호되는 법률상 이익이다(대판 94누14544).
>
> 4. 파주시장이 종교단체 납골당설치 신고를 한 甲 교회에, '구 장사 등에 관한 법률에 따라 필요한 시설을 설치하고 유골을 안전하게 보관할 수 있는 설비를 갖추어야 하며 관계 법령에 따른 허가 및 준수 사항을 이행하여야 한다'는 이행통지를 함으로써 납골당설치 신고를 수리를 하였다고 보는 것이 타당하다. 이 경우 납골당 설치장소에서 500m 내에 20호 이상의 인가가 밀집한 지역에 거주하는 주민들의 경우 납골당이 누구에 의하여 설치되는지와 관계없이 납골당 설치에 대하여 환경상 이익 침해 또는 침해 우려가 있는 것으로 사실상 추정되어 원고적격이 인정된다(대판 2009두6766).
>
> 5. 환경영향평가대상지역 안의 주민들이 그 대상사업인 전원개발사업실시계획승인처분과 관련하여 갖는 환경상 이익이 직접적·구체적 이익인지 여부(적극) 및 위 주민들에게 그 침해를 이유로 위 처분의 취소를 구할 원고적격이 있으나, 환경영향평가대상지역 밖의 주민 등의 환경상 이익 또는 전원(電源)개발사업 구역 밖의 주민 등의 재산상 이익이 직접적·구체적 이익이 없으므로 전원개발사업실시계획승인처분의 취소를 구할 원고적격이 없다(대판 97누19571).
>
> 6. 새만금간척종합개발사업을 위한 공유수면매립과 농지개량사업시행으로 인하여 직접적이고 중대한 환경피해를 입으리라고 예상되는 환경영향평가 대상지역 안의 주민들이 전과 비교하여 수인한도를 넘는 환경침해를 받지 아니

하고 쾌적한 환경에서 생활할 수 있는 개별적 이익까지도 이를 보호하려는 데에 있다고 할 것이므로, 위 주민들이 공유수면매립면허처분등과 관련하여 갖고 있는 위와 같은 환경상의 이익은 주민 개개인에 대하여 개별적으로 보호되는 직접적·구체적 이익으로서 그들에 대하여는 특단의 사정이 없는 한 환경상의 이익에 대한 침해 또는 침해 우려가 있는 것으로 사실상 추정되어 공유수면매립면허처분등의 무효확인을 구할 원고적격이 인정된다. 한편 환경영향평가 대상지역 밖의 주민이라 할지라도 공유수면매립면허처분등으로 인하여 그 처분 전과 비교하여 수인한도를 넘는 환경피해를 받거나 받을 우려가 있는 경우에는, 공유수면매립면허처분등으로 인하여 환경상 이익에 대한 침해 또는 침해우려가 있다는 것을 입증함으로써 그 처분등의 무효확인을 구할 원고적격을 인정받을 수 있다(대판 2006두330 전원합의체).

📣 원고적격이 없는 경우
상수원에서 급수를 받고 있는 지역주민들이 가지는 상수원의 오염을 막아 양질의 급수를 받을 이익은 직접적이고 구체적으로는 보호하고 있지 않음이 명백하여 위 지역주민들이 가지는 이익은 상수원의 확보와 수질보호라는 공공의 이익이 달성됨에 따라 반사적으로 얻게 되는 이익에 불과하므로 지역주민들에 불과한 원고들에게는 위 상수원보호구역변경처분의 취소를 구할 법률상의 이익이 없다(대판 94누14544).

② 경업자소송의 원고적격

일반적으로 면허나 인·허가 등의 수익적 행정처분의 근거가 되는 법률이 해당 업자들 사이의 과당경쟁으로 인한 경영의 불합리를 방지하는 것도 그 목적으로 하고 있는 경우, 기존의 업자는 경업자에 대하여 이루어진 면허나 인·허가 등 행정처분의 상대방이 아니라 하더라도 당해 행정처분의 취소를 구할 원고적격이 있다. 그러한 법률이 없는 경우에는 원칙적으로 당해 영업이 국민 누구라도 영위할 수 있어야 하는 경우(강학상 허가)에는 반사적 불이익에 불과하겠지만 어느 특정인에 대해서만 권리를 만들어주는 경우(강학상 특허)라면 법률상 이익침해에 해당되어 원고적격이 있다.

📣 원고적격이 있는 경우
1. 자동차운수사업법의 규정의 목적이 자동차운수사업에 관한 질서를 확립하고 자동차운수의 종합적인 발달을 도모하여 공공의 복리를 증진함과 동시에 경업자 간의 경쟁으로 인한 경영의 불합리를 미리 방지하자는 데 있다 할 것이므로 기존 시내버스업자로서는, 다른 운송사업자가 운행하고 있는 기존 시외버스를 시내버스로 전환을 허용하는 사업계획변경인가처분에 대하여 그 취소를 구할 법률상의 이익이 있다(대판 85누985).
2. 선박운항사업 면허처분에 대하여 기존업자는 행정처분 취소를 구할 법률상 이익이 있다(대판 69누106).
3. 일반적으로 면허나 인·허가 등의 수익적 행정처분의 근거가 되는 법률이 해당 업자들 사이의 과당경쟁으로 인한 경영의 불합리를 방지하는 것도 그 목적으로 하고 있는 경우, 다른 업자에 대한 면허나 인·허가 등의 수익적 행정처분에 대하여 이미 같은 종류의 면허나 인·허가 등의 수익적 행정처분을 받아 영업을 하고 있는 기존의 업자는 경업자에 대하여 이루어진 면허나 인·허가 등 행정처분의 상대방이 아니라 하더라도 당해 행정처분의 취소를 구할 원고적격이 있다. 귀 오수·분뇨 및 축산폐수의 처리에 관한 법률과 같은 법 시행령상 업종을 분뇨와 축산폐수 수집·운반업 및 정화조청소업으로 하여 분뇨 등 관련 영업허가를 받아 영업을 하고 있는 기존업자의 이익이 법률상 보호되는 이익이라고 보아, 기존업자에게 경업자에 대한 영업허가처분의 취소를 구할 원고적격이 있다(대판 2004두6716).

4. 담배 일반소매인의 지정기준으로서 일반소매인의 영업소 간에 일정한 거리제한을 두고 있는 것은 담배유통구조의 확립을 통하여 국민의 건강과 관련되고 국가 등의 주요 세원이 되는 담배산업 전반의 건전한 발전 도모 및 국민경제에의 이바지라는 공익목적을 달성하고자 함과 동시에 일반소매인 간의 과당경쟁으로 인한 불합리한 경영을 방지함으로써 일반소매인의 경영상 이익을 보호하는 데에도 그 목적이 있다고 보이므로, 일반소매인으로 지정되어 영업을 하고 있는 기존업자의 신규 일반소매인에 대한 이익은 단순한 사실상의 반사적 이익이 아니라 법률상 보호되는 이익이라고 해석함이 상당하다(대판 2007두23811).

▶ **원고적격이 없는 경우**

1. 숙박업구조변경허가를 함으로써 그곳으로부터 50미터 내지 700미터 정도의 거리에서 여관을 경영하는 원고들이 받게 될 불이익은 간접적이거나 사실적, 경제적인 불이익에 지나지 아니하므로 그것만으로는 원고들에게 위 숙박업구조변경허가처분의 무효확인 또는 취소를 구할 소익이 있다고 할 수 없다(대판 89누7900).

2. 공중목욕장업허가처분에 의하여 기존업자의 목욕장업에 의한 이익이 사실상 감소된다하여도 이 불이익은 본건 허가처분의 단순한 사실상의 반사적 결과에 불과하고 이로 말미암아 원고의 권리를 침해하는 것이라고는 할 수 없음으로 기존업자는 이 사건 목욕장업허가처분에 대하여 그 취소를 소구할 수 있는 법률상 이익이 없다(대판 63누101).

3. 유기장영업허가는 유기장영업권을 설정하는 설권행위가 아니고 일반적 금지를 해제하는 영업자유의 회복이라 할 것이므로 그 영업상의 이익은 반사적 이익에 불과하다(대판 84누369).

4. 구내소매인과 일반소매인 사이에서는 구내소매인의 영업소와 일반소매인의 영업소 간에 거리제한을 두지 아니할 뿐 아니라 -생략-, 기존 일반소매인은 신규 구내소매인 지정처분의 취소를 구할 원고적격이 없다(대판2008두402).

③ 경원자의 원고적격

인·허가 등의 수익적 행정처분을 신청한 수인이 서로 경쟁관계에 있어서 일방에 대한 허가 등의 처분이 타방에 대한 불허가 등으로 귀결될 수밖에 없는 때(이른바 경원 관계에 있는 경우로서 동일대상지역에 대한 공유수면매립면허나 도로점용허가 혹은 일정지역에 있어서의 영업허가 등에 관하여 거리제한규정이나 업소개수제한규정 등이 있는 경우를 그 예로 들 수 있다) 허가 등의 처분을 받지 못한 자는 비록 경원자에 대하여 이루어진 허가 등 처분의 상대방이 아니라 하더라도 당해 처분의 취소를 구할 당사자적격이 있다(대판 91누13274).

1. 액화석유가스충전사업의 허가기준을 정한 전라남도 고시에 의하여 고흥군 내에는 당시 1개소에 한하여 L.P.G. 충전사업의 신규허가가 가능하였는데, 행정소송법 제12조는 취소소송은 처분등의 취소를 구할 법률상의 이익이 있는 자가 제기할 수 있다고 규정하고 있는 바, 인·허가 등의 수익적 행정처분을 신청한 수인이 서로 경쟁관계에 있어서 일방에 대한 허가 등의 처분이 타방에 대한 불허가 등으로 귀결될 수 밖에 없는 때(이른바 경원관계에 있는 경우로서 동일대상지역에 대한 공유수면매립면허나 도로점용허가 혹은 일정지역에 있어서의 영업허가 등에 관하여 거리제한 규정이나 업소개수제한규정 등이 있는 경우를 그 예로 들 수 있다) 허가 등의 처분을 받지 못한 자는 비록 경원자에 대하여 이루어진 허가 등 처분의 상대방이 아니라 하더라도 당해처분의 취소를 구할 당사자적격이 있다(대판 91누13274).

2. 법학전문대학원 설치인가 신청을 한 41개 대학들은 2,000명이라는 총 입학정원을 두고 그 설치인가 여부 및 개별 입학정원의 배정에 관하여 서로 경쟁관계에 있고 이 사건 각 처분이 취소될 경우 원고의 신청이 인용될 가능성도 배제할 수 없으므로, 원고가 이 사건 각 인가처분의 상대방이 아니라도 그 처분의 취소 등을 구할 당사자적격이 있다(대판 2009두8359).

사례연습

2013년 제22회 기출

甲은 乙이 대표이사로 있는 A운수주식회사에서 운전기사로 근무하고 있는데, A회사의 노사간에 체결된 임금협정에는 운전기사의 법령위반행위로 회사에 과징금이 부과되면 추후 당해 운전기사에 대한 상여금 지급시 그 과징금 상당액을 공제하기로 하는 내용이 포함되어 있다. 다음 물음에 답하시오. (50점)

(1) 甲의 법령위반행위로 인하여 A회사에 과징금이 부과된 경우, A회사에 갈음하여 대표이사인 乙이 스스로 당해 과징금부과처분에 대한 취소소송을 제기한다면 이 소송은 적법한가? 또한 乙이 甲의 법령위반행위로 인한 과징금의 액수가 과다하지만 그 액수만큼 甲에 대한 상여금에서 공제할 수 있어 회사에 실질적인 손해가 없다고 생각하여 과징금부과처분에 대한 취소소송 제기에 적극적인 태도를 보이지 않는 경우, 甲이 당해 과징금부과처분에 대한 취소소송을 제기한다면 이 소송은 적법한가? (30점)

목차

Ⅰ. 쟁점의 정리

Ⅱ. 법률상 이익의 의미
 1. 문제의 소재
 2. 학설
 3. 판례
 4. 검토

Ⅲ. 법률의 범위
 1. 학설
 2. 판례
 3. 검토

Ⅳ. 법률상 이익이 있는 '자'의 범위

Ⅴ. 사안의 해결
 1. 대표이사 乙의 경우
 2. 운전기사 甲의 경우

모범 답안

Ⅰ 쟁점의 정리

甲의 법령위반행위를 이유로 부과된 과징금부과처분의 직접 상대방은 A회사임에도 불구하고 처분의 직접 상대방이 아닌 제3자 대표이사 乙과 甲에게 원고적격이 인정되는 지는 행정소송법제12조제1문의 '법률상 이익이 있는 자'의 개념을 검토해보아야 한다.

Ⅱ. 법률상 이익의 의미

1. 문제의 소재

행정소송법 제12조제1문은 원고적격에 관하여 '권리' 내지 '처분의 직접 상대방'이라고 규정하지 않고 "법률상 이익"이라고 규정하고 있어 그 해석에 관하여 견해대립이 있다.

2. 학설

① 권리구제설 ② 고유한 의미의 권리뿐만 아니라 법률에서 보호되고 있는 이익으로 보는 법률에서 보호되는 이익구제설 ③ 소송상 보호가치 있는 이익구제설 ④ 적법성보장설이 대립한다.

3. 판례

대법원은 처분의 직접 상대방이 아닌 제3자의 경우에도 법률상 이익을 침해받은 경우에는 원고적격이 인정되는 바, 법률상 이익이란 처분의 근거법규 및 관련법규에 의하여 보호되는 개별적, 구체적, 직접적인 이익을 말한다고 판시하여 단순한 간접적, 사실적, 경제적 이익과 같은 반사적 이익과 구별하고 있다.

4. 검토

생각건대 권리구제설은 권리개념의 확장에 따라 법률상 보호되는 이익구제설과 차이가 없고 보호가치 있는 이익구제설은 법관의 자의가 개입되는 문제점이 있고 적법성보장설은 취소소송을 객관소송화하는 문제가 있으므로 명문의 규정상 법률상 보호되는 이익구제설이 타당하다.

Ⅲ. 법률의 범위

1. 학설

① 당해 처분의 근거법규에 한정하는 견해 ② 근거법규 외에 관련법규까지 포함하는 견해 ③ 근거법규, 관련법규는 물론 헌법상 기본권까지 고려하여야 한다는 견해가 있다.

2. 판례

대법원은 법률상 이익이란 근거법규 및 관련법규에 의하여 보호되는 이익이라고 하면서도 최근 상지학교법인 임원선임처분사건에서 사립학교법 및 헌법상 대학의 자율성 및 교육을 받을 권리를 근거로 원고적격을 인정하였다. 또한 헌법재판소는 처분의 제3자의 헌법소원 청구인적격에서 헌법상 기본권인 경쟁의 자유가 법률상 이익이 된다고 판시하였다.

3. 검토

생각건대 오늘날 권리의 개념이 확대되어 가고 있는 점, 헌법상 기본권은 국민에게 핵심적인 권리라는 점에 비추어 헌법상 기본권까지 고려하는 것이 타당하다.

Ⅳ. 법률상 이익이 있는 '자'의 범위

법률상 이익의 주체에는 자연인, 법인, 법인격 없는 단체가 포함되고, 최근 대법원은 선거관리위원회위원장 및 소방청장 사건에서 국가기관의 당사자능력 및 원고적격을 인정하였다.

Ⅴ. 사안의 해결

1. 대표이사 乙의 경우

A회사의 기관인 대표이사 乙은 독자적인 당사자능력이 인정되지 않고 과징금부과처분으로 인하여 과징금납부의무가 발생하는 것도 아니므로 이로 인하여 발생하는 불이익은 단지 간접적, 사실적, 경제적 이해관계에 불과하므로 원고적격이 인정되지 않으므로 취소소송은 부적법하다.

2. 운전기사 甲의 경우

A회사의 노사 간에 임금협정을 체결함에 있어 운전기사의 법령위반행위로 회사에 대하여 과징금이 부과되면 당해 운전기사에 대한 상여금지급시 그 금액상당을 공제하기로 하는 내용이 포함되어 있고 이에 따라 甲의 상여금지급이 제한되었다고 하더라도 이는 A회사에 대한 과징금부과처분으로 발생하는 직접적인 법률상 이익침해가 아니라 단지 간접적, 사실적, 경제적 이해관계에 불과하므로 원고적격이 인정되지 않으므로 취소소송은 부적법하다.

일반 담배소매업자 甲은 담배사업법제16조에 따라 서울시장으로부터 담배소매인지정(담배소매업허가)을 받아 서울 관악구 대학동에서 담배판매업을 영위하고 있다. 그런데 서울시장은 乙의 신규 소매인지정신청에 대하여도 허가를 하였는데 乙의 영업소는 甲의 영업소로부터 50m이내에 위치하고 있었다. 이에 甲은 乙에 대한 신규 일반 담배소매업허가의 취소를 구하는 소송을 제기한 경우 甲은 원고적격이 인정되는지 검토하시오(거리제한 규정 있음).

목차

I. 쟁점의 정리

II. 법률상 이익의 의미
  1. 문제의 소재
  2. 학설
  3. 판례
  4. 검토

III. 법률의 범위
  1. 문제점
  2. 학설
  3. 판례
  4. 검토

IV. 법률상 이익이 있는 '자'의 범위

V. 경업자소송의 원고적격

VI. 사안의 해결

모범답안

I. 쟁점의 정리 ❷

乙에 대한 신규 일반담배소매점업허가처분의 직접 상대방이 아닌 기존업자 甲이 취소소송을 제기할 원고적격이 인정되는 여부가 행정소송법제12조제1문의 법률상 이익의 해석과 관련하여 문제된다.

II. 법률상 이익의 의미

1. 문제의 소재 ❶

행정소송법 제12조제1문은 원고적격에 관하여 '권리' 내지 '처분의 직접 상대방'이라고 규정하지 않고 "법률상 이익"이라고 규정하고 있어 그 해석에 관하여 견해대립이 있다.

2. 학설 ❷

① 권리구제설 ② 고유한 의미의 권리뿐만 아니라 법률에서 보호되고 있는 이익으로 보는 법률에서 보호되는 이익구제설 ③ 소송상 보호가치 있는 이익구제설 ④ 적법성보장설이 있다.

3. 판례 ❷

대법원은 처분의 직접 상대방이 아닌 제3자의 경우에도 법률상 이익을 침해받은 경우에는 원고적격이 인정되는 바, 법률상 이익이란 처분의 근거법규 및 관련법규에 의하여 보호되는 개별적, 구체적, 직접적인 이익을 말한다고 판시하여 단순한 간접적, 사실적, 경제적 이익과 같은 반사적 이익과 구별하고 있다.

4 검토 ❷

생각건대 권리구제설은 권리개념의 확장에 따라 법률상 보호되는 이익구제설과 차이가 없고 보호가치 있는 이익구제설은 법관의 자의가 개입되는 문제점이 있고 적법성보장설은 취소소송을 객관소송화하는 문제가 있으므로 명문의 규정상 법률상 보호되는 이익구제설이 타당하다.

Ⅲ 법률의 범위

1 문제점 ❶

법률상 보호되는 이익구제설에 의할 때 법률의 범위를 어떻게 보느냐에 따라 법률상 이익의 범위가 달라진다.

2 학설 ❶

① 당해 처분의 근거법규에 한정하는 견해 ② 근거법규 외에 관련법규까지 포함하는 견해 ③ 근거법규, 관련법규는 물론 헌법상 기본권까지 고려하여야 한다는 견해가 있다.

3 판례 ❸

대법원은 법률상 이익이란 근거법규 및 관련법규에 의하여 보호되는 이익이라고 하면서도 최근 상지학교법인 임원선임처분사건에서 사립학교법 및 헌법상 대학의 자율성 및 교육을 받을 권리를 근거로 원고적격을 인정하였다. 또한 헌법재판소는 처분의 제3자의 헌법소원 청구인적격에서 헌법상 기본권인 경쟁의 자유가 법률상 이익이 된다고 판시하였다.

4 검토 ❶

생각건대 오늘날 권리의 개념이 확대되어 가고 있는 점, 헌법상 기본권은 국민에게 핵심적인 권리라는 점에 비추어 헌법상 기본권까지 고려하는 것이 타당하다.

Ⅳ 법률상 이익이 있는 '자'의 범위 ❷

법률상 이익의 주체에는 자연인, 법인, 법인격 없는 단체가 포함되고, 최근 대법원은 선거관리위원회위원장 및 소방청장 사건에서 국가기관의 당사자능력 및 원고적격을 인정하였다.

Ⅴ. 경업자소송의 원고적격 ❺

경업자소송이란 기존업자가 신규업자에 대한 허가나 특허처분의 취소 등을 구하는 소송을 말하는데, 기존업자의 원고적격과 관련하여 대법원은 일반적으로 수익적 처분의 근거법률이 업자들 사이의 과당경쟁으로 인한 경영의 불합리를 방지하는 목적도 있는 경우에는 기존업자는 경업자에 대한 인,허가의 취소를 구할 원고적격이 있다고 판시하면서 구체적인 사건에서 기존업자가 특허를 받은 경우에는 원고적격을 인정하고 반대로 강학상 허가를 받은 경우에는 원칙적으로 원고적격을 인정하지 않는다.

Ⅵ. 사안의 해결 ❷

일반 담배소매업허가는 강학상 허가에 해당하지만 담배사업법령에 의하면 일반 담배소매인 사이에서는 그 영업소 간에 50m 이상의 거리를 유지하도록 규정의 취지는 해당 업자들 간의 과당경쟁을 방지하는 취지가 있으므로 기존업자 甲은 원고적격이 인정된다.

THEME 08 행정입법

제1항 개설

행정입법에는 국가행정권에 의한 입법과 지방자치단체에 의한 입법이 있으며 대외적으로 국민을 구속하는 힘을 가진 법규명령과 행정조직 내부에서만 효력이 발생하는 행정규칙이 있다.

제2항 법규명령

I 의의

법규명령이란 행정권이 정립하는 일반적·추상적 규율로서 법규성이 있는 규범을 말한다. 여기서 법규란 국민과 행정권을 구속하고 재판규범이 되는 규범을 말한다. 따라서 국민이 법규명령을 위반하면 위법한 행위가 되어 행정강제 내지 행정벌의 대상이 되고 행정작용 역시 법규명령에 위반하면 위법한 행위가 된다.

II 법규명령의 종류

1 대통령령

대통령이 제정하는 법규명령에는 개별 법률의 구체적 위임을 받아 제정하는 위임명령과 상위법률을 집행하기 위하여 제정하는 집행명령이 있고, 그 형식은 「도로교통법 시행령」이라는 명칭을 사용한다.

2 총리령·부령

국무총리 또는 행정각부의 장이 제정하는 법규명령으로서 위임명령과 집행명령이 있으며 그 형식은 「도로교통법 시행규칙」 또는 「자동차운수사업법규칙」이라는 명칭을 사용한다.

3 명령·규칙의 항고소송 대상여부

1) 원칙

일반적·추상적 규율인 명령·규칙은 처분성이 없으므로 원칙적으로 항고소송의 대상이 될 수 없다.

2) 예외(처분적 법규)

처분적 법규란 형식은 일반적·추상적 규율의 법조문 형식을 갖추고 있으나, 그 내용은 행정청의 구체적 집행행위가 없더라도 직접 국민에게 효력이 발생하는 경우를 의미하고 이 경우에는 항고소송의 대상인 '처분 등'에 해당하므로 항고소송을 제기할 수 있다.

> 1. 두밀분교폐지 조례가 집행행위의 개입 없이도 그 자체로서 직접 국민의 구체적인 권리의무나 법적 이익에 영향을 미치는 등의 법률상 효과를 발생하는 경우 그 조례는 항고소송의 대상이 되는 행정처분에 해당하고, 이러한 조례에 대한 무효확인소송을 제기함에 있어서 피고적격이 있는 처분등을 행한 행정청은, 행정주체인 지방자치단체 또는 지방자치단체의 내부적 의결기관으로서 지방자치단체의 의사를 외부에 표시한 권한이 없는 지방의회가 아니라, 지방자치단체의 집행기관으로서 조례로서의 효력을 발생시키는 공포권이 있는 지방자치단체의 장이다. 다만, (구)지방교육자치에관한법률에 의하면 시·도의 교육·학예에 관한 사무의 집행기관은 시·도 교육감이고 시·도 교육감에게 지방교육에 관한 조례안의 공포권이 있다고 규정되어 있으므로, 교육에 관한 조례의 무효확인소송을 제기함에 있어서는 그 집행기관인 시·도 교육감을 피고로 하여야 한다(대판 95누8003).
>
> 2. 보건복지부 고시인 약제급여·비급여목록 및 급여상한금액표는 다른 집행행위의 매개 없이 그 자체로서 국민건강보험가입자, 국민건강보험공단, 요양기관 등의 법률관계를 직접 규율하는 성격을 가지므로 항고소송의 대상이 되는 행정처분에 해당하고 제약회사가 자신이 공급하는 약제에 관하여 국민건강보험법, 같은 법 시행령, 국민건강보험 요양급여의 기준에 관한 규칙 등 약제상한금액고시의 근거 법령에 의하여 보호되는 직접적이고 구체적인 이익을 향유하는데, 보건복지부 고시인 약제급여·비급여목록 및 급여상한금액표(보건복지부 고시)로 인하여 자신이 제조·공급하는 약제의 상한금액이 인하됨에 따라 위와 같이 보호되는 법률상 이익이 침해당할 경우 제약회사는 위 고시의 취소를 구할 원고적격이 있다(대판 2005두2506).

4 행정입법부작위(행정입법권의 불행사로 인한 침해 구제)

1) 의의

행정입법부작위란 행정권이 법규명령의 제정의무가 있음에도 불구하고 합리적인 이유없이 법규명령을 제정하지 않는 경우를 말한다.

2) 요건

행정입법부작위가 위법하기 위해서는 ① 행정청에게 행정입법의무가 존재함에도 불구하고 ② 합리적 이유 없이 상당한 기간이 경과하였음에도 ③ 행정입법을 하지 않고 있어야 한다.

3) 권리구제수단

① 항고소송 중 부작위위법확인소송

> 부작위위법확인소송에서 말하는 "부작위"라 함은 행정청이 당사자의 신청에 대하여 상당한 기간 내에 일정한 처분을 하여야 할 법률상 의무가 있음에도 불구하고 이를 하지 아니하는 것을 말하는 바, 행정소송은 구체적 사건에 대한 법률상 분쟁을 법에 의하여 해결함으로써 법적 안정을 기하자는 것이므로 부작위위법확인소송의 대상이 될 수 있는 것은 구체적 권리의무에 관한 분쟁이어야 하고, 추상적인 법령에 관하여 제정의 여부 등은 그 자체로서 국민의 구체적인 권리의무에 직접적 변동을 초래하는 것이 아니어서 부작위위법확인소송의 대상이 될 수 없다(대판 91누11261).

② 헌법소원심판청구

 헌법에서 기본권보장을 위해 법령에 명시적인 입법위임을 하였음에도 입법자가 이를 이행하지 않을 때, 그리고 헌법 해석상 특정인에게 구체적인 기본권이 생겨 이를 보장하기 위한 국가의 행위의무 내지 보호의무가 발생하였음이 명백함에도 불구하고 입법자가 전혀 아무런 입법조치를 취하고 있지 않은 경우가 여기에 해당될 것이며, 이때에는 입법부작위가 헌법소원의 대상이 된다고 봄이 상당할 것이다(헌재 88헌마1).

제3항 행정규칙

I 의의

행정규칙이란 상급행정기관이 하급행정기관에 대하여 행정조직내부에서 그 조직과 활동을 규율하는 일반적·추상적 규율로서 대외적 구속력이 없는 즉, 법규성을 갖지 않는 것을 말한다. 일반적·추상적 규율이라는 점에서는 법규명령과 동일하나, 법규성이 없다는 점에서 법규명령과 다르다. 일반적으로 고시, 훈령, 예규, 지침 등의 형식으로 제정된다.

II 법규성 유무

행정규칙은 대외적 법규성이 없기 때문에 당연히 법원의 재판규범이 되지 않으며 법규가 아니기 때문에 그에 따랐다 하더라도 곧바로 적법한 행정작용이 되는 것이 아니고 반대로 그에 위반한 행정작용이라도 곧바로 위법한 행정작용이 되는 것이 아니다. 다만 공무원의 복종의무로 인하여 행정규칙은 대내적으로는 법적 구속력이 있으므로 공무원이 행정규칙에 위반하면 징계대상이 될 수 있다.

III 고시

1 개념

고시란 법령이 정하는 바에 따라 일정한 사항을 불특정다수의 일반국민에게 알리기 위한 문서로서 대외적 구속력을 가진 법규명령과 일정한 관련을 전제로 하기 때문에 그 법적 성질이 다양하다.

2 일반처분적 고시

일반처분적 고시란 외형상으로는 일반적, 추상적 규율의 모습이지만 그 실질은 불특정 다수인을 규율하는 점에서는 일반적이지만 구체적 사실에 관하여 불특정 다수인의 권리의무에 직접적 영향을 미치는 경우로서 이러한 경우에는 입법에 해당하는 것이 아니라 처분에 해당하므로 항고소송의 대상이 된다.

1. (구)청소년보호법에 따른 청소년유해매체물결정 및 고시처분은 당해 유해매체물의 소유자 등 특정인만을 대상으로 한 행정처분이 아니라 일반 불특정다수인을 상대방으로 하여 일률적으로 표시의무, 포장의무, 청소년에 대한 판매·대여 등의 금지의무 등 각종 의무를 발생시키는 행정처분으로서, 정보통신윤리위원회가 특정 인터넷 웹사이트를 청소년유해매체물로 결정하고 청소년보호위원회가 효력발생시기를 명시하여 고시함으로써 그 명시된 시점에 효력이 발생하였다고 봄이 상당하고, 정보통신윤리위원회와 청소년보호위원회가 위 처분이 있었음을 위 웹사이트 운영자에게 제대로 통지하지 아니하였다고 하여 그 효력자체가 발생하지 아니한 것으로 볼 수는 없다(대판 2004두619).

2. 보건복지부 고시인 약제급여·비급여목록 및 급여상한금액표는 다른 집행행위의 매개 없이 그 자체로서 국민건강보험가입자, 국민건강보험공단, 요양기관 등의 법률관계를 직접 규율하는 성격을 가지므로 항고소송의 대상이 되는 행정처분에 해당한다(대판 2005두2506).

THEME 09 행정행위의 종류

I 하명

하명이란 행정청이 우월한 지위에서 국민의 자유를 제한하고 의무를 부과하는 행정행위를 말하며, 작위·부작위·수인·급부의무를 명하는 행정행위이다. 하명 중에서 부작위의무를 부과하는 것을 금지라 한다. 하명은 침익적 행정행위이므로 반드시 법령의 근거를 필요로 하며, 특별한 규정이 있는 경우를 제외하고는 당해 법규에 엄격한 구속을 받아야 한다.

II 허가

1 의의

강학성 허가란 본래 자연적 자유영역을 질서유지 내지 위험예방 등의 공익목적을 위하여 법령에 의하여 일반적·상대적으로 부과되었던 부작위의무, 즉 금지를 일정한 요건이 구비된 경우에 해제하여 국민이 적법하게 일정한 사실행위 또는 법률행위 등을 할 수 있도록 국민의 자연적 자유를 회복시켜 주는 행정행위를 말한다. 지금 사용하고 있는 허가란 표현은 학문상의 용어이며, 실정법상으로는 허가·특허·인가 등의 용어가 혼용되어 있다. 강학상 허가의 대표적인 예로서 건축허가, 대중음식점영업허가 등이 있다.

2 기속행위

1. 건축허가신청이 법정요건에 합치하는 경우에는 특별한 사정이 없는 한 이를 허가하여야 하며, 공익상 필요가 없음에도 불구하고 요건을 갖춘 자에 대한 허가를 관계법령에서 정하는 제한사유 이외의 사유를 들어 거부할 수는 없다(대판 92누3038).
2. 식품위생법상 대중음식점영업허가 또는 일반음식점영업허가는 성질상 일반적 금지에 대한 해제에 불과하므로 허가권자는 허가신청이 법에서 정한 요건을 구비한 때에는 허가하여야 하고 관계법규에서 정하는 제한사유 이외의 사유를 들어 허가신청을 거부할 수 없다(대판 93누2216, 97누12532).

3 허가의 갱신 및 소멸

일정한 기간제한이 있는 허가의 경우에는 종전 허가의 효과가 소멸하기 이전에 시간적으로 연장하기 위한 갱신이라는 행위가 필요한 바, 이러한 갱신신청에 대하여 행정청의 응답이 있기 전에 종기가 도래하였다면 잠정적으로 효력이 유지된다. 행정청의 거부는 항고소송의 대상인 처분에 해당한다.

Ⅲ 특허

1 의의

특허는 특정인에 대하여 권리 등 새로운 법률상의 힘을 발생시키는 행위를 말하며 설권행위라고도 한다. 특허에는 광업허가 등 특정인에게 특정한 권리를 설정하는 행위, 법인설립 등 능력설정 및 공무원임명, 귀화허가 등 공무원 내지 국민으로서의 포괄적 법률관계를 설정하여 주는 경우가 있다.

2 재량행위

1. 공유수면매립면허는 설권행위인 특허의 성질을 갖는 것이므로 원칙적으로 행정청의 자유재량에 속하며, 일단 실효된 공유수면매립면허의 효력을 회복시키는 행위도 특단의 사정이 없는 한 새로운 면허부여와 같이 면허관청의 자유재량에 속한다고 할 것이므로 공유수면매립법 부칙 제4항의 규정에 의하여 위 법시행전에 같은 법 제25조 제1항의 규정에 의하여 효력이 상실된 매립면허의 효력을 회복시키는 처분도 특단의 사정이 없는 한 면허관청의 자유재량에 속하는 행위라고 봄이 타당하다(대판 88누9206).

2. 도로법 제40조 제1항에 의한 도로점용은 일반공중의 교통에 사용되는 도로에 대하여 이러한 일반사용과는 별도로 도로의 특정부분을 유형적·고정적으로 특정한 목적을 위하여 사용하는 이른바 특별사용을 뜻하는 것이고, 이러한 도로(행정재산)점용의 허가는 특정인에게 일정한 내용의 공물사용권을 설정하는 설권행위로서, 공물관리자가 신청인의 적격성, 사용목적 및 공익상의 영향 등을 참작하여 허가를 할 것인지의 여부를 결정하는 재량행위이다(대판 2002두5795).

Ⅳ 인가

1 의의

인가란 행정청이 제3자들 간의 계약과 같은 법률행위의 효과를 완성시켜주는 보충적 행위로서 본래 행정주체와의 관계가 아닌 국민, 기타 법인격주체 간에는 사적자치의 원칙상 당사자들간의 의사만으로도 얼마든지 법적 효과를 완성시킬 수 있는 것이나, 일정한 법률행위의 경우에는 공익 달성의 목적에서 그 법적 효과의 발생을 행정청의 인가에 의존하게 할 필요가 있기 때문에 등장한 행정행위이다.

1. 국토이용관리법상의 규제구역 내의 토지 등의 거래계약 '허가'는 규제지역 내에서도 토지거래의 자유가 인정되나 위 허가 전의 유동적 무효상태에 있는 법률행위의 효력을 완성시켜 주는 인가적 성질을 띤 것이라고 보는 것이 타당하다(대판 90다12243 전원합의체).

2. 학교법인의 이사장·이사·감사 등의 임원은 이사회의 선임을 거쳐 관할청의 승인을 받아 취임하도록 규정하고 있는 바, 관할청의 임원취임승인행위는 학교법인의 임원선임행위의 법률상 효력을 완성케 하는 보충적 법률행위이다(대판 2005두9651).

2 쟁송대상

기본행위와 인가는 각각 다른 주체에 의하여 이루어진 것이므로 기본행위에 하자가 있으면 기본행위를, 인가 자체에 하자가 있는 경우에는 인가를 대상으로 각각 별도의 쟁송을 제기하여야 한다.

> 인가처분에 하자가 없다면 기본행위에 하자가 있다 하더라도 따로 그 기본행위의 하자를 다투는 것은 별론으로 하고 기본행위의 무효를 내세워 바로 그에 대한 행정청의 인가처분의 취소 또는 무효확인을 소구할 법률상의 이익이 없다(대판 95누4810 전원합의체).

V 확인

1 의의

확인이란 특정한 사실 또는 법률관계의 존재여부 또는 정당성에 관하여 의문이나 다툼이 있는 경우에 행정청이 우월한 지위에서 판단하는 행위를 말하며, 행정심판의 재결 등이 있으며 주로 재결·결정이라는 표현이 사용된다.

2 성질 및 형식

확인행위는 특정한 사실 또는 법률관계의 존재여부 또는 정당성에 관하여 의문이나 다툼이 있는 경우에 행정청이 공적인 권위로 내리는 판단작용으로서 법원의 판결과 유사하여 준사법적 행위 또는 법선언적 행위라고도 한다.

> 1. 준공검사처분은 건축허가를 받아 건축한 건물이 건축허가사항대로 건축행정목적에 적합한가의 여부를 확인하고, 준공검사필증을 교부하여 줌으로써 허가받은 자로 하여금 건축한 건물을 사용, 수익할 수 있게 하는 법률효과를 발생시키는 것이다. 따라서 허가관청은 특단의 사정이 없는 한 건축허가내용대로 완공된 건축물의 준공을 거부할 수 없다(대판 91누5358).
> 2. 친일재산은 친일반민족행위자재산조사위원회가 국가귀속결정을 하여야 비로소 국가의 소유로 되는 것이 아니라 특별법의 시행에 따라 그 취득·증여 등 원인행위시에 소급하여 당연히 국가의 소유로 되고, 위 위원회의 국가귀속결정은 당해 재산이 친일재산에 해당한다는 사실을 확인하는 이른바 준법률행위적 행정행위(확인)의 성격을 가진다(대판 2008두13491).

VI 공증

1 의의

공증이란 의문이나 다툼이 없는 특정한 사실 또는 법률관계의 존재를 공적으로 증명하는 행위를 말하는 바, 의문이나 다툼이 있는 경우에 행하여지는 확인과 구별된다. 공증의 대표적인 예로 부동산등기, 여권발급 등이 있다.

2 종류

부동산등기부, 여권의 발급 등 각종 증서의 발급이 있다.

> 1. (구)지적법 규정은 토지소유자에게 지목변경신청권과 지목정정신청권을 부여한 것이고, 한편 지적공부상 지목은 토지소유권을 제대로 행사하기 위한 전제요건으로서 토지소유자의 실체적 권리관계에 밀접하게 관련되어 있으므로 지적공부 소관청의 지목변경신청 반려행위는 국민의 권리관계에 영향을 미치는 것으로서 항고소송의 대상이 되는 행정처분에 해당한다(대판 2003두9015 전원합의체, 헌재 97헌마315).
>
> 2. (구)건축법 제14조 제4항의 규정은 건축물의 소유자에게 건축물대장의 용도변경신청권을 부여한 것이고, 한편 건축물의 용도(상가용·주거용 등)는 토지의 지목에 대응하는 것으로서 건물의 이용에 대한 공법상의 규제, 건축법상의 시정명령, 지방세 등의 과세대상 등 공법상 법률관계에 영향을 미치고, 건물소유자는 용도를 토대로 건물의 사용·수익·처분에 일정한 영향을 받게 된다. 이러한 점 등을 고려해 보면, 건축물대장의 용도는 건축물의 소유권을 제대로 행사하기 위한 전제요건으로서 건축물 소유자의 실체적 권리관계에 밀접하게 관련되어 있으므로, 건축물대장 소관청의 용도변경신청 거부행위는 국민의 권리관계에 영향을 미치는 것으로서 항고소송의 대상이 되는 행정처분에 해당한다(대판 2007두7277).
>
> 3. 토지대장은 토지에 대한 공법상의 규제, 개발부담금의 부과대상, 지방세의 과세대상, 공시지가의 산정, 손실보상가액의 산정 등 토지행정의 기초자료로서 공법상의 법률관계에 영향을 미칠 뿐만 아니라, 토지에 관한 소유권보존등기 또는 소유권이전등기를 신청하려면 이를 등기소에 제출해야 하는 점 등을 종합해 보면, 토지대장은 토지의 소유권을 제대로 행사하기 위한 전제요건으로서 토지 소유자의 실체적 권리관계에 밀접하게 관련되어 있으므로, 이러한 토지대장을 직권으로 말소한 행위는 국민의 권리관계에 영향을 미치는 것으로서 항고소송의 대상이 되는 행정처분에 해당한다(대판 2011두13286).
>
> 4. 건축물대장은 건축물에 대한 공법상의 규제, 지방세의 과세대상, 손실보상가액의 산정 등 건축행정의 기초자료로서 공법상의 법률관계에 영향을 미칠 뿐만 아니라, 건축물에 관한 소유권보존등기 또는 소유권이전등기를 신청하려면 이를 등기소에 제출하여야 하는 점 등을 종합해 보면, 건축물대장은 건축물의 소유권을 제대로 행사하기 위한 전제요건으로서 건축물 소유자의 실체적 권리관계에 밀접하게 관련되어 있으므로, 이러한 건축물대장을 직권말소한 행위는 국민의 권리관계에 영향을 미치는 것으로서 항고소송의 대상이 되는 행정처분에 해당한다(대판 2008두22655).

Ⅶ 통지

1 의의

통지란 행정청이 일정한 사실을 특정인 또는 불특정 다수인에게 알리는 행정행위를 말한다.

2 종류

대집행의 계고처분, 납세의 독촉처분 등이 있다.

> 대집행의 계고는 다른 수단으로써 이행을 확보하기 곤란하고, 또한 그 불이행을 방치함이 심히 공익을 해하는 것으로 인정되는 경우에 행정청이 그의 우월적인 입장에서 의무자에 대하여 상당한 이행기한을 정하고 그 기한 내에 이행을 하지 않을 경우에는 대집행을 한다는 의사를 통지하는 준법률적 행정행위이다(대판 66누25).

Ⅷ 수리

수리처분이란 사인의 행정청에 대한 행위를 유효한 행위로서 수령하는 행정행위를 말한다.

> **노동조합설립신고에 대한 수리**
>
> 노동조합 및 노동관계조정법(이하 '노동조합법'이라 한다)이 행정관청으로 하여금 설립신고를 한 단체에 대하여 같은 법 제2조 제4호 각 목(주로 정치목적)에 해당하는지를 심사하도록 한 취지가 노동조합으로서의 실질적 요건을 갖추지 못한 노동조합의 난립을 방지함으로써 근로자의 자주적이고 민주적인 단결권 행사를 보장하려는 데 있는 점을 고려하면, 행정관청은 해당 단체가 노동조합법 제2조 제4호 각 목에 해당하는지 여부를 실질적으로 심사할 수 있다. 다만 행정관청에 광범위한 심사권한을 인정할 경우 행정관청의 심사가 자의적으로 이루어져 신고제가 사실상 허가제로 변질될 우려가 있는 점, 노동조합법은 설립신고 당시 제출하여야 할 서류로 설립신고서와 규약만을 정하고 있고(제10조 제1항), 행정관청으로 하여금 보완사유나 반려사유가 있는 경우를 제외하고는 설립신고서를 접수받은 때로부터 3일 이내에 신고증을 교부하도록 정한 점(제12조 제1항) 등을 고려하면, 행정관청은 일단 제출된 설립신고서와 규약의 내용을 기준으로 노동조합법 제2조 제4호 각 목의 해당 여부를 심사하되, 설립신고서를 접수할 당시 그 해당 여부가 문제 된다고 볼 만한 객관적인 사정이 있는 경우에 한하여 설립신고서와 규약 내용 외의 사항에 대하여 실질적인 심사를 거쳐 반려 여부를 결정할 수 있다(대판 2011두6998).

THEME 10 다단계 행정결정

I 확약

1 의의

행정청이 상대방에 대하여 자기구속의 의도로 장래에 일정한 행정작용을 하거나, 하지 않을 것을 약속하는 의사표시를 확약이라 한다.

2 확약의 처분성

확약이 처분인지에 관하여 견해가 대립한다. 견해대립의 실익은 처분성이 인정된다면 확약의 대상인 행정행위가 침익적인 경우에는 확약에 대하여 취소소송을 제기할 수 있다는 실익이 있다. 대법원은 확약의 처분성을 부정한다.

> 어업권면허에 선행하는 우선순위결정은 행정청이 우선권자로 결정된 자의 신청이 있으면 어업권면허처분을 하겠다는 것을 약속하는 행위로서 강학상 확약에 불과하고 행정처분은 아니므로, 우선순위결정에 공정력이나 불가쟁력과 같은 효력은 인정되지 아니하며, 따라서 행정청은 종전의 우선순위결정을 무시하고 다시 우선순위를 결정한 다음 새로운 우선순위결정에 기하여 새로운 어업권면허를 할 수 있다(대판 94누6529).

3 권리구제

확약의 처분성을 인정하게 되면 상대방 등은 취소소송 등을 제기할 수 있다. 다만, 판례에 따르면 처분성이 부정되어 항고쟁송을 통하여 다투기 어렵다.

II 부분허가

1 의의

부분허가란 단계화된 행정절차에서 사인이 원하는 전체허가 중에서 특정한 일부에 대하여만 허가하는 것을 말하는 바, 예컨대 원자력발전소와 같이 장기간이 소요되는 대형 시설물의 건설에서 단계적으로 시설의 일부에 대하여 하는 허가를 말한다.

2 법적 성질

> 원자로 및 관계시설의 부지사전승인처분은 원자로 등의 건설허가 전에 그 원자로 등 건설예정지로 계획 중인 부지가 원자력법의 관계규정에 비추어 적법성을 구비한 것인지 여부를 심사하여 행하는 사전적 부분건설허가처분의 성격을 가지고 있는 것이다. 다만 원자로 및 관계 시설의 부지사전승인처분은 그 자체로서 건설

> 부지를 확정하고 사전공사를 허용하는 법률효과를 지닌 독립한 행정처분이기는 하지만, 나중에 건설허가처분이 있게 되면 그 건설허가처분에 흡수되어 독립된 존재가치를 상실함으로써 그 건설허가처분만이 쟁송의 대상이 되는 것이므로, 부지사전승인처분의 취소를 구하는 소는 소의 이익을 잃게 되고, 따라서 부지사전승인처분의 위법성은 나중에 내려진 건설허가처분의 취소를 구하는 소송에서 이를 다투면 된다(대판 97누19588).

3 권리구제

부분허가는 처분에 해당하므로 상대방은 취소소송 등을 제기할 수 있다. 다만, 부분허가에 대한 취소소송 중 전체허가처분이 발령되면 부분허가는 소멸하므로 전체허가처분에 대한 소송으로 소 변경을 하여야 한다.

행정소송법

제22조 【처분변경으로 인한 소의 변경】 ① 법원은 행정청이 소송의 대상인 처분을 소가 제기된 후 변경한 때에는 원고의 신청에 의하여 결정으로써 청구의 취지 또는 원인의 변경을 허가할 수 있다.
② 제1항의 규정에 의한 신청은 처분의 변경이 있음을 안 날로부터 60일 이내에 하여야 한다.

III 가행정행위

1 의의

가행정행위란 사실관계 또는 법률관계가 확정되기 전이지만, 잠정적 규율의 필요성으로 인해 사실관계 또는 법률관계의 계속적인 심사를 유보한 상태에서 행정법관계의 권리·의무에 대해 잠정적으로 규율하는 행정행위를 말한다. 이는 사실관계가 아직 분명하게 밝혀지지 아니하였을 때 잠정적 행정행위를 할 필요가 있는 경우에 행해진다. 대표적인 예로 징계의결이 요구된 공무원에 대하여 행하는 직위해제처분을 들 수 있다.

2 법적 성질

> 공정거래위원회가 부당한 공동행위를 행한 사업자로서 구 독점규제 및 공정거래에 관한 법률에서 정한 자진신고자나 조사협조자에 대하여 과징금 부과처분(이하 '선행처분'이라 한다)을 한 뒤, 독점규제 및 공정거래에 관한 법률 시행령 제35조 제3항에 따라 다시 자진신고자 등에 대한 사건을 분리하여 자진신고 등을 이유로 한 과징금 감면처분(이하 '후행처분'이라 한다)을 하였다면, 후행처분은 자진신고 감면까지 포함하여 처분 상대방이 실제로 납부하여야 할 최종적인 과징금액을 결정하는 종국적 처분이고, 선행처분은 이러한 종국적 처분을 예정하고 있는 일종의 잠정적 처분으로서 후행처분이 있을 경우 선행처분은 후행처분에 흡수되어 소멸한다. 따라서 위와 같은 경우에 선행처분의 취소를 구하는 소는 이미 효력을 잃은 처분의 취소를 구하는 것으로 부적법하다(대판 2013두987).

3 권리구제

가행정행위는 처분에 해당하므로 상대방은 취소소송 등을 제기할 수 있다. 다만, 가행정행위에 대한 취소소송 중 종국처분이 발령되면 가행정행위는 소멸하므로 종국처분에 대한 소송으로 소변경을 하여야 한다.

THEME 11 행정행위의 성립(적법)요건 및 효력발생요건

I 성립(적법)요건(주체, 내용, 형식, 절차)

1 주체에 관한 요건

행정권한법정주의에 따라 당해 행정행위의 권한을 가진 행정청의 정상적인 의사작용에 기한 것이어야 한다.

2 내용에 관한 요건

행정행위의 내용은 적법하여야 하고 실현가능한 것을 담고 있으며 명확하여야 한다.

3 형식에 관한 요건

행정행위는 이유가 제시된 문서로 하여야 하며, 당사자의 동의가 있는 경우에 한해 정보통신망 이용촉진 및 정보보호 등에 관한 법률에 의한 전자문서로 할 수 있다.

4 절차에 관한 요건

당해 행정행위에 대한 사전절차로서 사전통지, 청문, 공청회, 타 기관과의 협력 등 법령에 사전절차가 규정되어 있으면 이를 거쳐야 한다.

행정절차법

제21조 【처분의 사전 통지】 ① 행정청은 당사자에게 의무를 부과하거나 권익을 제한하는 처분을 하는 경우에는 미리 다음 각 호의 사항을 당사자등에게 통지하여야 한다.
1. 처분의 제목
2. 당사자의 성명 또는 명칭과 주소
3. 처분하려는 원인이 되는 사실과 처분의 내용 및 법적 근거
4. 제3호에 대하여 의견을 제출할 수 있다는 뜻과 의견을 제출하지 아니하는 경우의 처리방법

제23조 【처분의 이유 제시】 ① 행정청은 처분을 할 때에는 다음 각 호의 어느 하나에 해당하는 경우를 제외하고는 당사자에게 그 근거와 이유를 제시하여야 한다.

제27조 【의견제출】 ① 당사자등은 처분 전에 그 처분의 관할 행정청에 서면이나 말로 또는 정보통신망을 이용하여 의견제출을 할 수 있다.

II 효력발생요건

1 서설

행정행위가 성립요건을 갖추었더라도 아직은 행정청 내부에만 존재하는 것이므로 행정행위의 효력이 발생하기 위하여는 <u>외부적으로 표시</u>를 하여야 하고 표시된 행정행위가 <u>상대방에게 도달</u>되어야 한다.

2 통지의 방법

상대방이 특정인인 경우에는 원칙적으로 교부송달, 우편송달 등 송달이라는 방법에 의한다. 상대방이 불특정 다수인이거나 특정인이라 하더라도 송달이 불가능한 경우에는 고시 또는 공고라는 수단이 사용된다.

1) 송달

> **행정절차법**
>
> **제14조【송달】** ① 송달은 우편·교부 또는 정보통신망 이용 등의 방법으로 하되 송달받을 자(대표자 또는 대리인을 포함한다. 이하 같다)의 주소·거소·영업소·사무소 또는 전자우편주소(이하 "주소 등"이라 한다)로 한다. 다만, 송달받을 자가 동의하는 경우에는 그를 만나는 장소에서 송달할 수 있다.
> ④ 다음 각 호의 어느 하나에 해당하는 경우에는 송달받을 자가 알기 쉽도록 관보·공보·게시판·일간신문 중 하나 이상에 공고하고 인터넷에도 공고하여야 한다.
>   1. 송달받을 자의 주소 등을 통상적인 방법으로 확인할 수 없는 경우
>   2. 송달이 불가능한 경우
>
> **제15조【송달의 효력발생】** ① 송달은 다른 법령 등에 특별한 규정이 있는 경우를 제외하고는 해당 문서가 송달받을 자에게 도달됨으로써 그 효력이 발생한다.

2) 고시 또는 공고

고시나 공고를 하게 되면 당사자가 공고의 내용을 알지 못하더라도 효력이 발생하는 것이다.

> **청소년보호법**
>
> **제22조【청소년유해매체물의 고시】** ③ 여성가족부장관이 청소년유해매체물을 고시할 때에는 고시의 사유와 효력발생시기를 명시하여야 한다.

▶ 청소년유해매체물결정 및 고시처분은 당해 유해매체물의 소유자 등 특정인만을 대상으로 한 행정처분이 아니라 일반 불특정 다수인을 상대방으로 하여 일률적으로 표시의무, 포장의무, 청소년에 대한 판매·대여 등의 금지의무 등 각종 의무를 발생시키는 행정처분으로서, 정보통신윤리위원회가 특정 인터넷 웹사이트를 청소년유해매체물로 결정하고 청소년보호위원회가 효력발생시기를 명시하여 고시함으로써 그 명시된 시점에 효력이 발생하였다고 봄이 상당하고, 정보통신윤리위원회와 청소년보호위원회가 위 처분이 있었음을 위 웹사이트 운영자에게 제대로 통지하지 아니하였다고 하여 그 효력 자체가 발생하지 아니한 것으로 볼 수는 없다(대판 2004두619).

3 도달주의

상대방이 있는 행정행위는 원칙적으로 상대방에게 통지하여 도달됨으로써 효력이 발생한다. 여기서 도달은 반드시 현실적으로 도달되어야 하는 것을 의미하는 것이 아니라 상대방이 알 수 있는 상태에 놓이는 것을 의미하는 것이다(대판 89누4963).

납세의무자가 거주하는 아파트에서 일반우편물이나 등기우편물 등 특수우편물이 배달되는 경우 관례적으로 아파트 경비원이 이를 수령하여 거주자에게 전달하여 왔고, 이에 대하여 납세의무자를 비롯한 아파트 주민들이 평소 이러한 특수우편물 배달방법에 관하여 아무런 이의도 제기한 바 없었다면, 납세의무자가 거주하는 아파트의 주민들은 등기우편물 등의 수령권한을 아파트 경비원에게 묵시적으로 위임한 것이라고 봄이 상당하므로 아파트 경비원이 우편집배원으로부터 납세고지서를 수령한 날이 처분의 통지를 받은 날에 해당한다(대판 2000두1164).

甲 : 유승준 사건 (출처 : 대법원 2019. 7. 11. 선고 2017두38874 판결 [사증발급거부처분취소])

[1] 일반적으로 처분이 주체·내용·절차와 형식의 요건을 모두 갖추고 외부에 표시된 경우에는 처분의 존재가 인정된다.

[2] 병무청장이 법무부장관에게 '가수 甲이 공연을 위하여 국외여행허가를 받고 출국한 후 미국 시민권을 취득함으로써 사실상 병역의무를 면탈하였으므로 재외동포 자격으로 재입국하고자 하는 경우 국내에서 취업, 가수활동 등 영리활동을 할 수 없도록 하고, 불가능할 경우 입국 자체를 금지해 달라'고 요청함에 따라 법무부장관이 甲의 "입국을 금지하는 결정"을 하고, 그 정보를 내부전산망인 '출입국관리정보시스템'에 입력하였으나, 甲에게는 통보하지 않은 사안에서, 행정청이 행정의사를 외부에 표시하여 행정청이 자유롭게 취소·철회할 수 없는 구속을 받기 전에는 '처분'이 성립하지 않으므로 법무부장관이 출입국관리법 제11조 제1항 제3호 또는 제4호, 출입국관리법 시행령 제14조 제1항, 제2항에 따라 위 입국금지결정을 했다고 해서 '처분'이 성립한다고 볼 수는 없고, 위 입국금지결정은 법무부장관의 의사가 공식적인 방법으로 외부에 표시된 것이 아니라 단지 그 정보를 내부전산망인 '출입국관리정보시스템'에 입력하여 관리한 것에 지나지 않으므로, 위 입국금지결정은 항고소송의 대상이 될 수 있는 '처분'에 해당하지 않는데도, 위 입국금지결정이 처분에 해당하여 공정력과 불가쟁력이 있다고 본 원심판단에 법리를 오해한 잘못이 있다고 한 사례.

[3] 출입국관리법 제7조 제1항, 제8조 제2항, 제3항, 제10조, 제10조의2, 제11조 제1항 제3호, 제4호, 출입국관리법 시행규칙 제9조의2 제2호, 재외동포의 출입국과 법적 지위에 관한 법률(이하 '재외동포법'이라 한다) 제5조 제1항, 제2항과 체계, 입법 연혁과 목적을 종합하면 다음과 같은 결론을 도출할 수 있다. 재외동포에 대한 사증발급은 행정청의 재량행위에 속하는 것으로서, 재외동포가 사증발급을 신청한 경우에 출입국관리법 시행령 [별표 1의2]에서 정한 재외동포체류자격의 요건을 갖추었다고 해서 무조건 사증을 발급해야 하는 것은 아니다. 재외동포에게 출입국관리법 제11조 제1항 각호에서 정한 입국금지사유 또는 재외동포법 제5조 제2항에서 정한 재외동포체류자격 부여 제외사유(예컨대 '대한민국 남자가 병역을 기피할 목적으로 외국국적을 취득하고 대한민국 국적

을 상실하여 외국인이 된 경우')가 있어 그의 국내 체류를 허용하지 않음으로써 달성하고자 하는 공익이 그로 말미암아 발생하는 불이익보다 큰 경우에는 행정청이 재외동포체류자격의 사증을 발급하지 않을 재량을 가진다.

[설문]
병무청장이 법무부장관에게 '가수 甲이 공연을 위하여 국외여행허가를 받고 출국한 후 미국 시민권을 취득함으로써 사실상 병역의무를 면탈하였으므로 재외동포 자격으로 재입국하고자 하는 경우 국내에서 취업, 가수활동 등 영리활동을 할 수 없도록 하고, 불가능할 경우 입국 자체를 금지해 달라'고 요청함에 따라 법무부장관이 甲의 "입국을 금지하는 결정"(이하'입국금지결정')을 하고, 그 정보를 내부전산망인 '출입국관리정보시스템'에 입력하였다.

Ⅲ. 입국금지결정의 취소소송 대상적격?

1. 처분성 인정요건

2. 처분의 효력발생요건
   상대방이 있는 행정행위는 원칙적으로 상대방에게 통지하여 도달됨으로써 효력이 발생한다. 대법원은 여기서 도달은 반드시 현실적으로 도달되어야 하는 것을 의미하는 것이 아니라 상대방이 알 수 있는 상태에 놓이는 것을 의미하는 것이라고 판시하였다.

3. 사안의 해결
   입국금지결정은 처분성이 인정되지만 법무부장관의 의사가 공식적인 방법으로 외부에 표시된 것이 아니라 단지 그 정보를 내부전산망인 '출입국관리정보시스템'에 입력하여 관리한 것에 불과하고 甲에게 도달하지 않았으므로 취소소송의 대상인 처분에 해당하지 않는다.

THEME 12 행정행위의 하자

I 서설

행정행위의 하자란 행정행위의 적법요건에 하자가 있는 경우로서 행정행위가 위법한 경우를 말한다. 하자의 의미를 넓게 보면 적법하더라도 합목적성을 그르친 부당한 경우도 포함되나 부당한 경우는 행정심판이나 직권취소의 대상일 뿐이므로 여기서 말하는 하자는 행정소송의 대상인 위법한 하자만을 대상으로 검토한다.

II 처분의 하자 즉 위법성 판단시점

행정소송에서 행정처분의 위법 여부는 행정처분이 있을 때(처분시)의 법령과 사실상태를 기준으로 하여 판단하여야 하고, 처분 후 법령의 개폐나 사실상태의 변동에 의하여 영향을 받지는 않는다고 할 것이다(대판 2001두10684).

III 무효와 취소의 구별

무효인 행정행위란 행정행위의 외형은 있으나 하자가 중대하고 명백하여 처음부터 효력이 발생하지 않는 행정행위이고 취소할 수 있는 행정행위란 행정행위에 위법한 하자가 있으나 그 하자가 중대하지 않거나 명백하지 않아 일단 효력은 발생하지만 권한 있는 기관이 취소하면 그 효력이 소급하여 소멸하는 행정행위를 말한다.

1 구별의 필요성

1) 공정력 등 발생여부

무효인 행정행위는 처음부터 아무런 효력이 발생하지 않으므로 공정력, 불가쟁력 등이 발생하지 않으나 취소할 수 있는 행정행위는 공정력, 불가쟁력, 불가변력 등 행정행위의 특수한 효력이 발생한다.

2) 선결문제

무효인 행정행위는 민사법원 등 다른 법원도 당연히 무효임을 판단하여 무효를 전제로 자신의 본안판단을 하면 되지만 취소할 수 있는 행정행위의 경우에는 위법성은 판단할 수 있지만 공정력 내지 구성요건적 효력에 의하여 효력을 부인할 수는 없다.

3) 쟁송제기기간의 제한 여부

무효인 행정행위는 불가쟁력이 발생하지 않으므로 제소기간의 제한이 없으나, 취소할 수 있는 행정행위는 제소기간의 제한을 받는다.

2 무효와 취소의 구별기준

통설과 판례는 행정행위가 무효가 되기 위해서는 그 하자가 중대하고도 명백하여야 한다고 본다. 중대명백성의 의미는 하자가 법규에 위반하여 중대하고 상대방이 아닌 일반인의 객관적 시각에 의하더라도 하자가 있음이 외관상 분명한 것을 의미한다.

> 행정처분이 당연무효라고 하기 위하여는 그 처분에 위법사유가 있다는 것만으로는 부족하고 그 하자가 중요한 법규에 위반한 것이고 객관적으로 명백한 것이어야 하며 하자가 중대하고도 명백한 것인가의 여부를 판별함에 있어서는 그 법규의 목적, 의미, 기능 등을 목적론적으로 고찰함과 동시에 구체적 사안자체의 특수성에 관하여도 합리적으로 고찰함을 요한다(대판 84누419).

THEME 13 행정행위의 특징

I 실체적 구속력

행정행위가 적법요건을 갖추게 되면 법률행위적 행정행위는 행정청이 표시한 의사의 내용에 따라, 준법률행위적 행정행위는 법률에 규정된 내용에 따라 일정한 법적 효과가 발생하여 상대방은 물론 행정청까지도 구속하는 쌍방적 구속력을 갖는 바, 이를 실체적 구속력이라 한다.

II 공정력(구성요건적 효력)

1 의의

공정력이란 비록 행정행위에 위법한 하자가 있더라도 그 하자가 중대하고 명백하여 당연무효가 되는 경우를 제외하고는 취소할 수 있는 권한 있는 기관(처분청·감독청·행정심판위원회·취소소송관할법원)에 의하여 취소되기 전까지는 일단 유효하게 통용되는 힘을 말하는 바, 이러한 공정력은 상대방은 물론 다른 행정청, 민사법원, 형사법원 등 다른 국가기관도 그 효력을 부인할 수 없는 힘을 말한다.

2 한계

행정행위가 당연무효인 경우에는 공정력이 발생하지 않고, 비권력적 행정작용, 사법행위 및 사실행위에는 발생하지 않는다. 또한 원칙적으로 법규명령은 행정행위가 아니므로 위법하면 무효인 것이지 공정력이 있을 수 없다.

III 불가쟁력

불가쟁력이란 위법한 행정행위라도 법에서 정해놓은 취소쟁송 제기기간이 경과하면 상대방인 국민은 더 이상 행정행위의 효력을 취소쟁송을 제기하여 다툴 수 없게 되는 바, 이러한 효력을 불가쟁력이라고 한다. 행정법관계의 안정과 능률적인 행정목적의 수행을 위하여 인정되는 효력이다.

행정소송법

제20조 【제소기간】 ① 취소소송은 처분등이 있음을 안 날부터 90일 이내에 제기하여야 한다.
② 취소소송은 처분등이 있은 날부터 1년을 경과하면 이를 제기하지 못한다.

THEME 14 행정행위의 폐지 및 실효

I 행정행위의 취소

행정행위의 취소란 일단 유효하게 성립한 행정행위를 사후에 처분 당시의 하자를 이유로 권한 있는 기관이 그 효력을 소급하여 소멸시키는 행위를 말한다.

1 쟁송취소와 직권취소의 구별

1) 취소사유

쟁송취소 중 행정심판에 의한 취소는 위법뿐만 아니라 부당도 취소사유가 되나, 행정소송에 의한 취소는 위법만이 취소사유가 된다. 직권취소의 경우는 위법 뿐만 아니라 부당도 취소사유가 된다.

2) 취소기간

쟁송취소는 쟁송의 제기기간이 법에 정해져 있어서(행정심판법 제27조, 행정소송법 제20조) 쟁송제기기간이 경과한 때에는 쟁송에 의한 취소는 불가능하다. 이에 반하여 직권취소는 원칙적으로 그러한 기간의 제한을 받지 않는다.

2 취소사유의 존재와 취소신청권과의 관계

> 행정처분을 한 처분청은 그 처분에 하자가 있는 경우에는 원칙적으로 별도의 법적 근거가 없더라도 스스로 이를 직권으로 취소할 수 있지만, 그와 같이 직권취소를 할 수 있다는 사정만으로 이해관계인에게 처분청에 대하여 그 취소를 요구할 신청권이 부여된 것으로 볼 수는 없다(대판 2004두701).

II 행정행위의 철회

행정행위의 철회란 하자 없이 성립한 행정행위에 대해 그 효력을 존속시킬 수 없는 새로운 사정이 발생하였음을 이유로 장래에 향하여 그 효력을 소멸시키는 행정행위를 말한다. 실정법상으로는 취소라는 용어가 자주 사용되고 있다. 철회도 독립한 행정행위이다.

III 행정행위의 실효

행정행위의 실효란 아무런 하자 없이 적법하게 성립한 행정행위가 일정한 사실의 발생만으로 장래에 향하여 당연히 그 효력이 소멸되는 것을 의미한다. 취소와 철회는 행정청의 별도의 의사표시가 필요하나 실효는 행정청의 의사표시와 무관하게 당연히 효력이 소멸한다는 점에서 차이가 있다.

THEME 15 공법상 부당이득반환청구권

I 부당이득의 의의

법률상의 원인 없이(무효) 타인의 재산 또는 노무로 인하여 이득을 얻고 이로 인하여 타인에게 손해를 가하는 것을 말하고, 재산상의 이해조절을 위하여 부당이득에 대하여는 반환의무가 있다. 예컨대, 조세체납처분에 의하여 제3자의 재산을 공매한 행위가 당연무효인 경우, 공무원의 봉급과액수령, 착오에 의한 사유지의 국유지 편입, 조세의 과오납, 연금을 받을 자격 없는 자의 연금수령 등이 부당이득의 예이다.

II 부당이득반환청구권의 성질

1 학설

① 공법적 원인에 의하여 발생한 부당이득반환청구권이므로 공권이라는 견해와 ② 부당이득반환청구는 경제적 이해조절의 취지에서 인정된 권리이므로 사권이라는 견해가 있다.

2 판례

대법원은 조세의 과오납 등으로 발생한 부당이득반환청구권은 금전적 청구에 불과하므로 사권에 해당하고 민사소송의 대상이라고 판시하고 있다.

> "개발부담금부과처분이 취소된 이상 그 후의 부당이득으로서의 과오납금반환에 관한 법률관계는 단순한 민사관계에 불과한 것이고, 행정소송절차에 따라야 하는 관계로 볼 수 없다(대판 94다51253)."

3 검토

생각건대 공법상 부당이득반환청구권은 공법상 원인에 의하여 발생한 것이므로 공권으로 보는 것이 타당하므로 그에 관한 분쟁은 당사자소송이라고 보는 것이 타당하다. 판례에 따르면 민사소송의 대상이 될 것이다.

THEME 16 국가배상청구권

> **국가배상법**
>
> **제2조【배상책임】** ① 국가나 지방자치단체는 공무원 또는 공무를 위탁받은 사인(이하 "공무원"이라 한다)이 직무를 집행하면서 고의 또는 과실로 법령을 위반하여 타인에게 손해를 입히거나, -중략- 이 법에 따라 그 손해를 배상하여야 한다.

I 공무원

국가배상법상 공무원은 실질적·기능적 개념으로서 국가공무원법상의 공무원 뿐 아니라 널리 공무를 위탁받아 실질적으로 공의 직무에 종사하는 모든 자를 포함한다.

II 공의 직무를 집행하면서

직무행위에는 입법작용, 재판작용, 법률행위적 행정행위, 준법률행위적 행정행위, 행정지도 등의 사실행위 등이 모두 포함되나, 국가가 행하는 사경제적 작용은 제외된다.

III 고의 또는 과실

1 의의

고의란 위법행위의 발생가능성을 인식하고 그 결과를 의도하는 것을 말하고, 과실이란 통상적으로 갖추어야 할 주의의무를 게을리한 것을 말한다.

2 항고소송에서 처분이 취소된 경우 공무원의 과실

> 어떠한 행정처분이 후에 항고소송에서 취소되었다고 할지라도 그 기판력에 의하여 당해 행정처분이 곧바로 공무원의 고의 또는 과실로 인한 것으로서 불법행위를 구성한다고 단정할 수는 없다(대판 99다70600).

Ⅳ 법령을 위반하여(위법)

국가배상책임에 있어 공무원의 가해행위는 법령을 위반한 것이어야 하고 법령을 위반하였다 함은 엄격한 의미의 법령 위반 뿐 아니라 인권존중, 권력남용금지, 신의성실과 같이 공무원으로서 마땅히 지켜야 할 준칙이나 규범을 지키지 아니하고 위반한 경우를 포함하여 널리 그 행위가 객관적인 정당성을 결여하고 있음을 뜻하는 것이다(대판 2007다64365).

Ⅴ 타인에게 손해발생

손해는 가해행위로부터 발생한 일체의 손해로서 치료비 등 적극적 손해, 일실수익 같은 소극적 손해, 재산상 손해 또는 생명·신체 등 비재산상 손해 그리고 정신적 손해(위자료)를 가리지 않고 모두 포함한다.

Ⅵ 국가배상청구권의 성질

1 학설

① 공의 직무영역에서 발생한 손해배상청구권이므로 공권이라는 견해와 ② 국가배상청구권 역시는 경제적 이해조절의 취지에서 인정된 권리이므로 사권이라는 견해가 있다.

2 판례

대법원은 공무원의 직무상 불법행위로 손해를 받은 국민의 국가배상청구권을 사법상 권리로 보고 민사소송의 대상이라고 판시하고 있다.

> 공무원의 직무상 불법행위로 손해를 받은 국민이 국가 또는 공공단체에 배상을 청구하는 경우 국가 또는 공공단체에 대하여 그의 불법행위를 이유로 손해배상을 구함은 국가배상법이 정한 바에 따른다 하여도 이 역시 민사상의 손해배상책임이다(대판 69다701).

3 검토

생각건대 국가배상법은 공법에 해당하고 공의 직무영역에서 발생한 손해배상청구권이므로 공권으로 보는 것이 타당하고 그에 관한 분쟁은 당사자소송의 대상이다. 다만, 판례에 따르면 민사소송의 대상이 될 것이다.

THEME 17 구성요건적 효력과 선결문제

> **행정소송법**
>
> **제11조 【선결문제】** ① 처분등의 효력 유무 또는 존재 여부(위법 여부 ×)가 민사소송의 선결문제로 되어 당해 민사소송의 수소법원이 이를 심리·판단하는 경우에는 제17조, 제25조, 제26조 및 제33조의 규정을 준용한다.
> ② 제1항의 경우 당해 수소법원은 그 처분등을 행한 행정청에게 그 선결문제로 된 사실을 통지하여야 한다.

I 행정행위의 위법성 판단이 민·형사법원의 선결문제인 경우

1 학설

① 부정설은 공정력을 적법성추정력으로 이해하므로 민·형사법원은 공정력에 기속되고 행소법 제11조는 열거규정이라고 보고 ② 긍정설은 공정력은 유효성 통용력에 불과하고 행소법 제11조를 예시규정으로 본다.

2 판례

> **▶ 국가배상청구(민사법원)**
>
> 대법원은 공무원이 그 직무를 집행함에 당하여 고의 또는 과실로 법령에 위반하여 손해를 가하였을 때에는 국가 또는 지방자치단체에 대하여 배상청구를 할 수 있다 할 것인바, 본건 계고처분 또는 행정 대집행영장에 의한 통지와 같은 행정처분이 위법인 경우에는 본건 계고처분이 위법임을 이유로 국가배상을 청구하는 취지로 인정될 수 있는 본건에 있어 미리 그 행정처분의 취소판결이 있어야만 그 행정처분의 위법임을 이유로 피고에게 국가배상을 청구할 수 있는 것은 아니다(대판 72다337).

> **▶ 조치명령위반죄(형사법원)**
>
> 구 도시계획법 제78조 제1항에 정한 처분이나 조치명령을 받은 자가 이에 위반한 경우 이로 인하여 같은 법 제92조에 정한 처벌을 하기 위하여는 그 처분이나 조치명령이 적법한 것이라야 하고, 그 처분이 당연무효가 아니라 하더라도 그것이 위법한 처분으로 인정되는 한 같은 법 제92조 조치명령위반죄가 성립될 수 없다(대판 90도1709).

3 검토

생각건대 공정력은 위법한 처분이 취소되기 전까지 잠정적으로 유효하다는 것에 불과하므로 민·형사법원도 처분의 위법여부는 판단할 수 있다고 보는 것이 타당하다.

Ⅱ 민사법원이 처분의 효력을 부인할 수 있는지 여부

행정행위의 하자가 취소사유에 불과한 경우에는 민사법원은 취소할 권한이 없으므로 그 효력을 부인할 수는 없다는 것이 일반적인 학설과 판례의 입장이다.

> 행정행위가 위법하지만 당연무효가 아니어서 일응 유효한 경우에 부당이득반환청구소송을 담당한 민사법원은 취소할 권한이 없으므로 유효하다는 것을 전제로 판단하여야 하는 것이지 효력을 부인할 수 없다. 이에 따라서 대법원은 과세처분이 당연무효라고 볼 수 없는 한 과세처분에 취소할 수 있는 위법사유가 있다 하더라도 그 과세처분은 행정행위의 공정력 또는 집행력에 의하여 그것이 적법하게 취소되기 전까지는 유효하다 할 것이므로, 민사소송절차에서 위 과세처분의 효력을 부인할 수 없다 할 것이다(대판 99다20179).

Ⅲ 형사법원이 처분의 효력을 부인할 수 있는지 여부

1 학설

① 부정설은 민사소송과 같이 위법사유가 당연무효인 경우에는 판단할 수 있으나, 취소사유인 경우에는 취소권한이 없으므로 효력을 부인할 수 없다고 하고 ② 예외적 긍정설은 처분의 효력을 부인하는 것이 피고인에게 유리한 경우에는 형사소송의 특수성에 비추어 피고인의 인권보장이 고려되어야 하므로 형사법원이 스스로 위법한 처분의 효력을 부인할 수 있다고 한다.

2 판례

대법원은 나이를 속여 발급받은 운전면허로 운전한 자가 무면허운전죄로 기소된 사건에서 동 면허는 취소사유에 불과하므로 형사법원은 그 효력을 부인할 수 없다고 판시하면서 무죄판결을 선고하였다(대판 80도2646).

3 검토

생각건대 원칙적으로는 형사법원은 처분을 취소할 권한이 없으므로 처분의 효력을 부인할 수 없다고 보는 것이 타당하지만, 처분의 효력을 부인하는 것이 피고인에게 유리한 경우에는 예외적으로 긍정하는 것이 타당하다. 왜냐하면 위법한 처분으로 발생한 의무를 위반하였다고 국민을 범죄자로 낙인찍는 것은 법치주의의 원리에 반하기 때문이다.

Ⅳ 행정행위가 당연무효인 경우가 민·형사법원의 선결문제인 경우

행정행위가 당연무효인 경우에는 공정력이 발생하지 않으므로 민·형사법원도 당연무효를 전제로 자신의 본안판결을 할 수 있다는 것이 학설, 판례의 일반적인 입장이다.

1. **부당이득반환청구(민사법원)**
    조세의 과오납 등으로 발생한 부당이득반환청구권을 학설은 공법상 권리이므로 행정소송 중 당사자소송의 대상이라고 하나, 판례는 금전적 청구에 불과하므로 사권에 해당하고 민사소송의 대상이라고 한다. 이에 따라 대법원은 민사소송에 있어서 어느 행정처분의 당연무효 여부가 선결문제로 되는 때에는 이를 판단하여 당연무효임을 전제로 판결할 수 있고 반드시 행정소송 등의 절차에 의하여 그 취소나 무효확인을 받아야 하는 것은 아니다(대판 2009다90092).

2. **체납범(형사법원)**
    과세대상과 납세의무자 확정이 잘못되어 당연무효한 과세처분에 대하여는 체납이 문제될 여지가 없으므로 체납범이 성립하지 않는다(대판 1971.5.31. 선고 판결 [조세범처벌법위반]).

사례연습

● 관할 행정청 甲은 공인노무사 乙이 업무를 수행하던 중 비밀엄수의무를 위반하여 공인노무사법제28조제1항제1호에 따라 형사법원에서 징역 1년 집행유예 2년의 형이 확정된 것을 이유로 관련 법령에 따라 등록취소처분과 동시에 1억원의 과징금부과처분을 하였고 乙은 이를 납부하였다. 그런데 乙은 1년이 지난 후에야 위 등록취소처분과 과징금부과처분에 취소사유인 하자가 있음을 알게 되었다. 乙이 등록취소처분으로 발생한 손해전보를 위한 국가배상청구소송과 이미 납부한 1억원을 돌려받기 위하여 부당이득반환청구소송을 민사법원에 제기하였다면 甲의 청구가 인용될 수 있는지 검토하시오.(25점)

목차

Ⅰ. 논점의 정리
Ⅱ. 국가배상청구 및 부당이득반환청구권의 성질
Ⅲ. 구성요건적 효력의 의의
Ⅳ. 선결문제의 의의
Ⅴ. 위법성 판단 가부
  1. 학설
  2. 판례
  3. 검토

Ⅵ. 효력 부인 가부
  1. 학설
  2. 판례
  3. 검토

Ⅶ. 사안의 해결

모범 답안

Ⅰ. 논점의 정리 ❷

먼저 국가배상청구와 공법상 부당이득반환청구소송의 관할법원이 민사법원인지 검토한 후, 국가배상청구소송과 관련해서는 민사법원이 처분의 위법여부를, 부당이득반환청구와 관련해서는 민사법원이 처분의 효력을 부인할 수 있는 지가 행정소송법제11조의 구성요건적 효력과 선결문제로서 문제된다.

Ⅱ. 국가배상청구 및 부당이득반환청구권의 성질 ❸

다수설은 국가배상청구권 및 부당이득반환청구권은 처분 등 공법적 원인에 의하여 발생한 권리이므로 공권에 해당하고 당사자소송의 대상으로 이해하나, 대법원은 사권에 불과하고 민사소송의 대상이라고 판시하고 있는 데 논리적으로는 당사자소송으로 보는 것이 타당하다. 다만, 이하에서는 판례에 따라 민사소송을 전제로 검토하겠다.

III. 구성요건적 효력의 의의 ③

구성요건적 효력이란 행정행위에 위법한 하자가 있더라도 그 하자가 중대하고 명백하여 당연무효가 되는 경우를 제외하고는 취소할 수 있는 권한 있는 기관(처분청·감독청·행정심판위원회·취소소송관할법원)에 의하여 취소되기 전까지는 일단 유효하게 통용되는 힘을 말하는 바, 공정력은 상대방인 국민을 구속하는 힘이고 다른 국가기관에 대한 통용력은 구성요건적 효력이라 한다.

IV. 선결문제의 의의 ①

선결문제란 민, 형사사건에 대하여 재판을 하고 있는 민,형사법원이 재판의 본안을 판단하기 위해서 행정행위의 위법여부 또는 효력유무 등이 먼저 결정되어야 하는 문제를 말한다.

V. 위법성 판단 가부

1. 학설 ③

① 부정설은 공정력을 적법성 추정력으로 보아 민사법원은 공정력에 기속되고 행소법 제11조를 열거규정으로 보고 ② 긍정설은 공정력은 유효성 통용력에 불과하므로 위법성판단에는 영향을 미치지 않고 제11조를 예시규정으로 본다.

2. 판례 ②

대법원은 계고처분이 위법임을 이유로 국가배상을 청구하는 경우에 미리 그 행정처분의 취소판결이 있어야만 하는 것은 아니라고 판시하였다.

3. 검토 ②

생각건대 공정력은 위법한 처분이 취소되기 전까지 잠정적인 유효성 통용력에 불과하므로 민사법원도 처분의 위법여부는 판단할 수 있다고 보는 것이 타당하다.

VI. 효력 부인 가부

1. 학설 ②

이를 긍정하는 견해도 있지만 일반적인 견해는 취소할 권한이 없는 민사법원은 구성요건적 효력으로 인하여 처분의 효력을 부인할 수는 없다고 보는 부정설의 입장이다.

2. 판례 ③

대법원은 과세처분이 당연무효라고 볼 수 없는 한 과세처분에 취소할 수 있는 위법 사유가 있다 하더라도 그 과세처분은 행정행위의 공정력에 의하여 적법하게 취소되기 전까지는 민사소송절차에서 과세처분의 효력을 부인할 수 없다고 판시하였다.

3 검토 ❶

생각건대 국가기관 간의 권력분립 내지 권한존중 등 구성요건적 효력을 인정한 취지에 비추어 처분의 취소권한이 없는 민사법원이 효력을 부인할 수는 없다고 보는 것이 타당하다.

Ⅶ 사안의 해결 ❸

乙이 제기한 국가배상청구소송에서는 민사법원이 등록취소처분의 위법여부를 판단할 수 있고 고의, 과실 등 나머지 요건이 충족되면 인용판결을 선고할 수 있지만, 부당이득반환청구소송에서 민사법원은 위법하지만 유효한 과징금부과처분이 먼저 취소되기 전에는 기각판결을 선고할 수밖에 없다.

● 공인노무사 甲은 사무소를 개업하여 업무를 수행하던 중 파산선고를 받게 되었다. 이에 고용노동부장관은 동법제19조제1항제1호에 따라 甲에 대하여 등록취소처분을 하였는데 등록취소처분은 절차의 하자가 있어 위법하지만 유효한 처분에 해당하였다. 甲은 등록취소처분이 위법하기 때문에 이를 따르지 않아도 된다고 생각하고 업무를 계속하였다. 검사는 甲을 동법제28조제2항제1호 위반에 해당하는 무등록업무죄로 형사법원에 기소하였다. 형사법원은 어떠한 판결을 선고할지 검토하시오. (20점)

목차

Ⅰ. 쟁점의 정리

Ⅱ. 구성요건적 효력의 의의

Ⅲ. 선결문제의 의의

Ⅳ. 처분의 위법성 판단가부
 1. 학설
 2. 판례
 3. 검토 및 사안의 경우

Ⅴ. 형사법원이 처분의 효력을 부인할 수 있는 지 여부
 1. 학설
 2. 판례
 3. 검토

Ⅵ. 사안의 해결

모범 답안

Ⅰ 쟁점의 정리 ❸

행정소송법 제11조 제1항은 '처분 등의 효력 유무 또는 존재 여부가 민사소송의 선결문제로 되어 당해 민사소송의 수소법원이 이를 심리·판단하는 경우'라고 규정하고 있어 민사법원이 구성요건적 효력과 선결문제로써 어느 범위까지 판단할 수 있는 지에 관한 논의가 형사소송에도 동일한 논의가 있는 바, 형사법원이 甲에게 무죄판결을 선고할 수 있는 지는 먼저 처분의 취소권한이 없는 형사법원이 등록취소처분의 위법성을 판단할 수 있는 지, 있다면 처분의 유효성, 즉 공정력을 부인할 수 있는 지를 검토해보아야 한다.

II. 구성요건적 효력의 의의 ❷

구성요건적 효력이란 행정행위에 위법한 하자가 있더라도 그 하자가 중대하고 명백하여 당연무효가 되는 경우를 제외하고는 취소할 수 있는 권한 있는 기관(처분청·감독청·행정심판위원회·취소소송관할법원)에 의하여 취소되기 전까지는 일단 유효하게 통용되는 힘을 말하는 바, 공정력은 상대방인 국민을 구속하는 힘이고 다른 국가기관에 대한 통용력은 구성요건적 효력이라 한다.

III. 선결문제의 의의 ❶

선결문제란 민, 형사사건에 대하여 재판을 하고 있는 민,형사법원이 재판의 본안을 판단하기 위해서 행정행위의 위법여부 또는 효력유무 등이 먼저 결정되어야 하는 문제를 말한다.

IV. 처분의 위법성 판단가부

1 학설 ❷

① 부정설은 공정력을 적법성추정력으로 이해하므로 민·형사법원은 공정력에 기속되고 행소법 제11조는 열거규정이라고 보고 ② 긍정설은 공정력은 유효성 통용력에 불과하고 행소법 제11조를 예시규정으로 본다.

2 판례 ❷

대법원은 형사법원도 처분의 위법성을 심리, 판단할 수 있는 것을 전제로 위법한 공무집행을 방해한 것이라면 공무집행방해죄가 성립되지 않는다고 판시하였고, 조치명령사건에서도 동일한 취지의 판시를 하였다.

3 검토 및 사안의 경우 ❷

생각건대 공정력은 위법한 처분이 취소되기 전까지 잠정적인 유효성 통용력에 불과하므로 형사법원도 처분의 위법여부는 판단할 수 있다고 보는 것이 타당하다. 따라서 형사법원은 등록취소처분의 위법성을 인정할 수 있다.

V. 형사법원이 처분의 효력을 부인할 수 있는 지 여부

1 학설 ❷

① 부정설은 민사소송과 같이 위법사유가 당연무효인 경우에는 판단할 수 있으나, 취소사유인 경우에는 취소권한이 없으므로 효력을 부인할 수 없다고 한다. ② 예외적 긍정설은 처분의 효력을 부인하는 것이 피고인에게 유리한 경우에는 형사소송의 특수성에 비추어 피고인의 인권보장이 고려되어야 하므로 형사법원이 스스로 위법한 처분의 효력을 부인할 수 있다고 한다.

2 판례 ❷

대법원은 나이를 속여 발급받은 운전면허로 운전한 자가 무면허운전죄로 기소된 사건에서 동 면허는 취소사유에 불과하므로 형사법원은 그 효력을 부인할 수 없다고 판시하면서 무죄판결을 선고하였다.

3 검토 ❷

생각건대 원칙적으로는 형사법원은 처분을 취소할 권한이 없으므로 처분의 효력을 부인할 수 없다고 보는 것이 타당하지만, 처분의 효력을 부인하는 것이 피고인에게 유리한 경우에는 예외적으로 긍정하는 것이 타당하다. 왜냐하면 위법한 처분으로 발생한 의무를 위반하였다고 국민을 범죄자로 낙인찍는 것은 법치주의의 원리에 반하기 때문이다.

VI 사안의 해결 ❷

고용노동부장관의 甲에 대한 등록취소처분은 취소사유가 있어 유효하지만 형사법원이 효력을 부인하지 못한다면 甲에게 유죄판결이 선고될 수밖에 없고 이는 甲의 인권을 침해하고 실질적 법치주의의 원리에도 반하므로 형사법원은 등록취소처분의 효력을 부인하고 무죄판결을 선고할 수 있다.

THEME 18 행정상 사실행위

I. 의의

권력적 사실행위란 행정주체가 우월적 지위에서 행하는 행위로서 불법건축물의 강제철거 등 대집행의 실행행위, 전염병환자의 강제격리 등 행정상 즉시강제와 같이 공권력행사의 실체를 가지는 사실행위를 말하고

II. 권력적 사실행위의 처분성

1. 교도소장(피고)이 수형자 갑(원고)을 '접견내용 녹음·녹화 및 접견 시 교도관 참여대상자'로 지정한 사안에서, 피고가 위와 같은 지정행위를 함으로써 원고의 접견 시마다 사생활의 비밀 등 권리에 제한을 가하는 교도관의 참여, 접견내용의 청취·기록·녹음·녹화가 이루어졌으므로 이는 피고가 그 우월적 지위에서 수형자인 원고에게 일방적으로 강제하는 성격을 가진 공권력적 사실행위의 성격을 갖고 있는 점 등을 종합하면, 위와 같은 지정행위는 항고소송의 대상이 되는 '처분'에 해당한다(대판 2013두20899).

2. 병무청 인터넷 홈페이지에 공개 대상자의 인적사항 등이 게시되는 경우 그의 명예가 훼손되므로, 공개 대상자는 자신에 대한 공개결정이 병역법령에서 정한 요건과 절차를 준수한 것인지를 다툴 법률상 이익이 있다. 병무청장이 인터넷 홈페이지 등에 게시하는 사실행위를 함으로써 공개 대상자의 인적사항 등이 이미 공개되었더라도, 재판에서 병무청장의 공개결정이 위법함이 확인되어 취소판결이 선고되는 경우, 병무청장은 취소판결의 기속력에 따라 위법한 결과를 제거하는 조치를 할 의무가 있으므로 공개 대상자의 실효적 권리구제를 위해 병무청장의 공개결정을 행정처분으로 인정할 필요성이 있다(2018두49130).

3. 수형자의 서신을 교도소장이 검열하는 행위는 이른바 권력적 사실행위로서 행정심판이나 행정소송의 대상이 되는 행정처분으로 볼 수 있으나, 위 검열행위가 이미 완료되어 행정심판이나 행정소송을 제기하더라도 소의 이익이 부정될 수밖에 없으므로 헌법소원심판을 청구하는 외에 다른 효과적인 구제방법이 있다고 보기 어렵기 때문에 보충성의 원칙에 대한 예외에 해당한다(헌재 96헌마398).

4. 미결수용중 다른 교도소로 이송된 피고인이 그 이송처분의 취소를 구하는 행정소송을 제기하고 아울러 그 효력정지를 구하는 신청을 제기한 데 대하여 법원에서 위 이송처분의 효력정지신청을 인용하는 결정을 하였고 이에 따라 신청인이 다시 이송되어 현재 위 이송처분이 있기 전과 같은 교도소에 수용중이라 하여도 이는 법원의 효력정지 결정에 의한 것이어서 그로 인하여 효력정지신청이 그 신청의 이익이 없는 부적법한 것으로 되는 것은 아니다(대판 92두30).

III 행정지도(비권력적 사실행위)

1 의의

행정지도란 행정기관이 그 소관사무의 범위 안에서 일정한 행정목적을 실현하기 위하여 상대방에게 일정한 행위를 하거나 하지 아니하도록 지도·권고·조언 등을 하는 행정작용을 말한다. 대표적인 예로 유가급등에 따라 차량 10부제 운행을 할 것을 권고하거나 영업시간단축을 권고하는 것, 여름휴가철 피서지의 자영업자에게 물가안정에 대한 협력을 권고하는 것 등을 들 수 있다.

2 행정지도(비권력적 사실행위)의 처분성

행정소송법 제2조 1호의 '그 밖에 이에 준하는 행정작용'의 개념에 관하여 이원설에 의하면 구제의 필요성이 있는 경우에는 처분성을 인정하는 것이 타당하다고 한다. 그러나 대법원은 비권력적 사실행위인 행정지도의 처분성을 부인하고 있다.

> 항고소송의 대상이 되는 행정처분은 행정청의 공법상의 행위로서 상대방 또는 기타 관계자들의 법률상 지위에 직접적으로 법률적인 변동을 일으키는 행위를 말하는 것이므로 세무당국이 소외 회사에 대하여 원고와의 주류거래를 일정기간 중지하여 줄 것을 요청한 행위는 권고 내지 협조를 요청하는 권고적 성격의 행위로서 소외 회사나 원고의 법률상의 지위에 직접적인 법률상의 변동을 가져오는 행정처분이라고 볼 수 없는 것이므로 항고소송의 대상이 될 수 없다(대판 80누395).

THEME 19 공법상 계약

I 의의

공법상 계약이란 대등한 복수당사자 간의 서로 반대방향의 의사표시가 합치되어 공법적 효과의 발생을 목적으로 하는 공법행위를 말한다.

II 행정소송법상 특색

공법상 계약에 관한 분쟁은 당사자소송의 대상이 된다. 이 때 피고는 행정청이 아닌 국가·공공단체 등 행정주체이다.

> **행정소송법**
>
> 제3조 【행정소송의 종류】 행정소송은 다음의 네 가지로 구분한다.
>   2. 당사자소송 : 행정청의 처분등을 원인으로 하는 법률관계에 관한 소송 그 밖에 공법상의 법률관계에 관한 소송으로서 그 법률관계의 한쪽 당사자를 피고로 하는 소송
>
> 제39조 【피고적격】 당사자소송은 국가·공공단체 그 밖의 권리주체를 피고로 한다.

> 지방계약직공무원인 이 사건 옴부즈만 채용행위는 공법상 대등한 당사자 사이의 의사표시의 합치로 성립하는 공법상 계약에 해당한다. 이와 같이 이 사건 옴부즈만 채용행위가 공법상 계약에 해당하는 이상 원고의 채용계약 청약에 대응한 피고의 '승낙의 의사표시'가 대등한 당사자로서의 의사표시인 것과 마찬가지로 그 청약에 대하여 '승낙을 거절하는 의사표시' 역시 행정청이 대등한 당사자의 지위에서 하는 의사표시라고 보는 것이 타당하고, 그 채용계약에 따라 담당할 직무의 내용에 고도의 공공성이 있다거나 원고가 그 채용과정에서 최종합격자로 공고되어 채용계약 성립에 관한 강한 기대나 신뢰를 가지게 되었다는 사정만으로 이를 행정청이 우월한 지위에서 행하는 공권력의 행사로서 행정처분에 해당한다고 볼 수는 없다(대판 2013두6244).

THEME 20 법무부 행정소송법 개정안

I 국민의 권익구제 확대를 위한 소송제도 개선

가. 의무이행소송 도입

- 국민의 신청 등에 대해 행정청이 응답하지 않거나 거부처분하는 경우 법원에 의무이행을 명하는 판결을 구함으로써 분쟁을 일회적으로 해결하는 제도
- 선진법제에서 대부분 도입한 제도로서, 분쟁의 발본적·일회적 해결을 통해 현행 권리구제절차(거부처분취소소송이나 부작위법확인소송)의 불완전성 해소 가능
  ※ 다만, 기존 부작위법확인소송은 그대로 존치하여 국민이 자유롭게 소송유형을 선택할 수 있는 기회 보장

나. 원고적격 확대

- 현행법은 행정소송의 원고가 될 수 있는 사람을 '법률'상 권리가 침해된 사람으로 한정하고 있어 행정소송을 이용할 수 있는 기회가 제한
- 원고의 자격을 '법률상 이익'에서 '법적 이익'으로 개정하여 '법률은 물론 명령·규칙 등' 하위법령에서 보호되는 권리를 침해받은 사람도 행정소송을 제기할 수 있게 함으로써 국민의 실질적 권익구제 확대

II 사전 권리구제절차의 정비

가. 집행정지 요건 완화

- 현행법에서는 현역병 입영처분과 같이 신분 사항에 대해서만 회복하기 어려운 손해로 인정되어 집행정지가 가능하였으므로 금전상 손해는 중대하더라도 판결이 확정되기 전에는 사전구제 불가능
- 집행정지의 요건을 '회복하기 어려운 손해'에서 '중대한 손해'로 완화하여 금전상 손해라도 손해가 중대한 경우에는 집행정지가 가능하도록 함으로써 사전 권익구제 확대

나. 가처분제도 도입

- 현행법은 국민의 생계유지 등이 필요한 행정영역에서 불허처분이 있는 경우 일정 기간 수익자 지위를 인정받지 못하여 일시적으로 생계유지 수단이 상실되는 문제 발생
- 가처분제도 도입을 통하여 소송결과가 나올 때까지 계속하여 지위를 유지할 필요성이 있는 경우 임시 지위를 인정하여 국민의 실질적 권리구제 흠결 보완

III. 이용하기 쉬운 행정소송 제도 마련

가. 소의 변경·이송의 허용범위 확대
- 법률지식이 부족한 일반 국민의 입장에서 민사소송과 행정소송을 구분하지 못하거나 적절한 소송방법 선택 곤란
- 행정소송과 민사소송 사이에 소의 변경이나 이송을 폭넓게 허용함으로써 국민들이 행정소송을 보다 쉽게 이용할 수 있도록 개정

나. 관할지정제도 도입
- 현행법에 따르면 국민이 어느 법원에 소송을 제기하여야 하는지 명확하지 않은 경우 관할법원 선택의 어려움 발생
- 사건이 행정법원과 지방법원 중 어느 법원의 관할에 속하는지 명백하지 아니한 때 고등법원이 관할법원을 지정해 주는 제도를 신설하여 관할법원 선택의 위험 및 불편 해소

다. 제3자 소제기 사실 통지제도 신설
- 현행법은 행정처분과 이해관계 있는 사람이더라도 소제기 사실을 알지 못하여 소송절차에 참여하지 못하는 문제 발생
- 법원이 피고 외의 다른 행정청 및 이해관계가 있는 제3자에게 소제기 사실을 통지하도록 하여 일회의 소송절차로 분쟁 해결 가능

라. 결과제거의무 규정 신설
- 현행법은 행정청이 취소소송 패소에 따른 위법한 결과를 자발적으로 제거하지 않는 경우 다시 소송을 제기하여야 하는 문제 발생
- 이 경우 행정청에 대하여 위법한 결과를 제거할 의무를 부과함으로써 분쟁을 종국적으로 해결할 수 있도록 개정

THEME 21 무명항고소송 인정여부

> **제4조 【항고소송】** 항고소송은 다음과 같이 구분한다.
> 1. 취소소송 : 행정청의 위법한 처분등을 취소 또는 변경하는 소송
> 2. 무효등 확인소송 : 행정청의 처분등의 효력 유무 또는 존재여부를 확인하는 소송
> 3. 부작위위법확인소송 : 행정청의 부작위가 위법하다는 것을 확인하는 소송

1. 적극적 형성소송 인정여부

적극적 형성소송이란 법원이 행정청을 대신하여 판결로써 직접 처분을 하는 소송을 말하는 바, 이는 권력분립의 원칙을 심각하게 훼손하므로 현행법상 인정될 수 없다.

> 현행 행정소송법상 행정청으로 하여금 일정한 행정처분을 하도록 명하는 이행판결을 구하는 소송이나 법원으로 하여금 행정청이 일정한 행정처분을 행한 것과 같은 효과가 있는 행정처분을 직접 행하도록 하는 형성판결을 구하는 소송은 허용되지 아니한다(대판 97누3200).

2. 의무이행소송 인정여부

① 문제의 소재

의무이행소송이란 사인이 일정한 행정행위를 청구하였는데 행정청이 특정한 처분을 할 의무가 있음에도 불구하고 거부 또는 부작위로 방치한 경우 행정청에 대하여 일정한 행정행위를 해 줄 것을 법원에 청구하는 행정소송을 말하는 바, 독일 행정법에는 의무이행소송이 명문으로 규정되어 있으나, 우리 행정소송법에는 명문규정이 없어 문제 된다.

② 학설

㉠ 부정설

권력분립원칙에 입각하여 행정소송법 제4조는 소송의 유형을 제한적으로 열거한 규정이고, 제4조 제1호의 변경은 소극적 변경으로 일부취소를 의미한다는 점을 논거로 한다.

㉡ 긍정설

권력분립의 실질적인 목적은 국민의 권리보호에 있고, 행정소송법 제4조는 예시적 규정이며, 제4조 제1호의 변경은 적극적 변경을 의미한다는 점을 논거로 한다.

㉢ 절충설

관계법상 처분요건이 일의(一意, 명확하게)적으로 규정되어 있고 사전에 구제하지 않으면 회복하기 어려운 손해가 발생할 우려가 있으며, 다른 구제방법이 없는 경우에 보충적으로 인정하자는 입장이다.

③ 판례

> 대법원은 검사에게 압수물 환부를 이행하라는 청구는 행정청의 부작위에 대하여 일정한 처분을 하도록 하는 의무이행소송으로 현행 행정소송법상 허용되지 아니한다(대판 94누14018).

④ 검토

생각건대 권력분립의 원리 및 의무이행소송을 인정하면 부작위위법확인소송이 무용해지는 점 등에 비추어 현행법상으로는 인정하기 어렵다. 다만, 국민의 권리구제를 위하여 의무이행소송의 도입이 필요하고 행정소송법 개정안에는 의무이행소송이 도입되어 있다.

3. 작위의무확인소송 인정여부

행정청에게 일정한 행위를 할 의무가 있다는 확인을 구하는 소송으로서 대법원은 행정소송법상 행정청의 부작위에 대하여는 부작위위법확인소송만 인정되고 작위의무의 이행이나 확인을 구하는 항고소송은 허용될 수 없다고 판시하였다.

> 피고 국가보훈처장 등에게 독립운동가들에 대한 서훈추천권의 행사가 적정하지 아니하였으니 이를 바로잡아 다시 추천하고, 잘못 기술된 독립운동가의 활동상을 고쳐 독립운동사 등의 책자를 다시 편찬, 보급하고, 독립기념관 전시관의 해설문, 전시물 중 잘못된 부분을 고쳐 다시 전시 및 배치할 의무가 있음의 확인을 구하는 청구는 작위의무확인소송으로서 항고소송의 대상이 되지 아니한다(대판 90누3553).

4. 예방적 부작위청구(금지)소송 인정여부

① 문제의 소재

행정청의 처분으로 장래에 개인의 법률상 이익이 침해될 경우에 대비하여 사전에 이를 방지하기 위한 소송유형으로서 행정청이 권한을 행사하기도 전에 이러한 예방적 금지소송을 인정할 지 문제 된다.

② 학설

㉠ 부정설

권력분립원칙에 입각하여 행정소송법 제4조는 소송의 유형을 제한적으로 열거한 규정이이라는 점을 논거로 한다.

㉡ 긍정설

권력분립의 실질적인 목적은 국민의 권리보호에 있고, 행정소송법 제4조는 예시적 규정이라는 점을 논거로 한다.

㉢ 절충설

관계법상 처분요건이 일의적으로 규정되어 있고 사전에 구제하지 않으면 회복하기 어려운 손해가 발생할 우려가 있으며, 다른 구제방법이 없는 경우에 보충적으로 인정하자는 입장이다.

㉣ 당사자소송설

무명항고소송을 부정하는 전제에서 당사자소송으로 해결하자는 입장이다.

③ 판례

> 건축건물의 준공처분을 하여서는 아니된다는 내용의 부작위를 구하는 청구는 행정소송에서 허용되지 아니하는 것이므로 부적법하다(대판 86누182).

④ 검토

생각건대 권력분립의 원리에 비추어 현행법상으로는 인정하기 어렵다. 다만, 국민의 권리구제를 위하여 예방적 부작위청구소송을 인정할 필요도 있으나 최근 행정소송법 개정안은 남소의 폐단을 우려하여 예방적 부작위청구소송을 삭제하였다.

사례연습

甲은 법무부장관 A에게 광복절 특별사면과 관련한 '사면실시건의서 및 사면심의에 관한 국무회의 안건자료'의 공개를 청구하였다. 이에 법무부장관 A는 사면대상자 乙에게 甲의 정보공개청구 사실을 통지한 후, 관계 행정청 B에게 자문을 요청하였는데 B는 위 정보에 사면대상자 乙의 개인정보가 포함되어 있어 「공공기관의 정보공개에 관한 법률」(이하 '정보공개법'이라 한다) 제9조 제1항 제6호에 해당하여 공개될 경우 사생활의 비밀을 침해할 우려가 있다는 의견을 제시하였다.

甲의 정보공개청구에 대하여 A가 공개여부에 대한 결정을 내리기 이전에 乙의 구제수단을 검토하시오.

목차

I. 논점의 정리
II. 정보공개법상 제3자의 비공개요청(정보공개법제21조제1항)
III. 예방적 부작위청구소송
  1. 문제의 소재
  2. 학설
  3. 판례
  4. 검토
IV. 사안의 해결

2022년 제31회 기출

모범 답안

I. 논점의 정리 ❷

A의 공개결정은 甲에게는 수익적 처분이지만 乙에게는 침익적 처분에 해당하는 복효적 행정행위에 해당하는데 A의 공개결정이 있기 이전에 乙의 구제수단으로 정보공개법 제21조의 비공개요청과 무명항고소송으로서 예방적 부작위청구소송이 허용되는지 검토해보아야 한다.

II. 정보공개법상 제3자의 비공개요청 ❸

정보공개법제11조제3항은 공공기관은 공개청구된 공개 대상 정보의 전부 또는 일부가 제3자와 관련이 있다고 인정할 때에는 그 사실을 제3자에게 지체 없이 통지하도록 하면서 동법제21조는 공개청구된 사실을 통지받은 제3자는 그 통지를 받은 날부터 3일 이내에 해당 공공기관에 대하여 자신과 관련된 정보를 공개하지 아니할 것을 요청할 수 있다고 규정하고 있으므로 사안의 경우 A는 지체없이 乙에게 통지하고 乙은 A에게 비공개할 것을 요청할 수 있다.

Ⅲ 예방적 부작위청구소송

1 문제의 소재 ❶
행정청의 처분으로 장래에 개인의 법률상 이익이 침해될 경우에 대비하여 사전에 이를 방지하기 위하여 명문의 규정이 없는 예방적 부작위소송을 인정할 지 문제된다.

2 학설 ❸
① 긍정설은 개인의 권리보호가 확대될 수 있다는 점, 행정소송법 제4조를 예시적 규정으로 보고 ② 부정설은 권력분립원칙에 입각하여 행정소송법 제4조를 제한적으로 열거한 규정으로 보며 ③ 절충설은 관계법상 처분요건이 일의적으로 규정되어 있고 사전에 구제하지 않으면 회복하기 어려운 손해가 발생할 우려가 있으며, 다른 구제방법이 없는 경우에 보충적으로 인정하자는 입장이고 ④ 당사자소송설은 무명항고소송을 부정하면서 당사자소송 제기를 허용하는 견해이다.

3 판례 ❷
대법원은 건축건물의 준공처분을 하여서는 아니된다는 내용의 부작위를 구하는 청구는 행정소송에서 허용되지 아니하는 것이므로 부적법하다고 판시하였다.

4 검토 ❸
생각건대 권력분립의 원리 및 남소의 폐단에 비추어 현행법의 해석상으로는 인정하기 어렵다. 다만, 국민의 권리구제를 위하여 예방적 부작위청구소송을 인정할 필요도 있기는 하지만 최근 법무부 행정소송법 개정안도 남소의 폐단을 우려하여 삭제되었다.

Ⅳ 사안의 해결 ❶

乙은 A의 공개결정이 있기 이전에 비공개요청을 할 수 있고 예방적 부작위청구소송은 현행법상 허용되지 않으므로 소제기를 하게 되면 각하판결이 선고될 것이다.

● 무명항고소송에 관하여 약술하시오. (예방적 부작위청구소송 제외) (20점)

2011년 제20회 기출

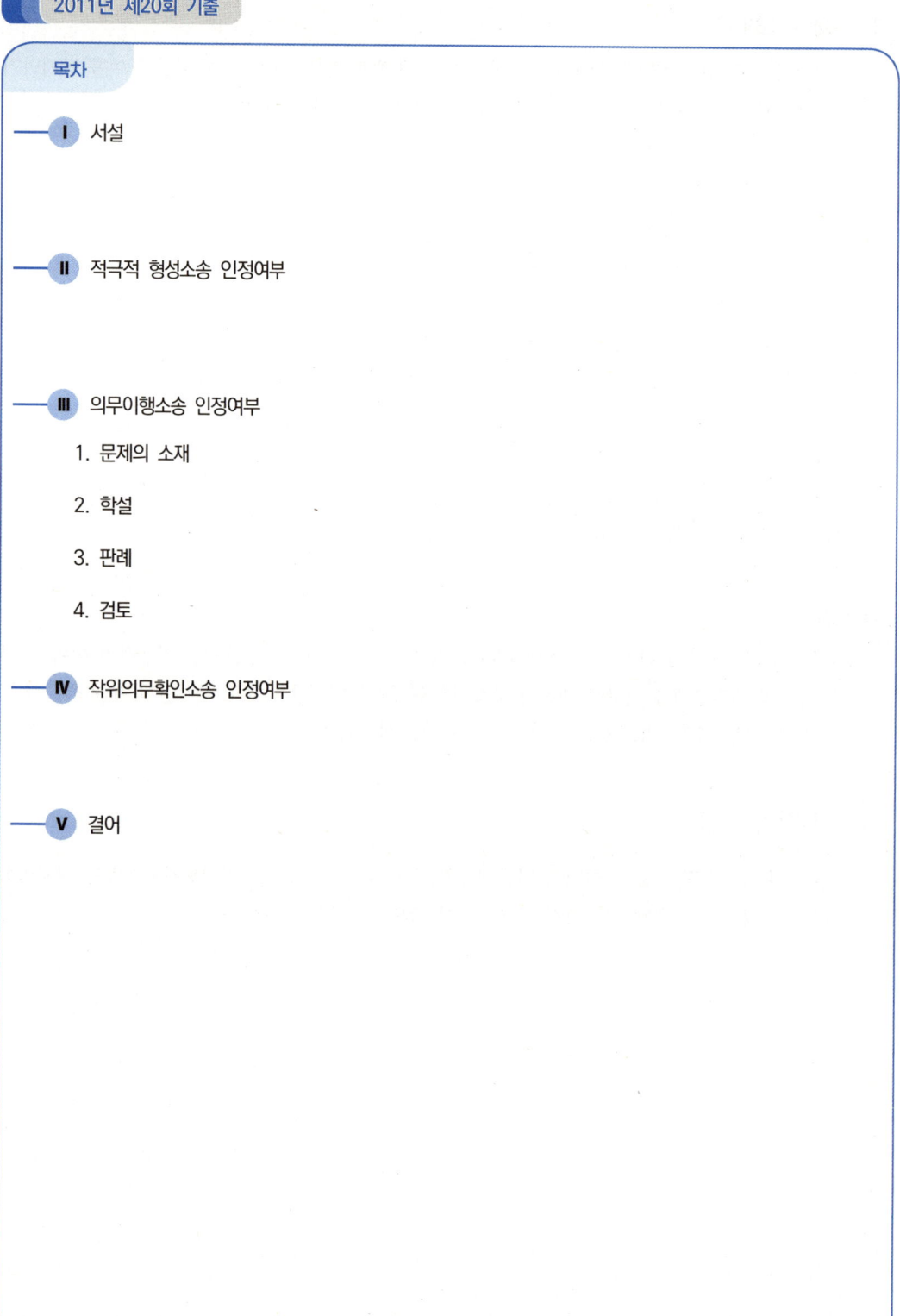

목차

Ⅰ 서설

Ⅱ 적극적 형성소송 인정여부

Ⅲ 의무이행소송 인정여부
　1. 문제의 소재
　2. 학설
　3. 판례
　4. 검토

Ⅳ 작위의무확인소송 인정여부

Ⅴ 결어

I. 서설 ❷

현행 행정소송법제4조는 항고소송의 유형으로서 취소소송, 무효등확인소송, 부작위위법확인소송을 규정하고 있는 바, 이러한 법정항고소송이 권리구제에 실효적이지 못한 경우에 해석상 적극적 형성소송, 의무이행소송, 작위의무확인소송 등 무명항고소송을 인정할 수 있는 지를 검토해보겠다.

II. 적극적 형성소송 인정여부 ❸

적극적 형성소송이란 법원이 행정청을 대신하여 판결로써 직접 처분을 하는 소송을 말하는 바, 이는 권력분립의 원칙을 심각하게 훼손하므로 현행법상 인정될 수 없다. 대법원도 현행 행정소송법상 법원으로 하여금 행정청이 일정한 행정처분을 행한 것과 같은 효과가 있는 행정처분을 직접 행하도록 하는 형성판결을 구하는 소송은 허용되지 아니한다고 판시하였다(대판 97누3200).

III. 의무이행소송 인정여부 ❿

1. 문제의 소재

의무이행소송이란 사인이 일정한 행정행위를 청구하였는데 행정청이 거부 또는 부작위로 방치한 경우 행정청에 대하여 일정한 처분을 이행하도록 법원에 청구하는 행정소송을 말하는 바, 독일 행정법에는 의무이행소송이 명문으로 규정되어 있으나, 우리행정소송법에는 명문규정이 없어 문제된다.

2. 학설

1) 긍정설

개인의 권리보호가 확대될 수 있다는 점, 행정소송법 제4조는 예시적 규정으로 볼 수 있다는 점, 제4조 제1호의 변경은 적극적 변경을 의미한다는 점에서 긍정하는 입장이다.

2) 부정설

권력분립원칙에 입각하여 행정소송법 제4조는 소송의 유형을 제한적으로 열거한 규정으로 볼 수 있다는 점, 제4조 제 1호의 변경은 소극적 변경으로 일부취소를 의미한다는 점에서 부정하는 입장이다.

3) 절충설

관계법상 처분요건이 일의적으로 규정되어 있고 사전에 구제하지 않으면 회복하기 어려운 손해가 발생할 우려가 있으며, 다른 구제방법이 없는 경우에 보충적으로 인정하자는 입장이다.

3 판례

대법원은 검사에게 압수물 환부를 이행하라는 청구는 행정청의 부작위에 대하여 일정한 처분을 하도록 하는 의무이행소송으로 현행 행정소송법상 허용되지 아니한다고 판시 하였다.

4 검토

권력분립의 원리 및 의무이행소송을 인정하면 부작위위법확인소송이 무용해지는 점 등에 비추어 현행법상으로는 인정하기 어렵다. 다만, 국민의 권리구제를 위하여 의무이행소송의 도입이 필요하고 행정소송법 개정안에는 의무이행소송이 도입되어 있다.

Ⅳ. 작위의무확인소송 인정여부 ❸

행정청에게 일정한 행위를 할 의무가 있다는 확인을 구하는 소송으로서 동일한 견해 대립이 있으나, 대법원은 행정소송법상 행정청의 부작위에 대하여는 부작위위법확인 소송만 인정되고 작위의무의 이행이나 확인을 구하는 행정소송은 허용될 수 없다고 판시하였다.

Ⅴ. 결어 ❷

오늘날 권력분립의 의미를 실질적으로 파악하면 권력분립 역시 궁극적으로 국민의 권익을 보호하기 위한 것이므로 조속한 시일 내에 의무이행소송 등을 규정하고 있는 행정소송법 개정안이 발효되어 실효성 있는 항고소송제도의 정착이 필요하다고 생각한다.

THEME 22 취소소송의 소송물

> **행정소송법**
>
> **제4조【항고소송】** 항고소송은 다음과 같이 구분한다.
> 1. 취소소송 : 행정청의 위법한 처분등을 취소 또는 변경하는 소송

I 의의 및 성질

취소소송이란 행정청의 위법한 처분등을 취소 또는 변경(일부취소)하는 소송을 말한다. 취소소송은 항고소송의 중심을 이루는 소송으로서 행정소송법은 취소소송에 대하여 상세하게 규정하고 다른 유형의 소송에 대해서는 취소소송에 관한 규정을 준용하는 방식으로 규율하고 있다. 취소소송은 법률관계를 변경 또는 소멸시키는 형성적 성질을 가진다.

> **보충**
>
> 기판력이란 소송물에 관하여 법원의 판결이 확정되면 이후 동일한 사항에 대하여 당사자 및 승계인은 법원의 판단내용에 반하는 주장을 하여 다투는 것이 허용되지 않으며, 법원도 그와 모순·저촉되는 판단을 해서는 안 되는 구속력을 말한다(대판 86다카2756).

II 취소소송의 소송물

1 문제의 소재

소송물이란 소송상 분쟁의 대상, 즉 소송에서 다툼이 되는 사항을 말하는 바, 소송물의 범위확정에 따라 관할법원, 중복소송 여부, 기판력의 범위 등이 달라지는데 행정소송법에는 소송물에 대한 명문규정이 없어서 문제된다.

2 학설

① 처분의 위법성 일반을 소송물로 보아 하나의 처분에 위법사유가 여러 개 있더라도 소송물은 하나이며 개개의 위법사유에 관한 주장은 단순한 공격방어방법에 불과하다고 보는 입장 ② 처분에 존재하는 개개의 위법사유로 보는 입장 ③ 위법한 처분으로 자신의 권리가 침해되었다는 원고의 주장으로 보는 입장이 있다.

3 판례

대법원은 과세처분 취소소송의 소송물은 그 취소원인이 되는 위법성 일반이라고 판시하였다.

> 과세처분이란 법률에 규정된 과세요건이 충족됨으로써 객관적, 추상적으로 성립한 조세채권의 내용을 구체적으로 확인하여 확정하는 절차로서 과세처분 취소소송의 소송물은 그 취소원인이 되는 위법성 일반이고 그 심판의 대상은 과세처분에 의하여 확인된 조세채무인 과세표준 및 세액의 객관적 존부이다(대판 89누5386).

4 검토

생각건대 행정소송법은 처분의 위법여부만을 본안심리의 대상으로 규정하고 있고(법제4조제1호), 분쟁의 일회적 해결요청의 필요성에 비추어 취소소송의 소송물은 처분의 위법성 일반으로 보는 것이 타당하다. 이에 따르면 취소소송의 인용판결의 기판력은 처분의 위법성에, 기각판결의 경우에는 처분의 적법성에 대하여 미친다.

III 취소소송의 소송요건(원, 피, 대, 기, 판, 익, 관)

소송을 제기하여 본안판단을 받기 위해서는 본안판단의 전제요건을 갖추어야 하고 이를 소송요건이라 한다. 이러한 소송요건은 법원에 의한 직권조사사항으로서 소송요건이 결여되면 법원은 각하판결을 하는 바, 소송요건으로서는 원고적격이 있는 자(법제　조　)가 처분을 대상(법제　조　)으로 취소소송을 제기하여 취소판결을 받아야 하는 현실적 필요가 있는 경우 (법제　조　)에 피고적격이 있는 행정청(법제　조　)을 상대로 관할법원에 소장이라는 형식을 갖추어 제소기간 내에 필요적 행정심판전치의 경우에는 행정심판을 거친 후 제기할 것(법제　조　)이 요구된다. 또한 동일한 사건에 대하여 이전에 확정판결이 없어야 하고 동일한 소가 현재 계속 중이어서는 아니 된다.

THEME 23 관련청구의 이송 및 병합

> **행정소송법**
>
> **제10조 【관련청구소송의 이송 및 병합】** ① 취소소송과 다음 각 호의 1에 해당하는 소송(이하 "관련청구소송"이라 한다)이 각각 다른 법원에 계속되고 있는 경우에 관련청구소송이 계속된 법원이 상당하다고 인정하는 때에는 당사자의 신청 또는 직권에 의하여 이를 취소소송이 계속된 법원으로 이송할 수 있다.
> 1. 당해 처분 등과 관련되는 손해배상·부당이득반환·원상회복등 청구소송
> 2. 당해 처분 등과 관련되는 취소소송
>
> ② 취소소송에는 사실심의 변론종결시까지 관련청구소송을 병합하거나 피고외의 자를 상대로 한 관련청구소송을 취소소송이 계속된 법원에 병합하여 제기할 수 있다.

I 관련청구의 이송

1 의의 및 제도의 취지

처분의 취소소송과 관련된 다른 소송이 각각 다른 법원에 계속된 때 법원은 당사자의 신청 또는 직권에 의해 취소소송이 계속된 법원으로 이송할 수 있는데 이를 관련청구의 이송이라고 한다(법 제 조). 이는 위법한 처분으로 인해 권익을 침해받는 자는 취소소송은 물론 손해배상청구소송 등을 제기할 수 있는 데 이 경우 취소소송과 손해배상청구소송이 각각 별개의 소송으로 진행되어야 한다면 소송경제상의 문제 또는 동일한 처분에 대한 판결이 모순될 우려가 있으므로 이러한 문제를 해결하기 위하여 서로 관련이 있는 수 개의 청구를 하나의 소송절차 안에서 재판하게 하는 제도를 말한다.

2 관련청구의 범위

① 당해 처분등과 관련되는 손해배상, 부당이득반환, 원상회복 등 청구소송(법제 조)
운전면허정지처분에서 면허정지처분취소소송과 손해배상청구소송 또는 과세처분에 대한 과세처분취소소송과 취소되는 경우에 발생하는 부당이득반환청구소송, 압류처분취소소송에 압류등기말소청구소송 등이 있다.

② 당해 처분등과 관련되는 취소소송(법제 조)
강제징수절차에서 독촉처분과 압류처분취소소송 또는 경원자관계에서 자신에 대한 거부처분취소소송과 경원자에 대한 허가취소소송 등이 있다.

3 관련청구의 이송요건(법제 조)

1) 취소소송과 관련청구소송이 각각 다른 법원에 계속 중일 것

관련청구소송의 이송은 취소소송과 내용적으로 관련된 다른 청구가 다른 법원에 계속된 경우 이를 취소소송과 병합하여 심리하도록 하려는 것이므로 취소소송과 관련청구소송이 서로 다른 법원에 계속되고 있어야 한다.

2) 상당한 이유

관련청구소송의 경우 당연히 이송되는 것이 아니고 관련청구소송이 계속 중인 법원이 이를 취소소송이 계속 중인 법원에서 심리하는 것이 상당하다고 인정하는 경우에 이송된다.

3) 당사자의 신청 또는 직권

관련청구소송의 이송은 당사자의 신청에 의하거나 신청이 없더라도 법원이 직권으로 행할 수 있다.

4) 취소소송이 계속된 법원으로 이송

민사사건 등 관련청구소송을 행정사건이 계속 중인 법원으로 이송하여야 한다.

4 이송의 효과

이송요건이 충족되어 이송결정이 확정된 때에는 당해 관련청구소송은 처음부터 이송을 받은 법원에 계속된 것으로 본다. 또한 소송을 이송 받은 법원은 이송결정에 따라야 하고 사건을 다시 이송하지 못한다(민사소송법 제38조).

II 관련청구의 병합

1 의의

처분의 취소소송과 관련된 다른 소송을 당사자가 취소소송 관할법원에 병합하여 제기할 수 있는데, 이를 관련청구의 병합이라고 한다(법제 조). 이는 위법한 처분으로 인해 권익을 침해받는 자는 취소소송은 물론 손해배상청구소송 등을 제기할 수 있는 데 이 경우 취소소송과 손해배상청구소송이 각각 별개의 소송으로 진행되어야 한다면 소송경제상의 문제 또는 동일한 처분에 대한 판결이 모순될 우려가 있으므로 이러한 문제를 해결하기 위하여 서로 관련이 있는 수 개의 청구를 하나의 소송절차 안에서 재판하게 하는 제도를 말한다.

2 병합의 요건(법제 조)

1) 취소소송 등이 적법할 것

관련청구의 병합은 그 청구를 병합할 주된 취소소송이 전제되는 것이므로 취소소송은 그 자체가 소송요건을 구비한 적법한 소송이어야 한다.

2) 사실심 변론종결 이전일 것

관련청구의 병합은 사실심변론종결시까지 하여야 한다. 사실심변론종결 이전이면 원시적 병합이든, 계속 중인 취소소송에 사후적으로 병합하는 추가적 병합이든 상관없다.

3 병합의 종류

1) 객관적 병합

객관적 병합은 원고 1인이 피고 1인을 상대로 수 개의 청구를 하는 경우를 말한다.

① 단순병합
서로 양립할 수 있는 여러 개의 청구를 병합하여 어느 하나의 청구의 인용여부와 상관없이 각 청구에 대한 각각의 판결을 구하는 것을 말한다. 예를 들면 영업허가취소에 대한 취소소송과 손해배상청구

② 선택적 병합
서로 양립할 수 있는 여러 개의 청구가 병합되었으나 그 중 어느 하나의 청구가 인용되면 다른 청구에 대한 판단은 하지 않는 경우를 말한다. 예를 들면 수용재결취소소송과 보상금증가청구소송

③ 주위적·예비적 병합
서로 양립할 수 없는 여러 개의 청구를 병합하면서 주위적 청구가 인용되는 경우에는 예비적 청구를 판단할 필요가 없으나 주위적 청구가 기각되는 경우에는 예비적 청구에 대한 판단을 구하는 경우를 말한다. 예를 들면 행정처분에 대한 무효확인과 취소청구는 서로 양립할 수 없는 청구로서 주위적·예비적 청구로서만 병합이 가능하고 선택적 청구로서의 병합이나 단순병합은 허용되지 아니한다(대판 97누6889).

2) 주관적 병합

주관적 병합은 원고·피고의 어느 일방 또는 쌍방당사자가 다수인 경우를 말한다.

4 원시적 병합과 추가적(후발적) 병합

취소소송을 제기하면서 병합하는 경우를 원시적 병합이라 하고, 취소소송 계속 중에 사후적으로 병합하는 것을 추가적 병합이라고 한다.

5 관할법원

관련청구의 이송·병합에 대한 관할법원은 취소소송이 계속된 법원이다(법제   조   ).

Ⅲ 이송 및 병합된 민사사건의 적용법규

민사사건이 이송, 병합된 경우라도 민사사건의 본질이 달라지는 것은 아니므로 손해배상액이나 부당이득액의 산정은 민사소송법상 엄격한 변론주의의 원칙이 관철되어야 하므로 행정소송법제26조의 직

권심리규정을 적용하여서는 아니된다.

Ⅳ 관련청구에 대한 판례

1 주된 청구가 부적법 각하된 경우

> 행정소송법 제10조에 의한 관련청구소송의 병합은 본래의 취소소송이 적법할 것을 요건으로 하는 것이므로, 본래의 취소소송이 부적법하여 각하되면 그에 병합된 청구도 소송요건을 흠결한 부적합한 것으로서 각하되어야 한다(대판 95누13708).

2 병합된 부당이득반환청구가 인용되기 위하여 당해 처분의 취소판결의 확정을 요하는 지 여부

> 행정소송법 제10조는 처분의 취소를 구하는 취소소송에 당해 처분과 관련되는 부당이득반환소송을 관련청구로 병합할 수 있다고 규정하고 있는 바, 이 조항을 둔 취지에 비추어 보면 취소소송에 병합할 수 있는 당해 처분과 관련되는 부당이득반환소송에는 당해 처분의 취소를 선결문제로 하는 부당이득반환청구가 포함되고, 이러한 부당이득반환청구가 인용되기 위해서는 그 소송절차에서 판결에 의해 당해 처분이 취소되면 충분하고 그 처분의 취소판결이 확정되어야 하는 것은 아니다(대판 2008두23153).

사례연습

관할 행정청은 甲에게 1억원의 과징금부과처분을 하였고 이에 甲은 위 과징금을 국가에 납부하였다. 그후 甲은 위 과징금부과처분에 절차상의 하자가 있다고 판단하고 행정법원에는 과징금부과처분취소소송을, 민사법원에는 부당이득반환청구소송을 각각 제기하였다. 이 경우 甲의 청구 전부를 하나의 법원에서 심리판결할 수 있는 행정소송법상 제도를 설명하시오.(25점)

목차

I. 서설
  1. 의의
  2. 제도의 취지
II. 관련청구의 범위
  1. 당해 처분등과 관련되는 손해배상·부당이득반환·원상회복 등 청구소송(제10조제1항제1호)
  2. 당해 처분등과 관련되는 취소소송(제10조제1항제2호)
III. 관련청구의 이송의 요건, 효과 및 관할법원
  1. 이송의 요건
  2. 이송의 효과

IV. 관할법원 및 심리방법
V. 이송된 관련청구소송의 판결
  1. 취소소송 등 주된 청구가 부적법한 경우
  2. 부당이득반환청구가 인용되기 위하여 취소판결이 확정되어야 하는 지 여부
VI. 다른 항고소송 및 당사자소송에의 준용
VII. 행정소송법 개정안

모범답안

I 서설

1 의의

처분의 취소소송과 관련된 다른 소송이 각각 다른 법원에 계속된 때 법원은 당사자의 신청 또는 직권에 의해 취소소송이 계속된 법원으로 이송할 수도 있는데 이를 관련 청구의 이송이라고 한다(행정소송법제10조, 이하 '법'이라 한다).

2 제도의 취지

관련청구의 이송은 위법한 처분으로 인해 권익을 침해받는 자는 취소소송은 물론 손해배상청구소송 등을 제기할 수 있는 데 이 경우 각각 별개의 소송으로 진행되어야 한다면 소송경제상의 문제 및 동일한 처분에 대한 판결이 모순될 우려가 있으므로 이러한 문제를 해결하기 위한 제도를 말한다.

II. 관련청구의 범위

1 당해 처분등과 관련되는 손해배상·부당이득반환·원상회복 등 청구소송(제10조제1항제1호)

예를 들면 운전면허정지처분에서 면허정지처분취소소송과 손해배상청구소송 또는 과세처분에 대한 과세처분취소소송과 취소되는 경우에 발생하는 부당이득반환청구소송 부동산압류처분취소소송과 압류등기말소청구소송 등이 이에 해당한다.

2 당해 처분등과 관련되는 취소소송(제10조제1항제2호)

대집행절차에서 계고처분취소소송과 통지처분취소소송 또는 경원자관계에서 자신의 신청에 대한 거부처분취소소송과 경원자에 대한 허가취소소송 등이 이에 해당한다.

III. 관련청구의 이송의 요건, 효과

1 이송의 요건

① 취소소송과 관련청구소송이 각각 다른 법원에 계속 중일 것, ② 상당한 이유 즉, 관련청구 소송의 경우 당연히 이송되는 것이 아니고 관련청구소송이 계속 중인 법원이 이를 취소소송이 계속 중인 법원에서 심리하는 것이 상당하다고 인정하여야 하고 ③ 당사자의 신청 또는 법원의 직권에 의한 결정이 있어야 한다.

2 이송의 효과

이송요건이 충족되어 이송결정이 확정된 때에는 당해 관련청구소송은 처음부터 이송을 받은 법원에 계속된 것으로 본다.

IV. 관할법원 및 심리방법

이송된 관련청구에 대한 관할법원은 취소소송이 계속된 법원으로서 만약 이송된 관련청구가 민사사건인 경우라면 법제10조는 행정법원에 민사사건에 대한 관할권을 창설해주는 규정이다. 다만, 민사사건이 이송된 경우라도 민사사건의 본질이 달라지는 것은 아니므로 손해배상액이나 부당이득액 산정은 민사소송법상 엄격한 변론주의원칙이 관철되어야 한다.

V. 이송된 관련청구소송의 판결

1 취소소송 등 주된 청구가 부적법한 경우

판례는 주된 청구가 부적법 각하되면 그에 병합된 관련청구소송도 소송요건의 흠결을 이유로 부적법하다고 판시하였는데 이러한 법리는 이송되어 병합된 경우에도 동일하다.

2 부당이득반환청구가 인용되기 위하여 취소판결이 확정되어야 하는 지 여부 ❷

판례는 부당이득반환청구가 인용되기 위해서는 그 소송절차에서 판결에 의해 당해 처분이 취소되면 충분하고 그 처분의 취소가 확정되어야 하는 것은 아니라고 판시하였다.

Ⅵ 다른 항고소송 및 당사자소송에의 준용 ❷

관련청구의 이송제도는 무효등 확인소송(법제38조①), 부작위위법확인소송(법제38조②) 및 당사자소송과 관련청구소송이 각각 다른 법원에 계속되고 있는 경우의 이송의 경우에 준용한다(법제44조②).

Ⅶ 행정소송법 개정안 ❶

행정소송법 개정안은 행정소송과 민사소송 사이의 소변경이나 이송을 현재보다 폭넓게 허용함으로써 국민들이 행정소송을 보다 쉽게 이용할 수 있도록 하였다.

2011년 제20회, 2018년 제27회, 2021년 제30회 기출

● 사업자 甲은 위법을 이유로 행정청으로부터 2개월 영업정지처분을 받았다. 이에 대한 甲의 처분취소소송과 그 처분으로 인한 영업 손해에 대한 국가배상청구소송이 병합될 수 있는 지 설명하시오. (25점)

목차

Ⅰ. 쟁점의 정리

Ⅱ. 관련청구의 병합
  1. 의의 및 제도의 취지
  2. 관련청구의 범위
    1) 당해 처분등과 관련되는 손해배상·부당이득반환·원상회복 등 청구소송(제10조제1항제1호)
    2) 당해 처분등과 관련되는 취소소송(제10조제1항제2호)
  3. 병합의 요건
    1) 취소소송 등이 적법할 것
    2) 사실심 변론종결 이전일 것
  4. 객관적 병합의 종류
    1) 단순병합
    2) 선택적 병합
    3) 주위적·예비적 병합
  5. 관할법원 및 심리방법

Ⅲ. 사안의 해결

Ⅳ. 보론
  1. 취소소송 등 주된 청구가 부적법한 경우
  2. 국가배상의 위법과 취소소송의 위법

모범 답안

I. 쟁점의 정리 ❷

甲이 제기하려는 2개월 영업정지처분 취소소송과 국가배상청구소송이 행정소송법제10조 (이하 '법'이라 한다)의 관련청구에 해당되는지, 해당된다면 관련청구 병합의 요건 및 종류를 검토해보아야 한다.

II. 관련청구의 병합

1. 의의 및 제도의 취지 ❷

원고는 취소소송에 사실심의 변론종결시까지 관련청구소송을 병합하거나 피고외의 자를 상대로 한 관련청구소송을 취소소송이 계속된 법원에 병합하여 제기할 수 있다(법제10조②). 관련청구의 병합은 위법한 처분으로 인해 권익을 침해받는 자는 취소소송은 물론 손해배상청구소송 등을 제기할 수 있는 데 이 경우 각각 별개의 소송으로 진행되어야 한다면 소송경제상의 문제 및 동일한 처분에 대한 판결이 모순될 우려가 있으므로 이러한 문제를 해결하기 위한 제도를 말한다.

2. 관련청구의 범위 ❸

1) 당해 처분등과 관련되는 손해배상·부당이득반환·원상회복 등 청구소송(제10조제1항제1호)

예를 들면 운전면허정지처분에서 면허정지처분취소소송과 손해배상청구소송 또는 과세처분에 대한 과세처분취소소송과 취소되는 경우에 발생하는 부당이득반환청구소송 부동산압류처분취소소송과 압류등기말소청구소송 등이 이에 해당한다.

2) 당해 처분등과 관련되는 취소소송(제10조제1항제2호)

대집행절차에서 계고처분취소소송과 통지처분취소소송 또는 경원자관계에서 자신의 신청에 대한 거부처분취소소송과 경원자에 대한 허가취소소송 등이 이에 해당한다.

3. 병합의 요건 ❸

1) 취소소송 등이 적법할 것

관련청구의 병합은 그 청구를 병합할 주된 취소소송이 전제되는 것이므로 취소소송은 그 자체가 소송요건을 구비한 적법한 소송이어야 한다.

2) 사실심 변론종결 이전일 것

관련청구의 병합은 사실심변론종결시까지 하여야 한다. 한편, 사실심변론종결 이전이면 원시적 병합이든 계속 중인 취소소송에 사후적으로 병합하는 추가적 병합이든 상관없다.

4. 객관적 병합의 종류

1) 단순병합 ❷

서로 양립할 수 있는 여러 개의 청구를 병합하여 어느 하나의 청구의 인용여부와 상관없이 각 청구에 대한 각각의 판결을 구하는 것을 말한다. 예를 들면 영업허가취소에 대한 취소소송과 손해배상청구가 이에 해당한다.

2) 선택적 병합 ❷

양립하는 여러 개의 청구가 병합되었으나 그 중 어느 하나의 청구가 인용되면 다른 청구에 대한 판단은 하지 않는 경우를 말한다. 예를 들면 수용재결취소소송과 보상금 증가청구소송이 이에 해당한다.

3) 주위적·예비적 병합 ❸

서로 양립할 수 없는 여러 개의 청구를 병합하면서 주위적 청구가 인용되는 경우에는 예비적 청구를 판단할 필요가 없으나 주위적 청구가 기각되는 경우에는 예비적 청구에 대한 판단을 구하는 경우를 말한다. 예를 들면 행정처분에 대한 무효확인과 취소청구는 서로 양립할 수 없는 청구로서 주위적·예비적 청구로서만 병합이 가능하고 선택적 청구로서의 병합이나 단순병합은 허용되지 아니한다.

5 관할법원 및 심리방법 ❸

병합청구에 대한 관할법원은 취소소송이 계속된 법원으로서 만약 병합된 관련청구가 민사사건인 경우라면 법제10조는 행정법원에 민사사건에 대한 관할권을 창설해주는 규정이다.

다만, 민사사건이 병합된 경우라도 민사사건의 본질이 달라지는 것은 아니므로 손해배상액이나 부당이득액 산정은 민사소송법상 엄격한 변론주의원칙이 관철되어야 한다.

Ⅲ 사안의 해결 ❷

甲이 제기하려는 처분취소소송과 국가배상청구는 2개월의 영업정지처분과 관련 있는 손해배상청구(법제10조제1항제1호)로서 서로 관련이 있는 청구에 해당하고, 서로 양립할 수 있는 청구로서 단순병합이 가능하다.

THEME 24 소송참가

행정소송법

제16조 【제3자의 소송참가】 ① 법원은 소송의 결과에 따라 권리 또는 이익의 침해를 받을 제3자가 있는 경우에는 당사자 또는 제3자의 신청 또는 직권에 의하여 결정으로써 그 제3자를 소송에 참가시킬 수 있다.
② 법원이 제1항의 규정에 의한 결정을 하고자 할 때에는 미리 당사자 및 제3자의 의견을 들어야 한다.
③ 제1항의 규정에 의한 신청을 한 제3자는 그 신청을 각하한 결정에 대하여 즉시항고할 수 있다.
④ 제1항의 규정에 의하여 소송에 참가한 제3자에 대하여는 민사소송법 제67조의 규정을 준용한다.

제17조 【행정청의 소송참가】 ① 법원은 다른 행정청을 소송에 참가시킬 필요가 있다고 인정할 때에는 당사자 또는 당해 행정청의 신청 또는 직권에 의하여 결정으로써 그 행정청을 소송에 참가시킬 수 있다.
② 법원은 제1항의 규정에 의한 결정을 하고자 할 때에는 당사자 및 당해 행정청의 의견을 들어야 한다.
③ 제1항의 규정에 의하여 소송에 참가한 행정청에 대하여는 민사소송법 제76조의 규정을 준용한다.

제31조 【제3자에 의한 재심청구】 ① 처분등을 취소하는 판결에 의하여 권리 또는 이익의 침해를 받은 제3자는 자기에게 책임없는 사유로 소송에 참가하지 못함으로써 판결의 결과에 영향을 미칠 공격 또는 방어방법을 제출하지 못한 때에는 이를 이유로 확정된 종국판결에 대하여 재심의 청구를 할 수 있다.
② 제1항의 규정에 의한 청구는 확정판결이 있음을 안 날로부터 30일 이내, 판결이 확정된 날로부터 1년 이내에 제기하여야 한다.
③ 제2항의 규정에 의한 기간은 불변기간으로 한다.

I 소송참가

소송참가인이란 소송의 당사자 즉, 원고·피고는 아니지만 소송의 계속 중에 자신의 법률상 지위를 보호하기 위하여 소송에 참가하는 제3자 또는 행정청을 말한다. 행정소송법은 제3자의 소송참가와 행정청의 소송참가를 규정하고 있는 바, 소송참가제도는 취소소송 이외의 항고소송, 당사자소송, 민중소송 및 기관소송에도 준용된다.

> **취소판결의 제3자효(형성력, 대세효)**
>
> 1. 의의
>   행정소송법 제29조는 처분 등을 취소하는 확정판결은 제3자에 대하여도 효력이 있다고 규정하고 있는데 이를 취소판결의 형성력이라고 한다.
>
> 2. 취소판결의 제3자효의 범위(형성력, 대세효)
>   ① 문제의 소재
>   취소판결의 형성력과 소급효는 소송에 관여하지 않은 제3자에 대하여도 미치는 바, 이를 취소판결의 제3자효라고도 하는데 제3자의 범위가 문제된다.
>   ② 학설
>   ㉠ 제3자의 범위를 이해관계 있는 제3자로 한정하는 입장과 ㉡ 행정법관계의 획일적 규율의 요청에 비추어 제3자를 일반인으로 확대하는 입장이 있다.
>   ③ 판례
>   대법원은 무효확인판결의 효력은 취소판결과 같이 소송의 당사자는 물론 제3자에게도 미치는 것이라고 판시하였다.
>   ④ 검토
>   생각건대 행정소송법 제16조(제3자의 소송참가) 및 제31조(제3자의 재심청구)는 권리 또는 이익의 침해를 받은 제3자로 한정하고 있음에 비추어 취소판결의 형성력은 이해관계 없는 제3자에게도 미친다고 보는 것이 타당하다.

Ⅱ 제3자의 소송참가(공동소송적 보조참가)

1 의의(법제 조)

법원은 소송의 결과에 따라 권리 또는 이익의 침해를 받을 제3자가 있는 경우에는 당사자 또는 제3자의 신청 또는 직권에 의하여 결정으로써 제3자를 소송에 참가시킬 수 있다. 이는 판결의 효력을 받는 제3자에 대해 일정한 지위를 인정하여 당해 소송에서 공격방어방법을 제출할 기회를 제공하여 심리의 적정성을 도모함과 동시에 제3자에 의한 재심청구를 예방하기 위한 제도이다.

2 참가요건(법률상의 이해관계)

1) 소송의 결과

일반적으로 취소판결의 형성력에 의하여 권리 또는 이익을 박탈당하는 경우와 인용판결의 기속력에 따른 행정청의 재처분에 의하여 권리 또는 이익의 침해를 받는 경우를 말한다.

2) 권리 또는 이익의 침해

대법원은 행정소송사건에서 당사자 일방을 보조하기 위하여 보조참가를 하려면 심급은 불문하되 적법한 소송이 계속 중이고 당해 소송의 결과에 대하여 이해관계가 있어야 하는데, 여기서 말하는 이해관계라 함은 사실상, 경제상 또는 감정상의 이해관계가 아니라 법률상의 이해관계를 가리킨다고 판시하였다(대판 99다26924).

> 학교법인의 이사장직무대행자가 학교법인의 이름으로 관할청인 피고를 돕기 위하여 임원취임승인 취소처분의 취소를 구하는 소송에 참가를 함에 있어서 임원취임승인취소처분이 취소되어 원고가 학교법인의 이사 및 이사장으로서의 지위를 회복하게 되면 학교법인으로서는 결과적으로 그 의사와 관계없이 이사회의 구성원이나 대표자가 변경되는 관계에 있다고 할 것이고, 이는 위 취소소송의 결과에 의하여 그 법률상의 지위가 결정되는 관계로서 보조참가의 요건인 법률상 이해관계에 해당한다(대판 2002두11073).

3 참가의 절차(법제 조)

제3자의 소송참가는 당사자 또는 제3자의 신청 또는 직권에 의한다. 참가신청이 있으면 법원은 결정으로써 허가 또는 각하의 결정을 하고, 직권소송참가의 경우에는 법원이 결정으로써 제3자에게 참가를 명한다.

4 참가인의 지위(민사소송법제 조)

참가인의 지위는 공동소송적 보조참가인의 지위에 있으므로 소송에 관하여 공격, 방어, 이의, 상소 기타 일체의 소송행위를 할 수 있고 피참가인의 소송행위와 저촉되는 소송행위까지도 할 수 있으므로 당사자는 아니지만 판결의 기판력이 미친다. 그러나 당사자가 아니기 때문에 소송을 종료시키는 행위 즉, 소의 취하, 청구의 포기·인낙 등은 할 수 없다.

III 다른 행정청의 소송참가(단순보조참가)

> **취소판결의 기속력**
>
> 1. 의의
>   행정소송법제30조는 처분 등을 취소하는 확정판결은 그 사건에 관하여 당사자인 행정청과 그 밖의 관계행정청을 기속한다고 규정하고 있는 바, 취소판결의 실효성을 담보하기 위하여 행정청을 구속하기 위한 힘으로서 기판력과는 다른 특수한 효력이다.
> 2. 기속력의 범위
>   ① 주관적 범위는 당사자인 행정청과 그 밖의 관계행정청을 ② 객관적 범위는 판결주문과 그 전제로 된 요건사실의 인정과 효력의 판단에 미치고 ③ 시간적 범위는 처분 당시까지 존재하는 사유에 대해서만 미친다.
> 3. 기속력의 내용
>   행정청에게 ① 반복금지효 ② 재처분의무 ③ 결과제거의무(개정안)를 발생시킨다.

1 의의 및 취지

소송참가란 타인 간의 소송 계속 중 소송의 당사자가 아닌 제3자가 소송의 결과로 발생하는 불이익을 방지하기 위하여 소송절차에 참가하는 것을 말하고 행정청의 소송참가는 취소판결이 확정되면 관계 행정청 역시 기속력이 발생하기 때문이다.

> **행정소송법**
>
> **제30조 【취소판결등의 기속력】** ① 처분등을 취소하는 확정판결은 그 사건에 관하여 당사자인 행정청과 그 밖의 관계행정청을 기속한다.

2 요건 (법제 조)

① 다른 행정청이란 관계 행정청을 말하고 소송의 대상이 된 처분과 관련 있는 모든 행정청을 의미한다. ② 법원이 사건의 적정한 심리와 재판을 위하여 참가시킬 필요가 있다고 인정하여야 한다.

3 절차 (법제 조)

법원은 당사자 또는 당해 행정청의 신청 또는 직권에 의하여 결정으로써 그 행정청을 소송에 참가시킬 수 있고, 참가결정을 하고자 할 때에는 당사자 및 당해 행정청의 의견을 들어야 한다.

4 참가인의 지위 (민사소송법 제 조)

제3자의 소송참가의 경우와 달리 다른 행정청은 피고측으로만 참가할 수 있고, 이 경우 피고의 승소를 위한 단순 보조참가인의 지위를 가지므로 소송에 관하여 공격, 방어, 이의, 상소 기타 일체의 소송행위를 할 수 있지만 피참가인의 소송행위와 저촉되는 소송행위를 할 수 없다.

Ⅳ 제3자의 재심청구

행정소송법 제31조는 처분등을 취소하는 판결에 의하여 권리 또는 이익의 침해를 받은 제3자는 자기에게 책임없는 사유로 소송에 참가하지 못함으로써 판결의 결과에 영향을 미칠 공격 또는 방어방법을 제출하지 못한 때에는 이를 이유로 확정된 종국판결에 대하여 재심의 청구를 할 수 있다고 규정하고 있는 데 재심이란 확정판결의 기판력을 배제하기 위한 소송으로서 예외적인 경우에만 허용된다.

사례연습

경기도선거관리위원회의 소속공무원 甲은 경기도선거관리위원회를 국민권익위원회에 부패행위신고를 하였는데, 중앙선거관리위원회는 '甲이 하남시 주민소환투표와 관련하여 방송 인터뷰를 통하여 선거관리위원회의 입장에 반하여 허위로 진술하고 그 인터뷰 내용이 뉴스에 보도되었다'는 이유로 甲에 대하여 감사를 실시하려 하였으나, 甲이 3회에 걸쳐 감사의 연기를 요청하자 감사를 거부한 것으로 간주하여 감사를 종결하고 甲에 대한 징계의견을 경기도선거관리위원회에 통보하였다. 이에 경기도선거관리위원회는 징계위원회에 甲에 대한 징계요구를 하였고 이에 甲은 국민권익위원회에 징계요구의 취소 및 신분상 불이익의 예방을 구하는 신분보장조치를 요구하였다. 이에 국민권익위원회는 甲이 국민권익위원회법에 따른 신고 후 이 사건 징계요구와 관련한 신분보장조치를 요구하였으므로 국민권익위원회법 제63조에 따라 甲이 사건 신고와 관련하여 불이익을 당한 것으로 추정된다는 이유로 甲의 소속기관의 장인 경기도선거관리위원회 위원장 乙에게 '甲에 대한 이 사건 징계요구를 취소하고, 향후 신고로 인한 신분상 불이익처분 및 근무조건상의 차별을 하지 말 것을 요구'하는 내용의 조치요구를 하였으나, 결국 甲은 적법한 징계절차에 따라 파면되었다.

만약 乙이 제기한 취소소송이 적법하다면 당해 취소소송에서 甲은 자신의 권리보호를 위하여 어떠한 방법을 강구할 수 있는가? (15점)

목차

I. 쟁점의 정리

II. 취소판결의 제3자효
 1. 의의
 2. 취소판결의 제3자효(형성력, 대세효)

III. 제3자의 소송참가(공동소송적 보조참가)
 1. 의의 및 취지
 2. 참가요건
 3. 참가절차(행소법제16조②, ③)
 4. 참가인의 지위(행소법제16조④, 민사소송법제67조)

IV. 사안의 해결

모범 답안

I. 쟁점의 정리 ❷

乙이 국민권익위원회를 피고로 제기한 취소소송에서 취소판결의 형성력이 제3자인 甲에게 미치는지와 甲의 권리구제방법으로서 제3자의 참가에 관한 내용을 검토해보아야 한다.

Ⅱ 취소판결의 제3자효

1 의의 ①

행정소송법 제29조는 처분 등을 취소하는 확정판결은 제3자에 대하여도 효력이 있다고 규정하고 있는 데 이를 취소판결의 형성력이라고 한다.

2 취소판결의 제3자효의 범위(형성력, 대세효) ③

① 문제의 소재
취소판결의 형성력과 소급효는 소송에 관여하지 않은 제3자에 대하여도 미치는 바, 이를 취소판결의 제3자효라고도 하는데 제3자의 범위가 문제된다.

② 학설
㉠ 제3자의 범위를 이해관계 있는 제3자로 한정하는 입장과 ㉡ 행정법관계의 획일적 규율의 요청에 비추어 제3자를 일반인으로 확대하는 입장이 있다.

③ 판례
대법원은 무효확인판결의 효력은 취소판결과 같이 소송의 당사자는 물론 제3자에게도 미치는 것이라고 판시하였다.

④ 검토
생각건대 행정소송법 제16조(제3자의 소송참가) 및 제31조(제3자의 재심청구)는 권리 또는 이익의 침해를 받은 제3자로 한정하고 있음에 비추어 취소판결의 형성력은 이해관계 없는 제3자에게도 미친다고 보는 것이 타당하다.

Ⅲ 제3자의 참가

1 의의 및 취지 ②

행정소송법 제16조는 법원은 소송의 결과에 따라 권리 또는 이익의 침해를 받을 제3자가 있는 경우에는 당사자 또는 제3자의 신청 또는 직권에 의하여 결정으로써 그 제3자를 소송에 참가시킬 수 있다고 규정하고 있는데 이는 판결의 효력을 받는 제3자에 대해 일정한 지위를 인정함으로써 소송에 있어 공격방어방법을 제출할 기회를 제공함과 동시에 제3자에 의한 재심청구를 예방하기 위한 제도이다.

2 참가요건

1) 소송의 결과 ①

일반적으로 취소판결의 형성력에 의하여 또는 취소판결의 기속력에 따른 행정청의 재처분에 의하여 권리 또는 이익의 침해를 받는 경우를 말한다.

2) 권리 또는 이익의 침해 ❷

대법원은 행정소송사건에서 참가를 하려면 적법한 소송이 계속 중이고 당해 소송의 결과에 대하여 이해관계가 있어야 하는데, 여기서 말하는 이해관계라 함은 사실상, 경제상 또는 감정상의 이해관계가 아니라 법률상의 이해관계를 가리킨다고 판시하였다.

3) 관련 판례

대법원은 임원취임승인취소처분이 취소되어 원고가 학교법인의 이사장 지위를 회복하게 되면 학교법인은 자신의 의사와 관계없이 대표자가 변경되는 관계에 있으므로 이는 참가요건인 법률상 이해관계에 해당한다고 판시하였다.

3 참가절차(행소법 제16조②, ③) ❷

제3자의 소송참가는 당사자 또는 제3자의 신청 또는 법원의 직권에 의하고, 법원은 결정을 하고자 할때에는 미리 당사자 및 제3자의 의견을 들어야 하고 제3자의 신청을 각하한 결정에 대하여는 즉시항고할 수 있다.

4 참가인의 지위 ❷

참가인의 지위는 공동소송적 보조참가인의 지위에 있으므로 피참가인의 행위와 저촉되는 공격, 방어, 상소 기타 일체의 소송행위를 할 수 있으므로 당사자는 아니지만 판결의 기판력이 미친다. 다만, 당사자가 아니기 때문에 소송을 종료시키는 행위 즉, 소의 취하·청구의 포기 등은 할 수 없다(민사소송법 제67조).

Ⅳ 사안의 해결 ❸

乙이 제기한 조치요구의 취소소송에서 취소판결이 선고되면 乙은 甲에 대한 징계요구를 취소할 의무가 소멸하므로 징계위원회의 의결에 따른 징계처분이라는 침익적 처분을 받게 되므로 소송의 결과에 대하여 법률상 이해관계가 있으므로 사실심변론종결시까지 법원에 참가신청을 한 후 법원의 허가결정이 있으면 당해 소송에서 자신에게 유리한 주장 및 증거 등을 제출하여 취소판결이 나오는 것을 방어해볼 수 있다.

● 대전시장 X는 개발제한구역의 지정 및 관리에 관한 특별조치법 제12조 제1항 제1호 마목과 동법 시행령, 시행규칙 및 X시 조례의 관련 규정에 의거하여, 개발제한구역 내의 간선도로 중 특정 구간에 고시된 선정 기준에 따라 사업자 1인을 선정하여 자동차용 액화석유가스충전소(이하 '가스충전소'라고 한다) 건축을 허가하기로 하는 가스충전소의 배치 계획을 고시하였다. 이에 甲과 乙은 각자 자신이 고시된 선정 기준에 따른 우선순위자임을 주장하며 가스충전소의 건축을 허가해 줄 것을 신청하였다. 이에 X시장은 관계 행정청인 Y와 함께 각 신청 서류를 검토한 결과 甲이 고시된 선정 기준에 따른 우선순위자라고 인정하여 2019. 4. 1. 甲에 대하여 가스충전소 건축허가를 하였다.(가스충전소 건축허가 사무는 자치사무임)

乙이 제기한 취소소송 계속 중 Y가 X시장을 도울 수 있는 소송상 수단을 검토하시오. (10점)

목차

I. 쟁점의 정리
II. 취소판결의 기속력
III. 행정청의 참가(단순보조참가)
  1. 의의 및 취지

2. 참가요건
3. 참가절차(행소법제17조②)
4. 참가인의 지위(행소법제17조③, 민사소송법제76조)
IV. 사안의 해결

모범 답안

I. 논점의 정리 ❶

Y는 X시장의 허가처분의 관계 행정청으로서 乙이 제기한 취소소송에 행정소송법제17조의 참가를 하여 X시장의 승소를 보조할 수 있으므로 행정청의 참가를 검토한다.

II. 취소판결의 기속력(행정소송법제30조)

1. 의의

행정소송법제30조는 처분 등을 취소하는 확정판결은 그 사건에 관하여 당사자인 행정청과 그 밖의 관계행정청을 기속한다고 규정하고 있는 바, 취소판결의 실효성을 담보하기 위하여 행정청을 구속하기 위한 힘으로서 기판력과는 다른 특수한 효력이다.

2. 기속력의 범위

① 주관적 범위는 당사자인 행정청과 그 밖의 관계행정청을 ② 객관적 범위는 판결주문과 그 전제로 된 요건사실의 인정과 효력의 판단에 미치고 ③ 시간적 범위는 처분 당시까지 존재하는 사유에 대해서만 미친다.

3. 기속력의 내용

행정청에게 ① 반복금지효 ② 재처분의무 ③ 결과제거의무(개정안)를 발생시킨다.

III 행정청의 참가 (행정소송법제17조)

1 의의 및 취지 ❷

소송참가란 타인 간의 소송 계속 중 소송의 당사자가 아닌 제3자가 소송의 결과로 발생하는 불이익을 방지하기 위하여 소송절차에 참가하는 것을 말하고 행정청의 소송참가는 취소판결이 확정되면 관계 행정청 역시 기속력이 발생하기 때문이다(법제30조①).

2 요건 (제17조①) ❷

① 다른 행정청이란 관계 행정청을 말하고 소송의 대상이 된 처분과 관련 있는 모든 행정청을 의미한다. ② 법원이 사건의 적정한 심리와 재판을 위하여 참가시킬 필요가 있다고 인정하여야 한다.

3 절차 (제17조①, ②) ❶

법원은 당사자 또는 당해 행정청의 신청 또는 직권에 의하여 결정으로써 그 행정청을 소송에 참가시킬 수 있고, 참가결정을 하고자 할 때에는 당사자 및 당해 행정청의 의견을 들어야 한다.

4 참가인의 지위 (단순보조참가) ❸

다른 행정청은 피고측으로만 참가할 수 있고 이 경우 제3자의 소송참가의 경우와 달리 피고의 승소를 위한 단순 보조참가인의 지위를 가지므로 소송에 관하여 공격, 방어, 이의, 상소 기타 일체의 소송행위를 할 수 있지만 피참가인의 소송행위와 저촉되는 소송행위를 할 수 없다(민사소송법 제76조).

IV 사안의 해결 ❶

X시장은 Y와 함께 신청 서류를 검토한 후 甲에 대하여 가스충전소 건축허가를 하였으므로 Y는 甲에 대한 허가처분의 관계 행정청에 해당하므로 법원에 참가신청을 하고 법원의 허가결정이 있게 되면 甲에 대한 허가처분의 적법성을 주장하여 X시장의 승소를 보조할 수 있다.

THEME 25 취소소송과 행정심판과의 관계

행정소송법

제18조 【행정심판과의 관계】 ① 취소소송은 법령의 규정에 의하여 당해 처분에 대한 행정심판을 제기할 수 있는 경우에도 이를 거치지 아니하고 제기할 수 있다. 다만, 다른 법률에 당해 처분에 대한 행정심판의 재결을 거치지 아니하면 취소소송을 제기할 수 없다는 규정이 있는 때에는 그러하지 아니하다.
② 제1항 단서의 경우에도 다음 각 호의 1에 해당하는 사유가 있는 때에는 행정심판의 재결을 거치지 아니하고 취소소송을 제기할 수 있다.
  1. 행정심판청구가 있은 날로부터 60일이 지나도 재결이 없는 때
  2. 처분의 집행 또는 절차의 속행으로 생길 중대한 손해를 예방하여야 할 긴급한 필요가 있는 때
  3. 법령의 규정에 의한 행정심판기관이 의결 또는 재결을 하지 못할 사유가 있는 때
  4. 그 밖의 정당한 사유가 있는 때
③ 제1항 단서의 경우에 다음 각호의 1에 해당하는 사유가 있는 때에는 행정심판을 제기함이 없이 취소소송을 제기할 수 있다.
  1. 동종사건에 관하여 이미 행정심판의 기각재결이 있은 때
  2. 서로 내용상 관련되는 처분 또는 같은 목적을 위하여 단계적으로 진행되는 처분 중 어느 하나가 이미 행정심판의 재결을 거친 때
  3. 행정청이 사실심의 변론종결후 소송의 대상인 처분을 변경하여 당해 변경된 처분에 관하여 소를 제기하는 때
  4. 처분을 행한 행정청이 행정심판을 거칠 필요가 없다고 잘못 알린 때

I 원칙 : 임의적 행정심판전치주의

행정소송법은 원칙적으로 임의적 행정심판전치주의를 채택하고 있으므로 처분에 대해 행정심판을 거친 후 취소소송을 제기할 수도 있고, 행정심판을 거치지 않더라도 취소소송을 제기할 수도 있다. (법제 조)

II 예외 : 필요적 행정심판전치주의

행정소송법은 제18조 제1항 단서에서 '다만 다른 법률에 당해 처분에 대한 행정심판의 재결을 거치지 아니하면 취소소송을 제기할 수 없다'고 규정하여 예외적으로 필요적 행정심판전치주의를 채택하고 있는 바, 이는 행정의 자율적 통제기회를 제공하고 행정의 전문지식을 활용하여 법원의 부담을 경감하

기 위하여 필요적 행정심판전치를 채택하고 있는 경우로서 국세기본법상 국세청장의 심사청구 또는 조세심판원의 심판청구, 국가공무원법·지방공무원법상 공무원의 징계에 대한 소청, 도로교통법상의 운전면허 관련처분에 대한 행정심판이 있다. 최근 지방세법의 개정으로 지방세도 필요적 심판전치주의가 적용된다.

III 행정심판전치의 충족요건

행정심판전치주의에 있어 행정심판이란 적법한 심판청구를 의미하므로 기간경과 등의 부적법한 심판청구에 대해 행정심판위원회가 본안재결을 하였더라도 행정심판전치의 요건을 충족하지 못한 것이고 반대로 적법한 행정심판을 청구하였는데 위원회가 부적법한 것으로 오인하여 각하한 경우에는 요건을 충족한 것이다. 행정심판과 행정소송의 대상인 처분은 원칙적으로 동일한 것이어야 하지만, 위법에 대한 주장사유는 반드시 일치할 필요가 없으므로 심판에서 주장하지 아니한 처분의 위법사유도 행정소송에서 새롭게 주장할 수 있다.

> 행정심판전치요건의 충족은 사실심 변론종결시까지 충족시키면 된다. 따라서 행정심판절차를 밟지 아니한 채 증여세 부과처분취소소송을 제기하였다면 제소당시로 보면 전치요건을 구비하지 못한 위법이 있다할 것이지만, 소송계속 중 심사청구 및 심판청구를 하여 각 기각결정을 받았다면 원심변론종결일 당시에는 위와 같은 전치요건흠결의 하자는 치유되었다(대판 86누29).

IV 필요적 행정심판전치의 적용범위

1 원칙

필요적 행정심판전치주의는 취소소송과 부작위위법확인소송을 제기하는 경우에만 적용이 되고 무효확인소송에는 적용되지 아니하고 행정심판은 당사자심판이 없으므로 당사자소송의 경우에는 성질상 적용될 여지가 없다.

2 무효선언을 구하는 의미의 취소소송에의 적용여부

1) 학설

① 소송형식이 취소소송이라면 행정소송법상 행정심판전치주의, 제소기간 등 취소소송의 소송요건을 갖추어야 한다고 보는 긍정설과 ② 무효선언을 구하는 의미의 취소소송의 실질은 무효확인소송에 해당하므로 행정심판전치주의가 적용되지 않는다는 부정설이 있다.

2) 판례

행정처분의 당연무효를 선언하는 의미에서 그 취소를 구하는 행정소송을 제기하는 경우에는 전치절차와 그 제소기간의 준수 등 취소소송의 제소요건을 갖추어야 한다(대판 87누219).

3) 검토

생각건대 처분의 위법여부는 물론 무효인지 취소의 대상인지는 법원의 심리가 끝나야 알 수 있는 것이므로 소송형식이 취소소송이라면 취소소송의 소송요건을 갖추어야 한다고 보는 것이 타당하다.

V 필요적 행정심판전치의 완화

필요적 행정심판전치주의를 채택하고 있는 개별법령이 두 종류 이상의 행정심판을 규율하고 있는 경우에는 그 중 하나만 거치면 된다. 즉 국세기본법상 심사청구 또는 심판청구 중 하나만 거치면 된다.

VI 필요적 행정심판전치주의의 예외

1 행정심판의 재결을 거치지 않고 제소할 수 있는 경우(법제 조)

① 행정심판청구가 있은 날로부터 60일이 지나도 재결이 없는 때 ② 처분의 집행 또는 절차의 속행으로 생길 중대한 손해를 예방하여야 할 긴급한 필요가 있는 때 ③ 법령의 규정에 의한 행정심판기관이 의결 또는 재결을 하지 못할 사유가 있는 때 ④ 그 밖의 정당한 사유가 있는 때

2 행정심판을 제기함이 없이 제소할 수 있는 경우(법제 조)

① 동종사건에 관하여 이미 행정심판의 기각재결이 있은 때 ② 서로 내용상 관련되는 처분 또는 같은 목적을 위하여 단계적으로 진행되는 처분 중 어느 하나가 이미 행정심판의 재결을 거친 때 ③ 행정청이 사실심의 변론종결 후 소송의 대상인 처분을 변경하여 당해 변경된 처분에 관하여 소를 제기하는 때 ④ 처분을 행한 행정청이 행정심판을 거칠 필요가 없다고 잘못 알린 때

사례연습

공인노무사 甲은 외부회의를 마치고 퇴근하던 중 부모님이 입원해 계신 병원으로부터 전화가 걸려오자 걱정스러운 마음에 부득이하게 운전 중 휴대전화 통화를 하였는데, 때마침 단속 경찰관에게 적발되었고 이에 관할 행정청은 甲에게 벌점 15점을 부과하였다. 그 후 관할 행정청은 甲의 벌점 합계가 121점을 초과하였다는 것을 이유로 甲에게 운전면허취소처분을 하였다. 이 경우 甲이 운전면허취소처분에 대하여 항고소송을 제기하기 전에 거쳐야 하는 전심절차를 설명하시오. (20점)

목차

Ⅰ. 논점의 정리

Ⅱ. 행정심판전치주의
 1. 원칙: 임의적 행정심판전치주의
 2. 예외: 필요적 행정심판전치주의

Ⅲ. 필요적 행정심판전치의 적용범위
 1. 원칙
 2. 무효선언적 의미의 취소소송
  1) 학설
  2) 판례
  3) 검토

Ⅳ. 필요적 행정심판전치의 완화

Ⅴ. 필요적 행정심판전치주의의 예외
 1. 행정심판의 재결을 거치지 않고 제소할 수 있는 경우 (법제18조제2항)
 2. 행정심판을 제기함이 없이 제소할 수 있는 경우(법제18조제3항)

Ⅵ. 행정심판전치주의 충족여부에 대한 판단
 1. 적법한 심판청구
 2. 직권조사 및 판단시점

Ⅶ. 사안의 해결

모범 답안

Ⅰ. 논점의 정리

甲이 운전면허취소처분 취소소송을 제기하기 전에 전심절차로서 행정심판제도를 검토해 보아야 한다.

Ⅱ. 행정심판전치주의

1. 원칙 : 임의적 행정심판전치주의 ❶

행정소송법(이하 '법'이라 한다)은 원칙적으로 임의적 행정심판전치주의를 채택하고 있으므로 처분에 대해 행정심판을 거친 후 취소소송을 제기할 수도 있고, 행정심판을 거치지 않더라도 취소소송을 제기할 수도 있다(법제18조제1항).

2 예외 : 필요적 행정심판전치주의 ③

법제18조 제1항 단서는 '다만 다른 법률에 당해 처분에 대한 행정심판의 재결을 거치지 아니하면 취소소송을 제기할 수 없다'고 규정하여 예외적으로 필요적 행정심판전치주의를 채택하고 있는 바, 이는 행정의 자율적 통제기회를 제공하고 행정의 전문지식을 활용하여 법원의 부담을 경감하기 위한 것으로서 국세기본법상 국세청장의 심사청구 또는 조세심판원의 심판청구, 국가공무원법·지방공무원법상 공무원의 징계 등에 대한 소청, 도로교통법상의 운전면허 관련처분에 대한 행정심판이 이에 해당한다.

Ⅲ 필요적 행정심판전치의 적용범위

1 원칙 ②

필요적 행정심판전치주의는 취소소송과 부작위위법확인소송(법제38조제2항)을 제기하는 경우에만 적용이 되고 무효확인소송에는 적용되지 아니하고(법제38조제1항) 행정심판은 당사자심판이 없으므로 당사자소송의 경우에는 성질상 적용될 여지가 없다(법제44조).

2. 무효선언적 의미의 취소소송 ⑤

1) 학설

① 소송형식이 취소소송이라면 행정소송법상 행정심판전치주의, 제소기간 등 취소소송의 소송요건을 갖추어야 한다고 보는 긍정설과 ② 무효선언을 구하는 의미의 취소소송의 실질은 무효확인소송에 해당하므로 행정심판전치주의가 적용되지 않는다는 부정설이 있다.

2) 판례

대법원은 무효를 선언하는 의미의 취소를 구하는 소송을 제기하는 경우에는 전치절차와 그 제소기간의 준수 등 취소소송의 제소요건을 갖추어야 한다고 판시하였다.

3) 검토

생각건대 처분의 위법여부는 물론 무효인지 취소의 대상인지는 법원의 심리가 끝나야 알 수 있는 것이므로 소송형식이 취소소송이라면 취소소송의 소송요건을 갖추어야 한다고 보는 것이 타당하다.

Ⅳ 필요적 행정심판전치의 완화 ①

개별법령이 두 종류 이상의 행정심판을 규율하고 있는 경우에는 그 중 하나만 거치면 된다. 즉 국세기본법상 심사청구 또는 심판청구 중 하나만 거치면 된다.

Ⅴ. 필요적 행정심판전치주의의 예외 ❸

1. 행정심판의 재결을 거치지 않고 제소할 수 있는 경우(법제18조제2항)

① 행정심판청구가 있은 날로부터 60일이 지나도 재결이 없는 때 ② 처분의 집행 또는 절차의 속행으로 생길 중대한 손해를 예방하여야 할 긴급한 필요가 있는 때 ③ 법령의 규정에 의한 행정심판기관이 의결 또는 재결을 하지 못할 사유가 있는 때 ④ 그 밖의 정당한 사유가 있는 때

2. 행정심판을 제기함이 없이 제소할 수 있는 경우(법제18조제3항)

① 동종사건에 관하여 이미 행정심판의 기각재결이 있은 때 ② 서로 내용상 관련되는 처분 또는 같은 목적을 위하여 단계적으로 진행되는 처분 중 어느 하나가 이미 행정심판의 재결을 거친 때 ③ 행정청이 사실심의 변론종결 후 소송의 대상인 처분을 변경하여 당해 변경된 처분에 관하여 소를 제기하는 때 ④ 처분을 행한 행정청이 행정심판을 거칠 필요가 없다고 잘못 알린 때

Ⅵ. 행정심판전치주의 충족여부에 대한 판단

1. 적법한 심판청구 ❷

행정심판전치주의에 있어 행정심판이란 적법한 심판청구를 의미하므로 기간경과 등의 부적법한 심판청구에 대해 행정심판위원회가 본안재결을 하였더라도 행정심판전치의 요건을 충족하지 못한 것이고 반대로 적법한 행정심판을 청구하였는데 위원회가 부적법한 것으로 오인하여 각하한 경우에는 요건을 충족한 것이다.

2. 직권조사 및 판단시점 (판례) ❷

행정심판전치주의 요건은 사실심 변론종결시까지 충족시키면 되고 법원의 직권조사사항이다. 대법원도 소송계속 중 심판청구를 하여 기각결정을 받았다면 사실심 변론종결시에는 전치요건 흠결의 하자가 치유된다고 판시하였다.

Ⅶ. 사안의 해결

운전면허취소처분은 필요적 행정심판전치의 대상이므로 甲이 취소소송을 제기하는 경우에는 법 제18조의 예외사유에 해당하지 않는 한 사실심변론종결시까지 행정심판 전치요건을 충족시켜야 하고, 무효확인소송을 제기하는 경우에는 전심절차를 거칠 필요가 없다.

THEME 26 취소소송의 대상

행정소송법

제2조【정의】 ① 이 법에서 사용하는 용어의 정의는 다음과 같다.
1. "처분등"이라 함은 행정청이 행하는 구체적 사실에 관한 법집행으로서의 공권력의 행사 또는 그 거부와 그 밖에 이에 준하는 행정작용(이하 "처분"이라 한다) 및 행정심판에 대한 재결을 말한다.

제19조【취소소송의 대상】 취소소송은 처분등을 대상으로 한다. 다만, 재결취소소송의 경우에는 재결 자체에 고유한 위법이 있음을 이유로 하는 경우에 한한다.

I 처분의 의의(or 인정요건)

행정소송법 제2조제1항제1호는 처분등이라 함은 행정청이 행하는 구체적 사실에 관한 법집행으로서의 공권력의 행사 또는 그 거부와 그 밖에 이에 준하는 행정작용 및 행정심판에 대한 재결을 말한다고 규정하고 있는 바, 처분개념에 해당하기 위하여는 ① 행정청의 행위이어야 하고, ② 구체적 사실에 관한 법집행행위이어야 하며 ③ 우월적 지위에서 일방적으로 행하는 공권력적 행위이고, ④ 외부에 직접적인 법적 효과를 발생시키는 행위로서 ⑤ 항고소송의 대상이 되어야 한다. 따라서 질서벌인 과태료는 항고소송의 대상이 아니므로 처분성이 인정되지 않는다. 판례도 처분성이 인정되려면 행정청의 공법상의 행위로서 국민의 권리·의무에 직접적 변동을 초래하는 행위를 가리키는 것이라고 판시하였다.

II 처분성 인정요건

1 행정청의 행위일 것

행정청은 조직법상의 개념이 아닌 기능상 개념으로 국가 및 지방자치단체의 기관 이외에 행정권한의 위임 또는 위탁을 받은 공공단체 또는 사인도 포함된다. 지방의회도 지방의회의원을 징계하는 경우에는 행정청에 포함된다.

> **행정청에 해당하는 경우(처분성 긍정)**
> 1. 지방자치법 제78조 내지 제81조의 규정에 의거한 지방의회의 의원징계의결은 그로 인해 의원의 권리에 직접 법률효과를 미치는 행정처분의 일종으로서 행정소송의 대상이 된다할 것이다(대판 93누7341).
> 2. 지방의회를 대표하고 의사를 정리하며 회의장 내의 질서를 유지하고 의회의 사무를 감독하며 위원회에 출석하여 발언할 수 있는 등의 직무권한을 가지는 지방의회 의장에 대한 불신임의결은 의장으로서의 권한을 박탈하는 행정처분의 일종으로서 항고소송의 대상이 된다(대판 94두23).

> **행정청에 해당하지 않는 경우(처분성 부정)**
>
> 행정소송의 대상이 되는 행정처분이란 행정청 또는 그 소속기관이나 법령에 의하여 행정권한의 위임 또는 위탁을 받은 공공단체 등이 국민의 권리·의무에 관계되는 사항에 관하여 직접 효력을 미치는 공권력의 발동으로서 하는 공법상의 행위를 말하며, 그것이 상대방의 권리를 제한하는 행위라 하더라도 행정청 또는 그 소속기관이나 권한을 위임받은 공공단체 등의 행위가 아닌 한 이를 행정처분이라고 할 수 없다. 따라서 한국마사회가 조교사 또는 기수의 면허를 부여하거나 취소하는 것은 경마를 독점적으로 개최할 수 있는 지위에서 우수한 능력을 갖추었다고 인정되는 사람에게 경마에서의 일정한 기능과 역할을 수행할 수 있는 자격을 부여하거나 이를 박탈하는 것에 지나지 아니하므로, 이는 국가 기타 행정기관으로부터 위탁받은 행정권한의 행사가 아니라 사법상의 법률관계에서 이루어지는 단체내부에서의 징계 내지 제재처분이다(대판 2005두8269).

2 구체적 사실에 관한 행위

구체적 사실을 규율하는 것이 아닌 추상적 규율인 입법은 처분은 아니다. 다만, 처분적 법규는 처분에 해당하며(두밀분교폐지조례), 일반처분 역시 처분이다. 보건복지부 고시인 약제급여·비급여목록 및 급여상한금액표는 다른 집행행위의 매개 없이 그 자체로서 국민건강보험가입자, 국민건강보험공단, 요양기관 등의 법률관계를 직접 규율하는 성격을 가지므로 항고소송의 대상이 되는 행정처분에 해당하고 청소년유해매체물 결정·고시 역시 처분성이 인정된다.

3 법집행행위

법집행행위란 국민의 권리·의무에 외부적, 직접적 효과를 가져오는 행위를 의미하는 바, 단순한 비권력적 사실행위나 행정기관 내부의 행위는 처분성이 부정된다.

> 1. 병역법상 신체등위판정은 행정청이라고 볼 수 없는 군의관이 하도록 되어 있으며, 그 자체만으로 바로 병역법상의 권리의무가 정하여지는 것이 아니라 그에 따라 지방병무청장이 병역처분을 함으로써 비로소 병역의무의 종류가 정하여지는 것이므로 항고소송의 대상이 되는 행정처분이 아니다(대판 93누3356).
> 2. 운전면허 행정처분처리대장상 벌점의 배점은 도로교통법규 위반의 경중, 피해의 정도 등에 따라 배정하는 점수를 말하는 것으로 자동차운전면허의 취소, 정지처분의 기초자료로 제공하기 위한 것이고 그 배점 자체만으로는 아직 국민에 대하여 구체적으로 어떤 권리를 제한하거나 의무를 명하는 등 법률적 규제를 하는 효과를 발생하는 요건을 갖춘 것이 아니어서 그 무효확인 또는 취소를 구하는 소송의 대상이 되는 행정처분이라고 할 수 없다(대판 94누2190).
> 3. 경찰시험승진후보자명부에 등재되어 있던 자가 그 명부에서 삭제됨으로써 승진임용의 대상에서 제외되었다하더라도, 그와 같은 시험승진후보자명부에서의 삭제행위는 결국 그 명부에 등재된 자에 대한 승진 여부를 결정하기 위한 행정청 내부의 준비과정에 불과하고, 그 자체가 어떠한 권리나 의무를 설정하거나 법률상 이익에 직접적인 변동을 초래하는 별도의 행정처분이 된다고 할 수 없다(대판 97누7325).
>
> **비교판례**
> 교육공무원법 및 동법 임용(시행)령에 따르면 임용권자는 3배수의 범위 안에 들어간 후보자들을 대상으로 승진임용 여부를 심사하여야 하고, 이에 따라 승진후보자 명부에 포함된 후보자는 임용권자로부터 정당한 심사를 받게 될 것에 관한 절차적 기대를 하게 된다. 그런데 임용권자 등이 자의적인 이유로 승진후보자 명부에 포함된 후보자를 승진임용에서 제외하는 처분을 한 경우에, 이러한 승진임용제외처분을 항고소송의 대상이 되는 처분으로 보지

> 않는다면, 달리 이에 대하여는 불복하여 침해된 권리 또는 법률상 이익을 구제받을 방법이 없다. 따라서 교육공무원법상 승진후보자 명부에 의한 승진심사 방식으로 행해지는 승진임용에서 승진후보자 명부에 포함되어 있던 후보자를 승진임용인사발령에서 제외하는 행위는 불이익처분으로서 항고소송의 대상인 (거부)처분에 해당한다고 보아야 한다(대판 2015두47492) [교장임용거부처분무효확인의소]

4 공권력의 행사

처분은 공권력 행사작용일 것이 요구되는 바, 이때 공권력 행사작용이란 행정청이 우월한 지위에서 국민에 대해 일방적으로 명령·강제하는 권력적 단독행위를 의미한다. 따라서 공법상 계약은 공권력 행사작용이 아니므로 처분이 아니다.

Ⅲ 그 밖에 이에 준하는 행정작용

1 문제의 소재

행정소송법 제2조제1항제1호는 처분 등이라 함은 행정청이 행하는 구체적 사실에 관한 법집행으로서의 공권력의 행사 또는 그 거부와 그 밖에 이에 준하는 행정작용이라고 규정하고 있는 바, '그 밖에 이에 준하는 행정작용'의 개념에 관하여 견해의 대립이 존재한다.

2 학설

① 실체법적 개념설(일원설)은 강학상 행정행위와 처분의 개념은 동일하므로 '그 밖에 이에 준하는 작용'에는 일반처분, 처분적 법규가 포함되고 권력적 사실행위는 수인의무를 발생시키는 경우에 한해서 포함된다는 입장이고, ② 쟁송법적 개념설(이원설)은 항고소송의 권익구제기능을 강조하여 처분개념이 강학상 행정행위 개념보다 넓다는 입장으로 행정지도와 같은 비권력적 사실행위라도 현실적 구제의 필요성이 있는 경우에는 포함된다는 입장이다.

3 판례

대법원은 원칙적으로 항고소송의 대상이 되는 행정처분이라 함은 행정청의 공법상행위로서 특정사항에 대하여 국민의 권리 의무에 직접 영향을 미치는 행위라고 판시하였고, 권력적 사실행위인 '단수처분', '교도소장의 이송조치', '명단공표'의 처분성을 인정하였다. 최근에는 국민의 권리구제를 위하여 '불문경고조치', '세무조사결정' 의 처분성을 인정하여 인정범위를 확대하고 있다. 다만, 판례는 행정지도에 해당하는 주류거래중지요청의 처분성을 부인하였다.

4 검토

생각건대 국민권리구제의 현실적 필요성, 행정소송법이 '그 밖에 이에 준하는 작용'을 규정한 취지는 미처 예측하지 못한 새로운 처분의 등장을 고려한 것으로서 쟁송법적 개념설이 타당하다.

처분성 인정

1. 행정규칙에 의한 '불문경고조치'가 비록 법률상의 징계처분은 아니지만 위 처분을 받지 아니하였다면 차후 다른 징계처분이나 경고를 받게 될 경우 징계감경사유로 사용될 수 있었던 표창공적의 사용가능성을 소멸시키는 효과와 1년 동안 인사기록카드에 등재됨으로써 그 동안은 장관표창이나 도지사표창 대상자에서 제외시키는 효과 등이 있다는 이유로 항고소송의 대상이 되는 행정처분에 해당한다(대판 2001두3532).

2. 국가인권위원회의 성희롱결정과 이에 따른 시정조치의 권고는 불가분의 일체로 행하여지는 것인데 국가인권위원회의 이러한 결정과 시정조치의 권고는 성희롱 행위자로 결정된 자의 인격권에 영향을 미침과 동시에 공공기관의 장 또는 사용자에게 일정한 법률상의 의무를 부담시키는 것이므로 국가인권위원회의 성희롱결정 및 시정조치권고는 행정소송의 대상이 되는 행정처분에 해당한다고 보지 않을 수 없다(대판 2005두487).

3. 부과처분을 위한 과세관청의 질문조사권이 행해지는 세무조사결정이 있는 경우, 납세의무자로 하여금 개개의 과태료 처분에 대하여 불복하거나 조사 종료 후의 과세처분에 대하여만 다툴 수 있도록 하는 것보다는 그에 앞서 세무조사결정에 대하여 다툼으로써 분쟁을 조기에 근본적으로 해결할 수 있는 점 등을 종합하면, 세무조사결정은 납세의무자의 권리·의무에 직접 영향을 미치는 공권력의 행사에 따른 행정작용으로서 항고소송의 대상이 된다(대판 2009두23617).

4. 재단법인 한국연구재단이 갑 대학교 총장에게 연구개발비의 부당집행을 이유로 '해양생물유래 고부가식품·향장·한약 기초소재 개발 인력양성사업에 대한 2단계 두뇌한국(BK)21 사업' 협약을 해지한 것은 항고소송의 대상인 행정처분이다(대판 2012두28704).

처분성 부정

1. 민원사무처리법에서 정한 이의신청을 받아들이지 않는 경우에는 다시 거부처분을 하지 않고 그 결과를 통지함에 그칠 뿐이다. 따라서 이의신청을 받아들이지 않는 취지의 기각 결정 내지는 그 취지의 통지는, 종전의 거부처분을 유지함을 전제로 한 것에 불과하고 또한 거부처분에 대한 행정심판이나 행정소송의 제기에도 영향을 주지 못하므로, 결국 민원 이의신청인의 권리·의무에 새로운 변동을 가져오는 공권력의 행사나 이에 준하는 행정작용이라고 할 수 없어, 독자적인 항고소송의 대상이 된다고 볼 수 없다고 봄이 타당하다.(대판 2010두8676) 민원사무처리법상 이의신청은 실질적인 행정심판에 해당하지 않는다.

2. 형사소송법에 의하면 검사가 공소를 제기한 사건은 기본적으로 법원의 심리대상이 되고 피의자 및 피고인은 수사의 적법성 및 공소사실에 대하여 형사소송절차를 통하여 불복할 수 있는 절차와 방법이 따로 마련되어 있으므로 검사의 공소제기가 적법절차에 의하여 정당하게 이루어진 것이냐의 여부에 관계없이 검사의 공소에 대하여는 형사소송절차에 의하여서만 이를 다툴 수 있고 행정소송의 방법으로 공소의 취소를 구할 수는 없다(대판 99두11264).

3. 재단법인 한국연구재단이 갑 대학교 총장에게 연구개발비의 부당집행을 이유로 '해양생물유래 고부가식품·향장·한약 기초소재 개발 인력양성사업에 대한 2단계 두뇌한국(BK)21 사업'협약을 해지하고 연구팀장 을에 대한 대학 자체 징계 요구 등을 통보한 사안에서, 재단법인 한국연구재단이 갑 대학교 총장에게 을에 대한 대학 자체징계를 요구한 것은 법률상 구속력이 없는 권유 또는 사실상의 통지로서 을의 권리, 의무 등 법률상 지위에 직접적인 법률적 변동을 일으키지 않는 행위에 해당하므로, 항고소송의 대상인 행정처분에 해당하지 않는다(대판 2012두28704).

Ⅳ 처분성 유무의 판단방법

대법원은 행정청의 어떤 행위가 항고소송의 대상이 될 수 있는지의 문제는 추상적·일반적으로 결정할 수 없고, 구체적인 경우 관련 법령의 내용과 취지, 그 행위의 주체·내용·형식·절차, 그 행위와 상대방 등 이해관계인이 입는 불이익과의 실질적 견련성 등을 참작하여 개별적으로 결정하여야 한다고 판시하였다.

Ⅴ 원처분 후 행정청이 직권으로 증액 또는 감액의 변경처분을 한 경우

1 문제의 소재

행정청이 일정한 처분을 한 이후에 원처분의 내용을 증액하거나 감액하는 경우에 항고소송의 대상이 무엇인지에 따라 취소소송의 제소기간의 기산점이 달라지므로 문제 된다.

2 학설

① 원처분과 변경(경정)처분은 서로 독립하여 병존한다는 병존설, ② 원처분은 변경처분에 흡수되어 소멸하고 경정처분만이 존재한다는 흡수설 ③ 변경처분은 원처분에 흡수되어 소멸하고 원처분은 경정된 내용에 따라 증감된다는 역흡수설이 있다.

3 판례

대법원은 증액처분의 경우에는 원래의 처분은 증액처분에 흡수되어 증액처분만이 항고소송의 대상이 된다고 보고 감액처분의 경우에는 항고소송의 대상은 처음의 부과처분 중 감액처분에 의하여 취소되지 않고 남은 부분이라고 판시하였다. 다만, 증액처분이라도 후행처분이 선행처분의 주요 부분을 실질적으로 변경하는 내용으로 후행처분을 한 경우에 선행처분은 특별한 사정이 없는 한 그 효력을 상실하지만, 후행처분이 있었다고 하여 일률적으로 선행처분이 존재하지 않게 되는 것은 아니고 선행처분의 내용 중 일부만을 소폭 변경하는 정도에 불과한 경우에는 선행처분이 소멸한다고 볼 수 없다고 판시하였다.

> **증액(증가)처분(흡수설)**
>
> 과세관청이 과세처분을 한 뒤에 과세표준과 세액에 오류 또는 탈루가 있음을 발견하여 이를 경정하는 처분을 한 경우에, 그것이 감액경정인 때에는 처음의 과세처분에서 결정된 과세표준과 세액의 일부를 취소하는 데에 지나지 않으므로 처음의 과세처분이 감액된 범위내에서 존속하게 되고 이 처분만이 쟁송의 대상이 되며 경정처분 자체는 쟁송의 대상이 될 수 없는 반면, 증액경정인 때에는 처음의 과세처분에서 결정한 과세표준과 세액을 그대로 두고 증액부분만을 결정하는 것이 아니라 처음의 과세표준과 세액을 포함하여 전체로서 증액된 과세표준과 세액을 다시 결정하는 것이므로 처음의 과세처분은 뒤의 경정 처분의 일부로 흡수되어 독립된 존재가치를 상실하여 소멸하고 오직 증액경정처분만이 쟁송의 대상이 된다(대판 84누225).

> **■ 감액(감경)되고 남은 원처분 (역흡수설)**
>
> 1. 과징금 부과처분에서 행정청이 납부의무자에 대하여 부과처분을 한 후 그 부과처분의 하자를 이유로 <u>과징금의 액수를 감액하는 경우에 그 감액처분은 감액된 과징금 부분에 관하여만 법적 효과가 미치는 것으로서 처음의 부과처분과 별개 독립의 과징금 부과처분이 아니라 그 실질은 당초 부과처분의 변경이고, 그에 의하여 과징금의 일부취소라는 납부의무자에게 유리한 결과를 가져오는 처분이므로 처음의 부과처분이 전부 실효되는 것은 아니며, 그 감액처분으로도 아직 취소되지 않고 남아 있는 부분이 위법하다고 하여 다투는 경우 항고소송의 대상은 처음의 부과처분 중 감액처분에 의하여 취소되지 않고 남은 부분이고 감액처분이 항고소송의 대상이 되는 것은 아니다</u>(대판 2006두3957).
>
> 2. 항고소송은 원칙적으로 당해 처분을 대상으로 하나, 당해 처분에 대한 재결 자체에 고유한 주체, 절차, 형식 또는 내용상의 위법이 있는 경우에 한하여 그 재결을 대상으로 할 수 있다고 해석되므로, <u>징계혐의자에 대한 감봉 1월의 징계처분을 견책으로 변경한 소청결정 중 그를 견책에 처한 조치는 재량권의 남용 또는 일탈로서 위법하다는 사유는 소청결정 자체에 고유한 위법을 주장하는 것으로 볼 수 없어 소청결정의 취소사유가 될 수 없다</u>(대판 93누5673).

4 검토

생각건대 증액처분의 경우에는 원처분을 포함하여 그 내용을 증가시키는 새로운 처분이고, 감액처분 자체는 국민에게 유리한 처분이므로 판례의 입장이 타당하다. 따라서 심판청구나 제소기간 역시 증액처분의 경우에는 증액처분시부터 감액처분의 경우에는 감액되고 남은 원처분을 기준으로 기산하여야 한다. 다만, 일부취소 내지 감경이 행정심판의 재결로 이루어진 경우에는 재결서 정본을 송달받은 날로부터 기산된다.

Ⅵ. 원처분 후 소폭의 변경처분이 있는 경우에 항고소송의 대상

대법원 2015. 11. 19. 선고 2015두295 전원합의체 판결[대형마트영업시간제한등처분취소]

【판결요지】

기존의 행정처분을 변경하는 내용의 행정처분이 뒤따르는 경우, 후속처분이 종전처분을 완전히 대체하는 것이거나 주요 부분을 실질적으로 변경하는 내용인 경우에는 특별한 사정이 없는 한 종전처분은 효력을 상실하고 후속처분만이 항고소송의 대상이 되지만, 후속처분의 내용이 종전처분의 유효를 전제로 내용 중 일부만을 추가·철회·변경하는 것이고 추가·철회·변경된 부분이 내용과 성질상 나머지 부분과 불가분적인 것이 아닌 경우에는, 후속처분에도 불구하고 종전처분이 여전히 항고소송의 대상이 된다. 즉, 선행처분의 주요 부분을 실질적으로 변경하는 내용으로 후행처분을 한 경우에 선행처분은 특별한 사정이 없는 한 그 효력을 상실하지만, 후행처분이 있었다고 하여 일률적으로 선행처분이 존재하지 않게 되는 것은 아니고 선행처분의 내용 중 일부만을 소폭 변경하는 정도에 불과한 경우에는 선행처분이 소멸한다고 볼 수 없다(대법원 2012. 10. 11. 선고 2010두12224 판결 등 참조).

【사실관계】

원심판결 이유 및 기록에 의하면, 피고 동대문구청장은 2012. 11. 14. 원고 롯데쇼핑 주식회사, 주식회사 에브리데이리테일, 주식회사 이마트, 홈플러스 주식회사, 홈플러스스토어즈 주식회사에 대하여 그들이 운영하는 서울특별시 동대문구 내 대형마트 및 준대규모점포의 영업제한 시간을 오전 0시부터 오전 8시까지로 정하고(이하 '영업시간 제한 부분'이라 한다) 매월 둘째 주와 넷째 주 일요일을 의무휴업일로 지정하는(이하 '의무휴업일 지정 부분'이라 한다) 내용의 처분을 한 사실, 위 처분의 취소를 구하는 소송이 이 사건 원심(고등법원)에 계속 중이던 2014. 8. 25. 위 피고는 위 원고들을 상대로 영업시간 제한 부분의 시간을 '오전 0시부터 오전 10시'까지로 변경하되, 의무휴업일은 종전과 동일하게 유지하는 내용의 처분(이하 '2014. 8. 25.자 처분'이라 한다)을 한 사실을 알 수 있다.

이러한 사실관계를 앞서 본 법리에 비추어 보면, 2014. 8. 25.자 처분은 종전처분 전체를 대체하거나 그 주요 부분을 실질적으로 변경하는 내용이 아니라, 의무휴업일 지정 부분을 그대로 유지한 채 영업시간 제한 부분만을 일부 변경하는 것으로서, 2014. 8. 25.자 처분에 따라 추가된 영업시간 제한 부분은 그 성질상 종전처분과 가분적인 것으로 여겨진다. 따라서 2014. 8. 25.자 처분으로 종전처분이 소멸하였다고 볼 수는 없고, 종전처분과 그 유효를 전제로 한 2014. 8. 25.자 처분이 병존하면서 위 원고들에 대한 규제 내용을 형성한다고 할 것이다.

그러므로 이와 다른 전제에서 2014. 8. 25.자 처분에 따라 종전처분이 소멸하여 그 효력을 다툴 법률상 이익이 없게 되었다는 취지의 피고 동대문구청장의 이 부분 상고이유 주장은 이유 없다.

사례연습

A군의 주택담당 지방공무원으로 근무하던 甲은 신규아파트가 1동의 건물로 되어 있기 때문에 동별사용승인이 부적합함에도 불구하고 동별 사용승인을 하였다. 이에 A군의 인사위원회는 甲에게 경고할 것을 권고하는 의결을 하였고, 이에 따라 A군의 군수는 甲을 '불문경고'에 처하였다. 한편 A군이 소속한 B道 도지사의 [B지방공무원인사기록및인사기록지침](이하 '지침'이라 한다)에는 불문경고에 관한 기록은 1년이 경과한 후에 말소되고 또한 불문경고를 받은 자는 각종 표창의 선정대상에서 1년간 제외하도록 규정하고 있다. 甲이 불문경고조치에 대하여 취소소송을 제기하는 경우 대상적격이 인정되는가?

목차

Ⅰ. 논점의 정리
Ⅱ. 불문경고조치의 처분성
  1. 처분성 인정요건(행정소송법제2조제1항제1호)
  2. 강학상 행정행위와 실정법상 처분과의 관계
    1) 문제의 소재
    2) 학설
    3) 판례
    4) 검토
  3. 처분성 유무의 판단방법
  4. 행정규칙에 근거한 행위의 처분성 인정여부
Ⅲ. 사안의 해결

모범답안

Ⅰ. 논점의 정리 ❷

불문경고조치는 법률상 징계처분이 아닌 행정규칙에 근거한 작용으로서 항고소송의 대상인 처분에 해당하는 지, 만약 처분에 해당한다면 공무원인 甲에 대한 불이익한 처분으로서 필요적 심판전치로서 소청심사를 거쳐야 하는지와 취소소송의 대상을 검토하여야 한다.

Ⅱ. 불문경고조치의 처분성

1 처분성 인정요건(행정소송법제2조제1항제1호) ❸

행정소송법제2조제1항제1호의 처분개념에 해당하기 위하여는 ① 행정청의 행위이어야 하고, ② 구체적 사실에 관한 법집행행위이어야 하며 ③ 행정청이 우월적 지위에서 일방적으로 행하는 공권력적 행위이고, ④ 외부에 직접적인 법적 효과를 발생시키는 행위로서 ⑤ 항고소송의 대상이 되어야 한다. 따라서 질서벌인 과태료는 항고소송의 대상이 아니므로 처분성이 인정되지 않는다. 판례도 처분성이 인정되려면 행정청의 공법상의 행위로서 국민의 권리·의무에 직접적 변동을 초래하는 행위를 가리키는 것이라고 판시하였다.

2 강학상 행정행위와 실정법상 처분과의 관계

1) 문제의 소재 ❷

강학상 행정행위는 항고소송의 대상적격을 인정하기 위한 학문상의 개념인데 행정소송법 제2조 1호는 처분 등에 '그 밖에 이에 준하는 행정작용'을 규정하고 있는바, 강학상 행정행위와 실정법상 처분과의 관계가 문제된다.

2) 학설 ❹

① 실체법적 개념설(일원설)은 강학상 행정행위와 처분의 개념은 동일하므로 '그 밖에 이에 준하는 작용'에는 일반처분, 처분적 법규 및 권력적 사실행위는 수인의무를 발생시키는 경우에 한해서 포함된다는 입장이고, ② 쟁송법적 개념설(이원설)은 항고소송의 권익구제기능을 강조하여 처분개념이 강학상 행정행위 개념보다 넓다는 입장으로 비권력적 사실행위라도 현실적 구제의 필요성이 있는 경우에는 포함된다는 입장이다.

3) 판례 ❺

대법원은 원칙적으로 항고소송의 대상이 되는 행정처분이라 함은 행정청의 공법상 행위로서 특정 사항에 대하여 국민의 권리 의무에 직접 영향을 미치는 행위라고 판시하였고, 권력적 사실행위인 '단수처분', '교도소장의 이송조치', '명단공표'의 처분성을 인정하였다. 최근에는 국민의 권리구제를 위하여 '불문경고조치', '세무조사결정'의 처분성을 인정하여 인정범위를 확대하고 있다. 다만, 판례는 행정지도에 해당하는 주류거래중지요청의 처분성을 부인하였다.

4) 검토 ❶

생각건대 행정소송법 명문규정의 입법취지는 미처 예측하지 못한 처분의 등장을 고려한 것이고 국민의 권익구제의 확대필요성에 비추어 쟁송법적 개념설(이원설)이 타당하다.

3 처분성 유무의 판단방법 ❷·❺

대법원은 어떤 행위가 항고소송의 대상이 될 수 있는지는 추상적·일반적으로 결정할 수 없고, 구체적인 경우 관련 법령의 내용과 취지, 상대방 등 이해관계인이 입는 불이익과의 실질적 견련성 등을 참작하여 개별적으로 결정하여야 한다고 판시하였다.

4 행정규칙에 근거한 행위의 처분성 인정여부 ❷·❺

대법원은 어떠한 처분의 근거나 법적인 효과가 행정규칙에 규정되어 있다고 하더라도 그 처분이 행정규칙의 내부적 구속력에 의하여 상대방에게 권리의 설정 또는 의무의 부담을 명하거나 기타 법적인 효과를 발생하게 하는 등으로 그 상대방의 권리 의무에 직접 영향을 미치는 행위라면, 이 경우에도 항고소송의 대상이 되는 행정처분에 해당한다고 판시하였다.

Ⅲ 사안의 해결 ❶

甲에게 행하여진 불문경고조치는 1년 동안 인사기록카드에 등재됨으로써 그 동안은 각종 표창 대상자에서 제외시키는 효과 등이 발생하므로 항고소송의 대상이 되는 행정처분에 해당한다.

🔵 서울특별시 성북구에 소재하는 A택시회사는 노사 간에 임금협정을 체결함에 있어 운전기사의 합승행위 등으로 회사에 대하여 과징금이 부과되면 당해 운전기사에 대한 상여금 지급시 그 금액상당을 공제하기로 함으로써 과징금의 부담을 당해 운전기사에게 전가하도록 규정하고 있다. 그런데 관할 행정청은 2019. 3. 1.에 A택시회사의 운전기사 甲이 합승행위를 했다는 이유로 A택시회사에 대하여 200만원의 과징금부과처분을 하였고 3. 3.에 A에게 송달되었다. A는 행정청에게 이의신청을 하였고 행정청은 A의 이의를 받아들여 4. 1. 에 과징금액수를 100만원 감액처분을 하였고 같은 날 송달되었다. 이 경우 취소소송의 대상은 무엇인가?

목차

Ⅰ. 논점의 정리
Ⅱ. 행정청의 직권경정의 경우의 대상적격
  1. 학설

2. 판례
3. 검토

Ⅲ. 사안의 해결

2017년 제26회 기출

모범 답안

Ⅰ 논점의 정리 ❷

A가 제기한 과징금처분취소소송계속 중 행정청의 직권감액처분이 있는 경우에 항고소송의 대상적격이 문제되며 이 경우 A가 취할 수 있는 조치로서 처분변경으로 인한 소의 변경을 검토해보아야 한다.

Ⅱ 행정청의 직권경정의 경우 대상적격

1 학설 ❷

① 원처분과 변경(경정)처분은 서로 독립하여 병존한다는 병존설, ② 원처분은 변경처분에 흡수되어 소멸하고 경정처분만이 존재한다는 흡수설 및 ③ 변경처분은 원처분에 흡수되어 소멸하고 원처분은 경정된 내용에 따라 증감된다는 역흡수설이 있다.

2 판례 ④

대법원은 증액처분의 경우에는 원래의 처분은 증액처분에 흡수되어 증액처분만이 항고소송의 대상이 된다고 보고 감액처분의 경우에는 항고소송의 대상은 처음의 부과처분 중 감액처분에 의하여 취소되지 않고 남은 부분이라고 판시하였다. 다만, 증액처분이라도 후행처분이 선행처분의 주요 부분을 실질적으로 변경하는 내용으로 후행처분을 한 경우에 선행처분은 특별한 사정이 없는 한 그 효력을 상실하지만, 후행처분이 있었다고 하여 일률적으로 선행처분이 존재하지 않게 되는 것은 아니고 선행처분의 내용 중 일부만을 소폭 변경하는 정도에 불과한 경우에는 선행처분이 소멸한다고 볼 수 없다고 판시하였다.

3 검토 ②

생각건대 증액처분의 경우에는 원처분을 포함하여 그 내용을 증가시키는 새로운 처분이므로 증액처분만이, 감액처분 자체는 국민에게 유리한 처분이므로 감액되고 남은 원처분이 항고소송이 대상이 된다고 보는 것이 타당하고, 구체적인 전제사실의 변경없이 처분의 내용을 소폭 추가·변경하는 경우에는 병존한다고 보는 것이 타당하다.

Ⅲ 사안의 해결 ❶

행정청이 3. 1. 에 A에게 한 200만원의 과징금부과처분은 4. 1.에 100만원으로 감액되었으므로 취소소송의 대상은 유리하게 감경되고 남은 3. 1.자 100만원의 과징금부과 처분이다.

THEME 27 거부처분

I. 거부행위가 처분이 되기 위하여 신청권이 필요한지(대상적격)

1. 학설

① 대상적격설은 거부행위가 항고소송의 대상인 처분이 되기 위하여는 신청권이 필요하다고 보고 ② 원고적격설은 신청권의 유무는 원고적격의 문제로 보고 ③ 본안문제설은 신청권은 소송요건이 아닌 본안의 대상으로 본다.

2. 판례

> 거부가 처분이 되기 위해서는 국민에게 법규상 또는 조리상 신청권이 있어야 하고 공권력행사로서의 거부가 신청인의 법률관계에 영향을 미쳐야 하며 이에는 권리자로서 권리를 행사함에 중대한 지장을 초래하는 경우를 포함한다(대판 2007두1316).

3. 검토 (대상적격설)

생각건대 거부행위가 처분에 해당하기 위하여는 상대방의 권리, 의무에 직접적인 영향을 미쳐야 하므로 상대방에게는 법규상·조리상 신청권이 있어야 한다고 보는 것이 타당하다.

II. 신청권의 종류

1. 행정개입청구권

1) 서설

광의의 행정개입청구권은 사인이 자기의 이익을 위하여 행정청에 대하여 자기 또는 제3자에게 행정권을 발동해 줄 것을 청구할 수 있는 권리를 말하고, 자신에게 행정권(수익적 작용)을 발동해 달라고 하는 행정행위발급청구권과, 자신의 이익을 위하여 제3자에게 행정권(침익적 작용)을 발동해 달라고 하는 협의의 행정개입청구권이 있다. 예를 들어 甲이 행정청에게 자신에게 영업허가를 내어달라고 하는 것은 행정행위발급청구권이고, 甲이 자신의 생명·신체보호를 위하여 행정청에게 乙이 운영하는 연탄공장허가를 취소해 달라고 하는 것은 협의의 행정개입청구권에 해당한다.

2) 협의의 행정개입청구권 인정여부

① 문제의 소재

관계 법령상 행정청의 재량영역에서 명문의 신청규정 없이도 제3자의 행정개입청구권이 인정될 수 있는지 문제된다.

② 학설

㉠ 부정설은 행정권 발동으로 인한 사인의 이익은 반사적 이익에 불과하다는 보고 ㉡ 긍정설은 사인의 생명, 신체 등 중대한 법익에 위험이 발생한 경우에는 행정청의 재량이 아니라고 본다.

③ 판례

대법원은 행정개입청구권을 명시한 바 없으나 새만금간척종합개발사업에 대한 판결에서 행정개입청구권의 존재를 전제로 인근 주민의 원고적격을 인정하였다.

④ 검토

생각건대 국민의 생명·신체·재산 등에 중대하고 급박한 위험에 대한 구제를 위해서는 긍정하는 것이 타당하다.

> 새만금간척종합개발사업을 위한 공유수면매립과 농지개량사업시행으로 인하여 직접적이고 중대한 환경피해를 입으리라고 예상되는 환경영향평가 대상지역 안의 주민들이 전과 비교하여 수인한도를 넘는 환경침해를 받지 아니하고 쾌적한 환경에서 생활할 수 있는 개별적 이익까지도 이를 보호하려는 데에 있다고 할 것이므로, 위 주민들이 공유수면매립면허처분 등과 관련하여 갖고 있는 위와 같은 환경상의 이익은 주민 개개인에 대하여 개별적으로 보호되는 직접적·구체적 이익으로서 그들에 대하여는 특단의 사정이 없는 한 환경상의 이익에 대한 침해 또는 침해우려가 있는 것으로 사실상 추정되어 공유수면매립면허처분 등의 무효확인을 구할 원고적격이 인정된다. 한편 환경영향평가 대상지역 밖의 주민이라 할지라도 공유수면매립면허처분 등으로 인하여 그 처분 전과 비교하여 수인한도를 넘는 환경피해를 받거나 받을 우려가 있는 경우에는, 공유수면매립면허처분 등으로 인하여 환경상 이익에 대한 침해 또는 침해우려가 있다는 것을 입증함으로써 그 처분 등의 무효확인을 구할 원고적격을 인정받을 수 있다(대판 2006두330 전원합의체).

3) 성립요건

강행법규에 의하여 행정청의 작위의무가 있어야 한다. 기속행위는 물론 재량이라도 재량이 0으로 수축하는 경우 즉 ① 사인의 생명, 신체, 재산 등에 중대한 위험이 발생하고 ② 행정권 발동으로 위험제거가 가능하고 ③ 사인의 노력만으로는 위험제거가 어려운 경우에 작위의무가 발생한다. 또한 강행법규가 공익은 물론 사인의 이익도 보호하고 있어야 한다.

2 무하자재량행사청구권

1) 서설

행정청이 재량권을 행사함에 있어 사인이 행정청에 대하여 절차적으로 하자없는 재량권을 행사하여 줄 것을 요구할 수 있는 권리이다. 재량영역에서는 원칙적으로 강행법규에 의한 행정청의 특정행위의무가 발생하지 않는 바, 그렇다면 재량권은 아무런 법적 한계가 없는 것인가? 그렇지 않다. 예를 들어 甲이 행정청에게 허가를 내어 달라고 신청한 경우에 허가할지 여부는 행정청의 재량이다. 이 경우 행정청은 허가를 해도 되고 안 해도 되지만 허가여부에 대해서 법규상 내부적으로 거쳐야 하는 공정한 심사절차 등이 있으면 그 절차를 거쳐서 허가 내지 불허가를 해야 한다고 보는 것이 타당하다. 또한 국민의 신청권이 있다면 그에 대한 의무로서 허가 내지 불허가의 결과는 응답해 주어야 한다. 이러한 내용이 무하자재량행사청구권이다.

2) 독자적 권리성 인정

① 문제의 소재
무하자재량행사청구권을 인정하더라도 사인은 자신이 종국적으로 원하는 이익을 얻지는 못하는 바, 이러한 권리를 독자적인 권리로 인정할 필요가 있는지가 문제된다.

② 학설
㉠ 부정설은 원고적격을 부당하게 넓혀 남소의 우려가 있다는 점을 논거로 ㉡ 긍정설은 행정청의 재량권 통제의 실익이 있다는 점을 논거로 든다.

③ 판례
검사임용거부사건, 임용기간이 만료된 국·공립대학의 조교수 사건에서 무하자재량행사청구권을 인정하고 있다.

④ 검토
생각건대 부정설은 남소의 우려가 있다고 하지만 원고적격은 개별적, 구체적, 직접적인 법률상 이익이 있어야 하므로 긍정하는 것이 타당하다.

---

1. 검사의 임용에 있어서 임용권자가 임용여부에 관하여 어떠한 내용의 응답을 할 것인지는 임용권자의 자유재량에 속하므로 일단 임용거부라는 응답을 한 이상 설사 그 응답내용이 부당하다고 하여도 사법심사의 대상으로 삼을 수 없는 것이 원칙이나, 적어도 재량권의 한계일탈이나 남용이 없는 위법하지 않은 응답을 할 의무가 임용권자에게 있고 이에 대응하여 임용신청자로서도 재량권의 일탈이나 남용이 없는 적법한 응답을 요구할 권리가 있다고 할 것이며, 이러한 응답신청권에 기하여 재량권 남용의 위법한 거부처분에 대하여는 항고소송으로서 그 취소를 구할 수 있다고 보아야 한다(대판 90누5825).

2. 기간제로 임용되어 임용기간이 만료된 국·공립대학의 조교수는 교원으로서의 능력과 자질에 관하여 합리적인 기준에 의한 공정한 심사를 받아 위 기준에 부합되면 특별한 사정이 없는 한 재임용되리라는 기대를 가지고 재임용여부에 관하여 합리적인 기준에 의한 공정한 심사를 요구할 법규상 또는 조리상 신청권을 가진다고 할 것이니, 임용권자가 임용기간이 만료된 조교수에 대하여 재임용을 거부하는 취지로 한 임용기간만료의 통지는 위와 같은 대학교원의 법률관계에 영향을 주는 것으로서 행정소송의 대상이 되는 처분에 해당한다(대판 2000두7735 전원합의체).

3. 4급 공무원이 당해 지방자치단체 인사위원회의 심의를 거쳐 3급 승진대상자로 결정되고 임용권자가 그 사실을 대내외에 공표까지 하였다면, 그 공무원은 승진임용에 관한 법률상 이익을 가진 자로서 임용권자에 대하여 3급 승진임용을 신청할 조리상의 권리가 있고, 이러한 공무원으로부터 소청심사청구를 통해 승진임용신청을 받은 행정청으로서는 상당한 기간 내에 그 신청을 인용하는 적극적 처분을 하거나 각하 또는 기각하는 등의 소극적 처분을 하여야 할 법률상의 응답의무가 있다. 그럼에도, 행정청이 위와 같은 권리자의 신청에 대해 아무런 적극적 또는 소극적 처분을 하지 않고 있다면 그러한 행정청의 부작위는 그 자체로 위법하다(대판 2008두10560).

4. 임용지원자가 당해 대학의 교원임용규정 등에 정한 심사단계 중 중요한 대부분의 단계를 통과하여 다수의 임용지원자 중 유일한 면접심사 대상자로 선정되는 등으로 장차 나머지 일부의 심사단계를 거쳐 대학교원으로 임용될 것을 상당한 정도로 기대할 수 있는 지위에 이르렀다면, 그러한 임용지원자는 임용에 관한 법률상 이익을 가진 자로서 임용권자에 대하여 나머지 심사를 공정하게 진행하여 그 심사에서 통과되면 대학교원으로 임용해 줄 것을 신청할 조리상의 권리가 있다고 보아야 할 것이고, 또한 유일한 면접심사 대상자로 선정된 임용지원자에 대한 교원신규채용업무를 중단하는 조치는 임용지원자의 권리 내지 법률상 이익에 직접 관계되는 것으로서 항고소송의 대상이 되는 처분등에 해당한다(대판 2001두7053).

5. 교육공무원법 및 동법 임용(시행)령에 따르면 임용권자는 3배수의 범위 안에 들어간 후보자들을 대상으로 승진임용 여부를 심사하여야 하고, 이에 따라 <u>승진후보자 명부에 포함된 후보자는 임용권자로부터 정당한 심사를 받게 될 것에 관한 절차적 기대를 하게 된다.</u> 그런데 임용권자 등이 자의적인 이유로 승진후보자 명부에 포함된 후보자를 승진임용에서 제외하는 처분을 한 경우에, 이러한 승진임용제외처분을 항고소송의 대상이 되는 처분으로 보지 않는다면, 달리 이에 대하여는 불복하여 침해된 권리 또는 법률상 이익을 구제받을 방법이 없다. 따라서 교육공무원법상 <u>승진후보자 명부에 의한 승진심사 방식으로 행해지는 승진임용에서 승진후보자 명부에 포함되어 있던 후보자를 승진임용인사발령에서 제외하는 행위는 불이익처분으로서 항고소송의 대상인 (거부)처분에 해당한다고 보아야 한다</u>(대판 2015두47492).

3) 성립요건

행정청은 법규상·조리상 처분의무가 있어야 하고, 재량법규가 공익은 물론 사익도 보호하고 있어야 한다.

▶ 신청권의 필요

1. 행정청이 국민의 신청에 대하여 한 거부행위가 항고소송의 대상이 되는 행정처분에 해당하려면, 행정청의 행위를 요구할 법규상 또는 조리상의 신청권이 그 국민에게 있어야 하고, 이러한 신청권의 근거 없이 한 국민의 신청을 행정청이 받아들이지 아니한 경우에는 그 거부로 인하여 신청인의 권리나 법적 이익에 어떤 영향을 주는 것이 아니므로 이를 항고소송의 대상이 되는 행정처분이라고 할 수 없다(대판 2004두4031).

2. 거부처분의 처분성을 인정하기 위한 전제요건이 되는 신청권의 존부는 구체적 사건에서 신청인이 누구인가를 고려하지 않고 관계 법규의 해석에 의하여 일반 국민에게 그러한 신청권을 인정하고 있는가를 살펴 추상적으로 결정되는 것이고, 신청인이 그 신청에 따른 단순한 응답을 받을 권리를 넘어서 신청의 인용이라는 만족적 결과를 얻을 권리를 의미하는 것은 아니다(대판 95누12460).

▶ 거부의 처분성을 긍정한 판례

1. 행정청이 행한 공사중지명령의 상대방은 그 명령 이후에 그 원인사유가 소멸하였음을 들어 행정청에게 공사중지명령의 철회를 요구할 수 있는 조리상의 신청권이 있다 할 것이고, 상대방으로부터 그 신청을 받은 행정청으로서는 상당한 기간 내에 그 신청을 인용하는 적극적 처분을 하거나 각하 또는 기각하는 등의 소극적 처분을 하여야 할 법률상의 응답의무가 있다고 할 것이며, 행정청이 상대방의 신청에 대하여 아무런 적극적 또는 소극적 처분을 하지 않고 있는 이상 행정청의 부작위는 그 자체로 위법하다고 할 것이고, 구체적으로 그 신청이 인용될 수 있는지 여부는 소극적 처분에 대한 항고소송의 본안에서 판단하여야 할 사항이라고 할 것이다(대판 2003두7590).

2. 갑 등이 인터넷 포털사이트 등의 개인정보 유출사고로 자신들의 주민등록번호 등 개인정보가 불법 유출되자 이를 이유로 관할 구청장에게 주민등록번호를 변경해 줄 것을 신청하였으나 구청장이 '주민등록번호가 불법 유출된 경우 주민등록법상 변경이 허용되지 않는다'는 이유로 주민등록번호 변경을 거부하는 취지의 통지를 한 사안에서, 피해자의 의사와 무관하게 주민등록번호가 유출된 경우에는 조리상 주민등록번호의 변경을 요구할 신청권을 인정함이 타당하고, 구청장의 주민등록번호 변경신청 거부행위는 항고소송의 대상이 되는 행정처분에 해당한다(대판 2013두2945).

사례연습

甲은 개발제한구역 내에 위치한 지역에서 폐기물처리시설의 설치를 위하여 관할시장 A에게 개발행위허가를 신청하였다. 인근 주민 乙은 위 처리시설이 설치되면 주거생활에 심각한 침해를 받는다고 생각하여 시장 A에게 반려할 것을 요구하였다. 그러나 시장 A는 위 처리시설이 필요하고, 개발제한구역이 아닌 지역에 입지하기가 곤란하다는 이유로 위 개발행위를 허가하였다. 다만, 민원의 소지를 줄이기 위하여 위 처리시설로 인하여 환경오염이 심각해질 경우 위 개발행위허가를 취소·변경할 수 있다는 내용의 부관을 붙였다. 그런데 위 처리시설이 가동된 지 얼마 지나지 않아 예상과 달리 폐기물처리량이 대폭 증가하였다. 이에 주민 乙은 위 처리시설로 인하여 주거생활을 도저히 영위하기 어렵다고 여겨 시장 A에게 위 부관을 근거로 위 개발행위허가를 취소·변경하여 줄 것을 요구하였다. 그런데 시장 A는 이를 거부하였다. 乙의 요구에 대한 시장 A의 거부행위는 처분에 해당하는가?

목차

I. 쟁점의 정리

II. 복효적 행정행위

III. 거부의 처분성 인정요건
   1. 신청권의 필요유무

2. 협의의 행정개입청구권
   1) 의의
   2) 인정여부
   3) 성립요건

IV. 사안의 해결

모범 답안

I. 쟁점의 정리 ❶

허가처분의 직접 상대방이 아닌 인근주민 乙이 관련법규상 신청규정이 없음에도 A시장에게 甲에 대한 허가처분의 취소를 구할 신청권이 인정되는지 여부가 거부처분의 요건과 관련하여 문제된다.

II. 복효적 행정행위 ❶

복효적 행정행위는 하나의 처분으로 인하여 일방에게는 수익, 제3자에게는 침익적 효과가 발생하는 행정행위를 말한다. 사안의 경우 A시장의 甲에 대한 개발행위허가처분으로 인하여 인근 주민 乙에게 침익이 발생하였으므로 이는 복효적 행정행위에 해당한다.

Ⅲ 거부의 처분성 인정요건

1 신청권의 필요유무 ❹

행정소송법제2조제1항제1호의 거부가 처분이 되기 위해서 신청권이 필요한지에 관하여 ① 원고적격설 ② 본안문제설이 있으나 ③신청권의 유무는 대상적격으로 보는 것이 타당하고 판례도 거부가 처분이 되기 위해서는 첫째, 신청인은 법규상 조리상 신청권이 있어야 하고 둘째, 신청의 대상인 행위가 공권력의 행사에 해당하여야 하며 셋째, 그 거부가 신청인의 법률관계에 변동을 일으키는 것이어야 한다고 하면서 여기서 '법률관계에 변동을 일으킨다'는 의미는 신청인의 실체상의 권리관계에 직접적인 변동을 일으키는 것은 물론, 신청인이 권리행사에 중대한 지장을 초래하는 것을 포함한다고 판시하였다.

2 협의의 행정개입청구권

1) 의의 ❶

협의의 행정개입청구권이란 자신의 이익을 위하여 제3자에게 행정권을 발동할 것을 요구하는 권리로서 실체적이고 적극적 공권의 성질을 갖는다.

2) 인정여부

① 문제의 소재 ❶

행정청의 일방적인 재량영역에서 명문의 신청규정 없이도 제3자의 행정개입청구권이 인정될 수 있는지 문제된다.

② 학설 ❷

㉮ 부정설은 행정권 발동으로 인한 사인의 이익은 반사적 이익에 불과하다고 보고 ㉯ 긍정설은 사인의 생명, 신체 등 중대한 법익에 위험이 발생한 경우에도 행정청의 재량이라고 볼 수는 없다고 한다.

③ 판례 ❷

대법원은 행정개입청구권을 명시한 바 없으나 새만금간척종합개발사업에 대한 판결에서 행정개입청구권의 존재를 전제로 인근 주민의 원고적격을 인정하였다.

④ 검토 ❶

생각건대 국민의 생명·신체·재산 등에 대한 중대하고 급박한 위험에 대한 구제를 위해서는 긍정하는 것이 타당하다.

3) 성립요건 ❷

강행법규에 의하여 행정청의 작위의무가 있어야 한다. 기속행위는 물론 재량이라도 재량이 0으로 수축하는 경우 즉 ① 사인의 생명, 신체, 재산 등에 중대한 위험이 발생하고 ② 행정권 발동으로 위험제거가 가능하고 ③ 사인의 노력만으로는 제거가 어려운 경우에는 작위의무가 발생한다. 또한 강행법규가 공익은 물론 사인의 이익도 보호하고 있어야 한다.

Ⅳ 사안의 해결 ❷

A시장이 개발행위허가를 하면서 부관을 부가하였는바, 개발행위허가 및 허가철회여부는 재량행위에 해당되지만 위 처리시설이 가동된 지 얼마 지나지 않아 예상과 달리 폐기물처리량이 대폭 증가하여 乙은 주거생활을 영위하는데 현저한 위험이 발생하여 재량이 0으로 수축되었으므로 A시장은 허가철회를 하여야 할 의무가 발생하였다고 볼 수 있고 따라서 乙에게는 조리상 허가취소 신청권이 인정되고 乙이 침해받는 건강, 신체 및 주거생활의 이익은 헌법상 기본권에 포함되므로 사익보호성 역시 인정된다.

● A국립대학은 내부지침을 제정하여 신규임용심사를 자격심사·전공적격심사·연구실적심사·공개강의심사·면접심사 등의 5단계로 구분하여 시행하여 왔다. A국립대학은 자연과학대학 생화학과의 효소학 분야에서 1명, 신진 및 중간대사 분야에서 1명의 교수를 각 초빙하겠다는 등의 교수초빙공고를 하였고, 甲을 비롯한 29명이 생화학과의 효소학 분야에 지원하였다. 1단계 자격심사 및 2단계 전공적격심사를 거치면서 29명의 지원자 중에서 甲을 포함한 5명이 적격자로 선정되었고, 다시 3단계 연구실적심사 및 4단계 공개강의심사를 거친 결과, 甲이 유일한 면접심사 대상자로 결정되어 마지막 5단계인 면접심사만을 남겨 두고 있었다. 그런데 위와 같은 4단계까지의 심사결과에 대한 이의서가 제출되자 교수임용권자인 A국립대학 총장 乙은 甲에 대한 면접심사를 유보하였다가 내부지침에서 정한 교원채용심사위원회의 심의결과에 기하여 생화학과의 교원신규채용업무 중단조치를 하였다. 이에 甲은 중단조치에 대하여 취소소송을 제기하였는데 대상적격이 인정되는가? (20점)

목차

Ⅰ. 논점의 정리
Ⅱ. 거부의 처분성 인정요건 (법제2조제1호)
  1. 거부행위가 처분이 되기 위하여 신청권이 필요한지 (대상적격)
  2. 무하자재량행사청구권

1) 의의
2) 인정여부
3) 성립요건

Ⅲ. 사안의 해결

모범 답안

Ⅰ 논점의 정리 ❷

교육공무원법 등 관계법령에서는 교수임용신청권을 규정하고 있지 않는데 총장 乙의 신규임용 중단조치가 거부처분에 해당하기 위하여 신청권이 필요한지 및 甲에게 조리상 신청권 즉 무하자재량행사청구권이 인정되는 지를 검토해보아야 한다.

II 총장 乙의 중단조치가 거부처분에 해당하는지

1 거부행위가 거부처분이 되기 위한 요건(법제2조,제3조) ④

취소소송의 대상으로서 거부가 처분이 되기 위해서 신청권이 필요한지에 관하여 ① 원고적격설 ② 본안문제설이 있으나 ③신청권의 유무는 대상적격으로 보는 것이 타당하고 판례도 거부가 처분이 되기 위해서는, 첫째, 신청인은 법규상 조리상 신청권이 있어야 하고 둘째, 신청의 대상인 행위가 공권력의 행사에 해당하여야 하며 셋째, 그 거부가 신청인의 법률관계에 변동을 일으키는 것이어야 한다고 하면서 여기서 '법률관계에 변동을 일으킨다'는 의미는 신청인의 실체상의 권리관계에 직접적인 변동을 일으키는 것은 물론, 신청인이 권리행사에 중대한 지장을 초래하는 것을 포함한다고 판시하였다.

2 甲에게 조리상 신청권이 인정되는지(무하자재량행사청구권)

1) 의의 ②

사인이 행정청에 대하여 절차적으로 하자없는 재량권을 행사하여 줄 것을 요구할 수 있는 형식적, 절차적, 적극적 권리를 말한다.

2) 인정여부

① 문제의 소재 ①

무하자재량행사청구권을 인정하더라도 사인은 자신이 종국적으로 원하는 이익을 얻지는 못하는 바, 이러한 권리를 독자적인 권리로 인정할 필요가 있는지가 문제된다.

② 학설 ②

㉠ 부정설은 원고적격을 부당하게 넓혀 남소의 우려가 있다는 점을 논거로 ㉡ 긍정설은 행정청의 재량권 통제의 실익이 있다는 점을 논거로 든다.

③ 판례 ③

대법원은 검사임용거부사건, 임용기간이 만료된 국·공립대학의 조교수 사건, 3급 승진임용 사건에서 무하자재량행사청구권을 인정하고 있다.

④ 검토 ①

생각건대 부정설은 남소의 우려가 있다고 하지만 원고적격은 개별적, 구체적, 직접적인 법률상 이익이 있어야 하므로 긍정하는 것이 타당하다.

3) 성립요건 ①

행정청은 법규상·조리상 처분의무가 있어야 하고, 재량법규가 공익은 물론 사익도 보호하고 있어야 한다.

Ⅲ. 사안의 해결 ❹

A국립대학의 내부지침에서 정한 5단계의 심사단계 중 4단계까지의 심사단계를 통과하면서 다수의 임용지원자 중에서 유일한 면접심사 대상자로 결정된 甲으로서는 나머지 면접단계를 거쳐 대학교원으로 임용되리라는 상당한 기대를 가지게 되었다고 보아야 할 것이므로 신뢰보호의 원칙상 임용권자인 乙에 대하여 나머지 심사를 공정하게 진행하여 그 심사에서 통과되면 대학교원으로 임용해 줄 것을 신청할 조리상의 권리가 있으므로 총장 乙의 중단조치는 거부처분에 해당하여 대상적격이 인정된다.

● A회사에 근무하는 근로자들은 사용자와의 임금인상에 관한 문제를 해결하고 근로조건의 개선을 도모하고자 A회사에 노동조합을 조직하고 관할시장 乙에게 설립신고서를 제출하였다. 이에 관할시장 乙은 'A노조'의 설립신고서를 반려하였다. 반려는 처분에 해당하는가? (15점)

> 2012년 제21회 기출

1. 반려행위가 거부처분이 되기 위한 요건(행정소송법 제2조 제1항 제1호) (5)

항고쟁송의 대상으로서 거부가 처분이 되기 위해서 신청권이 필요한지에 관하여 ① 원고적격설 ② 본안문제설이 있으나 ③ 신청권의 유무는 대상적격으로 보는 것이 타당하고 판례도 거부가 처분이 되기 위해서는 첫째, 신청인은 법규상 조리상 신청권이 있어야 하고 둘째, 신청의 대상인 행위가 공권력의 행사에 해당하여야 하며 셋째, 그 거부가 신청인의 법률관계에 변동을 일으키는 것이어야 한다고 하면서 여기서 '법률관계에 변동을 일으킨다'는 의미는 신청인의 실체상의 권리관계에 직접적인 변동을 일으키는 것은 물론, 신청인이 권리행사에 중대한 지장을 초래하는 것을 포함한다고 하면서 이 경우 신청권의 내용은 단순히 응답을 요구할 수 있는 것으로도 충분하다고 판시하였다.

2. 노동조합 설립신고의 법적 성격

1) 사인의 공법행위로서 신고의 의의 및 종류 (3)

사인이 행정주체에 대하여 공법적 효과의 발생을 목적으로 일정한 사실을 알리는 행위로서 사인이 행정청에 대하여 일정한 사항을 통지하여 행정청에 도달함으로써 법적 효과가 발생하는 자체완성적 신고와 사인이 행정청에 대하여 일정한 사항을 통지하고 행정청이 그에 대하여 수리 내지 등록이라는 행위를 함으로써 비로소 법적 효과가 발생하는 완화된 허가제로서의 행위요건적 신고가 있다.

2) 구별기준 (2)

자체완성적 신고의 경우에 행정청은 필요서류의 구비 등 신고서에 대한 형식적 심사만이 허용되나, 행위요건적 신고의 경우에는 원칙적으로 그 내용에 관하여 형식적 심사권만을 가지나 예외적으로 실질적 심사권이 있는 경우도 있다.

3. 사안의 경우 (5)

노동조합법제10조는 노동조합을 설립하고자 하는 자는 신고서를 관할 행정청에게 제출하여야 하고 관할 행정청은 기재사항 등에 관하여 형식적 심사 및 동법제2조제4호 각목.에 해당하는 사유가 있는 지 실질적 심사가 이루어지므로 노동조합설립신고는 행위요건적 신고에 해당하고 그에 따른 행정청의 수리 및 반려는 항고소송의 대상인 처분에 해당한다. 대법원 역시 노동조합설립신고에 대하여 관할 행정청은 형식적 심사는 물론 객관적인 기준에 따른 실질적 심사를 할 수 있고 신고에 대한 반려를 당연히 거부처분으로 인정하고 있다. 따라서 乙의 반려행위는 처분이다.

THEME 28 원처분주의와 재결주의

> **행정소송법**
>
> **제2조【정의】** ① 이 법에서 사용하는 용어의 정의는 다음과 같다.
> 1. "처분등"이라 함은 행정청이 행하는 구체적 사실에 관한 법집행으로서의 공권력의 행사 또는 그 거부와 그 밖에 이에 준하는 행정작용(이하 "처분"이라 한다) 및 <u>행정심판에 대한 재결</u>을 말한다.
>
> **제19조【취소소송의 대상】** 취소소송은 처분등을 대상으로 한다. 다만, <u>재결취소소송의 경우에는 재결 자체에 고유한 위법이 있음을 이유로 하는 경우에 한한다.</u>

I 재결

1 의의

재결이란 행정심판의 청구에 대해 행정심판위원회가 행하는 판단을 말하고, 행정심판법에 의한 재결 및 토지수용위원회의 이의재결과 같은 개별법상의 재결도 포함된다.

2 원처분주의와 재결주의

원처분주의란 원처분과 재결을 모두 소송대상으로 하되, 원칙적으로 원처분에 대해서만 소송을 제기할 수 있고, 재결은 재결 자체에 고유한 위법이 있는 경우에 한해 소송을 제기할 수 있도록 한 것을 말한다. 재결주의란 재결에 대해서만 취소소송을 제기할 수 있게 하고 재결은 물론 원처분의 위법도 재결취소소송에서 주장할 수 있도록 한 것을 말한다.

3 행정소송법은 원처분주의 채택

행정소송법 제19조는 원처분주의를 채택하고 있는 바, 이에 따르면 재결은 재결 자체에 고유한 위법이 있는 경우에 한해 소송을 제기할 수 있고 그렇지 않은 경우에는 행정심판을 거쳤다 하더라도 원처분을 대상으로 소송을 제기하여야 한다.

4 재결 자체의 고유한 위법

재결 자체의 고유한 위법이란 원처분에는 없는 재결 자체의 주체, 형식, 절차에 관한 위법이 있는 경우를 말하고 내용에 관한 위법이 포함되는 지에 관하여는 견해의 대립이 있으나 포함된다고 보는 것이 다수설이다. 대법원은 행정소송법 제19조에서 말하는 '재결 자체에 고유한 위법'이란 원처분에는 없고 재결에만 있는 재결청의 권한 또는 구성의 위법, 재결의 절차나 형식의 위법, 내용의 위법 등을 뜻하고, 그 중 내용의 위법에는 위법·부당하게 인용재결을 한 경우가 해당한다(대판 96누14661)고 판시하여 내용의 하자도 포함시킨다.

5 행정심판의 공통적인 재결의 경우 소송의 대상

1) 각하재결

심판청구가 적법함에도 불구하고 본안심리를 하지 않고 각하재결을 한 경우 본안심리를 받을 권리를 박탈한 것으로서 이는 원처분에는 없는 하자가 있는 것이기 때문에 이러한 경우에는 재결을 대상으로 행정소송을 제기할 수 있다.

> 행정소송법 제19조에 의하면 행정심판에 대한 재결에 대하여도 그 재결 자체에 고유한 위법이 있음을 이유로 하는 경우에는 항고소송을 제기하여 그 취소를 구할 수 있고, 여기에서 말하는 '재결 자체에 고유한 위법'이란 그 재결자체에 주체, 절차, 형식 또는 내용상의 위법이 있는 경우를 의미하는데, 행정심판청구가 부적법하지 않음에도 각하한 재결은 심판청구인의 실체심리를 받을 권리를 박탈한 것으로서 원처분에 없는 고유한 하자가 있는 경우에 해당하고, 따라서 위 재결은 취소소송의 대상이 된다(대판 99두2970).

2) 기각재결

원처분이 정당하다고 판단하여 원처분을 유지하는 재결, 즉 청구기각 재결을 한 경우에는 원칙적으로 재결 자체에 고유한 하자가 있는 것이 아니어서 원처분을 대상으로 행정소송을 제기해야 한다. 다만, 사정재결을 함에 있어 공공복리에 관한 판단을 잘못한 경우라면 재결 자체의 고유한 하자가 있어 재결취소소송의 대상이 될 수 있다.

6 취소심판의 인용재결의 경우 소송의 대상

1) 제3자효 행정행위에 대한 취소재결의 경우

① 문제의 소재
  행정심판청구인은 취소재결을 다툴 이유가 없고, 취소재결로 불이익이 발생한 제3자가 취소재결을 소송의 대상으로 다투어야 하는 데 이 경우 취소재결을 제3자에 대한 원처분으로 이해할지 재결로 이해할지가 문제 된다.

② 학설
  ㉠ 취소재결은 원처분에는 없는 재결 자체의 고유한 하자를 주장하는 것이므로 재결취소소송이라는 견해와 ㉡ 취소재결은 형식상으로는 재결이지만 제3자에게는 원처분이므로 재결취소소송이 아니라는 견해가 있다.

③ 판례

> 이른바 복효적 행정행위, 특히 제3자효를 수반하는 행정행위에 대한 행정심판청구에 있어서 그 청구를 인용하는 내용의 재결로 인하여 비로소 권리이익을 침해받게 되는 자는 그 인용재결에 대하여 다툴 필요가 있고, 그 인용재결은 원처분과 내용을 달리하는 것이므로 그 인용재결의 취소를 구하는

> 것은 원처분에는 없는 재결에 고유한 하자를 주장하는 셈이어서 당연히 항고소송의 대상이 된다. 당해 재결과 같이 그 인용재결청인 문화체육부장관 스스로가 직접 당해 사업계획승인처분을 취소하는 형성적 재결을 한 경우에는 그 재결 외에 그에 따른 행정청의 별도의 처분이 있지 않기 때문에 재결 자체를 쟁송의 대상으로 할 수밖에 없다(대판 96누10911).

④ 검토

생각건대 제3자효 행정행위는 수익적 처분의 상대방과 제3자 모두에게 처분이고 이에 대한 취소재결로 수익적 처분의 상대방에게는 비로소 침익이 발생하는 것이므로 재결취소소송으로 보는 것이 타당하다.

2) 일부취소재결 및 변경재결의 경우

① 문제의 소재

불이익처분에 대한 행정심판에서 일부취소하는 재결이나 보다 가벼운 처분으로 변경하는 재결이 나온 경우에 소송의 대상이 문제 된다.

② 학설

㉠ 변경된 원처분설은 일부취소재결이나 변경재결은 원처분의 내용을 감경한 것에 불과하므로 원처분을 대상으로 하여야 한다는 입장이고 ㉡ 변경재결설은 변경재결은 당초 처분을 대체하는 새로운 처분이므로 변경재결이 소송의 대상이 된다는 입장이다.

③ 판례

> 항고소송은 원칙적으로 당해 처분을 대상으로 하나, 당해 처분에 대한 재결 자체에 고유한 주체, 절차, 형식 또는 내용상의 위법이 있는 경우에 한하여 그 재결을 대상으로 할 수 있다고 해석되므로, 징계혐의자에 대한 감봉 1월의 징계처분을 견책으로 변경한 소청결정 중 그를 견책에 처한 조치는 재량권의 남용 또는 일탈로서 위법하다는 사유는 소청결정 자체에 고유한 위법을 주장하는 것으로 볼 수 없어 소청결정의 취소사유가 될 수 없다(대판 93누5673).

④ 검토

생각건대 일부취소하는 재결이나 보다 가벼운 처분으로 변경하는 재결 자체는 청구인에게 유리한 처분으로서 원처분의 내용을 감경한 것에 불과하므로 일부취소되고 남은 원처분 또는 변경되고 남은 원처분이 소송의 대상이라고 보는 것이 타당하다.

3) 변경명령재결의 경우

① 문제의 소재

위원회의 변경명령재결이 있은 후 처분청이 재결의 기속력에 따라 변경처분을 한 경우에 소송의 대상이 문제 된다.

② 학설

㉠ 변경된 원처분설은 변경처분은 원처분의 내용을 감경한 것에 불과하므로 변경되고 남은 원처분이 소송의 대상이라는 입장이고, ㉡ 변경명령재결설은 처분청의 변경처분은 재결의 기속력에 따른 부차적인 행위이므로 변경명령재결이 소송의 대상이라는 견해이고, ㉢ 변경처분설은 국민에 대한 구체적인 침해는 변경처분이 있어야 현실화되므로 변경처분이 소송

의 대상이라는 견해이다.

③ 판례

> 행정청이 식품위생법령에 따라 영업자에게 행정제재처분을 한 후 (변경명령재결에 따라) 그 처분을 영업자에게 유리하게 변경하는 처분을 한 경우, 변경처분에 의하여 당초 처분은 소멸하는 것이 아니고 당초부터 유리하게 변경된 내용의 처분으로 존재하는 것이므로, 변경처분에 의하여 유리하게 변경된 내용의 행정제재가 위법하다 하여 그 취소를 구하는 경우 그 취소소송의 대상은 변경된 내용의 당초 처분이지 변경처분은 아니고, 제소기간의 준수 여부도 변경처분이 아닌 변경된 내용의 당초 처분을 기준으로 판단하여야 한다(대판 2004두9302).

④ 검토

생각건대 변경명령재결 및 이에 따른 변경처분 역시 원처분의 내용을 감경한 것에 불과하므로 변경되고 남은 원처분이 소송의 대상이라고 보는 것이 타당하다.

7 교원징계의 경우(원처분주의)

> **국공립학교교원의 경우**
> 국공립학교교원에 대한 징계 등 불리한 처분은 행정처분이므로 국공립학교 교원이 징계 등 불리한 처분에 대하여 불복이 있으면 교원징계재심위원회(現. 교원소청심사위원회)에 재심청구를 하고 위 재심위원회의 재심결정에 불복이 있으면 항고소송으로 이를 다투어야 할 것인데, 이 경우 그 소송의 대상이 되는 처분은 원칙적으로 원처분청의 처분이고, 원처분이 정당한 것으로 인정되어 재심청구를 기각한 재결에 대한 항고소송은 원처분의 하자를 이유로 주장할 수는 없다(대판 93누17874).

> **사립학교교원의 경우**
> 사립학교교원이 학교법인으로부터 해임처분을 받은 경우 사립학교교원과 학교법인의 관계는 사법관계에 해당하므로 민사소송을 제기할 수 있다. 다만, 교원지위향상을 위한 특별법에 의하여 교원소청심사위원회에 소청심사청구를 거친 경우에는 소청심사결정은 항고소송의 대상이 되는 처분이 되므로 취소소송의 제기가 가능하고, 이때 피고는 교원소청심사위원회가 된다.

II 개별법상 재결주의를 채택하고 있는 경우

1 감사원의 재심의판정

감사원의 회계관계공무원에 대한 변상판정처분에 대하여서는 행정소송을 제기할 수 없고, 재결에 해당하는 재심의판정에 대하여서만 감사원을 피고로 하여 행정소송을 제기할 수 있다(대판 84누91).

2 중앙노동위원회의 재심판정

노동위원회법 규정은 행정처분의 성질을 가지는 지방노동위원회의 처분에 대하여 중앙노동위원장을 상대로 행정소송을 제기할 경우의 전치요건에 관한 규정이라 할 것이므로 당사자가 지방노동위원회의 처분에 대하여 불복하기 위하여는 처분 송달일로부터 10일 이내에 중앙노동위원회에 재심을 신청하고 중앙노동위원회의 재심판정서 송달일로부터 15일 이내에 중앙노동위원회 위원장을 피고로 재심판정취소의 소를 제기하여야 할 것이다(대판 95누6724).

3 특허심판원의 심결

특허출원에 대한 심사관의 거절결정에 대하여 행정소송을 제기할 수 없고, 특허심판원에 심판청구를 한 후 그 심결을 대상으로 하여 특허법원에 심결취소의 소를 제기하여야 한다.

사례연습

● X시 소속 공무원 甲은 다른 동료들과 함께 회식을 하던 중 옆자리에 앉아 있던 동료 丙과 시비가 붙어 그를 폭행하였다. 이러한 사실이 지역 언론을 통하여 크게 보도되자, X시의 시장 乙은 적법한 절차를 통해 4. 1.에 甲에 대해 정직 3월의 징계처분을 하였다. 甲은 "해당 징계처분이 과도하기 때문에 위법하다"라고 주장하면서, X시 소청심사위원회에 소청을 제기하였다. 이에 대해 X시 소청심사위원회는 6. 1.에 정직 3월을 정직 2월로 변경하는 결정을 내렸다. 甲은 2월의 정직기간 만료 전에 X시 소청심사위원회가 내린 정직 2월도 여전히 무겁다고 주장하면서 취소소송을 제기하려고 한다. 이 경우 취소소송의 대상을 검토하시오. (15점)

목차

I. 문제의 소재

II. 대상적격
  1. 원처분주의와 재결주의
  2. 원처분주의 채택
  3. 재결 자체의 고유한 위법

  4. 일부취소재결 또는 변경재결의 경우
    1) 학설
    2) 판례
    3) 검토

III. 사안의 해결

모범 답안

I. 문제의 소재 ❷

행정심판법제제47조제2항은 위원회는 심판청구의 대상이 되는 처분보다 청구인에게 불리한 재결을 하지 못한다고 규정하고 있는 바, 행정심판의 재결이 청구인에게 유리한 일부취소재결이나 변경재결이 있는 경우에 취소소송의 대상을 검토해 보아야 한다.

II. 대상적격

1 원처분주의와 재결주의 ❷

원처분주의란 원처분과 재결을 모두 소송대상으로 하되, 원칙적으로 원처분에 대해서만 소송을 제기할 수 있고, 재결은 재결 자체에 고유한 위법이 있는 경우에 한해 소송을 제기할 수 있도록 한 것을 말한다. 재결주의란 재결에 대해서만 취소소송을 제기할 수 있도록 한 것을 말한다.

2 원처분주의 채택 ❶

행정소송법 제19조는 취소소송은 처분 등을 대상으로 한다. 다만, 재결취소소송의 경우에는 재결 자체에 고유한 위법이 있음을 이유로 하는 경우에 한한다고 규정하여 원처분주의를 채택하고 있다.

3 재결 자체의 고유한 위법 ❷

내용상 하자에 관하여는 견해의 대립이 있으나 대법원은 '재결 자체에 고유한 위법'이란 원처분에는 없고 재결에만 있는 재결청의 권한 또는 구성의 위법, 재결의 절차나 형식의 위법, 내용의 위법 등을 뜻하고, 그 중 내용의 위법에는 위법·부당하게 인용 재결을 한 경우가 해당한다고 판시하였다.

4 일부취소재결 또는 변경재결의 경우

1) 학설 ❸

① 변경된 원처분설은 일부취소재결이나 변경재결은 원처분의 내용을 감경한 것에 불과하므로 원처분을 대상으로 하여야 한다는 입장이고 ② 변경재결설은 변경재결은 당초 처분을 대체하는 새로운 처분이므로 변경재결이 소송의 대상이 된다는 입장이다.

2) 판례 ❸

대법원은 감봉 1월의 징계처분을 견책으로 변경한 소청결정은 소청결정 자체에 고유한 위법을 주장하는 것으로 볼 수 없다고 판시하였다.

3) 검토 ❶

생각건대 유리한 일부취소재결 내지 변경재결은 재결자체의 고유한 하자가 있다고 보기 어렵고 원처분의 내용을 감경한 것에 불과하므로 일부취소 또는 변경되고 남은 원처분이 소송의 대상이라고 보는 것이 타당하다.

Ⅲ. 사안의 해결 ❶

甲이 제기하는 취소소송의 대상은 4. 1.자 정직 2월 처분이고 피고는 소청심사위원회가 아닌 X시의 시장 乙이다.

THEME 29 부당해고 등에 대한 구제절차

I 지방노동위원회의 처분

사용자가 근로자에 대하여 정당한 이유 없이 해고, 휴직, 정직, 전직, 감봉, 그 밖의 징벌과 같은 행위를 한 경우에는 그 근로자는 지방노동위원회에 구제신청을 할 수 있다. 지방노동위원회는 이러한 부당해고 등 구제신청에 대하여 화해를 권고하거나 또는 판정을 내리는 바, 판정은 구제명령·기각결정·각하결정으로 나누어진다(노동위원회법 제16조의3제1항). 이러한 지방노동위원회의 판정은 행정처분의 일종으로서 그 판정서가 당사자에게 교부된 날부터 효력을 발생하고, 그 후에는 판정을 한 지방노동위원회도 이를 취소하거나 변경할 수 없으며(불가변력), 당연무효가 아닌 한 권한 있는 기관에 의하여 취소가 될 때까지는 계속 효력을 갖는다(공정력).

II 중앙노동위원회의 재심

지방노동위원회의 판정에 불복하는 자는 판정서를 송달받은 날로부터 10일 이내에 중앙노동위원회에 재심을 신청할 수 있으며(근로기준법 제31조제1항), 중앙노동위원회는 지방노동위원회의 판정을 재심하여 이를 인정·취소·변경할 수 있다(노동위원회법 제26조제1항). 중앙노동위원회는 고용노동부로부터 독립된 합의제 행정기관으로서 중앙노동위원회의 재심은 지방노동위원회와 신청인 사이의 대심구조를 이루고 있으며, 증거신청과 같은 절차적 권리가 보장되어 있으므로 특별법상의 행정심판에 해당한다.

III 행정소송의 특징

1 절차

중앙노동위원회의 재심판정에 불복하는 자는 중앙노동위원회위원장을 피고로 하여 재심판정의 통지를 받은 날로부터 15일 이내에 이를 취소하는 소를 제기할 수 있다(노동위원회법 제27조제1항).

2 특징

1) 재결주의

노동위원회법 제27조 제1항에 따르면 중앙노동위원회의 재심판정에 불복하는 자는 이 재심판정을 대상으로 취소소송을 제기하도록 요구하고 있으므로, 재결주의에 해당한다.

2) 피고적격의 특칙

취소소송의 피고는 처분을 행한 행정청인데(행정소송법 제13조), 중앙노동위원회는 자신의 이름으로 재심신청에 대한 결정을 할 수 있는 권한이 주어져 있으므로 합의제 행정청에 해당한다. 다만 노동위원회법 제27조는 중앙노동위원회의 판정에 대한 취소소송의 피고를 중앙노동위원회가 아닌 중앙노동위원회위원장으로 특별히 규정하고 있다.

3) 제소기간의 특칙

취소소송은 처분이 있음을 안 날로부터 90일 이내 혹은 재결서 정본을 송달받은 날로부터 90일 이내에 제기하여야 하는데(행정소송법 제20조제1항), 노동위원회법 제27조는 재심판정의 통지를 받은 날로부터 15일 이내에 소를 제기하도록 특별히 규정하고 있다.

4) 필수적 전심절차로서 재심

노동위원회법 제27조에 따르면 중앙노동위원회의 재심판정만이 취소소송의 대상이 되므로 이를 위해서는 반드시 중앙노동위원회의 재심을 거쳐야 한다. 따라서 중앙노동위원회의 재심은 필수적 전심절차에 해당한다.

사례연습

● 국민건강보험공단(이하 '공단'이라 한다)은 서울 마포구 염리동에 본사를 두고 상시근로자 10,400여명을 고용하여 국가의료보험사업을 영위하는 법인이다. 甲은 1989. 5. 1. 공단에 입사하여 노원지사에서 일반관리직 주임(5급)으로 근무하면서 사회보험노동조합(이하 '사보노조'라고 한다)의 중앙위원 및 여성위원장으로 활동하던 공무원신분이 없는 일반 근로자이다. 공단은 甲이 2005. 1. 6. 및 같은 달 11. 사보노조 인터넷 홈페이지 '이렇게 주장한다'란에 '가문의 영광이다. 길이길이 보전하리라!', '사회보험노조 대 이사장 홍길동'이라는 각 제목 하에 공단의 前 이사장 홍길동에 대한 명예훼손 및 그를 모욕하는 내용의 글을 작성, 게시하여 공단의 인사규정 제38조 제1항(성실근무의무), 제4항(품위손상행위금지)을 위반하였다는 이유로 2005. 1. 24. 중앙인사위원회의 의결을 거쳐 같은 달 26. 같은 인사규정 제89조 제2항 제3호에 의하여 甲을 직위해제하였는데 공단의 인사규정에 따르면 직위해제기간은 승진소요연수에 산입되지 않는다. 이후 공단은 2005. 3. 7. 같은 사유를 들어 같은 인사규정 제73조(징계) 제1 내지 4호, 같은 인사규정 시행규칙 제37조(징계양정의 기준)에 의하여 甲을 해고하였다.

甲이 공단의 직위해제처분에 대하여 취소소송을 제기하기 위한 요건을 검토하시오. (20점)

목차

Ⅰ. 쟁점의 정리

Ⅱ. 취소소송의 적법요건
   1. 대상적격 및 필요적 심판전치주의
     1) 원처분주의와 재결주의
     2) 행정소송법상 원처분주의 채택
     3) 노동위원회법상 재결주의
     4) 필수적 전심절차로서 재심
     5) 사안의 경우
   2. 원고적격 및 피고적격

3. 제소기간의 특칙
4. 소의 이익
   1) 문제점
   2) 소의 이익의 원칙
   3) 해고로 인하여 직위해제가 소급적으로 소멸하는지 여부(판례)
   4) 사안의 경우
5. 관할법원

Ⅲ. 사안의 해결

2012년 제21회, 2016년 제25회 기출

모범답안

Ⅰ 쟁점의 정리 ❷

공단과 甲의 근무관계는 공법관계가 아닌 사법상 근로계약에 해당하므로 공단의 甲에 대한 직위해제는 행정소송법제2조제1항제1호(이하 '법'이라 합니다)의 처분에 해당하지 않지만 특별법인 노동위원회법이 취소소송을 허용하고 있는바, 취소소송의 적법요건을 검토해보아야 한다.

II 취소소송의 적법요건

1 대상적격 및 필요적 심판전치주의

1) 원처분주의와 재결주의 ❷

원처분주의란 원처분과 재결을 모두 소송대상으로 하되, 원칙적으로 원처분에 대해서만 소송을 제기할 수 있고, 재결은 재결 자체에 고유한 위법이 있는 경우에 한해 소송을 제기할 수 있도록 한 것을 말한다. 재결주의란 재결에 대해서만 취소소송을 제기할 수 있도록 한 것을 말한다.

2) 행정소송법상 원처분주의 채택 ❶

행정소송법 제19조는 취소소송은 처분 등을 대상으로 한다. 다만, 재결취소소송의 경우에는 재결 자체에 고유한 위법이 있음을 이유로 하는 경우에 한한다고 규정하여 원처분주의를 채택하고 있다.

3) 노동위원회법상 재결주의 ❷

사용자가 근로자에 대하여 정당한 이유 없이 해고, 휴직 그 밖의 징벌과 같은 행위를 한 경우에는 그 근로자는 지방노동위원회에 구제신청을 할 수 있고 지방노동위원회의 판정처분에 불복하는 자는 판정서를 송달받은 날로부터 10일 이내에 중앙노동위원회에 재심을 신청할 수 있는데 노동위원회법 제27조 제1항은 중앙노동위원회의 재심판정에 불복하는 자는 이 재심판정을 대상으로 취소소송을 제기하도록 요구하고 있으므로 개별법상 재결주의에 해당한다.

4) 필수적 전심절차로서 재심 ❶

중앙노동위원회의 재심판정만이 취소소송의 대상이 되므로 반드시 중앙노동위원회의 재심을 거쳐야 한다. 따라서 중앙노동위원회의 재심은 필수적 전심절차에 해당한다.

5) 사안의 경우 ❶

甲은 공단의 직위해제처분에 대하여 먼저 관할 지방노동위원회에 구제신청을 하고 각하 내지 기각결정이 있게 되면 중앙노동위원회에 재심을 신청하고 재심판정을 대상으로 취소소송을 제기할 수 있다.

2 원고적격 및 피고적격 ❷

법제12조는 처분의 취소를 구할 법률상 이익이 있는 자가 원고적격이 있다고 규정하고 있는데 甲은 침익적 재심판정의 직접 상대방이므로 당연히 원고적격이 인정되고 법 제13조는 처분을 행한 행정청에게 피고적격을 인정하고 있는바, 중앙노동위원회는 합의제 행정청으로서 원칙적으로 중앙노동위원회가 피고적격이 있지만 노동위원회법 제27조는 중앙노동위원회의 판정에 대한 취소소송의 피고를 중앙노동위원회위원장으로 특별히 규정하고 있다.

3 제소기간의 특칙 ①

법제20조제1항은 취소소송은 처분이 있음을 안 날로부터 90일 이내 혹은 재결서 정본을 송달받은 날로부터 90일 이내에 제기하여야 하는데, 노동위원회법 제27조는 재심판정의 통지를 받은 날로부터 15일 이내에 소를 제기하도록 특별히 규정하고 있다.

4 소의 이익

1) 문제점 ①

공단이 甲에게 행한 직위해제의 효력은 해고로 인하여 소멸하였으므로 甲이 제기하려는 취소소송은 소의 이익 부정되는 것인지 문제된다.

2) 소의 이익의 원칙 ②

협의의 소익이란 소송을 통하여 분쟁을 해결할 만한 현실적 필요성을 말하는 바, 법 제12조제2문은 소의 이익에 관하여 처분 등의 효과가 기간의 경과, 처분 등의 집행 그 밖의 사유로 인하여 소멸된 뒤에도 그 처분 등의 취소로 인하여 회복되는 법률상 이익이 있는 자의 경우에는 또한 같다고 규정하고 있는 바, 처분의 효력이 소멸한 경우, 원상회복이 불가능한 경우, 처분 후의 사정에 의하여 이익침해가 해소된 경우 등은 원칙적으로 협의의 소의 이익이 부정된다.

3) 해고로 인하여 직위해제가 소급적으로 소멸하는지 여부(판례) ②

대법원은 근로자를 직위해제한 후 해고를 한 경우 직위해제처분이 소급하여 소멸하는 것이 아니고 직위해제처분에 기하여 발생한 효과는 소멸하지 않으므로 인사규정 등에서 직위해제처분에 따른 효과로 승진·승급에 제한을 가하는 등의 법률상 불이익을 규정하고 있는 경우에는 실효된 직위해제처분에 대한 구제를 신청할 이익이 있다고 판시하였다.

4) 사안의 경우 ①

공단의 甲에 대한 직위해제처분은 해고로 인하여 실효되었지만 공단의 인사규정에 따르면 직위해제기간은 승진소요연수에 산입되지 않는 불이익을 규정하고 있으므로 취소소송의 소의 이익 역시 인정된다.

5 관할법원 ①

법제9조제2항제1호는 피고가 중앙행정기관의 부속기관과 합의제행정기관 또는 그 장인 경우에는 피고의 소재지는 물론 대법원소재지를 관할하는 행정법원에 제기할 수 있다고 규정하고 있으므로 중앙노동위원회는 고용노동부장관 부속 합의제 행정기관이므로 중앙노동위원회위원장 소재지를 관할하는 행정법원은 물론 서울행정법원에 제기할 수도 있다.

| Ⅲ | **사안의 해결** ❶

공단의 해고로 실효된 직위해제처분에 대하여 甲은 지방노동위원회를 거쳐 중앙노동위원회의 재심판정을 대상으로 판정서를 송달받은 날로부터 15일 이내에 중앙노동위원회 위원장을 피고로 서울행정법원 등에 취소소송을 제기할 수 있다.

THEME 30 제소기간

행정소송법

제20조【제소기간】 ① 취소소송은 처분등이 있음을 안 날부터 90일 이내에 제기하여야 한다. 다만, 제18조제1항 단서에 규정한 경우와 그 밖에 행정심판청구를 할 수 있는 경우 또는 행정청이 행정심판청구를 할 수 있다고 잘못 알린 경우에 행정심판청구가 있은 때의 기간은 재결서의 정본을 송달받은 날부터 기산한다.
② 취소소송은 처분등이 있은 날부터 1년(제1항 단서의 경우는 재결이 있은 날부터 1년)을 경과하면 이를 제기하지 못한다. 다만, 정당한 사유가 있는 때에는 그러하지 아니하다.
③ 제1항의 규정에 의한 기간은 불변기간으로 한다.

I 행정심판을 거치지 않은 경우

처분등이 있음을 안 날로부터 90일, 처분등이 있은 날로부터 1년 이내에 소송을 제기해야 한다.

1 처분등이 있음을 '안 날'로부터 '90일'

1) '안 날'의 의미

> '처분이 있음을 안 날'이라 함은 당사자가 통지·공고 기타의 방법에 의하여 당해 처분이 있었다는 사실을 현실적으로 안 날을 의미하고, 추상적으로 알 수 있었던 날을 의미하는 것은 아니지만, 처분에 관한 서류가 당사자의 주소지에 송달되는 등 사회통념상 처분이 있음을 당사자가 알 수 있는 상태에 놓여진 때에는 반증이 없는 한 그 처분이 있음을 알았다고 추정할 수 있다(대판 99두9742).

2) '90일'의 성질(불변기간)

"취소소송은 처분등이 있음을 안 날부터 90일 이내에 제기하여야 한다."는 제소기간은 불변기간이고, 다만 당사자가 책임질 수 없는 사유로 인하여 이를 준수할 수 없었던 경우에는 같은 법 제8조에 의하여 준용되는 민사소송법 제173조(소송행위의 추후보완)에 의하여 그 사유가 없어진 후 2주일 내에 해태된 제소행위를 추완할 수 있다고 할 것이며, 여기서 당사자가 책임질 수 없는 사유란 당사자가 그 소송행위를 하기 위하여 일반적으로 하여야 할 주의를 다하였음에도 불구하고 그 기간을 준수할 수 없었던 사유를 말한다.

> **행정심판법**
>
> **제27조【심판청구의 기간】** ① 행정심판은 처분이 있음을 알게 된 날부터 90일 이내에 청구하여야 한다.
> ② 청구인이 천재지변, 전쟁, 사변, 그 밖의 불가항력으로 인하여 제1항에서 정한 기간에 심판청구를 할 수 없었을 때에는 그 사유가 소멸한 날부터 14일 이내에 행정심판을 청구할 수 있다. 다만, 국외에서 행정심판을 청구하는 경우에는 그 기간을 30일로 한다.

3) 구체적 검토

① 고시 또는 공고의 경우

> **▶ 일반처분의 경우**
> 고시 또는 공고에 의하여 행정처분을 하는 경우에는 그 처분의 상대방이 '불특정 다수인'이고, 그 처분의 효력이 불특정 다수인에게 일률적으로 적용되는 것이므로, 그에 대한 행정심판 청구기간도 그 행정처분에 이해관계를 갖는 자가 고시 또는 공고가 있었다는 사실을 현실적으로 알았는지 여부에 관계없이 고시가 효력을 발생하는 날에 행정처분이 있음을 알았다(간주)고 보아야 한다(대판 99두11257).

> **▶ 특정인에 대한 처분의 경우**
> '처분이 있음을 안 날'이라 함은 당사자가 통지, 공고 기타의 방법에 의하여 당해 처분이 있었다는 사실을 현실적으로 안 날을 의미하는 바, '특정인'에 대한 행정처분을 주소불명 등의 이유로 송달할 수 없어 관보·공보·게시판·일간신문 등에 공고한 경우에는, 공고가 효력을 발생하는 날에 상대방이 그 행정처분이 있음을 알았다고 볼 수는 없고, 상대방이 당해 처분이 있었다는 사실을 현실적으로 안 날에 그 처분이 있음을 알았다고 보아야 한다(대판 2005두14851).

② 심판청구기간도과를 이유로 각하재결을 받은 후 취소소송을 제기하는 경우

> 처분이 있음을 안 날부터 90일 이내에 행정심판을 청구하지도 않고 취소소송을 제기하지도 않은 경우에는 그 후 제기된 취소소송은 제소기간을 경과한 것으로서 부적법하고, <u>처분이 있음을 안 날부터 90일을 넘겨 청구한 부적법한 행정심판청구에 대한 (각하)재결이 있은 후 재결서를 송달받은 날부터 90일 이내에 원래의 처분에 대하여 취소소송을 제기하였다고 하여 취소소송이 다시 제소기간을 준수한 것으로 되는 것은 아니다</u>(대판 2011두18786).

2 처분이 있은 날로부터 1년

행정소송법 제20조 제2항에서 "처분이 있은 날"이라 함은 상대방이 있는 행정처분의 경우는 특별한 규정이 없는 한 의사표시의 일반적 법리에 따라 그 행정처분이 상대방에게 고지되어 효력이 발생한 날을 말한다고 할 것이다(대판 90누2284). 다만, 정당한 사유가 있는 경우에는 그러하지 아니하도록 규정되어 있는바, 행정처분의 직접 상대방이 아닌 제3자는 일반적으로 처분이 있는 것을 바로 알 수 없는 처지에 있으므로, 위와 같은 심판청구기간 내에 심판청구를 제기하지 아니하였다고 하더라도, 그 기간 내에 처분이 있은 것을 알았거나 쉽게 알 수 있었기 때문에 심판청구를

제기할 수 있었다고 볼 만한 특별한 사정이 없는 한, 위 법조항 본문의 적용을 배제할 "정당한 사유"가 있는 경우에 해당한다고 보아 위와 같은 심판청구기간이 경과한 뒤에도 심판청구를 제기할 수 있다(대판 91누12844).

3 90일과 1년의 관계

두 기간 중 어느 하나의 기간이라도 먼저 도과하면 취소소송을 제기할 수 없다. 즉, 비록 처분이 있은 날로부터 1년이 경과하지 않는 경우라 하더라도 처분이 있음을 안 날로부터 90일이 경과하였다면 취소소송을 제기할 수 없다.

II 행정심판을 거친 경우

행정심판을 거쳐 취소소송을 제기하는 경우에는 재결서의 정본을 송달받은 날로부터 90일 이내에 제기하여야 한다.

III 기타 항고소송의 제소기간

1 무효등 확인소송

무효등 확인소송의 경우에는 제소기간의 제한을 받지 않는다. 다만, 무효선언적 의미의 취소소송은 취소소송에 해당하므로 제소기간의 제한이 있다.

> 행정처분의 당연무효를 선언하는 의미에서 그 취소를 구하는 행정소송을 제기하는 경우에는 전치절차와 그 제소기간의 준수 등 취소소송의 제소요건을 갖추어야 한다(대판 87누219).

2 부작위위법확인소송

부작위상태가 계속되는 한 그 위법의 확인을 구할 이익이 있다고 보아야 하므로 원칙적으로 제소기간의 제한을 받지 않는다. 다만, 행정소송법 제38조 제2항이 제소기간을 규정한 같은 법 제20조를 부작위위법확인소송에 준용하고 있는 점에 비추어 보면, 의무이행심판을 거친 경우에는 행정소송법 제20조가 정한 제소기간 내에 부작위위법확인의 소를 제기하여야 한다(대판 2008두10560).

THEME 31 소의 이익
(권리보호의 필요성)

> **행정소송법**
>
> **제12조【원고적격】** 취소소송은 처분등의 취소를 구할 법률상 이익이 있는 자가 제기할 수 있다. 처분 등의 효과가 기간의 경과, 처분등의 집행 그 밖의 사유로 인하여 소멸된 뒤에도 그 처분등의 취소로 인하여 회복되는 법률상 이익이 있는 자의 경우에는 또한 같다.

I 서설

원고적격이 있다고 하여 항상 소송을 제기할 수 있는 것은 아니고 분쟁을 소송에 의하여 해결할 현실적 필요성이 있어야 하는 바, 즉 인용판결의 효용성이 있어야 한다는 것이 소의 이익이다.

II 원칙

원칙적으로 처분등의 효과가 기간의 경과, 처분등의 집행 그 밖의 사유로 인하여 소멸된 경우와 원고의 청구가 이론적 의미만 있을 뿐 실제적 효용이 없는 경우에는 소의 이익이 부정된다.

> 행정처분에 그 효력기간이 정하여져 있는 경우, 그 처분의 효력 또는 집행이 정지된 바 없다면 위 기간의 경과로 그 행정처분의 효력은 상실되므로 그 기간 경과 후에는 그 처분이 외형상 잔존함으로 인하여 어떠한 법률상 이익이 침해되고 있다고 볼 만한 별다른 사정이 없는 한 그 처분의 취소를 구할 법률상의 이익이 없다(대판 2000두7254).

III 예외

1 행정소송법 제12조제2문의 법률상 이익의 의미

제2문의 '법률상 이익'을 원고적격으로 보는 견해와 소의 이익으로 보는 견해의 대립이 있으나, 제2문은 회복되는 법률상 이익이라고 규정하고 있으므로 소의 이익으로 보는 것이 타당하고 판례도 동일한 입장이다.

2 회복되는 법률상 이익의 범위

1) 학설

① 법률상 이익설은 제1문과 제2문의 법률상 이익의 개념을 동일하게 보므로 법령에 의하여 개별적, 구체적, 직접적으로 보호받는 이익에 한정하면서 제2문의 경우에도 취소소송이라고

보는 입장이다. ② 정당한 이익설은 제2문의 의미를 법률상 이익보다 더 넓게 이해하여 명예, 신용 등의 인격적 침해까지 포함하면서 제2문의 경우 취소는 물론 법원의 위법확인까지 포함하는 입장이다.

2) 판례

대법원은 원칙적으로는 법제12조제1문과 제2문의 법률상 이익을 동일하게 이해하면서도 최근 행정규칙에서 가중적 제재처분을 규정한 경우에 장래의 제재적 처분기준은 규칙에 따라 이루어질 것이 명백하므로 상대방이 장래에 받을 불이익은 구체적이고 현실적인 것이므로 취소소송을 통하여 제거할 필요가 있다고 판시하였고 임시이사선임처분 취소소송 계속 중 선임처분의 효력이 소멸한 경우에도 선임처분의 위법을 확인할 필요가 있는 경우에 소의 이익을 인정하였고, 고등학교 퇴학처분 사건에서도 명예회복을 위하여 소의 이익을 인정하여 그 범위를 확대하고 있다.

3) 검토

생각건대 제12조 제1문은 원고적격을, 제2문은 협의의 소의 이익을 규정한 것이라고 이해한다면 법률상 이익의 범위를 반드시 동일하게 보아야 할 필요도 없고 국민의 권리구제의 확대에 비추어 제2문의 법률상 이익은 정당한 이익이라고 넓게 이해하는 것이 타당하다.

IV 구체적 검토

1 제재적 처분이 장래 처분의 가중요건인 경우

비록 처분의 기간이 경과하여 처분이 소멸하였다하더라도 그 처분이 후행처분의 가중요건으로 규정된 경우에는 가중처분을 받을 불이익이 있으므로 제재처분의 취소를 구할 소의 이익이 있다고 할 것이다.

> 제재적 행정처분의 가중사유나 전제요건에 관한 규정이 법령이 아니라 규칙의 형식으로 되어 있다고 하더라도, 그러한 규칙이 법령에 근거를 두고 있는 이상 그 법적 성질이 대외적·일반적 구속력을 갖는 법규명령인지 여부와는 상관없이 선행처분인 제재적 행정처분을 받은 상대방이 그 처분에서 정한 제재기간이 경과하였다하더라도 그 처분의 취소를 구할 법률상 이익이 있다(대판 2003두1684 전원합의체).

2 위법한 처분의 반복위험성이 있는 경우

> **대법원 2007. 7. 19. 선고 2006두19297 전원합의체 판결[임원취임승인취소처분]〈경기학원임시이사사건〉**
>
> 【판결요지】
>
> [1] 학교법인의 이사나 감사 전원 또는 그 일부의 임기가 만료되었다고 하더라도, 그 후임이사나 후임감사를 선임하지 않았거나 또는 그 후임이사나 후임감사를 선임하였다고 하더라도 그 선임결의가 무효이고 임기가 만료되지 아니한 다른 이사나 감사만으로는 정상적인 학교법인의 활동을 할 수 없는 경우, 임기가 만료된 구 이사나 감사로 하여금 학교법인의 업무를 수행케 함이 부적당하다고 인정할 만한 특별한 사정이 없는 한, 민법 제691조를 유추하여 구 이사나 감사에게는 후임이사나 후임감사가 선임될 때까지 종전의 직무를 계속하여 수행할 긴급처리권이

인정된다고 할 것이며, 학교법인의 경우 민법상 재단법인과 마찬가지로 이사를 선임할 수 있는 권한은 이사회에 있으므로, 임기가 만료된 이사들의 참여 없이 후임 정식이사들을 선임할 수 없는 경우 임기가 만료된 이사들로서는 위 긴급처리권에 의하여 후임 정식이사들을 선임할 권한도 보유하게 된다.

[2] (가) 비록 취임승인이 취소된 학교법인의 정식이사들에 대하여 원래 정해져 있던 임기가 만료되고 구 사립학교법(2005. 12. 29. 법률 제7802호로 개정되기 전의 것) 제22조 제2호 소정의 임원결격사유기간마저 경과하였다 하더라도, 그 임원취임승인취소처분이 위법하다고 판명되고 나아가 임시이사들의 지위가 부정되어 직무권한이 상실되면, 그 정식이사들은 후임이사 선임시까지 민법 제691조의 유추적용에 의하여 직무수행에 관한 긴급처리권을 가지게 되고 이에 터잡아 후임 정식이사들을 선임할 수 있게 되는바, 이는 감사의 경우에도 마찬가지이다.

(나) 제소 당시에는 권리보호의 이익을 갖추었는데 제소 후 취소 대상 행정처분이 기간의 경과 등으로 그 효과가 소멸한 때, 동일한 소송 당사자 사이에서 동일한 사유로 위법한 처분이 반복될 위험성이 있어 행정처분의 위법성 확인 내지 불분명한 법률문제에 대한 해명이 필요하다고 판단되는 경우, 그리고 선행처분과 후행처분이 단계적인 일련의 절차로 연속하여 행하여져 후행처분이 선행처분의 적법함을 전제로 이루어짐에 따라 선행처분의 하자가 후행처분에 승계된다고 볼 수 있어 이미 소를 제기하여 다투고 있는 선행처분의 위법성을 확인하여 줄 필요가 있는 경우 등에는 행정의 적법성 확보와 그에 대한 사법통제, 국민의 권리구제의 확대 등의 측면에서 여전히 그 처분의 취소를 구할 법률상 이익이 있다.

(다) 임시이사 선임처분에 대하여 취소를 구하는 소송의 계속중 임기만료 등의 사유로 새로운 임시이사들로 교체된 경우, 선행 임시이사 선임처분의 효과가 소멸하였다는 이유로 그 취소를 구할 법률상 이익이 없다고 보게 되면, 원래의 정식이사들로서는 계속중인 소를 취하하고 후행 임시이사 선임처분을 별개의 소로 다툴 수밖에 없게 되며, 그 별소 진행 도중 다시 임시이사가 교체되면 또 새로운 별소를 제기하여야 하는 등 무익한 처분과 소송이 반복될 가능성이 있으므로, 이러한 경우 법원이 선행 임시이사 선임처분의 취소를 구할 법률상 이익을 긍정하여 그 위법성 내지 하자의 존재를 판결로 명확히 해명하고 확인하여 준다면 위와 같은 구체적인 침해의 반복 위험을 방지할 수 있을 뿐 아니라, 후행 임시이사 선임처분의 효력을 다투는 소송에서 기판력에 의하여 최초 내지 선행 임시이사 선임처분의 위법성을 다투지 못하게 함으로써 그 선임처분을 전제로 이루어진 후행 임시이사 선임처분의 효력을 쉽게 배제할 수 있어 국민의 권리구제에 도움이 된다.

(라) 그러므로 취임승인이 취소된 학교법인의 정식이사들로서는 그 취임승인취소처분 및 임시이사 선임처분에 대한 각 취소를 구할 법률상 이익이 있고, 나아가 선행 임시이사 선임처분의 취소를 구하는 소송 도중에 선행 임시이사가 후행 임시이사로 교체되었다고 하더라도 여전히 선행 임시이사 선임처분의 취소를 구할 법률상 이익이 있다.

3 원상회복이 불가능한 경우

처분이 취소되어도 원상회복이 불가능한 경우에는 그 처분의 취소를 구할 소의 이익이 없다. 다만, 이 경우에도 회복될 수 있는 부수적인 법률상 이익이 있는 경우에는 소의 이익이 인정된다고 할 것이다.

> **📌 소의 이익 인정**
>
> 1. 파면처분취소소송의 사실심변론종결전에 동원고가 허위공문서등작성 죄로 징역 8월에 2년간 집행유예의 형을 선고받아 확정되었다면 원고는 지방공무원법 제61조의 규정에 따라 위 판결이 확정된 날 당연퇴직되어 그 공무원의 신분을 상실하고, 당연퇴직이나 파면이 퇴직급여에 관한 불이익의 점에 있어 동일하다 하더라도 최소한도 이 사건 파면처분이 있은 때부터 위 법규정에 의한 당연퇴직일까지의 기간에 있어서는 파면처분의 취소를 구하여 그로 인해 박탈당한(퇴직급여) 이익의 회복을 구할 소의 이익이 있다(대판 85누39).
>
> 2. 지방의회 의원에 대한 제명의결 취소소송 계속중 의원의 임기가 만료된 사안에서, 제명의결의 취소로 의원의 지위를 회복할 수는 없다 하더라도 제명의결시부터 임기만료일까지의 기간에 대한 월정수당의 지급을 구할 수 있는 등 여전히 그 제명의결의 취소를 구할 법률상 이익이 있다(대판 2007두13487).
>
> 3. 원고의 긴 팔 티셔츠 2개(앞 단추가 3개 있고 칼라가 달린 것)에 대한 사용신청 불허처분 이후 이루어진 원고의 다른 교도소로의 이송이라는 사정에 의하여 원고의 권리와 이익의 침해 등이 해소되지 아니한 점, 원고의 형기가 만료되기까지는 아직 상당한 기간이 남아 있을 뿐만 아니라, 진주교도소가 전국 교정시설의 결핵 및 정신질환 수형자들을 수용·관리하는 의료교도소인 사정을 감안할 때 원고의 진주교도소로의 재이송 가능성이 소멸하였다고 단정하기 어려운 점 등을 종합하면, 원고로서는 이 사건 처분의 취소를 구할 이익이 있다고 봄이 상당하다(대판 2007두13203).

> **📌 소의 이익 부정**
>
> 1. 대집행계고처분 취소소송의 변론종결 전에 대집행영장에 의한 통지절차를 거쳐 사실행위로서 대집행의 실행이 완료된 경우에는 행위가 위법한 것이라는 이유로 손해배상이나 원상회복 등을 청구하는 것은 별론으로 하고 처분의 취소를 구할 법률상 이익은 없다(대판 93누6164).
>
> 2. 갑 도지사가 도에서 설치·운영하는 을 지방의료원을 폐업하겠다는 결정을 발표하고 그에 따라 폐업을 위한 일련의 조치가 이루어진 후 을 지방의료원을 해산한다는 내용의 조례를 공포하고 을 지방의료원의 청산절차가 마쳐진 사안에서, 갑 도지사의 폐업결정은 행정청이 행하는 구체적 사실에 관한 법집행으로서의 공권력 행사로서 입원환자들과 소속 직원들의 권리·의무에 직접 영향을 미치는 것이므로 항고소송의 대상에 해당하지만, 을 지방의료원을 폐업 전의 상태로 되돌리는 원상회복은 불가능하므로 취소를 구할 소의 이익을 인정하기 어렵다(대판 2015두60617).

4 명예·신용 등의 회복

> **📌 소의 이익 인정**
>
> 고등학교졸업이 대학입학자격이나 학력인정으로서의 의미밖에 없다고 할 수 없으므로 고등학교졸업학력검정고시에 합격하였다하여 고등학교학생으로서의 신분과 명예가 회복될 수 없는 것이니 퇴학처분을 받은 자로서는 퇴학처분의 위법을 주장하여 그 취소를 구할 소송상의 이익이 있다(대판 91누4737).

5 경원자소송의 경우

> 인·허가 등의 수익적 행정처분을 신청한 수인이 서로 경쟁관계에 있어서 일방에 대한 허가 등의 처분이 타방에 대한 불허가 등으로 귀결될 수밖에 없는 때 허가 등의 처분을 받지 못한 자는 비록 경원자에 대하여 이루어진 허가 등 처분의 상대방이 아니라 하더라도 당해 처분의 취소를 구할 원고적격이 있다. 다만, 명백한 법적 장애로 인하여 원고 자신의 신청이 인용될 가능성이 처음부터 배제되어 있는 경우에는 당해 처분의 취소를 구할 법률상 이익이 없다(대판 2009두8359).

6 직위해제

1) 의의 및 성질

직위해제란 공무원으로서 신분을 보유하면서 직무담임을 해제하는 행위이다. 직위해제처분은 잠정적인 성격을 갖는다는 점을 제외하고는 상대방의 법률관계에 변동을 일으키는 보통의 행정행위와 다를 바 없다. 따라서 직위해제처분은 취소소송의 대상이 되는 처분이다.

2) 직위해제처분의 소멸 후에 소의 이익

① 문제점

직위해제기간의 만료나 직권면직 또는 징계면직처분으로 인하여 직위해제처분의 효력이 소멸된 경우에도 그 직위해제의 취소를 구할 소의 이익이 있는지 문제 된다.

② 판례

> 1. 국가공무원법상 직위해제처분의 무효확인 또는 취소소송 계속 중 정년을 초과하여 직위해제처분의 무효확인 또는 취소로 공무원 신분을 회복할 수는 없다고 할지라도, 그 무효확인 또는 취소로 직위해제일부터 직권면직일까지 기간에 대한 감액된 봉급 등의 지급을 구할 수 있는 경우에는 직위해제처분의 무효확인 또는 취소를 구할 법률상 이익이 있다(대판 2012두26180).
>
> 2. 직위해제처분은 사법상 근로자로서의 지위를 그대로 존속시키면서 다만 그 직위만을 부여하지 아니하는 처분이므로 만일 어떤 사유에 기하여 근로자를 직위해제한 후 그 직위해제 사유와 동일한 사유를 이유로 징계처분을 하였다면 뒤에 이루어진 징계처분에 의하여 그 전에 있었던 직위해제처분은 그 효력을 상실한다. 여기서 직위해제처분이 효력을 상실한다는 것은 직위해제처분이 소급적으로 소멸하여 처음부터 직위해제처분이 없었던 것과 같은 상태로 되는 것이 아니라 사후적으로 그 효력이 소멸한다는 의미이다. 따라서 직위해제처분에 기하여 발생한 효과는 당해 직위해제처분이 실효되더라도 소급하여 소멸하는 것이 아니므로, 인사규정 등에서 직위해제처분에 따른 효과로 승진·승급에 제한을 가하는 등의 법률상 불이익을 규정하고 있는 경우에는 직위해제처분을 받은 근로자는 이러한 법률상 불이익을 제거하기 위하여 그 실효된 직위해제처분에 대한 구제를 신청할 이익이 있다(대판 2007두18406).

③ 검토

생각건대 직위해제처분이 효력을 상실한다는 것은 직위해제처분이 소급적으로 소멸하여 처음부터 직위해제처분이 없었던 것과 같은 상태로 되는 것이 아니라 장래에 향하여 그 효력이 소멸하는 것이므로 직위해제의 상대방은 면직처분취소소송에서 승소판결을 받아 복직한다 할지라도 직위해제처분의 위법성을 확인받지 못하면 여전히 봉급 및 승진상의 불이익을 받게 되므로 이러한 불이익을 제거하기 위해서라도 직위해제처분의 취소를 구할 법률상 이익을 인정하여야 할 것이다.

사례연습

● 교육인적자원부장관 2004. 12. 24. 학교법인 경기학원의 이사 甲 및 감사 乙에 대하여 임원취임승인을 취소하면서 丙을 임시이사로 선임하는 처분을 하였다. 이에 甲과 乙은 함께 자신들의 임원취임승인취소처분에 대한 취소소송(제1소송)과 丙에 대한 임시이사선임처분에 대한 취소소송(제2소송)을 병합하여 제기하였다. 丙에 대한 임시이사선임취소소송의 사실심변론종결 전에 甲과 乙의 임기는 모두 만료되었고, 丙 역시 새로운 임시이사선임처분으로 임시이사의 지위가 소멸하였다. 이 경우 법원은 제1소송과 제2소송에 대하여 취소판결을 선고할 필요성이 있는지 검토하시오.

목차

I. 쟁점의 정리

II. 협의의 소의 이익
  1. 의의 및 원칙
  2. 행정소송법제12조 제2문의 의미
  3. 회복되는 법률상 이익의 범위
    1) 학설
    2) 판례
    3) 검토

III. 사안의 해결
  1. 제1소송의 경우
  2. 제2소송의 경우

모범답안

I. 쟁점의 정리 ❷

제1소송은 이미 甲과 乙의 임기가 만료되어 취소판결로 정식 이사 및 감사의 지위가 회복되지 않는다는 점에서, 제2소송은 소송의 대상인 丙에 대한 임시이사선임처분이 새로운 임시이사선임처분으로 소멸되었다는 점에서 협의의 소의 이익이 인정되는지가 문제된다.

II. 협의의 소의 이익

1 의의 및 원칙 ❷

협의의 소의 이익이란 소송을 통하여 분쟁을 해결할 만한 현실적 필요성을 말하는 바, 취소소송에서는 처분의 효력이 소멸한 경우, 원상회복이 불가능한 경우, 처분 후의 사정에 의하여 이익침해가 해소된 경우에는 원칙적으로 협의의 소의 이익이 부정된다.

2 행정소송법제12조 제2문의 의미 ❷

제12조제2문은 처분 등의 효과가 기간의 경과, 처분 등의 집행 그 밖의 사유로 인하여 소멸된

뒤에도 그 처분 등의 취소로 인하여 회복되는 법률상 이익이 있는 자의 경우에는 또한 같다고 규정하고 있는 바, 제2문의 '법률상 이익'을 원고적격으로 보는 견해와 소의 이익으로 보는 견해의 대립이 있으나, 제2문은 회복되는 법률상 이익이라고 규정하고 있으므로 소의 이익으로 보는 것이 타당하다.

3 회복되는 법률상 이익의 범위

1) 학설 ③

① 법률상 이익설은 제1문과 제2문의 법률상 이익의 개념을 동일하게 보므로 법령에 의하여 개별적, 구체적, 직접적으로 보호받는 이익에 한정하면서 제2문의 경우에도 취소소송이라고 보는 입장이다. ② 정당한 이익설은 제2문의 의미를 법률상 이익보다 더 넓게 이해하여 명예, 신용 등의 인격적 침해까지 포함하면서 제2문의 경우 법원의 위법확인이 필요한 경우까지 포함하는 입장이다.

2) 판례 ④

대법원은 원칙적으로는 제1문과 제2문의 법률상 이익을 동일하게 이해하면서도 최근 최근 행정규칙에서 가중적 제재처분을 규정한 경우에 장래의 제재적 처분기준은 규칙에 따라 이루어질 것이 명백하므로 상대방이 장래에 받을 불이익은 구체적이고 현실적인 것이므로 취소소송을 통하여 제거할 필요가 있다고 판시하였고 고등학교에서 퇴학처분을 받은 자로서는 검정고시에 합격하였다 하더라도 고등학생으로서의 신분과 명예가 회복될 수 없는 것이므로 취소할 소의 이익을 인정하여 소의 이익의 범위를 넓히고 있다.

3) 검토 ②

생각건대 제12조 1문은 원고적격을, 제2문은 협의의 소의 이익을 규정한 것이라고 이해한다면 법률상 이익의 범위를 반드시 동일하게 보아야 할 필요도 없고 국민의 권리구제의 확대에 비추어 제2문의 법률상 이익은 정당한 이익이라고 넓게 이해하는 것이 타당하다.

Ⅲ 사안의 해결 ⑤

1. 제1소송의 경우에 소송계속 중 甲과 乙의 임기가 만료되었기 때문에 취소판결로 인하여 임기만료 이전의 이사나 감사의 지위가 회복되는 것은 아니지만 임기가 만료된 이사나 감사도 민법제691조상의 긴급사무처리권이 유추적용되어 후임 정식이사가 선임될 때까지 종전의 직무를 수행할 수 있고 후임 정식이사들을 선임할 권한 등이 발생하므로 회복되는 법률상 이익이 인정된다. 대법원도 유사한 사안에서 소의 이익을 인정하였다.

2. 제2소송의 경우에 소송계속 중 새로운 임시이사선임처분으로 丙에 대한 임시이사처분은 소멸하였지만 이러한 경우에 소의 이익을 부정하면 새로운 임시이사선임처분을 별개의 소로 다투어야 하고 별소 진행 중 다시 임시이사가 선임되면 무익한 처분과 소송이 반복될 가능성이 있으므로 법원이 丙에 대한 임시이사선임처분의 위법성을 확인하여 준다면 구체적인 침해의 반복을 방지할 수 있고 기판력으로 인하여 후행 선임처분의 효력을 쉽게 배제할 수 있으므로 회복되는 법률상 이익이 인정된다. 대법원도 유사한 사안에서 소의 이익을 인정하였다.

THEME 32 공무원에 대한 징계 등에 대한 구제절차

I. 법률상 공무원의 징계처분

1 파면
파면이란 공무원의 신분을 박탈하여 공무원관계를 배제하는 징계처분이다.

2 해임
해임이란 파면과 같이 공무원신분을 박탈하여 공무원관계를 배제하는 징계처분이다. 퇴직급여·퇴직수당의 감액이 없다는 점에서 파면과 다르다.

3 강등
강등은 1계급 아래로 직급을 내리고, 공무원신분은 보유하나 3개월간 직무에 종사하지 못하며 그 기간 중 보수의 3분의 2를 감한다.

4 정직
정직이란 공무원의 신분을 보유하되 일정기간 직무에 종사하지 못하게 하는 징계처분이다. 정직기간은 1월 이상 3월 이하이며, 이 기간 중에 보수의 3분의 2를 감한다.

5 감봉
감봉이란 1월 이상 3월 이하의 기간 동안 보수의 3분의 1을 감하는 징계처분이다.

6 견책
견책이란 전과에 대하여 훈계하고 회개하게 하는 징계처분이다.

II. 기타 불이익처분

1 불문경고조치
불문경고조치는 행정규칙에 불과한 공무원징계양정에 관한 규칙에 근거하여 이루어지는 행위로서, 이런 행정규칙에 의한 불문경고조치는 비록 법률상의 징계처분은 아니지만 위 처분을 받지 아니하였다면 차후 다른 징계처분이나 경고를 받게 될 경우 징계감경사유로 사용될 수 있었던 표창공적의 사용가능성을 소멸시키는 효과와 1년 동안 인사기록카드에 등재됨으로써 그 동안은 장관표창 대상자에서 제외시키는 효과 등이 있으므로 항고소송의 대상이 되는 행정처분에 해당한다.

2 직위해제

1) 의의 및 성질

직위해제란 공무원으로서 신분을 보유하면서 직무담임을 해제하는 행위이다. 직위해제처분은 잠정적인 성격을 갖는다는 점을 제외하고는 상대방의 법률관계에 변동을 일으키는 보통의 행정행위와 다를 바 없다. 따라서 직위해제처분은 취소소송의 대상이 되는 처분이다.

2) 직위해제처분의 소멸 후에 소의 이익

① 문제점

직위해제기간의 만료나 직권면직 또는 징계면직처분으로 인하여 직위해제처분의 효력이 소멸된 경우에도 그 직위해제의 취소를 구할 소의 이익이 있는지 문제 된다.

② 판례

> 1. 국가공무원법상 직위해제처분의 무효확인 또는 취소소송 계속 중 정년을 초과하여 직위해제처분의 무효확인 또는 취소로 공무원 신분을 회복할 수는 없다고 할지라도, 그 무효확인 또는 취소로 직위해제일부터 직권면직일까지 기간에 대한 감액된 봉급 등의 지급을 구할 수 있는 경우에는 직위해제처분의 무효확인 또는 취소를 구할 법률상 이익이 있다(대판 2012두26180).
>
> 2. 직위해제처분은 사법상 근로자로서의 지위를 그대로 존속시키면서 다만 그 직위만을 부여하지 아니하는 처분이므로 만일 어떤 사유에 기하여 근로자를 직위해제한 후 그 직위해제 사유와 동일한 사유를 이유로 징계처분을 하였다면 뒤에 이루어진 징계처분에 의하여 그 전에 있었던 직위해제처분은 그 효력을 상실한다. 여기서 직위해제처분이 효력을 상실한다는 것은 직위해제처분이 소급적으로 소멸하여 처음부터 직위해제처분이 없었던 것과 같은 상태로 되는 것이 아니라 사후적으로 그 효력이 소멸한다는 의미이다. 따라서 직위해제처분에 기하여 발생한 효과는 당해 직위해제처분이 실효되더라도 소급하여 소멸하는 것이 아니므로, 인사규정 등에서 직위해제처분에 따른 효과로 승진·승급에 제한을 가하는 등의 법률상 불이익을 규정하고 있는 경우에는 직위해제처분을 받은 근로자는 이러한 법률상 불이익을 제거하기 위하여 그 실효된 직위해제처분에 대한 구제를 신청할 이익이 있다(대판 2007두18406).

③ 검토

생각건대 직위해제처분이 효력을 상실한다는 것은 직위해제처분이 소급적으로 소멸하여 처음부터 직위해제처분이 없었던 것과 같은 상태로 되는 것이 아니라 장래에 향하여 그 효력이 소멸하는 것이므로 직위해제의 상대방은 면직처분취소소송에서 승소판결을 받아 복직한다 할지라도 직위해제처분의 위법성을 확인받지 못하면 여전히 봉급 및 승진상의 불이익을 받게 되므로 이러한 불이익을 제거하기 위해서라도 직위해제처분의 취소를 구할 법률상 이익을 인정하여야 할 것이다.

Ⅲ 징계 기타 불이익한 처분에 대한 구제절차

1 소청심사의 의의

소청은 징계처분 기타 그의 의사에 반하는 불이익한 처분을 받은 공무원이 그 처분에 불복이 있는 경우에 관할 소청심사위원회에 심사를 청구하는 특별행정심판으로서 소청의 대상은 징계처분 기타 본인의 의사에 반하는 불리한 처분이나 부작위이며, 심사기관으로서 소청심사위원회는 독립적인 합의제 행정관청이다.

2 행정소송

1) 필요적 소청심사전치주의

소청을 제기한 자가 소청심사위원회의 결정에 불복하는 경우에는 행정소송을 제기할 수 있는 바, 소청절차는 필요적 전치주의에 해당하기 때문에 행정소송을 제기함에 있어서는 반드시 소청심사위원회의 결정을 거쳐야 한다(국가공무원법 제16조 제1항).

2) 원처분주의

소청심사위원회의 결정에 불복하는 경우 원칙적으로 원처분이 취소소송의 대상이며, 다만 예외적으로 소청심사위원회의 결정에 고유한 위법이 인정되는 때에 한하여 소청심사위원회의 결정이 취소소송의 대상이 된다(행정소송법 제19조).

사례연습

A군의 주택담당 지방공무원으로 근무하던 甲은 신규아파트가 1동의 건물로 되어 있기 때문에 동별사용승인이 부적합함에도 불구하고 동별 사용승인을 하였다. 이에 A군의 인사위원회는 甲에게 경고할 것을 권고하는 의결을 하였고, 이에 따라 A군의 군수는 甲을 '불문경고'에 처하였다. 한편 A군이 소속한 B道 도지사의 [B지방공무원인사기록및인사기록지침](이하 '지침'이라 한다)에는 불문경고에 관한 기록은 1년이 경과한 후에 말소되고 또한 불문경고를 받은 자는 각종 표창의 선정대상에서 1년간 제외하도록 규정하고 있다.

甲이 불문경고조치에 대하여 취소소송을 제기하는 경우 대상적격 및 심판전치주의에 관하여 설명하시오. (35점)

목차

I. 논점의 정리
II. 불문경고조치의 처분성
　1. 처분성 인정요건(행정소송법제2조제1항제1호)
　2. 강학상 행정행위와 실정법상 처분과의 관계
　　1) 문제의 소재
　　2) 학설
　　3) 판례
　　4) 검토
　3. 처분성 유무의 판단방법
　4. 행정규칙에 근거한 행위의 처분성 인정여부
　5. 사안의 경우

III. 행정심판전치주의
　1. 원칙:임의적 행정심판전치주의
　2. 필요적 소청심사전치주의

IV. 취소소송의 대상 (원처분주의)
　1. 원처분주의와 재결주의
　2. 원처분주의 채택
　3. 재결 자체의 고유한 위법

V. 사안의 해결

모범 답안

I. 논점의 정리 ❷

불문경고조치는 법률상 징계처분이 아닌 행정규칙에 근거한 작용으로서 항고소송의 대상인 처분에 해당하는 지, 만약 처분에 해당한다면 공무원인 甲에 대한 불이익한 처분으로서 필요적 심판전치로서 소청심사를 거쳐야 하는지와 취소소송의 대상을 검토하여야 한다.

II. 불문경고조치의 처분성

1. 처분성 인정요건(행정소송법제2조제1항제1호) ❸

행정소송법제2조제1항제1호의 처분개념에 해당하기 위하여는 ① 행정청의 행위이어야 하고, ② 구체적 사실에 관한 법집행행위이어야 하며 ③ 행정청이 우월적 지위에서 일방적으로 행하는 공권력적 행위이고, ④ 외부에 직접적인 법적 효과를 발생시키는 행위로서 ⑤ 항고소송의 대상이 되어야 한다. 따라서 질서벌인 과태료는 항고소송의 대상이 아니므로 처분성이 인정되지 않는다. 판례도 처분성이 인정되려면 행정청의 공법상의 행위로서 국민의 권리·의무에 직접적 변동을 초래하는 행위를 가리키는 것이라고 판시하였다.

2 강학상 행정행위와 실정법상 처분과의 관계

1) 문제의 소재 ②

강학상 행정행위는 항고소송의 대상적격을 인정하기 위한 학문상의 개념인데 행정소송법 제2조 1호는 처분 등에 '그 밖에 이에 준하는 행정작용'을 규정하고 있는바, 강학상 행정행위와 실정법상 처분과의 관계가 문제된다.

2) 학설 ④

① 실체법적 개념설(일원설)은 강학상 행정행위와 처분의 개념은 동일하므로 '그 밖에 이에 준하는 작용'에는 일반처분, 처분적 법규 및 권력적 사실행위는 수인의무를 발생시키는 경우에 한해서 포함된다는 입장이고, ② 쟁송법적 개념설(이원설)은 항고소송의 권익구제기능을 강조하여 처분개념이 강학상 행정행위 개념보다 넓다는 입장으로 비권력적 사실행위라도 현실적 구제의 필요성이 있는 경우에는 포함된다는 입장이다.

3) 판례 ⑤

대법원은 원칙적으로 항고소송의 대상이 되는 행정처분이라 함은 행정청의 공법상 행위로서 특정 사항에 대하여 국민의 권리 의무에 직접 영향을 미치는 행위라고 판시하였고, 권력적 사실행위인 '단수처분', '교도소장의 이송조치', '명단공표'의 처분성을 인정하였다. 최근에는 국민의 권리구제를 위하여 '불문경고조치', '세무조사결정'의 처분성을 인정하여 인정범위를 확대하고 있다. 다만, 판례는 행정지도에 해당하는 주류거래중지요청의 처분성을 부인하였다.

4) 검토 ①

생각건대 행정소송법 명문규정의 입법취지는 미처 예측하지 못한 처분의 등장을 고려한 것이고 국민의 권익구제의 확대필요성에 비추어 쟁송법적 개념설(이원설)이 타당하다.

3 처분성 유무의 판단방법 2.5

대법원은 어떤 행위가 항고소송의 대상이 될 수 있는지는 추상적·일반적으로 결정할 수 없고, 구체적인 경우 관련 법령의 내용과 취지, 상대방 등 이해관계인이 입는 불이익과의 실질적 견련성 등을 참작하여 개별적으로 결정하여야 한다고 판시하였다.

4 행정규칙에 근거한 행위의 처분성 인정여부 2.5

대법원은 어떠한 처분의 근거나 법적인 효과가 행정규칙에 규정되어 있다고 하더라도 그 처분이 행정규칙의 내부적 구속력에 의하여 상대방에게 권리의 설정 또는 의무의 부담을 명하거나 기타 법적인 효과를 발생하게 하는 등으로 그 상대방의 권리 의무에 직접 영향을 미치는 행위라면, 이 경우에도 항고소송의 대상이 되는 행정처분에 해당한다고 판시하였다.

5 사안의 경우 ❶

甲에게 행하여진 불문경고조치는 1년 동안 인사기록카드에 등재됨으로써 그 동안은 각종 표창 대상자에서 제외시키는 효과 등이 발생하므로 항고소송의 대상이 되는 행정처분에 해당한다.

Ⅲ 행정심판전치주의

1 원칙 : 임의적 행정심판전치주의 ❶

행정소송법(이하 '법'이라 한다)은 원칙적으로 임의적 행정심판전치주의를 채택하고 있으므로 처분에 대해 행정심판을 거친 후 취소소송을 제기할 수도 있고, 행정심판을 거치지 않더라도 취소소송을 제기할 수도 있다(행소법 제18조 제1항).

2 필요적 소청심사전치주의 ❷

소청은 징계처분 기타 그의 의사에 반하는 불이익한 처분을 받은 공무원이 그 처분에 불복이 있는 경우에 관할 소청심사위원회에 심사를 청구하는 특별행정심판으로서 필요적 전치주의에 해당하기 때문에 행정소송을 제기함에 있어서는 반드시 소청심사위원회의 결정을 거쳐야 한다(지방공무원법 제20조의2).

Ⅳ 취소소송의 대상 (원처분주의)

1 원처분주의와 재결주의 ❷

원처분주의란 원처분과 재결을 모두 소송대상으로 하되, 원칙적으로 원처분에 대해서만 소송을 제기할 수 있고, 재결은 재결 자체에 고유한 위법이 있는 경우에 한해 소송을 제기할 수 있도록 한 것을 말한다. 재결주의란 재결에 대해서만 취소소송을 제기할 수 있도록 한 것을 말한다.

2 원처분주의 채택 ❶

행정소송법 제19조는 취소소송은 처분 등을 대상으로 한다. 다만, 재결취소소송의 경우에는 재결 자체에 고유한 위법이 있음을 이유로 하는 경우에 한한다고 규정하여 원처분주의를 채택하고 있다.

3 재결 자체의 고유한 위법 ❷

내용상 하자에 관하여는 견해의 대립이 있으나 대법원은 '재결 자체에 고유한 위법'이란 원처분에는 없고 재결에만 있는 재결청의 권한 또는 구성의 위법, 재결의 절차나 형식의 위법, 내용의 위법 등을 뜻하고, 그 중 내용의 위법에는 위법·부당하게 인용 재결을 한 경우가 해당한다고 판시하였다.

Ⅴ 사안의 해결 ❷

甲이 소청심사위원회의 결정에 불복하는 경우 원칙적으로 불문경고조치가 취소소송의 대상이며 다만 예외적으로 소청심사위원회의 결정에 고유한 위법이 인정되는 때에 한하여 소청심사위원회의 결정이 취소소송의 대상이 된다.

THEME 33. 집행정지 및 민사집행법상 가처분 준용여부

행정소송법

제23조 【집행정지】 ① 취소소송의 제기는 처분등의 효력이나 그 집행 또는 절차의 속행에 영향을 주지 아니한다.
② 취소소송이 제기된 경우에 처분등이나 그 집행 또는 절차의 속행으로 인하여 생길 회복하기 어려운 손해를 예방하기 위하여 긴급한 필요가 있다고 인정할 때에는 본안이 계속되고 있는 법원은 당사자의 신청 또는 직권에 의하여 처분등의 효력이나 그 집행 또는 절차의 속행의 전부 또는 일부의 정지(이하 "집행정지"라 한다)를 결정할 수 있다. 다만, 처분의 효력정지는 처분등의 집행 또는 절차의 속행을 정지함으로써 목적을 달성할 수 있는 경우에는 허용되지 아니한다.
③ 집행정지는 공공복리에 중대한 영향을 미칠 우려가 있을 때에는 허용되지 아니한다.
④ 제2항의 규정에 의한 집행정지의 결정을 신청함에 있어서는 그 이유에 대한 소명이 있어야 한다.
⑤ 제2항의 규정에 의한 집행정지의 결정 또는 기각의 결정에 대하여는 즉시항고할 수 있다. 이 경우 집행정지의 결정에 대한 즉시항고에는 결정의 집행을 정지하는 효력이 없다.
⑥ 제30조제1항의 규정(기속력)은 제2항의 규정에 의한 집행정지의 결정에 이를 준용한다.

제24조 【집행정지의 취소】 ① 집행정지의 결정이 확정된 후 집행정지가 공공복리에 중대한 영향을 미치거나 그 정지사유가 없어진 때에는 당사자의 신청 또는 직권에 의하여 결정으로써 집행정지의 결정을 취소할 수 있다.
② 제1항의 규정에 의한 집행정지결정의 취소결정과 이에 대한 불복의 경우에는 제23조제4항 및 제5항의 규정을 준용한다.

제30조 【취소판결 등의 기속력】 ① 처분등을 취소하는 확정판결은 그 사건에 관하여 당사자인 행정청과 그 밖의 관계행정청을 기속한다.
② 판결에 의하여 취소되는 처분이 당사자의 신청을 거부하는 것을 내용으로 하는 경우에는 그 처분을 행한 행정청은 판결의 취지에 따라 다시 이전의 신청에 대한 처분을 하여야 한다.

민사집행법

제300조 【가처분의 목적】 ① 다툼의 대상에 관한 가처분은 현상이 바뀌면 당사자가 권리를 실행하지 못하거나 이를 실행하는 것이 매우 곤란할 염려가 있을 경우에 한다.
② 가처분은 다툼이 있는 권리관계에 대하여 임시의 지위를 정하기 위하여도 할 수 있다. 이 경우 가처분은 특히 계속하는 권리관계에 끼칠 현저한 손해를 피하거나 급박한 위험을 막기 위하여, 또는 그 밖의 필요한 이유가 있을 경우에 하여야 한다.

I 집행부정지의 원칙

소송이 제기되더라도 처분의 효력은 정지되지 않는 것이 원칙이고 이를 집행부정지원칙이라 하고 한다.

II 취소소송과 가(假)구제

취소소송을 제기하더라도 처분의 효력이나 절차의 속행은 정지되지 않는 바, 소송은 시간이 오래 걸리는 경우가 많으므로 이를 관철하면 승소한 당사자에게 아무런 실익이 없는 경우가 있고 이러한 문제를 해결하기 위하여 임시구제제도로서 집행정지제도를 인정하고 있다.

III 집행정지제도

집행부정지를 채택하는 이유는 행정의 원활한 운영과 행정소송제기의 남용을 막기 위한 입법정책적 고려에 의한 것으로서 이보다도 당사자의 불이익이 현저히 크다면 이를 예방할 필요가 있으므로 인정된 것이 바로 집행정지제도이다.

1 집행정지의 요건

1) 적극적 요건(법제 조)

① 적법한 본안소송의 계속
본안소송의 제기와 동시에 집행정지를 신청하는 것은 허용되고 본안소송이 계속되어야 하므로 본안소송이 취하되면 집행정지결정은 당연히 소멸된다(대판 75누97).

> 행정처분의 효력정지나 집행정지를 구하는 신청사건에서는 행정처분 자체의 적법 여부는 원칙적으로 판단의 대상이 아니고, 그 행정처분의 효력이나 집행을 정지할 것인가에 관한 행정소송법 제23조 제2항에서 정한 요건의 존부만이 판단의 대상이 되는 것이다. 다만, 집행정지는 행정처분의 집행부정지 원칙의 예외로서 인정되는 것이고, 또 본안에서 원고가 승소할 수 있는 가능성을 전제로 한 권리보호수단이라는 점에 비추어 보면, 집행정지사건 자체에 의하여도 신청인의 본안청구가 적법한 것이어야 한다는 것을 집행정지의 요건에 포함시키는 것이 옳다(대판 2010무137).

② 처분등의 존재
처분등이 효력이 발생하기 전에는 집행정지를 할 수 없고, 부작위 또는 처분등의 효력이 소멸한 후에는 원칙적으로 집행정지의 실익이 없다고 보아야 한다. 다만, 무효인 처분은 현실적인 침해의 가능성이 있으므로 집행정지의 대상이 된다. 따라서 집행정지는 취소소송이나 무효등확인소송인 경우에만 허용되고, 부작위위법확인소송의 경우에는 허용되지 않는다.

③ 회복하기 어려운 손해예방의 필요
"회복하기 어려운 손해"라 함은 특별한 사정이 없는 한 금전으로 보상할 수 없는 손해로서 이는 금전보상이 불능인 경우뿐만 아니라 금전보상으로는 사회관념상 행정처분을 받은 당

사자가 참고 견딜 수 없거나 또는 참고 견디기가 현저히 곤란한 경우의 유형, 무형의 손해를 일컫는다.

④ 긴급한 필요

긴급한 필요란 집행정지의 필요성이 절박하다는 것, 즉 회복하기 어려운 손해의 발생이 절박하여 본안판결을 기다릴 여유가 없음을 의미한다. '처분등이나 그 집행 또는 절차의 속행으로 인하여 생길 회복하기 어려운 손해를 예방하기 위하여 긴급한 필요'가 있는지 여부는 처분의 성질과 태양 및 내용, 처분상대방이 입는 손해의 성질·내용 및 정도, 원상회복·금전배상의 방법 및 난이 등은 물론 본안청구의 승소가능성의 정도 등을 종합적으로 고려하여 구체적·개별적으로 판단하여야 한다(대판 2003무41).

> **회복하기 어려운 손해 인정**
>
> 1. 현역병입영처분취소의 본안소송에서 신청인이 승소판결을 받을 경우에는 신청인이 특례보충역으로 해당·분야에서 2개월 남짓만 더 종사하여 5년의 의무종사기간을 마침으로써 방위소집복무를 마친 것으로 볼 것이나, 만일 위 처분의 효력이 정지되지 아니한 채 본안소송이 진행된다면 신청인은 입영하여 다시 현역병으로 복무하지 않을 수 없는 결과 병역의무를 중복하여 이행하는 셈이 되어 불이익을 입게 되고 상당한 정신적 고통을 받게 될 것임은 짐작하기 어렵지 아니하며 이와 같은 손해는 쉽게 금전으로 보상할 수 있는 성질의 것이 아니어서 사회관념상 위 '가'항의 '회복하기 어려운 손해'에 해당된다(대판 92두7).
> 2. 사업여건의 악화 및 막대한 부채비율로 인하여 외부자금의 신규차입이 사실상 중단된 상황에서 285억 원 규모의 과징금을 납부하기 위하여 무리하게 외부자금을 신규차입하게 되면 주거래은행과의 재무구조개선약정을 지키지 못하게 되어 사업자가 중대한 경영상의 위기를 맞게 될 것으로 보이는 경우, 그 과징금납부명령의 처분으로 인한 손해는 효력정지 내지 집행정지의 적극적 요건인 '회복하기 어려운 손해'에 해당한다(대판 2001무29).

> **회복하기 어려운 손해 부정**
>
> 1. "회복하기 어려운 손해"라 함은 특별한 사정이 없는 한 금전으로 보상할 수 없는 손해로서 이는 금전보상이 불능인 경우뿐만 아니라 금전보상만으로는 사회관념상 행정처분을 받은 당사자가 참고 견딜 수 없거나 또는 참고 견디기가 현저히 곤란한 경우의 유형, 무형의 손해를 일컫는다고 할 것인 바, 유흥접객영업허가의 취소처분으로 5,0000여만원의 시설비를 회수하지 못하게 된다면 생계까지 위협받게 되는 결과가 초래될 수 있다는 등의 사정은 위 처분의 존속으로 당사자에게 금전으로 보상할 수 없는 손해가 생길 우려가 있는 경우라고 볼 수 없다(대판 91두1).
> 2. 신설 시외버스운송사업면허 내인가처분으로 기존의 버스업자가 손해를 입는다해도 이는 운행수익의 감소로 인한 것이어서 금전보상이 가능한 것이므로 행정소송법 제23조 제1항 소정의 "회복하기 어려운 손해"에 해당하지 아니하고, 위 처분이 증가하는 관광객에게 저렴한 운송수단을 제공함으로써 관광진흥에 도움을 준다는 공공복리의 목적을 지닌 것이어서 기존 버스업자가 다소 손해를 입게 된다 하더라도 그 효력을 정지할 급박한 사정이 있다고 보여지지 아니한다(대판 91두13).

2) 소극적 요건(법제   조   )

① 공공복리에 중대한 영향을 줄 우려가 있을 것

> 1. 행정소송법 제23조 제3항에서 규정하고 있는 집행정지의 장애사유로서의 '공공복리에 중대한 영향을 미칠 우려'라 함은 일반적·추상적인 공익에 대한 침해의 가능성이 아니라 당해 처분의 집행과 관련된 구체적·개별적인 공익

에 중대한 해를 입힐 개연성을 말하는 것으로서 이러한 집행정지의 소극적 요건에 대한 주장·소명책임은 행정청에게 있다(대판 99무42).

2. 한국문화예술위원회 위원장이 자신의 해임처분의 무효확인을 구하는 소송을 제기한 후 다시 해임처분의 집행정지 신청을 한 사안에서, 해임처분의 경과 및 그 성질과 내용, 처분상대방인 신청인이 그로 인하여 입는 손해의 성질·내용 및 정도, 효력정지 이외의 구제수단으로 상정될 수 있는 원상회복·금전배상의 방법 및 난이, 해임처분의 효력이 정지되면 신청인이 위원장의 지위를 회복하게 됨에 따라 새로 임명된 위원장과 신청인 중 어느 사람이 위 위원회를 대표하고 그 업무를 총괄하여야 할 것인지 현실적으로 해결하기 어려운 문제가 야기됨으로써 위 위원회의 대내외적 법률관계에서 예측가능성과 법적 안정성을 확보할 수 없게 되고, 그 결과 위 위원회가 목적사업을 원활하게 수행하는 데 지장을 초래할 가능성이 큰 점 등에 비추어, 해임처분으로 신청인에게 회복하기 어려운 손해가 발생할 우려가 있어 이를 예방하기 위하여 긴급한 필요가 있다고 인정되지 않을 뿐 아니라 위 해임처분의 효력을 정지할 경우 공공복리에 중대한 영향을 미칠 우려가 있다(대결 2010무48).

② 본안의 패소명백성

> 신청인의 본안청구가 이유 없음이 명백하지 않아야 한다는 것(패소가 명백하지 않아야 한다)도 효력정지나 집행정지의 요건에 포함시켜야 한다(대판 96두75).

2 집행정지의 절차

집행정지는 당사자의 신청 또는 법원의 직권에 의해 행하여지고 집행정지의 관할법원은 본안이 계속된 법원이며 상고심도 포함된다.

3 소명책임

집행정지신청인은 집행정지의 적극적 요건에 대해 소명하여야 하고 소극적 요건은 행정청에게 소명책임이 있다.

4 신청인적격

행정처분에 대한 효력정지신청을 구함에 있어서도 이를 구할 법률상 이익이 있어야 하는 바, 이 경우 법률상 이익이라 함은 그 행정처분으로 인하여 발생하거나 확대되는 손해가 당해 처분의 근거 법률에 의하여 보호되는 직접적이고 구체적인 이익과 관련된 것을 말하는 것이고 단지 간접적이거나 사실적·경제적 이해관계를 가지는 데 불과한 경우는 여기에 포함되지 않는다(대판 2000무17). 따라서 집행정지를 신청할 수 있는 자는 본안소송의 당사자로서 법률상 이익이 있는 자여야 한다.

5 집행정지결정의 종류(법제   조   )

1) 처분의 효력정지

처분의 효력정지란 공정력, 존속력 등을 정지함으로써 당사자에 대해 당해 처분이 잠정적으로 존재하지 아니하는 상태로 두는 것을 말하고 권력분립원칙상 행정권의 존중이라는 측면에서 처분의 효력정지는 가급적 억제되어야 하므로 처분의 집행정지, 절차의 속행정지만으로 목적을 달성할 수 있는 경우에는 처분의 효력정지는 허용되지 않는다.

> 산업기능요원 편입 당시 지정업체의 해당 분야에 종사하지 아니하였음을 이유로 산업기능요원의 편입이 취소된 사람은 편입되기 전의 신분으로 복귀하여 현역병으로 입영하게 하거나 공익근무요원으로 소집하여야 하는 것으로 되어 있는데, 그 취소처분에 의하여 생기는 손해로서 그 동안의 근무실적이 산업기능요원으로서 종사한 것으로 인정받지 못하게 된 손해 부분은 본안소송에서 그 처분이 위법하다고 하여 취소하게 되면 그 취소판결의 소급효만으로 그대로 소멸되게 되므로, 그 부분은 그 처분으로 인하여 생기는 회복할 수 없는 손해에 해당한다고 할 수가 없고, 결국 그 취소처분으로 인하여 입게 될 회복할 수 없는 손해는 그 처분에 의하여 산업기능요원 편입이 취소됨으로써 편입 이전의 신분으로 복귀하여 현역병으로 입영하게 되거나 혹은 공익근무요원으로 소집되는 부분이라고 할 것이며, 이러한 손해에 대한 예방은 그 처분의 효력을 정지하지 아니하더라도 그 후속절차로 이루어지는 현역병 입영처분이나 공익근무요원 소집처분 절차의 속행을 정지함으로써 달성할 수가 있으므로, 산업기능요원편입취소처분에 대한 집행정지로서는 그 후속절차의 속행정지만이 가능하고 그 처분 자체에 대한 효력정지는 허용되지 아니한다(대결 2000무35).

2) 처분의 집행정지

처분의 집행정지란 처분내용대로의 강제적 실현을 위한 공권력 행사의 정지를 의미하는 것으로서 강제퇴거명령에 따른 강제퇴거행위의 집행정지가 이에 해당한다.

3) 절차의 속행정지

절차의 속행정지란 단계적 과정에 있는 행정처분 중 당해 처분의 효력은 유지하면서 그 이후 절차의 속행이 정지되는 것으로서 대집행절차에 있어서 계고처분에 대한 항고소송에서 이후의 대집행영장통지 내지 철거 등 후속 절차의 집행을 정지시키는 경우가 이에 해당한다.

6 집행정지결정의 효력

집행정지의 효력 또한 당해 결정의 주문에 표시된 시기까지 존속하다가 그 시기의 도래와 동시에 당연히 소멸하는 것이고 주문에 특별한 정함이 없는 때에는 본안판결이 확정될 때까지 그 효력이 존속한다. 집행정지결정을 위반한 처분은 그 하자가 중대하고 명백하여 무효이다.

[1] 행정소송법 제23조에 정해져 있는 처분에 대한 집행정지는 행정처분의 집행으로 인하여 회복하기 어려운 손해를 예방하기 위하여 긴급한 필요가 있고 달리 공공복리에 중대한 영향을 미치지 아니할 것을 요건으로 하여 본안판결이 있을 때까지 당해 행정처분의 집행을 잠정적으로 정지함으로써 위와 같은 손해를 예방하고자 함에 그 취지가 있고, 그 집행정지의 효력 또한 당해 결정의 주문에 표시된 시기까지 존속하다가 그 시기의 도래와 동시에 당연히 소멸한다.

[1] 일정한 납부기한을 정한 과징금부과처분에 대하여 '회복하기 어려운 손해를 예방하기 위하여 긴급한 필요가 있고 달리 공공복리에 중대한 영향을 미치지 아니한다는 이유로 집행정지결정이 내려졌다면 그 집행정지기간 동안은 과징금부과처분에서 정한 과징금의 납부기간은 더 이상 진행되지 아니하고 집행정지결정이 당해 결정의 주문에 표시된 시기의 도래로 인하여 실효되면 그 때부터 당초의 과징금부과처분에서 정한 기간(집행정지결정 당시 이미 일부 진행되었다면 그 나머지 기간)이 다시 진행하는 것으로 보아야 한다.

원고는 1999. 5. 27. 같은 해 8. 3.까지를 납부기한으로 한 이 사건 과징금부과처분을 받고, 같은 해 5. 31. 이를 고지받았으나 서울고등법원으로부터 1999. 7. 2. 이 사건 과징금부과처분에 대하여 본안소송의 판결선고시까지 집행을 정지한다는 내용의 집행정지결정을 받았으므로 과징금의 납부기간은 더 이상 진행하지 아니하고, 본안소

> 송에서 패소한 2001. 6. 21. 이 사건 집행정지결정의 효력이 상실되어 그 때부터 이 사건 과징금부과처분에서 정한 기간 중 이미 진행된 기간을 제외한 그 나머지 기간이 다시 진행하므로 같은 해 6. 26.에 한 이 사건 과징금의 납부는 납부기한 내에 납부한 것이 되어 가산금이 발생하지 아니하였으므로 가산금이 발생하였음을 전제로 한 이 사건 징수처분은 그 하자가 중대하고도 명백한 것이어서 무효라 할 것이다(대판 2002다48023).

7 집행정지결정의 취소(법제　조　)

집행정지결정이 확정된 후 집행정지가 공공복리에 중대한 영향을 미치거나 그 정지사유가 없어진 때에는, 당해 집행정지결정을 한 법원은 당사자의 신청 또는 직권에 의하여 결정으로써 집행정지의 결정을 취소할 수 있고 정지결정이 취소되면 정지되었던 처분의 효과가 발생한다. 예를 들어 영업정지기간은 특별한 사유가 없는 한 집행정지결정이 취소된 때부터 다시 진행하게 된다.

8 집행정지결정에 대한 불복 및 불복사유(법제　조　)

법원의 집행정지결정이나 집행정지신청기각의 결정 또는 집행정지결정의 취소결정에 대해서는 즉시항고할 수 있다. 다만, 집행정지의 결정에 대한 즉시항고는 그 즉시항고의 대상인 결정의 집행을 정지하는 효력이 없다.

9 거부처분에 대한 집행정지결정의 이익 유무

1) 문제의 소재

부작위의 경우에는 처분이 없기 때문에 당연히 집행정지가 적용되지 않지만, 거부처분은 처분이 존재하지만 적극적 침해처분이 아니라 신청에 대한 소극적 처분이므로 집행정지결정의 이익이 인정되는지 문제 된다.

2) 학설

① 긍정설은 법 제23조제6항은 제30조제1항을 준용하고 있어 집행정지결정도 잠정적인 기속력이 발생하여 행정청에게 재처분의무가 발생한다는 점을 근거로 한다. ② 부정설은 집행정지결정의 효력에 관한 법 제23조제6항은 거부처분취소판결의 기속력에 관한 법 제30조제2항을 준용하고 있지 않다는 점을 근거로 한다. ③ 예외적 긍정설은 원칙적으로는 집행정지결정의 이익이 없지만 예외적으로 집행정지결정으로 인하여 신청인에게 어떠한 법적 이익이 인정될 수 있는 경우에는 이익을 인정할 필요가 있다는 점을 논거로 한다.

3) 판례

대법원은 거부처분의 경우에는 처분은 존재하지만 거부처분을 정지하더라도 신청이 있는 상태만 남게 하므로 집행정지의 이익이 없다고 판시하였다. 다만, 최근 하급심에서 한약사국가시험에서 원서를 반려한 거부처분에 대하여 집행정지결정을 인정한 바 있다.

> **대법원 판례**
> 1. 불합격처분과 같은 신청에 대한 거부처분의 효력을 정지하더라도 거부처분이 없었던 것과 같은 상태, 즉 거부처분이 있기 전의 신청시의 상태로 되돌아가는 데에 불과하고 행정청에게 신청에 따른 처분을 하여야 할 의무가 생기는 것이 아니므로, 거부처분의 효력정지는 그 거부처분으로 인하여 신청인에게 생길 손해를 방지하는 데 아무런 보탬이 되지 아니하여 그 효력정지를 구할 이익이 없다(대판 95두26).
> 2. 허가신청에 대한 거부처분은 그 효력이 정지되더라도 그 처분이 없었던 것과 같은 상태를 만드는 것에 지나지 아니하는 것이고 그 이상으로 행정청에 대하여 어떠한 처분을 명하는 등 적극적인 상태를 만들어 내는 경우를 포함하지 아니하는 것이므로, 교도소장이 접견을 불허한 처분에 대하여 효력정지를 한다하여도 이로 인하여 위 교도소장에게 접견의 허가를 명하는 것이 되는 것도 아니고 또 당연히 접견이 되는 것도 아니어서 접견허가거부처분에 의하여 생길 회복할 수 없는 손해를 피하는 데 아무런 보탬도 되지 아니하니 접견허가거부처분의 효력을 정지할 필요성이 없다(대판 91두15).
>
> **하급심 판례**
> 한약사국가시험에 응시한 원고들이 한약관련이수과목이 부족하다는 이유로 한국보건의료인국가시험원이 원서접수를 반려한 거부처분의 효력이 제1회 한약사국가시험시행까지 유지된다면, 그 동안 시험을 준비하여 왔고 시험에 합격할 가능성이 있는 신청인들의 응시기회가 부당히 박탈될 수 있으므로 반려처분의 효력을 정지한다고 판시하였다(서울행정법원 2000아120).

4) 검토

생각건대 긍정설은 행정소송법 제23조제6항이 제30조제1항만 규정하고 있으므로 명문의 규정에 반하고 부정설은 신청인의 권리구제에 너무 소극적이므로 타당하지 않다. 따라서 집행정지제도가 갖는 한계 및 국민의 실효적인 권리구제의 필요성에 비추어 예외적 긍정설이 타당하다. 이에 따르면 허가갱신신청에 대한 거부처분은 효력이 정지되면 행정청의 무응답상태가 되고 행정청의 응답이 있을 때까지는 허가의 효력이 잠정적으로 유지되므로 집행정지결정의 이익이 있다고 보는 것이 타당하다.

Ⅳ 민사집행법상 가처분규정의 준용여부

1 의의 및 문제의 소재

가처분이라고 함은 다툼이 있는 권리관계에 관하여 임시의 지위를 정함을 목적으로 하는 가구제제도를 말하는데 행정소송법 제8조 제2항의 규정에 의하여 민사집행법상 가처분을 준용할 수 있는지가 문제된다.

2 학설

① 행정소송법에 가처분에 관한 명문규정이 없으므로 부정하는 입장과 ② 행소법 제8조제2항을 근거로 긍정하는 입장 및 ③ 집행정지로는 실효적인 권리구제가 되지 않는 예외적인 경우에 준용할 수 있다는 예외적 긍정설이 있다.

3 판례

> 행정소송법 제8조 제2항이 특별한 규정이 없는 사항에 관하여 민사집행법의 규정을 준용한다고 하였어도 이는 특별한 규정이 없는 사항에 대하여 무제한으로 민사집행법을 준용한다는 취지가 아니라 그 성질이 허용하는 한도 내에서만 민사집행법의 규정이 준용된다는 취지로 해석하여야 할 것이므로 개별법에 가처분을 인정하는 규정이 없는 이상 민사집행법상의 가처분에 관한 규정을 그대로 준용할 수는 없다할 것이다(대판 80두5).

4 검토

생각건대 항고소송에서 가처분을 인정하는 것은 권력분립에 반하고 현행 행정소송법은 의무이행소송을 인정하지 않고 있으므로 부정설이 타당하다. 행정소송법 개정안은 거부나 부작위에 대한 실효성 있는 임시구제를 위하여 가처분과 의무이행소송을 규정하고 있다.

사례연습

중국 국적의 근로자 甲은 대한민국 국민인 乙과 혼인 후 법무부장관으로부터 결혼이민(F-6) 체류자격허가를 받아 3년간 A회사에 근무하면서 대한민국 내에 모든 생활기반을 닦아 놓은 상태에서 이혼을 하게 되어 관련 법령상 강제출국 대상자에 해당하게 되었다. 甲은 자신의 귀책사유 없이 혼인관계가 해소된 것이라며 체류기간의 연장을 신청하였으나 법무부장관은 이를 거부하였다. 이에 甲이 법무부장관의 연장신청거부처분에 대하여 취소소송을 제기한 경우, 소송 계속 중 강제출국을 당하지 않기 위하여 잠정적으로 취할 수 있는 조치를 모두 검토하시오.

목차

I. 논점의 정리

II. 집행정지
   1. 의의
   2. 거부처분에 대한 집행정지결정의 이익 유무
      1) 학설
      2) 판례
      3) 검토
   3. 사안의 경우

III. 민사집행법상 가처분 신청이 허용되는 지
   1. 의의 및 문제의 소재
   2. 학설
   3. 판례
   4. 검토
   5. 사안의 경우

IV. 사안의 해결

2016년 제25회 기출

모범 답안

I. 논점의 정리 ❷

甲이 연장신청거부처분 취소소송 계속 중 임시적으로 구제받을 수 있는 수단으로 행정소송법(이하 '법'이라 한다)제23조의 집행정지 신청이 가능한지 만약 가능하지 않다면 민사집행법상 가처분 신청이 허용되는지 검토해 보아야 한다.

II. 집행정지

1. 의의 ❶

행정소송법제23조제1항은 집행부정지원칙을 채택하면서 이를 관철하면 승소한 당사자에게 아무런 실익이 없는 경우가 있고 이러한 문제를 해결하기 위하여 임시구제제도로서 집행정지제도를 인정하고 있다(법제23조제2항).

2 거부처분에 대한 집행정지결정의 이익 유무

1) 문제의 소재 ❷

부작위의 경우에는 처분이 없기 때문에 당연히 집행정지가 적용되지 않지만(법제38조제2항), 거부처분은 처분이 존재하지만 적극적 침해처분이 아니라 신청에 대한 소극적 처분이므로 집행정지결정의 이익이 인정되는 지 문제된다.

2) 학설 ❸

① 긍정설은 집행정지결정의 효력에 관한 법제23조⑥이 제30조①을 준용하므로 잠정적인 기속력이 발생하므로 행정청에게 재처분의무가 발생한다고 하고, ② 부정설은 법제23조⑥은 취소판결의 기속력에 관한 법제30조②을 준용하지 않으므로 재처분의무는 발생하지 않는다고 한다. ③ 예외적 긍정설은 원칙적으로는 집행정지결정의 이익이 없지만 예외적으로 집행정지결정으로 인하여 신청인에게 어떠한 법적 이익이 인정될 수 있는 경우에는 이익을 인정할 필요가 있다는 점을 논거로 한다.

3) 판례 ❸

대법원은 교도소장의 접견허가거부처분 및 시험에 대한 불합격처분과 같은 거부처분의 경우에는 처분은 존재하지만 거부처분을 정지하더라도 신청이 있는 상태만 남게 하므로 집행정지의 이익이 없다고 판시하였다. 다만, 최근 하급심에서는 한약사국가시험에서 원서를 반려한 거부처분에 대하여 집행정지결정을 인정한바 있다.

4) 검토 ❶

생각건대 긍정설은 명문의 규정에 반하고 부정설은 신청인의 권리구제에 너무 소극적 적이므로 명문의 규정과 실효적인 권리구제의 필요성에 비추어 예외적 긍정설이 타당하다.

3 사안의 경우 ❷

甲의 체류기간연장신청은 체류자격허가의 갱신신청에 해당하는데 갱신신청에 대한 거부처분의 효력이 정지되면 종기가 도래하더라도 행정청의 응답이 있기까지는 허가의 효력이 잠정적으로 유지되므로 집행정지결정의 이익이 인정된다. 다만, 대법원 판례에 따르면 인정되지 않을 것이다.

Ⅲ 민사집행법상 가처분 신청이 허용되는 지

1 의의 및 문제의 소재 ❶

가처분이라 함은 다툼 있는 권리관계에 관하여 임시의 지위를 정함을 목적으로 하는 가구제도를 말하는 바, 대법원에 따르면 거부처분에 대한 집행정지 결정의 이익이 부정되므로 이러한 경우 행정소송법 제8조 제2항의 규정에 의하여 항고소송에도 가처분을 준용할 수 있는지가 문제된다.

2 학설 ❷

① 행정소송법에 가처분에 관한 명문규정이 없으므로 부정하는 입장과 ② 행정소송법 제8조제2항을 근거로 긍정하는 입장 및 ③ 집행정지로는 실효적인 권리구제가 되지 않는 예외적인 경우에 준용할 수 있다는 제한적 긍정설이 있다.

3 판례 ❷

대법원은 행정소송법 제8조 제2항이 무제한으로 민사집행법을 준용한다는 취지가 아니라 그 성질이 허용하는 한도 내에서만 준용된다는 취지로 해석하여야 할 것이므로 개별법에 가처분을 인정하는 규정이 없는 이상 민사집행법상의 가처분에 관한 규정을 그대로 준용할 수는 없다고 판시하였다.

4 검토 ❷

생각건대 원칙적으로는 부정하는 것이 타당하지만 예외적으로 회복할 수 없는 손해가 발생할 수 있는 경우에 집행정지로는 실효적인 권리구제가 되지 않은 예외적인 경우에는 국민의 권리구제의 실효성에 비추어 인정하는 타당하다. 행정소송법 개정안 역시 의무이행소송과 가처분을 규정하고 있다.

5 사안의 경우 ❷

甲은 대한민국 내에 모든 생활기반까지 닦아 놓은 상태인데 대법원에 따르면 집행정지 신청은 각하될 것이고 만약 강제출국을 당하게 된다면 이는 甲에게 회복할 수 없는 손해를 발생시킬 수 있으므로 예외적으로 임시적이지만 체류자격을 인정하여야 한다. 다만, 판례에 따르면 가처분신청은 허용되지 않을 것이다.

Ⅳ 사안의 해결 ❷

甲이 연장신청거부처분에 대하여 집행정지신청 또는 가처분 신청을 하게 되면 예외적으로 인정되어 잠정적이지만 강제출국을 당하지 않을 수 있을 것이다. 다만, 대법원에 따르면 집행정지 및 가처분신청은 각하될 것이다.

甲은 방위산업체로 지정된 한국화약주식회사의 창원공장에서 선반공으로 근무하던 중 귀병역법 제1항 제2호의 규정에 의하여 특례보충역에 편입되어 선반공으로 5년의 의무종사기간 중 4년여를 근무하였다. 그 후 甲은 한국화약주식회사 노동조합 창원지부의 지부장으로 선출되어 단체협약에 따라 1992.1.6.부터 선반작업을 하지 아니하고 노동조합 전임자로 근무하게 되자 창원병무지청장 乙은 1992.1.20. 甲에 대한 특례보충역 편입처분을 취소하고 현역병입영처분을 하였다. 이에 甲은 현역병입영처분 취소소송을 제기하면서 동시에 집행정지를 신청하였다. 甲의 집행정지 신청은 인용될 수 있는가? (20점)

목차

Ⅰ. 쟁점의 정리

Ⅱ. 집행정지의 요건 (법제23조 제2항)
　1. 적극적 요건 (신청인이 소명)
　　1) 적법한 본안소송의 계속
　　2) 처분 등의 존재
　　3) 회복하기 어려운 손해예방의 필요(판례)
　　4) 긴급한 필요(판례)
　2. 소극적 요건 (피고 행정청이 소명)
　　1) 공공복리에 중대한 영향을 줄 우려가 없을 것
　　2) 본안의 승소가능성(패소가 명백하지 않아야 함, 판례)

Ⅲ. 사안의 해결

2012년 제21회 기출

모범 답안

Ⅰ. 쟁점의 정리

행정소송법은 취소소송이 제기되더라도 처분의 효력 등이 정지되지 않는 집행부정지원칙을 채택하면서(행소법제23조①), 예외적으로 집행정지제도를 규정하고 있는데 甲의 신청이 인용되기 위해서 현역병 입영처분에 대한 집행정지의 요건을 검토해보아야 한다.

Ⅱ. 집행정지의 요건 (법제23조 제2항)

1 적극적 요건 (신청인이 소명)

1) 적법한 본안소송의 계속

본안소송의 제기와 동시에 집행정지를 신청하는 것은 허용되고 본안소송이 계속되어야 하므로 본안소송이 취하되면 집행정지결정은 당연히 소멸된다.

2) 처분 등의 존재

처분 등이 효력이 발생하기 전에는 집행정지를 할 수 없고, 부작위 또는 처분 등의 효력이 소멸한 후에도 원칙적으로 집행정지의 실익이 없다고 보아야 한다. 사안의 현역병 입영처분은 처분에 해당하므로 동 요건은 충족된다.

3) 회복하기 어려운 손해예방의 필요(판례) ❸

"회복하기 어려운 손해"라 함은 특별한 사정이 없는 한 금전으로 보상할 수 없는 손해로서 이는 금전보상이 불능인 경우뿐만 아니라 금전보상으로는 사회관념상 행정처분을 받은 당사자가 참고 견딜 수 없거나 또는 참고 견디기가 현저히 곤란한 경우의 유형, 무형의 손해를 일컫는다. 판례는 현역병입영처분 및 사업여건의 악화 및 막대한 부채비율로 인하여 외부자금의 신규차입이 사실상 중단된 기업에 대한 과중한 과징금부과처분에 대하여 회복하기 어려운 손해를 인정하였다.

4) 긴급한 필요(판례) ❸

긴급한 필요란 집행정지의 필요성이 절박하다는 것, 즉 회복하기 어려운 손해의 발생이 절박하여 본안판결을 기다릴 여유가 없음을 의미한다. 판례는 과세처분에 의하여 입은 손해는 배상청구가 가능하므로 그 처분을 정지함에 회복할 수 없는 손해를 피하기 위하여 긴급한 사유가 있는 경우에 해당하지 않는다고 판시하였다.

2 소극적 요건 (피고 행정청이 소명)

1) 공공복리에 중대한 영향을 줄 우려가 없을 것 ❷

집행정지는 공공복리에 중대한 영향을 미칠 우려가 있을 때에는 허용되지 아니한다.(행소법 제23조③) 즉, 집행정지 기각결정으로 인하여 발생하는 불이익과 집행정지결정으로 발생하는 공공복리의 영향을 비교형량하여 판단하여야 한다.

2) 본안의 승소가능성(패소가 명백하지 않아야 함, 판례) ❸

행정처분의 효력정지 등을 구하는 신청사건에서 행정처분 자체의 적법 여부는 원칙적으로는 판단할 것이 아니지만, 집행정지는 신청인이 본안소송에서 승소판결을 받을 때까지 그 지위를 보호함과 동시에 취소판결을 무의미하게 하는 것을 방지하려는 것이므로 승소가능성이 없음에도 처분의 효력이나 집행의 정지를 인정한다는 것은 제도의 취지에 반한다. 판례도 신청인의 본안청구가 이유 없음이 명백하지 않아야 한다는 것도 집행정지의 요건에 포함시켜야 한다고 판시하였다.

III 사안의 해결 ❸

甲에 대한 현역병입영처분이 정지되지 않으면 甲은 4년여의 의무복무를 하였음에도 다시 현역병으로 복무하여야 하므로 병역의무를 중복하여 이행하게 되고 신체의 자유를 제한받으므로 이는 회복하기 어려운 손해에 해당하므로 본안판결을 기다릴 시간적 여유가 없어 보이고, 甲에 대한 현역병입영처분을 정지한다고 하더라도 공공복리에 중대한 영향을 줄 우려는 없어 보인다. 사안만으로는 불분명하지만 甲의 청구가 패소가 명백하지 않다면 집행정지 신청은 인용될 것이다.

THEME 34 취소소송의 심리

> **행정소송법**
>
> **제25조 【행정심판기록의 제출명령】** ① 법원은 당사자의 신청이 있는 때에는 결정으로써 재결을 행한 행정청에 대하여 행정심판에 관한 기록의 제출을 명할 수 있다.
> ② 제1항의 규정에 의한 제출명령을 받은 행정청은 지체없이 당해 행정심판에 관한 기록을 법원에 제출하여야 한다.
>
> **제26조 【직권심리】** 법원은 필요하다고 인정할 때에는 직권으로 증거조사를 할 수 있고, 당사자가 주장하지 아니한 사실에 대하여도 판단할 수 있다.

I 서설

소송의 심리란 판결을 하기 위하여 그 기초가 되는 소송자료를 수집하는 절차를 말한다.

II 심리의 내용

1 요건심리

소가 본안판결 즉, 인용 내지 기각판결을 받기 위하여 구비하지 않으면 안 되는 사항, 즉 소송요건에 대한 심리를 말하고 요건심리는 법원의 직권조사사항인데 이러한 소송요건을 결하게 되면 법원은 각하판결을 한다.

2 본안심리

소송요건을 구비한 적법한 소가 제기되면 법원은 그 청구의 당부에 관하여 판결의무가 발생하는 바, 원고의 청구를 인용할 것인지 또는 기각할 것인지를 판단하기 위하여 사건의 본안을 심리하는 과정을 본안심리라고 한다. 본안심리를 통해서 법원은 청구인용판결을 내리거나 청구기각판결을 내리게 된다. 다만 청구가 이유 있는 경우에도 사정판결과 같은 기각판결이 선고되기도 한다.

III 심리의 범위

법원은 사건의 심리에 있어 당해 소송의 대상이 된 처분에 관한 모든 법률문제·사실문제에 대한 심사권을 가진다. 법원은 처분의 위법여부에 대해서 심사할 수 있을 뿐이고 재량의 당·부당에 대해서는 심사할 수 없다.

Ⅳ 심리에 관한 원칙들

1 원고의 처분권주의

처분권주의란 사적자치의 원칙이 소송법에 적용된 것으로 소송의 개시, 심판대상의 범위, 소송의 종결 등을 당사자의 의사에 맡기는 것을 말한다. 원고가 청구하지 아니한 처분에 대하여 판결한 것은 처분권주의에 반하여 위법하다(대판 93누4526).

2 변론주의·직권탐지주의

변론주의란 재판의 기초가 되는 소송자료의 수집·제출책임을 당사자에게 지우는 것을 말하고, 직권탐지주의란 법원이 판결에 중요한 사실을 당사자의 주장여부와 관계없이 직접 조사하는 것을 의미한다. 우리 행정소송은 민사소송과 마찬가지로 변론주의를 원칙으로 채택하고 있다.

3 직권심리주의

직권심리주의란 증거 등 소송자료의 수집을 법원이 직권으로 할 수 있다는 심리의 원칙을 말하는 바, 행정소송은 국민의 권리구제는 물론 공익관련성도 있으므로 행정소송법제26조는 직권심리주의를 규정하고 있다.

4 제26조에 따른 법원의 직권증거조사의 범위

① 문제점

행정소송법 제26조는 법원은 필요하다고 인정할 때에는 직권으로 증거조사를 할 수 있고, 당사자가 주장하지 아니한 사실에 대하여도 판단할 수 있다고 규정하고 있는 바, 동 규정이 직권탐지주의를 규정한 것인지 문제된다.

② 학설

㉠ 변론주의보충설은 법원이 당사자의 주장, 증거를 통하여 충분한 심증을 얻기 어려운 경우에만 보충적으로 직권조사할 수 있다는 입장이고, ㉡ 직권탐지주의설은 법원이 보충적 증거조사는 물론 당사자가 주장 및 제출하지 아니한 사실에 관하여도 이를 탐지할 수 있다는 입장이다.

③ 판례

> 행정소송법 제26조가 법원은 필요하다고 인정할 때에는 직권으로 증거조사를 할 수 있고, 당사자가 주장하지 아니한 사실에 대하여도 판단할 수 있다고 규정하고 있지만, 이는 행정소송의 특수성에 연유하는 당사자주의, 변론주의에 대한 일부 예외규정일 뿐 법원이 아무런 제한 없이 당사자가 주장하지 아니한 사실을 판단할 수 있는 것은 아니고, 일건 기록에 현출되어 있는 사항에 관하여서만 직권으로 증거조사를 하고 이를 기초로 하여 판단할 수 있을 따름이고, 그것도 법원이 필요하다고 인정할 때에 한하여 원고의 청구범위 내에서 증거조사를 하고 판단할 수 있을 뿐이다 (대판 94누4820).

④ 검토

생각건대 행정소송법 제26조의 명문규정, 행정소송의 목적이 국민의 권리구제는 물론 행정의 적법성 통제도 있는 점에 비추어 직권탐지주의를 특별히 규정한 것으로 보는 것이 타당하다.

5 행정심판기록제출명령 (법 제   조   )

법원은 당사자의 신청이 있는 때에는 결정으로써 재결을 행한 행정청에 대하여 행정심판에 관한 기록의 제출을 명할 수 있고, 이러한 제출명령을 받은 행정청은 지체없이 당해 행정심판에 관한 기록을 법원에 제출하여야 한다.

6 구술심리주의 및 공개주의

당사자 및 법원의 소송행위, 특히 변론 및 증거조사를 모두 구술로 행하고 재판에 이해관계가 있는 자가 아닌 경우, 즉 일반인도 재판과정을 방청할 수 있다는 원칙을 말한다.

Ⅴ 주장책임과 입증책임

1 주장책임

변론주의 하에서 당사자가 분쟁의 중요한 사실을 주장하지 않아 법원이 그러한 사실이 없는 것으로 취급함으로써 일방당사자가 받는 불이익을 주장책임이라고 한다. 직권탐지주의 하에서는 법원은 당사자의 주장 유무와 관계없이 일정한 사실을 당연히 재판의 기초로 삼을 수 있으므로 <u>주장책임은 변론주의 하에서만 문제</u> 된다. 다만, 소송요건과 같은 법원의 직권조사사항은 주장책임의 대상이 아니다.

> <u>법원의 석명권 행사는</u> 사안을 해명하기 위하여 당사자에게 그 주장의 모순된 점이나 불완전·불명료한 부분을 지적하여 이를 정정·보충할 수 있는 기회를 주고 또 그 계쟁사실에 대한 증거의 제출을 촉구하는 것을 그 내용으로 하는 것이며, 당사자가 주장하지도 않은 법률효과에 관한 요건사실이나 공격방어방법을 시사하여 그 제출을 권유하는 행위는 <u>변론주의의 원칙에 위배되고 석명권 행사의 한계를 일탈한 것이다</u>(대판 98두2768).

2 입증책임

1) 의의

입증책임이란 소송심리의 최종단계에서 일정한 사실의 존부의 불확정으로 불리한 법적 판단을 받게 되는 일방당사자의 위험 또는 불이익을 말한다. <u>입증책임의 문제는 소송의 심리에 있어 변론주의는 물론 직권탐지주의 하에서도 어떤 사실의 존부가 불명확한 경우에 등장하는 책임이다</u>. 이러한 불이익을 피하기 위하여 당사자는 자신에게 유리한 사실의 존재에 관한 주장과 증거를 사실심변론종결시까지 제출하여야 할 것이다.

2) 취소소송에서의 입증책임의 분배기준

① 문제의 소재

민사소송법과 달리 행정소송법에는 입증책임에 관한 명문의 규정이 없어 취소소송의 입증책임을 어떻게 분배할지 문제 된다.

② 학설
㉠ 원고책임설은 공정력을 적법성 추정력으로 이해하고 ㉡ 법률요건분류설은 공정력은 유효성 통용력에 불과하므로 행정소송 역시 민사소송과 마찬가지로 변론주의가 원칙이므로 각자 자신에게 유리한 요건사실을 입증하도록 분배하는 입장이고 ㉢ 독자분배설은 행정소송에서는 공익이라는 특수성을 감안하여 구체적 사건마다 입증책임을 결정하여야 한다는 입장이다.

③ 판례

> 민사소송법의 규정이 준용되는 행정소송에 있어서 입증책임은 원칙적으로 민사소송의 일반원칙인 법률요건분류설에 따라 당사자 간에 분배되고 항고소송의 경우에는 그 특성에 따라 당해 처분의 적법을 주장하는 피고에게 그 적법사유에 대한 입증책임이 있다 할 것인 바, 피고가 주장하는 당해 처분의 적법성이 합리적으로 수긍할 수 있는 일응의 입증이 있는 경우에는 그 처분은 정당하다 할 것이며 이와 상반되는 주장과 입증은 그 상대방인 원고에게 그 책임이 돌아간다고 할 것이다(대판 84누124).

④ 검토
생각건대 공정력은 유효성 통용력에 불과하고 독자분배설은 실제 사건에서 법률요건분류설과 실질적인 차이가 없으므로 변론주의를 채택하는 행정소송에서도 법률요건분류설이 타당하다.

3) 법률요건분류설에 따른 구체적 검토

① 소송요건
소송요건은 직권조사사항이지만 법원이 직권으로 조사하더라도 그 요건사실의 존부가 불분명한 경우 입증책임의 문제가 생긴다. 이때 소송요건의 존부가 불분명한 경우에는 소송요건을 흠결한 부적법한 소로 취급되어 소송을 청구한 원고에게 불이익하게 판단될 것이므로 입증책임은 원고에게 있다.

② 과세처분에서 과세요건사실 등
과세처분의 위법을 이유로 그 취소를 구하는 행정소송에 있어 처분의 적법성 및 과세요건사실의 존재에 관하여는 원칙적으로 과세관청이 그 입증책임을 부담한다.

③ 과세처분에서 비과세·면제대상 여부
과세대상이 된 토지가 비과세 혹은 면제대상이라는 점은 이를 주장하는 납세의무자에게 입증책임이 있는 것이다(대판 94누12708).

VI 위법성 판단의 기준시

1 위법성 판단의 기준시로서의 처분시의 의미

> 항고소송에 있어서 행정처분의 위법 여부를 판단하는 기준 시점에 대하여 판결시가 아니라 처분시라고 하는 의미는 행정처분이 있을 때의 법령과 사실상태를 기준으로 하여 위법 여부를 판단할 것이며 처분 후 법령의 개폐나 사실상태의 변동에 영향을 받지 않는다는 뜻이다(대판 92누19033).

2 법령 및 사실상태가 변경된 경우

> 1. 허가 등의 행정처분은 원칙적으로 처분시의 법령과 허가기준에 의하여 처리되어야 하고 허가신청 당시의 기준에 따라야 하는 것은 아니며, 비록 허가신청 후 허가기준이 변경되었다 하더라도 그 허가관청이 허가신청을 수리하고도 정당한 이유 없이 그 처리를 늦추어 그 사이에 허가기준이 변경된 것이 아닌 이상 변경된 허가기준에 따라서 처분을 하여야 한다(대판 2004두2974).
> 2. 행정소송에서 행정처분의 위법 여부는 행정처분이 행하여졌을 때의 법령과 사실 상태를 기준으로 하여 판단하여야 하고, 처분 후 법령의 개폐나 사실상태의 변동에 의하여 영향을 받지는 않으므로, 난민 인정 거부처분의 취소를 구하는 취소소송에서도 그 거부처분을 한 후 국적국의 정치적 상황이 변화하였다고 하여 처분의 적법 여부가 달라지는 것은 아니다(대판 2007두3930).

3 거부처분 이후 법령 및 사실상태가 변경된 경우 〔2022년 제31회 기출〕

1) 문제의 소재

처분이 있은 후에 법령 및 사실상태가 변경된 경우 특히 신청에 대한 거부처분의 경우에 법원은 어느 시점을 위법성 판단의 기준시로 할 것인지가 문제 된다.

2) 학설

① 판결시를 기준으로 하는 판결시설, ② 처분시의 법령과 사실상태를 기준으로 하여야 한다는 처분시설, ③ 원칙적으로는 처분시를 기준으로 하되 거부처분취소소송의 경우에는 행정소송법 제30조제2항의 재처분의무규정과 결부하여 실질적으로 의무이행소송과 유사하므로 판결시로 보는 것이 타당하다는 절충설이 있다.

3) 판례

> 행정소송에서 행정처분의 위법 여부는 행정처분이 행하여졌을 때의 법령과 사실 상태를 기준으로 하여 판단하여야 하고, 처분 후 법령의 개폐나 사실상태의 변동에 의하여 영향을 받지는 않으므로, 난민 인정 거부처분의 취소를 구하는 취소소송에서도 그 거부처분을 한 후 국적국의 정치적 상황이 변화하였다고 하여 처분의 적법 여부가 달라지는 것은 아니다(대판 2007두3930).

4) 검토

생각건대 판결시설은 처분시에 위법 또는 적법했던 처분이 판결의 시기에 따라 적법 또는 위법해질 수도 있다는 문제점이 있고 절충설은 취소판결의 기속력의 시간적 범위는 처분시를 기준으로 발생하여 타당하지 않으므로 처분시설이 타당하다.

의무이행심판에서의 판단시점(거부처분의 위법 내지 부당의 판단기준시)

1. 문제의 소재
   부작위에 대한 의무이행심판의 위법, 부당의 판단기준시는 당연히 재결시인데, 거부처분에 대한 판단기준시가 처분시인지, 재결시인지에 대한 견해의 대립이 있다.

2. 학설
   ① 의무이행심판 역시 항고심판으로서 위법, 부당한 처분의 사후통제절차로서 처분시를 기준으로 보는 견해와 ② 의무이행심판의 취지가 재결시점에서 일정한 처분을 하는 것이 타당한지를 심리하는 것이므로 재결시를 기준으로 보는 견해가 있다.

3. 검토
   생각건대 의무이행심판의 청구취지는 거부처분취소가 아니라 처분의 발급이라는 점에 비추어 재결시를 기준으로 종전의 거부처분을 유지할 지, 새로운 처분을 발급할 것인지를 결정하는 것이 타당하다.

사례연습

● 「국민건강보험법」상의 요양기관(이하 "건강보험요양기관"이라 한다)이 되면 의료기관은 의료행위의 질, 범위 등에 관하여 규제를 받고 정해진 건강보험수가만을 받을 수 있게 된다. 그리고 건강보험수가는 의료행위의 내용과 양에 따라 진료비가 정해지는 진료행위별 수가제를 바탕으로 하여 요양급여에 소요되는 시간·노력 등 업무량, 인력·시설·장비 등 자원의 양과 요양급여의 위험도를 고려하여 산정된다. 甲은 외과전문의 자격을 가지고 서울특별시에서 외과의원을 개설하여 운영하여 오던 중, 보건복지부장관에 의하여 건강보험 요양기관으로 지정되자, 이를 거부하고 보건복지부장관을 상대로 서울행정법원에 위 건강보험요양기관 지정처분의 취소를 구하는 소송을 제기하였다. 甲이 제기한 건강보험요양기관 지정처분에 대한 취소소송에서 서울행정법원은 甲이 변론절차에서 아무런 주장을 하지 않고 있음에도 「국민건강보험법 시행령」으로 정한 건강보험요양기관 지정요건 중 '시설, 장비 및 진료과목별 인력기준에 미달된다'고 보아 직권으로 증거조사를 한 다음 "건강보험요양기관 지정처분은 시설, 장비 및 진료과목별 인력기준 위반으로 인해 위법하다"고 취소판결을 선고하였다. 법원의 취소판결은 적법한가?(25점)

목차

Ⅰ. 논점의 정리
Ⅱ. 변론주의·직권탐지주의
Ⅲ. 주장책임 및 입증책임
Ⅳ. 직권심리주의
  1. 의의

2. 제26조에 따른 법원의 직권증거조사의 범위
  1) 학설
  2) 판례
  3) 검토
Ⅴ. 사안의 해결

모범답안

Ⅰ. 논점의 정리 ❸

甲이 제기한 건강보험요양기관 지정처분 취소소송에서 서울행정법원이 甲이 변론절차에서 아무런 주장을 하지 않은 사실을 직권으로 증거조사를 한 후 내린 판단이 변론주의를 위반한 것인지는 행정소송법제26조의 직권심리규정을 어떻게 이해하는지에 따라 달라진다.

Ⅱ. 변론주의·직권탐지주의 ❸

변론주의란 재판의 기초가 되는 소송자료의 수집·제출책임을 당사자에게 지우는 것을 말하고, 직권탐지주의란 법원이 판결에 중요한 사실을 당사자의 신청 내지 주장여부와 관계없이 직접 조사하여 탐지하는 것을 의미한다.

Ⅲ. 주장책임 및 입증책임 ❹

당사자가 중요한 사실을 주장하지 않으면 법원이 그 사실을 없는 것으로 취급함으로써 일방당사자가 받는 불이익을 말한다. 주장책임은 입증책임과 달리 변론주의 하에서만 문제된다. 입증책임이란 법기술적인 측면에서 인정된 책임으로서 소송심리의 최종단계에서 일정한 사실의 존부의 불확정으로 불리한 법적 판단을 받게 되는 일방당사자의 불이익을 말하는바 직권탐지주의 하에서도 인정된다.

Ⅳ. 직권심리주의

1 의의 ❷

직권심리주의란 소송자료의 수집을 법원이 직권으로 할 수 있다는 심리의 원칙을 말하는 바, 행정소송은 국민의 권리구제는 물론 공익관련성도 있으므로 법제26조는 법원은 필요하다고 인정할 때에는 직권으로 증거조사를 할 수 있고, 당사자가 주장하지 아니한 사실에 대하여도 판단할 수 있다고 명문으로 직권심리주의를 규정하고 있다.

2 제26조에 따른 법원의 직권증거조사의 범위

1) 학설 ❸

① 변론주의보충설은 법원이 당사자의 주장, 증거를 통하여 충분한 심증을 얻기 어려운 경우에만 보충적으로 직권조사할 수 있다는 입장이고, ② 직권탐지주의설은 법원이 보충적 증거조사는 물론 당사자가 주장 및 제출하지 아니한 사실에 관하여도 이를 탐지할 수 있다는 입장이다.

2) 판례 ❸

대법원은 행정소송법 제26조는 행정소송의 특수성에 연유하는 변론주의에 대한 일부 예외규정일 뿐 법원이 아무런 제한 없이 당사자가 주장하지 아니한 사실을 판단할 수 있는 것은 아니고, 일건 기록에 현출되어 있는 사항에 관하여서만 직권으로 증거 조사를 하고 이를 기초로 하여 판단할 수 있는 것이라고 판시하였다.

3) 검토 ❷

생각건대 행정소송의 목적이 행정의 적법성 통제에도 있는 점을 고려하면 직권탐지주의설도 일응 타당하지만, 항고소송이 주관소송이라는 점을 감안하면 제26조의 직권심리규정은 변론주의를 보충하는 것으로 보는 것이 타당하다.

Ⅴ. 사안의 해결 ❹

취소소송 계속 중 서울행정법원은 甲이 주장하지도 않은 건강보험요양기관 지정요건 중 '시설, 장비 및 진료과목별 인력기준에 미달된다'는 사실을 직권증거조사를 통하여 인정한 후 취소판결을 선고하였는데 법제26조는 변론주의를 보충하는 정도에 그치므로 설문상 불분명하지만 위 사실을 甲이 주장하지 않은 경우에도 일건 기록에 현출되어 있는 경우라면 적법한 판결이지만 그렇지 않다면 변론주의를 위반한 판결이다. 다만, 직권탐지로 보는 입장에서는 적법한 판결이다.

THEME 35 소송계속 중 처분사유의 추가 및 변경 허용 여부

I 의의

처분의 당시에는 존재하였으나 행정청이 처분의 근거로 삼지 않았던 사유를 행정쟁송의 단계에서 추가하거나 그 내용을 변경하는 것을 처분사유의 추가·변경이라 한다.

II 허용여부

1 문제의 소재

행정소송법에는 처분사유의 추가·변경 허용여부에 관한 명문규정이 없어 원고의 공격방어방법과 분쟁의 일회적 해결이라는 요청사이에서 문제가 발생한다.

2 학설

① 원고의 공격방어방법을 침해하여 예상치 못한 불이익이 발생하므로 부정하는 부정설과 ② 분쟁의 일회적 해결에 부합하고, 이를 부정하여 법원이 취소판결을 한 후에 행정청은 처분시의 다른 사유를 들어 동일한 처분을 할 수 있고 원고는 이에 대하여 또 다시 소송을 제기하여야 하므로 소송경제에 반하므로 허용하자는 긍정설 및 ③ 원칙적으로는 허용되지 않지만 기본적 사실관계의 동일성이 인정되는 범위에서만 인정하자는 제한적 긍정설이 있다.

3 판례

> 처분사유의 추가·변경은 당초에 처분사유로 적시하지 아니한 구체적 사실을 어느 범위까지 허용할 것인가의 문제로서 이는 행정처분의 취소를 구하는 항고소송에 있어서는 실질적 법치주의와 행정처분의 상대방인 국민에 대한 신뢰보호라는 견지에서 처분청은 당초 처분의 근거로 삼은 사유와 기본적 사실관계가 동일성이 있다고 인정되는 한도 내에서만 다른 사유를 추가하거나 변경할 수 있을 뿐, 기본적 사실관계와 동일성이 인정되지 않는 별개의 사실을 들어 처분사유로 주장함은 허용되지 아니하고, 여기서 <u>기본적 사실관계의 동일성 유무는 처분사유를 법률적으로 평가하기 이전의 구체적인 사실에 착안하여 그 기초가 되는 사회적 사실관계가 기본적인 점에서 동일한 지 여부에 따라 결정된다</u>(대판 2000두8684).

4 검토

생각건대 원고의 소송상 공격방어권을 보호하고 소송경제 및 분쟁의 일회적 해결에도 기여할 수 있는 제한적 긍정설이 타당하다.

Ⅳ 기본적 사실관계의 동일성 판단기준

1 시간적 기준

처분 당시에 존재하였던 사유를 기준으로 허용여부를 판단하여야 한다. 이에 반해 처분시 이후의 사유도 허용하자는 입장도 있다.

2 객관적 기준

기본적 사실관계의 동일성 유무는 처분사유를 법률적으로 평가하기 이전의 구체적인 사실에 착안하여 그 기초가 되는 사회적 사실관계가 기본적인 점에서 동일한 지 여부에 따라 결정하여야 한다고 하면서 동일성은 시간적, 장소적 근접성, 행위태양 등을 종합적으로 고려하여 개별사안에 따라 구체적으로 판단하여야 한다(대판 2000두8684).

> **동일성 인정**
>
> 1. 지입제 운영행위에 대하여 자동차운송사업면허를 취소한 행정처분에 있어서 당초의 취소근거로 삼은 자동차운수사업법 제26조(명의이용금지)를 위반하였다는 사유와 직영으로 운영하도록 한 면허조건을 위반하였다는 사유는 기본적 사실관계에 있어서 동일하다(대판 92누213).
>
> 2. 외국인 갑이 법무부장관에게 귀화신청을 하였으나 법무부장관이 심사를 거쳐 '품행 미단정'을 불허사유로 국적법상의 요건을 갖추지 못하였다며 신청을 받아들이지 않는 처분을 하였는데, 법무부장관이 갑을 '품행 미단정'이라고 판단한 이유에 대하여 제1심 변론절차에서 자동차관리법위반죄로 기소유예를 받은 전력 등을 고려하였다고 주장하였다가 원심 변론절차에서 불법 체류한 전력이 있다는 추가적인 사정까지 고려하였다고 주장한 사안에서, 법무부장관이 원심에서 추가로 제시한 불법 체류 전력 등의 제반 사정은 처분사유의 근거가 되는 기초 사실 내지 평가요소에 지나지 않으므로, 추가로 주장할 수 있다(대판 2016두31616).
>
> 3. 행정처분의 적법여부는 특별한 사정이 없는 한 처분당시의 사유를 기준으로 판단하는 것이나 처분청이 처분당시에 적시한 구체적 사실을 변경하지 아니하는 범위 내에서 단지 그 처분의 근거법령만을 추가하는 것은 새로운 처분사유의 추가라고 볼 수 없으므로 이와 같은 경우에는 처분청이 처분당시에 적시한 구체적 사실에 대하여 처분 후에 추가변경한 법령을 적용하여 그 처분의 적법여부를 판단하여도 무방하다(대판 87누632).
>
> 4. 당초의 정보공개거부처분사유인 검찰보존사무규칙 제20조 소정의 신청권자에 해당하지 아니한다는 사유(제3자)는 새로이 추가된 거부처분사유인 공공기관의정보공개에관한법률 제7조 제1항 제6호의 사유(제3자 정보공개 청구)와 그 기본적 사실관계의 동일성이 있다(대판2003두8395).
>
> **정보공개법**
>
> **제9조【비공개 대상 정보】** ① 공공기관이 보유·관리하는 정보는 공개 대상이 된다. 다만, 다음 각 호의 어느 하나에 해당하는 정보는 공개하지 아니할 수 있다.
>   6. 해당 정보에 포함되어 있는 성명·주민등록번호 등 개인에 관한 사항으로서 공개될 경우 사생활의 비밀 또는 자유를 침해할 우려가 있다고 인정되는 정보.
>
> **검찰보존사무규칙**
>
> **제20조【재판확정기록의 열람·등사 신청】** ③ 법 제59조의2제2항 단서에 규정된 "이해관계 있는 제3자"란 제8호에 규정된 소송관계인 외의 자로서 범죄 신고인, 진정인, 참고인, 증인, 감정인, 통역인, 번역인 등 해당 형사절차에 관여하거나 해당 사건과 직접적 이해관계가 있는 사람을 말한다.

> **동일성 부정**
>
> 1. 원고의 무자료주류판매 및 위장거래 금액이 부가가치세 과세기간별 총 주류판매액의 100분의 20 이상에 해당한다는 이유로 면허를 취소하였음이 분명한 바, 피고가 이 사건 소송에서 위 면허의 취소사유로 새로 내세우고 있는 무면허판매업자에게 주류를 판매한 때 해당한다는 것은 피고가 당초 위 면허취소처분의 근거로 삼은 사유와 기본적 사실관계가 다른 사유이므로 피고는 이와 같은 사유를 위 면허취소처분의 근거로 주장할 수 없다(대판 96누7427).
>
> 2. 인근주민들의 동의서를 제출하지 아니하였음을 이유로 이를 반려하였음이 분명하고 피고가 이 사건 소송에서 위 반려사유로 새로이 추가하는 처분사유는 이 사건 허가신청지역에서 토석채취를 하게 되면 자연경관이 심히 훼손되고 암반의 발파시 생기는 소음, 토석운반차량의 통행시 일어나는 소음 등 공익에 미치는 영향이 지대하다는 사유는 기본적 사실관계에 있어서 동일성이 인정되지 아니하는 별개의 사유라고 할 것이다(대판 91누3659).
>
> 3. 이 사건 처분사유인 기존 공동사업장과의 거리제한규정에 저촉된다는 사실과 피고 주장의 최소 주차용지에 미달한다는 사실은 기본적 사실관계를 달리하는 것임이 명백하여 피고가 이를 새롭게 처분사유로서 주장할 수는 없는 것이다(대판 95누10952).
>
> 4. 입찰참가자격을 제한시킨 당초의 처분 사유인 정당한 이유 없이 계약을 이행하지 않은 사실과 항고소송에서 새로 주장한 계약의 이행과 관련하여 관계 공무원에게 뇌물을 준 사실은 기본적 사실관계의 동일성이 없다(대판 98두18565).

Ⅴ 이의신청 및 행정심판의 경우

1 행정심판의 경우

> 행정처분의 취소를 구하는 항고소송에서 처분청은 당초 처분의 근거로 삼은 사유와 기본적 사실관계가 동일성이 있다고 인정되는 한도 내에서만 다른 사유를 추가 또는 변경할 수 있고, 이러한 기본적 사실관계의 동일성 유무는 처분사유를 법률적으로 평가하기 이전의 구체적 사실에 착안하여 그 기초인 사회적 사실관계가 기본적인 점에서 동일한지에 따라 결정되므로, 추가 또는 변경된 사유가 처분 당시에 이미 존재하고 있었다거나 당사자가 그 사실을 알고 있었다고 하여 당초의 처분사유와 동일성이 있다고 할 수 없다. 그리고 이러한 법리는 행정심판 단계에서도 그대로 적용된다(대판 2013두26118).

2 이의신청의 경우

대법원 2012. 9. 13. 선고 2012두3859 판결[장해급여부지급결정처분취소]

【판결요지】
산업재해보상보험법 규정의 내용, 형식 및 취지 등에 비추어 보면, 산업재해보상보험법상 심사청구에 관한 절차는 보험급여 등에 관한 처분을 한 근로복지공단으로 하여금 스스로의 심사를 통하여 당해 처분의 적법성과 합목적성을 확보하도록 하는 근로복지공단 내부의 시정절차에 해당한다고 보아야 한다. 따라서 처분청이 스스로 당해 처분의 적법성과 합목적성을 확보하고자 행하는 자신의 내부 시정절차에서는 당초 처분의 근거로 삼은 사유와 기본적 사실관계의 동일성이 인정되지 않는 사유라고 하더라도 이를 처분의 적법성과 합목적성을 뒷받침하는 처분사유로 추가·변경할 수 있다고 보는 것이 타당하다.

사례연습

● 건설회사 甲은 '국가계약법'에 따라 국가와 건설도급계약을 체결하고 조달청장 乙의 감독 아래 건축물 신축공사를 시행하였다. 乙은 甲의 건축물 공사 진행상황을 검사하기 위하여 공사현장에 출입하려고 하였으나 甲의 직원들은 공사현장 내 위험발생을 이유로 乙의 공사현장 출입을 막았고 이에 乙은 甲에 대하여 건설도급계약을 해지한다는 뜻을 표시한 후 공사현장을 폐쇄하였다. 그 후 乙은 甲이 공사를 완료하지 못하였으므로 국가계약법시행령 제76조제1항제1호의 '정당한 이유 없이 계약을 이행하지 아니한 자'에 해당한다는 점을 이유로 제시하면서 '국가계약법'제27조제1항 근거하여 甲에게 1년의 입찰참가자격 제한처분을 하였다.

1. 甲은 乙을 상대로 입찰참가자격제한처분 취소소송을 제기하였고 동 소송에서 甲은 "자신이 공사를 완료하지 못한 것은 乙의 부적법한 해지권 행사와 그에 따른 공사현장 폐쇄 때문이다."라고 주장하자, 乙은 甲이 자신의 공사현장 검사업무를 방해하였으므로 제76조제1항제2호에 해당한다는 점을 처분사유로 추가하였다. 법원은 추가된 처분사유를 근거로 甲의 청구를 기각할 수 있는가?

2. 만약 위 취소소송에서 '乙의 해지권행사가 부적법하다.'는 사실이 불명(不明)인 경우 법원은 어떠한 판결을 선고하여야 하는가?

목차

설문 1에 관하여
Ⅰ. 쟁점의 정리
Ⅱ. 처분사유의 추가, 변경의 의의
Ⅲ. 허용여부
  1. 학설
  2. 판례
  3. 검토
Ⅳ. 기본적 사실관계의 동일성 판단기준
  1. 시간적 기준
  2. 객관적 기준
Ⅴ. 사안의 해결

설문 2에 관하여
Ⅰ. 쟁점의 정리
Ⅱ. 변론주의·직권탐지주의
Ⅲ. 주장책임 및 입증책임
Ⅳ. 취소소송에서의 입증책임의 분배
  1. 문제의 소재
  2. 학설
  3. 판례
  4. 검토
Ⅴ. 사안의 해결

설문 1.에 관하여

I. 쟁점의 정리

피고 乙이 취소소송의 계속 중 입찰참가자격제한처분(이하 '이 사건 처분'이라 한다) 당시에 제시하지 않았던 "甲이 자신의 공사현장 검사업무를 방해하였으므로 제76조 제1항제2호에 해당한다"는 점을 처분사유로 추가하였는바, 이를 허용할 것인지 여부에 관하여 행정소송법에는 명문의 규정이 없어 원고의 공격방어방법과 분쟁의 일회적 해결이라는 요청사이에서 문제가 발생한다.

II. 처분사유의 추가, 변경의 의의

처분 당시에 존재하였으나 행정청이 당초 처분의 근거로 삼지 않았던 사유를 행정쟁송의 단계에서 추가하거나 그 내용을 변경하는 것을 처분사유의 추가·변경이라 한다.

III. 허용여부

1. 학설

① 원고의 공격방어방법을 침해하여 예상치 못한 불이익이 발생하므로 부정하는 입장과 ② 소송경제 및 분쟁의 일회적 해결에 부합하고, 이를 부정하여 법원이 취소판결을 한 후에 행정청은 처분시의 다른 사유를 들어 동일한 처분을 할 수 있으므로 허용하는 입장과 ③ 기본적 사실관계의 동일성이 인정되는 범위에서만 인정하자는 제한적 긍정설이 있다.

2. 판례

처분청은 당초 처분의 근거로 삼은 사유와 기본적 사실관계가 동일성이 있다고 인정되는 한도 내에서만 다른 사유를 추가하거나 변경할 수 있을 뿐, 기본적 사실관계와 동일성이 인정되지 않는 별개의 사실을 들어 처분사유로 주장함은 허용되지 않는다고 판시하면서 이와 같은 법리는 행정심판단계에서도 동일하게 적용된다고 판시하였다. 다만, 산업재해보상보험법상 심사청구는 처분청이 스스로 당해 처분의 적법성과 합목적성을 확보하고자 행하는 자신의 내부 시정절차에 해당하므로 기본적 사실관계의 동일성이 인정되지 않는 사유라고 하더라도 추가·변경 할 수 있다고 판시하였다.

3. 검토

생각건대 행정쟁송에서는 원고 내지 청구인의 소송상 공격방어권을 보호하고 소송경제 및 분쟁의 일회적 해결에도 기여할 수 있는 제한적 긍정설이 타당하고, 이의신청과 같은 행정청 스스로의 내부시정절차에서는 행정의 능률성 및 행정의 자기통제 취지에 비추어 기본적 사실관계의 동일성을 요구할 필요는 없다.

IV. 기본적 사실관계의 동일성 판단기준

1 시간적 기준 ❶

소송경제에 비추어 처분시 이후의 사유도 포함하는 견해가 있으나, 처분의 위법성 판단시점은 처분시고 따라서 처분 당시에 존재하였던 사유를 기준으로 허용여부를 판단하여야 한다.

2 객관적 기준 ❹

판례는 기본적 사실관계의 동일성 유무는 처분사유를 법적 평가 이전의 구체적인 사실의 기초가 되는 사회적 사실관계가 기본적인 점에서 동일한 지 여부에 따라 결정된다고 하면서 동일성은 시간적, 장소적 근접성, 행위태양 등을 종합적으로 고려하여 개별사안에 따라 구체적으로 판단하여야 한다고 판시하면서 지입제 운영행위에 있어서 명의이용금지사유와 직영조건위반사유는 기본적 사실관계의 동일성을 인정하였고, 무자료주류판매사유와 무면허업자판매사유 및 정당한 이유 없이 계약을 미이행한 사실과 계약과 관련하여 공무원에게 뇌물을 주었다는 사실은 동일성을 부정하였다.

V. 사안의 해결 ❸

乙이 소송계속 중 추가한 '甲이 자신의 공사현장 검사업무를 방해하였다'는 사실은 이 사건 처분 당시에 존재한 사실이므로 시간적 기준은 벗어나지 않았으나, '정당한 이유 없이 계약을 이행하지 아니한 자'라는 사실과 비교하면 시간적, 장소적 근접성 및 행위태양이 전혀 다르고 이에 따라 원고 甲은 전혀 다른 새로운 증거를 수집, 제출하여야 하는 문제를 발생시키므로 기본적 사실관계의 동일성이 인정되지 않는다. 따라서 법원은 乙이 추가한 사유로 처분의 위법 여부를 심리하여서는 아니된다.

설문 2.에 관하여

I. 쟁점의 정리 ❷

이 사건 취소소송에서 甲이 주장하는 '乙의 해지권행사가 부적법하다.'는 사실이 입증되면 乙의 이 사건 처분은 위법해지는 바, 당해 요건사실에 대한 입증책임이 원고 甲과 피고 乙 중 누구에게 있는지 검토해보아야 한다.

II. 변론주의·직권탐지주의 ❶

변론주의란 재판의 기초가 되는 소송자료의 수집·제출책임을 당사자에게 지우는 것을 말하고, 직권탐지주의란 법원이 판결에 중요한 사실을 당사자의 신청 내지 주장여부와 관계없이 직접 조사하여 탐지하는 것을 의미한다.

III. 주장책임 및 입증책임 ❸

변론주의 하에서 당사자가 분쟁의 중요한 사실을 주장하지 않아 법원이 그 사실이 없는 것으로 취급함으로써 일방당사자가 받는 불이익을 주장책임이라고 한다. 입증책임이란 법기술적인 측면에서 인정된 책임으로서 소송심리의 최종단계에서 일정한 사실의 존부의 불확정으로 불리한 법적 판단을 받게 되는 일방당사자의 불이익을 말하는바 직권탐지주의 하에서도 등장하는 책임이다.

IV. 취소소송에서의 입증책임의 분배

1 문제의 소재 ❶

행정소송법에는 민사소송법과 달리 입증책임에 관한 명문규정이 없어서 문제된다.

2 학설 ❸

① 공정력을 적법성추정력으로 이해하는 원고책임설과 ② 공정력은 유효성 통용력에 불과하므로 행정소송 역시 민사소송과 마찬가지로 변론주의가 원칙이므로 각자 자신에게 유리한 요건사실을 입증하도록 분배하는 법률요건분류설 및 ③ 행정소송에서 공익이라는 특수성을 감안하여 구체적 사건마다 입증책임을 결정하여야 한다는 독자분배설이 있다.

3 판례 ❸

대법원은 민사소송법의 규정이 준용되는 행정소송에 있어서 입증책임은 원칙적으로 민사소송의 일반원칙인 법률요건분류설에 따라 당사자 간에 분배되고 항고소송의 경우에는 그 특성에 따라 당해 처분의 적법을 주장하는 피고에게 그 적법사유에 대한 입증책임이 있고 이와 상반되는 주장과 입증은 원고에게 있다고 판시하면서 과세처분취소소송에서 과세대상이 된 토지가 비과세 또는 면제대상이라는 점은 이를 주장하는 원고에게 있다고 판시하였다.

4 검토 ❶

생각건대 공정력은 유효성 통용력에 불과하고 독자분배설은 실제 사건에서 법률요건 분류설과 실질적인 차이가 없으므로 변론주의를 채택하는 행정소송에서도 법률요건분류설이 타당하다.

Ⅴ 사안의 해결 ❷

주장책임에 따라 甲이 주장한 '乙의 해지권 행사가 부적법하다'는 사실은 이 사건 처분을 위법하게 만드는 원고 甲에게 유리한 요건사실로서 甲에게 입증책임이 있는데 위 사실이 불명인 경우에는 결국 원고 甲에게 불이익한 기각판결이 선고될 것이다.

THEME 36 취소소송의 판결

I. 취소소송의 판결

판결이란 법원이 변론을 거쳐 구체적인 취소소송사건에 대한 법적 판단을 선언하는 행위를 말한다.

II. 소송판결(각하판결)·본안판결

소송판결은 소송요건의 적부에 대한 판결로서 요건심리의 결과 당해 소송을 부적법한 것으로 각하하는 판결이고, 본안판결은 소송에 의한 청구의 당부에 대한 판결로서 본안심리의 결과 청구의 전부 또는 일부를 인용하거나 기각함을 내용으로 하는 판결이다.

III. 종국판결의 내용

1 각하판결

소송요건을 갖추지 못한 부적법한 소에 대해서 본안심리를 거부하는 판결로서 소 각하 판결 후 동일처분에 대하여 소송요건을 갖춘 소가 제기되면 법원은 이를 심리·판결하여야 한다.

2 인용판결

인용판결은 처분의 취소청구가 이유 있다고 인정하여 그 청구의 전부를 인용하여 취소하는 판결로서 형성판결이다.

3 일부인용판결

> **취소소송의 '변경'의 의미**
>
> 1. 학설
>   ① 의무이행소송을 인정하는 입장에서는 적극적 변경으로 ② 부정하는 입장에서는 소극적 변경, 즉 일부취소로 이해한다.
> 2. 판례
>   검사 의무이행소송 부정
> 3. 검토
>   부정설이 타당. 일부취소의 의미

일부인용판결이 가능하기 위해서는 일부를 특정할 수 있어야 하고, 일부인용되고 남은 부분만으로도 의미가 있어야 한다. 따라서 가분성이 없는 처분이나 행정청의 재량권을 존중해야 하는 재량행위에는 원칙적으로 인정되지 않는다.

> **일부취소가 가능(기속행위)**
> 1. 과세처분취소소송의 처분의 적법 여부는 과세액이 정당한 세액을 초과하느냐의 여부에 따라 판단되는 것으로서 당사자는 사실심 변론종결시까지 객관적인 조세채무액을 뒷받침하는 주장과 자료를 제출할 수 있고 이러한 자료에 의하여 적법하게 부과될 정당한 세액이 산출되는 때에는 그 정당한 세액을 초과하는 부분만 취소하여야 할 것이고 전부를 취소할 것이 아니다(대판 98두5811).
> 2. 개발부담금부과처분 취소소송에 있어 당사자가 제출한 자료에 의하여 적법하게 부과될 정당한 부과금액이 산출할 수 없을 경우에는 부과처분전부를 취소할 수밖에 없으나, 그렇지 않은 경우에는 그 정당한 금액을 초과하는 부분만 취소하여야 한다(대판 2002두868).

> **일부취소가 불가능(재량행위)**
> 자동차운수사업면허조건 등을 위반한 사업자에 대하여 행정청이 행정제재수단으로 사업 정지를 명할 것인지, 과징금을 부과할 것인지, 과징금을 부과키로 한다면 그 금액은 얼마로 할 것인지에 관하여 재량권이 부여되었다 할 것이므로 과징금부과처분이 법이 정한 한도액을 초과하여 위법할 경우 법원으로서는 그 전부를 취소할 수밖에 없고, 그 한도액을 초과한 부분이나 법원이 적정하다고 인정되는 부분을 초과한 부분만을 취소할 수 없다(금 1,000,000원을 부과한 당해 처분 중 금 100,000원을 초과하는 부분은 재량권 일탈·남용으로 위법하다며 그 일부분만을 취소한 원심판결을 파기한 사례)(대판 98두2270).

> **재량행위의 일부취소가 가능**
> 1. 피고가 부당지원행위에 대한 과징금을 부과함에 있어 여러 개의 위반행위에 대하여 하나의 과징금 납부명령을 하였으나 여러 개의 위반행위 중 일부의 위반행위만이 위법하고 소송상 그 일부의 위반행위를 기초로 한 과징금액을 산정할 수 있는 자료가 있는 경우에는, 하나의 과징금 납부명령일지라도 그 중 위법하여 그 처분을 취소하게 된 일부의 위반행위에 대한 과징금액에 해당하는 부분만을 취소할 수 있다고 할 것이다(대판 2004두1483). [과징금부과처분취소]
> 2. 행정청이 여러 개의 위반행위에 대하여 하나의 제재처분을 하였으나, 위반행위별로 제재처분의 내용을 구분하는 것이 가능하고 여러 개의 위반행위 중 일부의 위반행위에 대한 제재처분 부분만이 위법하다면, 법원은 제재처분 중 위법성이 인정되는 부분만 취소하여야 하고 제재처분 전부를 취소하여서는 아니된다(대판 2019두63515). [영업정지처분취소]

4 기각판결

기각판결은 처분의 취소청구가 이유 없다고 하여 원고의 청구를 배척하는 판결을 말하는 바, 처분에 원고가 주장하는 바와 같은 위법성이 없는 경우에 행해진다.

5 사정판결(후술)

사례연습

甲은 영리를 목적으로 2006. 5. 1. 22:00경 청소년인 남녀 2인을 혼숙하게 하였는데, 이에 대하여 관할 행정청은 청소년보호법 위반을 이유로 6월의 영업정지처분을 하였다. 관련법령에는 甲의 위반행위에 대하여 1년 이하의 영업정지 또는 1천만원 이하의 과징금부과처분을 예정하고 있다.

만약 甲이 6월 영업정지처분 취소소송을 제기한 경우에 법원은 甲에게 유리한 과징금부과처분으로 변경하거나 영업정지기간의 일부취소판결을 선고할 수 있는가? (15점)

목차

Ⅰ. 논점의 정리

Ⅱ. 취소소송의 '변경'의 의미
 1. 학설
 2. 판례
 3. 검토

Ⅲ. 영업정지처분의 법적 성질
 1. 기속행위와 재량행위의 구별
 2. 사안의 경우

Ⅳ. 재량행위의 일부취소판결 허용여부

Ⅴ. 사안의 해결

2013년 제22회 기출

모범 답안

Ⅰ 논점의 정리 ❷

취소법원이 영업정지처분을 과징금부과처분으로 변경할 수 있는지는 행소법제4조제1호의 '변경'의 의미가 적극적 변경을 의미하는 것인지와 관련이 있고, 만약 소극적 일부취소에 해당한다면 재량행위의 경우에도 일부취소판결이 허용되는지 검토하여야 한다.

Ⅱ 취소소송의 '변경'의 의미

1 학설 ❷

① 의무이행소송을 인정하는 입장에서는 적극적 변경으로 ② 부정하는 입장에서는 소극적 변경, 즉 일부취소로 이해한다.

2 판례 ❷

대법원은 검사에게 압수물 환부를 이행하라는 청구는 행정청의 부작위에 대하여 일정한 처분을 하도록 하는 의무이행소송으로 현행 행정소송법상 허용되지 아니한다고 판시하였다.

3 검토 ❷

생각건대 권력분립의 원리 및 의무이행소송을 인정하면 부작위위법확인소송이 무용해지는 점 등에 비추어 현행법상으로는 인정하기 어렵다. 다만, 국민의 권리구제를 위하여 의무이행소송의 도입이 필요하고 행정소송법 개정안에는 의무이행소송이 도입되어 있다.

Ⅲ 영업정지처분의 법적 성질

1 기속행위와 재량행위의 구별 (판례) ❸

대법원은 기속행위인지 재량행위인지 여부는 먼저 당해 처분의 근거가 된 규정의 형식이나 체재 또는 문언에 따라 개별적으로 판단하여야 하고, 만약 근거법령만으로 구별이 어려운 경우에는 당해 행위의 성질 및 공익을 고려하여 판단하여야 한다고 판시하였다.

2 사안의 경우 ❶

설문상 관련법령은 1년 이하의 영업정지를 규정하고 있으므로 행정청은 영업정지기간을 선택할 수 있으므로 재량행위에 해당한다.

Ⅳ 재량행위의 일부취소판결 허용여부 ❸

대법원은 기속행위인 과세처분의 경우에 적법하게 부과될 정당한 세액이 산출되는 때에는 그 정당한 세액을 초과하는 부분만 일부취소할 수 있지만, 재량행위인 과징금부과처분의 경우에는 전부를 취소할 수밖에 없다고 판시하였다. 다만, 여러 개의 위반행위에 대하여 하나의 과징금 납부명령을 하였으나 여러 개의 위반행위 중 일부의 위반행위만이 위법하고 소송상 그 일부의 위반행위를 기초로 한 과징금액을 산정할 수 있는 자료가 있는 경우에는 일부의 위반행위에 대한 과징금액에 해당하는 부분만을 취소할 수 있다고 판시하였다.

Ⅴ 사안의 해결 ❷

행소법제4조제1호의 변경은 적극적 변경이 아닌 소극적 변경, 즉 일부취소에 해당하므로 법원은 영업정지처분을 과징금부과처분으로 변경할 수 없고, 甲에 대한 영업정지처분은 재량행위에 해당하고 설문상 하나의 위반행위로 인하여 부과된 것이므로 법원으로서는 영업정지처분이 재량권 남용이라고 판단될 때에는 전부취소판결을 하여야 한다.

THEME 37 부관부 행정행위

I 서설

부관이란 행정청이 주된 행정행위의 효과를 제한하거나, 그 이외에도 법률요건을 보충하거나 특별한 의무를 부과하기 위하여 주된 행정행위에 부가된 종된 규율을 말하고 주된 행정행위가 재량행위인 경우에만 부관이 허용된다. 따라서 판례는 기속행위에는 부관을 붙일 수 없고 설령 붙였다 하더라도 무효로 본다(대판 94다56883).

II 부관의 필요성과 문제점

행정청이 직면하는 구체적인 상황은 너무나 다양하기 때문에 각각의 상황의 특성에 적합한 행정행위를 할 수 있게 해 주는 것이 바로 부관이다. 그러나 행정청이 실질적 관련성 없는 부관을 남용하거나 과중한 부담을 지우게 되면 부관이 오히려 국민의 권익을 침해할 수 있으므로 부관에 대한 통제가 필요하다.

III 부관의 종류

1 조건

조건이란 주된 행정행위의 효력 발생이나 소멸을 장래 발생여부가 불확실한 사실에 의존시키는 부관을 말한다. 조건에는 정지조건과 해제조건이 있으며 조건이 성취되면 곧바로 효력이 발생하거나 소멸하는 것이지 행정청의 별도의 행위가 있어야 효력이 발생하는 것이 아니다.

2 기한

기한이란 주된 행정행위의 효력 발생이나 소멸을 장래 발생여부가 확실한 사실에 의존시키는 부관을 말한다. 기한이 도래하면 주된 행정행위는 곧바로 효력이 발생하거나 소멸하는 것이지 행정청의 별도의 행위가 있어야 효력이 발생하는 것이 아니다. 기한에는 시기와 종기가 있다.

3 부담

1) 의의

부담이란 행정청이 주된 행정행위를 하면서 상대방에게 작위, 급부 등 독립한 종된 의무를 부가하는 것을 말하는 바, 도로점용허가를 하면서 점용료납부의무를 부과하거나 주택사업계획을 승인해주면서 주택진입도로의 개설 및 기부채납의무를 부과하는 경우 등이다. 부담의 특색은 주된 행정행위의 효과에는 영향을 미치지 않는 독립한 의무를 발생시킨다는 것이다.

2) 조건과 부담의 구별기준

행정청이 '영업허가, 3개월 내 안전시설 설치'라는 부관이 부가된 행정행위를 한 경우에 '안전시설설치'의 부관은 조건인지 부담인지의 문제가 실무상 많이 발생한다. 이 경우 조건인지 부담인지에 대한 행정청의 의사가 객관적으로 불분명한 경우에는 국민에게 유리한 부담으로 보는 것이 타당하고 판례 또한 동일한 입장이다.

Ⅳ 부관의 하자 및 쟁송방법

1 부관만의 독립쟁송가능성 및 쟁송형태

1) 학설

① 부담과 기타 부관을 구분하는 입장
부관 중 처분성이 인정되는 부담만 진정일부취소소송의 형태로, 기타 부관은 부진정일부취소소송의 형태로 제기하여야 한다고 한다.

② 분리가능성을 기준으로 보는 견해
분리가능성이 있는 부관 중 처분성이 있는 부담은 진정일부취소소송의 형태로 처분성이 인정되지 않는 기타 부관은 부진정일부취소소송의 형태로 제기할 수 있다고 한다.

③ 모든 부관에 대하여 인정하는 견해
분리가능성은 독립취소가능성의 문제이고 쟁송의 허용성 문제는 아니므로 부담을 포함하여 모든 부관에 대하여 독립쟁송이 가능하고 쟁송형태는 부관의 성질상 모두 부진정 일부취소소송의 형태로 제기할 수 있다고 한다.

2) 판례

대법원은 부관의 독립쟁송대상에 관하여는 '행정행위의 부관은 부담을 제외하고는 독립하여 행정소송의 대상이 될 수 없다'고 판시하였고, 부관의 쟁송형태에 관하여는 '부관부 행정행위 전체를 취소소송의 대상으로 하면서 부관만을 취소해달라는 청구는 허용되지 않는다'고 판시하였다.

3) 검토

생각건대 항고소송의 대상은 처분에 해당하여야 하므로 독립한 처분성을 가진 부담만 독립하여 항고소송의 대상이 된다고 보는 것이 타당하고, 부담의 경우에는 진정일부취소소송이 가능하지만 기타 부관은 국민의 실효적인 권리구제에 비추어 부진정일부취소소송이 가능하다고 보는 것이 타당하다. 다만, 판례에 따르면 부진정일부취소소송은 허용되지 않을 것이다.

2 부관만의 독립취소가능성

1) 문제의 소재

행정심판에서는 심판위원회가 직접 부관만을 취소하거나 적극적으로 변경하는 것도 가능하지만, 행정소송에서는 권력분립의 관점에서 법원이 부관만을 취소할 수 있는지 문제된다.

2) 학설

① 주된 행정행위가 기속행위인 경우에만 부관의 취소를 인정할 수 있다는 견해 ② 분리가능성을 기준으로 부관이 주된 행정행위의 본질적인 요소가 아닌 경우에만 취소할 수 있다는 견해 ③ 부관이 위법하면 법원은 언제든지 부관만 취소할 수 있다는 견해가 대립한다.

3) 판례

대법원은 부담은 독립하여 처분성이 인정되므로 독립하여 취소가 가능하지만 도로점용허가의 점용기간을 20년으로 정한 사건에서 점용기간은 본질적인 요소에 해당하므로 점용기간에 위법사유가 있다면 도로점용허가처분 전부가 위법하다고 판시하였다.

4) 검토

생각건대 ①설은 기속행위에는 부관을 붙일 수 없고 붙여도 무효라는 판례의 입장에 따를 때 실익이 존재하지 않고 ②설은 대부분의 부관은 주된 행정행위의 본질적 요소인 경우가 대부분이므로 국민의 권리구제에 미흡하다. 따라서 부진정일부취소소송을 인정하여 법원은 부관이 위법하면 부관만을 취소하는 것이 타당하다. 왜냐하면 행정청은 취소판결의 기속력에 반하지 않는 적법한 부관을 부가할 수 있기 때문이다. 다만, 판례에 의하면 부담 이외에는 부관부 행정행위 전체를 취소할 것이다.

> 피고가 원고에 대하여 이 사건 기선선망어업의 허가를 하면서 운반선, 등선 등 부속선을 사용할 수 없도록 제한한 부관은 위 어업허가의 목적달성을 사실상 어렵게 하여 그 본질적 효력을 해하는 것으로서 위법하고, 한 것이라고 할 것이고, 나아가 이 부관을 삭제하여 등선과 운반선을 사용할 수 있도록 하여 달라는 내용의 원고의 이 사건 어업허가사항변경신청을 불허가한 피고의 처분 역시 위법하다 (대판 89누6808).

사례연습

B주식회사는 안동시에서 분뇨수집·운반업을 영위하기 위하여 하수도법 및 같은 법 시행령 소정의 시설, 장비 등을 구비하고 2011. 11. 10. 안동시장에게 분뇨수집·운반업 허가를 신청하여 같은 해 12. 1. 허가처분(이하 '이 사건 처분'이라 한다)을 받았다. 안동시장은 이 사건 처분을 함에 있어 분뇨수집·운반업 허가에 필요한 조건을 붙일 수 있다는 하수도법 제45조 제5항에 따라 B 주식회사에게 '지역발전기금 5억원 납부'와 '3년'간 허가한다는 조건을 부가하였다.

B주식회사는 위 조건만을 대상으로 취소소송을 제기할 수 있는 지 및 위 조건만을 취소한다는 판결을 받을 수 있는 지 검토하시오.

목차

I. 쟁점의 정리

II. 부관부 행정행위
  1. 부관의 의의 및 종류
  2. 사안의 경우

III. 부관만의 독립쟁송가능성 및 쟁송형태
  1. 학설
    1) 부담과 기타 부관을 구분하는 입장
    2) 분리가능성을 기준으로 보는 견해
    3) 모든 부관에 대하여 인정하는 견해
  2. 판례
  3. 검토
  4. 사안의 경우

IV. 부관만의 독립취소가능성
  1. 학설
  2. 판례
  3. 검토
  4. 사안의 경우

V. 사안의 해결

모범 답안

I. 쟁점의 정리

안동시장은 B에게 이 사건 처분을 하면서 '지역발전기금 5억원 납부'와 '3년'간 허가라는 조건을 부가하였는바, B가 위 조건만의 취소판결을 받을 수 있는 지는 위 조건만을 독립하여 취소소송의 대상으로 할 수 있는 지와 법원이 위 조건만을 취소할 수 있는지를 검토해보아야 한다.

II. 부관부 행정행위

1. 부관의 의의 및 종류

부관이란 행정청이 주된 행정행위의 효과를 제한하거나, 독립한 의무를 부과하기 위하여 부가한 종된 규율을 말하는데, 부관에는 조건, 기한, 부담, 철회권의 유보 등이 있는데 실무상으로는 용어를 구분하지 않고 조건이라고 명기되는 경우가 많다.

2 사안의 경우 ❸

'3년'이라는 조건은 장래 발생여부가 확실한 사실이므로 기한 중 종기에 해당하는데 '지역발전기금 5억원 납부'는 장래 발생여부가 불확실한 사실로써 정지조건인지, 독립한 의무를 발생시키는 부담인지 문제되는데 안동시장의 객관적 의사가 불분명한 경우에는 B에게 유리한 부담으로 보는 것이 타당하다. 대법원도 구별이 애매한 경우에는 부담이라고 판시하였다.

III 부관만의 독립쟁송가능성 및 쟁송형태

1 학설 ❹

1) 부담과 기타 부관을 구분하는 입장

부관 중 처분성이 인정되는 부담만 진정일부취소소송의 형태로, 기타 부관은 부진정일부취소소송의 형태로 제기하여야 한다고 한다.

2) 분리가능성을 기준으로 보는 견해

분리가능성이 있는 부관 중 처분성이 있는 부담은 진정일부취소소송의 형태로 처분성이 인정되지 않는 기타 부관은 부진정일부취소소송의 형태로 제기할 수 있다고 한다. 분리가능성이란 부관이 없더라도 주된 행정행위가 적법하게 목적을 달성할 수 있는 경우를 말한다.

3) 모든 부관에 대하여 인정하는 견해

분리가능성은 독립취소가능성의 문제이고 쟁송의 허용성 문제는 아니므로 부담을 포함하여 모든 부관에 대하여 쟁송이 가능하고 쟁송형태는 부관의 성질상 모두 부진정일부취소소송의 형태로 제기할 수 있다고 한다.

2 판례 ❸

대법원은 부관의 독립쟁송대상에 관하여는 '행정행위의 부관은 부담을 제외하고는 독립하여 행정소송의 대상이 될 수 없다'고 판시하였고, 부관의 쟁송형태에 관하여는 '부관부 행정행위 전체를 취소소송의 대상으로 하면서 부관만을 취소해달라는 청구는 허용되지 않는다'고 판시하였다.

3 검토 ❷

항고소송의 대상은 처분에 해당하여야 하므로 독립한 처분성을 가진 부담만 독립하여 항고소송의 대상이 된다고 보는 것이 타당하고, 부담의 경우에는 진정일부취소소송이 가능하지만 기타 부관은 국민의 실효적인 권리구제에 비추어 부진정일부취소소송이 가능하다고 보는 것이 타당하다. 다만, 판례에 따르면 부진정일부취소소송은 허용되지 않을 것이다.

4 사안의 경우 ②

B는 부담에 해당하는 '지역발전기금 5억원 납부'에 대하여는 독립하여 진정일부취소 소송을 제기할 수 있고, 종기에 해당하는 '3년'에 대하여는 부진정일부취소소송을 제기할 수 있다. 다만, 대법원에 따르면 '3년'에 대하여는 부진정일부취소소송이 아닌 전체취소소송을 제기하여야 할 것이다.

Ⅳ 부관만의 독립취소가능성

1 학설 ③

① 주된 행정행위가 기속행위인 경우에만 부관의 취소를 인정할 수 있다는 견해 ② 분리가능성을 기준으로 부관이 주된 행정행위의 본질적인 요소가 아닌 경우에만 취소할 수 있다는 견해 ③ 모든 부관이 위법하면 법원은 언제든지 부관만 취소할 수 있다는 견해가 대립한다.

2 판례 ③

대법원은 부담은 독립하여 처분성이 인정되므로 독립하여 취소가 가능하지만 도로점용 허가의 점용기간을 20년으로 정한 사건에서 점용기간은 본질적인 요소에 해당하므로 점용기간에 위법사유가 있다면 도로점용허가처분 전부가 위법하다고 판시하였다.

3 검토 ②

①설은 기속행위에는 부관을 붙일 수 없고 붙여도 무효라는 판례의 입장에 따를 때 실익이 존재하지 않고 ②설은 대부분의 부관은 주된 행정행위의 본질적 요소인 경우가 대부분이므로 국민의 권리구제에 미흡하다. 따라서 부진정일부취소소송을 인정하여 법원은 부관이 위법하면 부관만을 취소하는 것이 타당하다. 왜냐하면 행정청은 부관만이 취소된 경우에 판결취지에 따라 적법한 부관을 새롭게 부가할 수 있기 때문이다. 다만, 판례에 의하면 부담이외에는 부관부 행정행위 전체를 취소할 것이다.

4 사안의 경우 ②

법원의 심리결과 부관이 위법하면 부담인 '지역발전기금 5억원 납부'는 물론 '3년'의 종기도 독립하여 취소할 수 있다. 다만, 판례에 따르면 '3년'의 경우에는 '3년간 허가' 전체를 취소할 것이다.

Ⅴ 사안의 해결 ②

B는 '지역발전기금 5억원 납부'를 진정일부취소소송을 제기하여 취소판결을 받을 수 있고, '3년'의 종기는 부진정일부취소소송을 제기하여 '3년'만 취소하는 판결을 받을 수 있다. 다만, 판례에 따르면 '3년간 허가' 전체를 취소하게 될 것이다. 따라서 종기가 부당하게 짧은 경우 등의 경우에는 B는 자신이 원하는 종기를 신청한 후 행정청이 거부하면 거부처분취소소송을 제기하는 것이 실효적이고 판례 역시 '기선선망어업허가' 사건에서 이러한 방법을 인정하고 있다.

THEME 38 취소소송의 판결의 효력

행정소송법

제29조【취소판결등의 효력】 ① 처분등을 취소하는 확정판결은 제3자에 대하여도 효력이 있다.
② 제1항의 규정은 제23조의 규정에 의한 집행정지의 결정 또는 제24조의 규정에 의한 그 집행정지결정의 취소결정에 준용한다.

제30조【취소판결등의 기속력】 ① 처분등을 취소하는 확정판결은 그 사건에 관하여 당사자인 행정청과 그 밖의 관계행정청을 기속한다.
② 판결에 의하여 취소되는 처분이 당사자의 신청을 거부하는 것을 내용으로 하는 경우에는 그 처분을 행한 행정청은 판결의 취지에 따라 다시 이전의 신청에 대한 처분을 하여야 한다.
③ 제2항의 규정은 신청에 따른 처분이 절차의 위법을 이유로 취소되는 경우에 준용한다.

제31조【제3자에 의한 재심청구】 ① 처분등을 취소하는 판결에 의하여 권리 또는 이익의 침해를 받은 제3자는 자기에게 책임없는 사유로 소송에 참가하지 못함으로써 판결의 결과에 영향을 미칠 공격 또는 방어방법을 제출하지 못한 때에는 이를 이유로 확정된 종국판결에 대하여 재심의 청구를 할 수 있다.
② 제1항의 규정에 의한 청구는 확정판결이 있음을 안 날로부터 30일 이내, 판결이 확정된 날로부터 1년 이내에 제기하여야 한다.
③ 제2항의 규정에 의한 기간은 불변기간으로 한다.

민사소송법

제216조【기판력의 객관적 범위】 ① 확정판결은 주문에 포함된 것에 한하여 기판력을 가진다.

제218조【기판력의 주관적 범위】 ① 확정판결은 당사자, 변론을 종결한 뒤의 승계인(변론 없이 한 판결의 경우에는 판결을 선고한 뒤의 승계인) 또는 그를 위하여 청구의 목적물을 소지한 사람에 대하여 효력이 미친다.

Ⅰ 취소판결의 형성력

1 의의

취소판결의 형성력이란 판결주문에 따라 법률관계의 발생·변경·소멸을 가져오는 효력을 말한다. 취소소송에서의 형성력은 기판력과 달리 기각판결에는 인정되지 않고 청구인용판결의 경우에만 인정된다. 왜냐하면 취소판결의 경우에만 처분이 소급하여 소멸하는 효력이 발생하기 때문이다.

> 행정처분을 취소한다는 확정판결이 있으면 그 취소판결의 형성력에 의하여 당해 행정처분의 취소나 취소통지 등의 별도의 절차를 요하지 아니하고 당연히 취소의 효과가 발생하므로 과세처분을 취소하는 판결이 확정되면 그 과세처분은 처분시에 소급하여 소멸하므로 그 뒤에 과세관청에서 그 과세처분을 경정하는 경정처분을 하였다면 이는 존재하지 않는 과세처분을 경정한 것으로서 그 하자가 중대하고 명백한 당연무효의 처분이다(대판 88다카16096).

2 취소판결의 제3자효(대세효)

1) 문제의 소재

취소판결의 형성력과 소급효는 소송에 관여하지 않은 제3자에 대하여도 미치는 바, 이를 취소판결의 제3자효라고도 하는데 제3자의 범위가 문제된다.

2) 학설

① 제3자의 범위를 이해관계 있는 제3자로 한정하는 입장과 ② 행정법관계의 획일적 규율의 요청에 비추어 제3자를 일반인으로 확대하는 입장이 있다.

3) 판례

> 행정처분의 무효확인 판결이 비록 형식상은 확인판결이라 하여도 그 무효확인 판결의 효력은 그 취소판결과 같이 소송의 당사자는 물론 제3자에게도 미치는 것이라고 함이 상당하다(대판 82다173).

4) 검토

생각건대 행정소송법 제16조(제3자의 소송참가) 및 제31조(제3자의 재심청구)는 권리 또는 이익의 침해를 받은 제3자로 한정하고 있음에 비추어 취소판결의 형성력은 이해관계 없는 제3자에게도 미친다고 보는 것이 타당하다.

3 소급효

취소판결의 취소의 효과는 판결시가 아닌 처분시로 소급하는데 이를 취소판결의 소급효라고 한다. 따라서 취소된 처분을 전제로 형성된 법률관계는 모두 효력을 상실한다.

Ⅱ 취소판결의 기속력

1 의의

행정소송법 제30조는 처분등을 취소하는 확정판결은 그 사건에 관하여 당사자인 행정청과 그 밖의 관계행정청을 기속한다고 규정하고 있는 바, 기속력은 당사자인 행정청과 그 밖의 관계행정청이 확정판결의 취지에 따라야 하는 의무를 발생시키는 효력이다. 기속력은 형성력과 동일하게 청구인용판결의 경우에만 인정되고 청구기각판결에는 인정되지 않는다. 왜냐하면 기각판결의 경우에는 처분이 적법하다는 것인데 행정청에게 발생시킬 의무가 없기 때문이다.

2 기판력과 기속력의 관계(기속력의 성질)

취소판결의 기속력을 법원의 확정판결에 발생하는 기판력과 동일하게 보는 입장도 있지만, 기판력은 인용판결은 물론 기각판결에도 발생하고 당사자인 피고는 물론 원고에게도 발생하는 힘으로써 행정청 및 관계행정청만을 구속하는 기속력과는 다르다고 보는 것이 타당하다. 즉, 기속력은 기판력과는 다른 취소판결의 특수한 효력이다.

3 기속력의 범위

1) 주관적 범위

기속력은 당사자인 행정청뿐 만 아니라, 그 밖의 모든 관계행정청에도 미친다. 여기서 그 밖의 관계행정청이란 당해 판결에 의하여 취소된 처분에 관계되는 어떠한 처분권한을 가지는 행정청, 즉 취소된 처분등을 기초로 하여 그와 관련되는 처분이나 부수되는 행위를 할 수 있는 행정청을 모두 포함한다.

2) 객관적 범위

기속력은 취소판결의 실효성을 도모하기 위해 인정된 효력이므로 판결주문과 그 전제로 된 요건사실의 인정과 효력의 판단에만 미치고, 판결의 결론과 직접 관계없는 사실판단에는 미치지 아니한다. 기속력은 기판력과 달리 '판결이유에 적시된 개개의 위법사유'에 관해서 발생하므로 법원이 위법이라고 판단한 것과 동일한 이유나 자료를 바탕으로 동일인에 대하여 동일행위를 하는 것을 금지할 뿐 별개의 이유를 바탕으로 동일한 처분을 하는 것은 기속력을 위반한 것이 아니다.

3) 시간적 범위

처분의 위법성 판단의 기준시는 처분시이므로 처분시까지의 위법사유에 대해서만 미친다. 따라서 처분 이후에 발생한 새로운 법령 및 사실상태의 변동을 이유로 동일한 내용의 처분을 하는 것은 기속력에 반하지 않는다.

4 기속력의 내용

1) 반복금지효(부작위의무)

취소판결이 확정되면 행정청은 확정판결에 저촉되는 행위를 하여서는 안되는 의무를 진다. 즉, 행정청은 동일한 사실관계 아래에서 동일한 당사자에 대하여 동일한 내용의 처분등을 반복해서는 아니된다. 따라서 기본적 사실관계의 동일성이 없는 사유를 가지고 동일한 내용의 처분을 하더라도 이는 기속력에 위반되지 않는다.

2) 재처분의무(작위의무)

당사자의 신청에 대한 행정청의 거부처분이 판결에 의해 취소된 경우에 행정청이 판결의 취지에 따라 다시 처분할 의무를 부담하는 것을 말한다. 이러한 재처분의무는 당사자의 새로운 신청이 없더라도 발생하는 의무이다. 행정청의 거부처분을 취소하는 판결이 확정된 경우에는 그 처분을 행한 행정청은 판결의 취지에 따라 이전의 신청에 대하여 재처분할 의무가 있는 것이다.

3) 결과제거의무

기속력의 내용으로서 행정청은 결과제거의무를 부담하기도 한다. 예컨대, 과세처분이 취소되면 행정청은 압류재산을 반환하여야 하는 경우와 같이, 처분의 취소판결이 확정되면 행정청은 결과적으로 위법한 처분에 의해 초래된 상태를 제거할 의무를 진다. 행정소송법 개정안은 결과제거의무를 명시적으로 규정하고 있다.

5 기속력 위반의 효과

확정판결의 당사자인 처분행정청이 그 행정소송의 사실심변론종결 이전(처분시)의 사유를 내세워 다시 확정판결과 저촉되는 행정처분을 하는 것은 허용되지 않는 것으로서 이러한 행정처분은 그 하자가 중대하고도 명백한 것이어서 당연무효라 할 것이다(대판 90누3560).

6 구체적 검토

1) 거부처분이후에 법률의 변경이 없는 경우

기속행위나 재량이 0으로 수축된 경우에는 행정청은 당사자의 신청내용대로 재처분을 하여야 한다. 그러나 재량행위라면 행정청은 판결이유에 명시된 하자를 시정하여 재처분을 하면 될 것이다.

2) 거부처분이후에 법률의 변경이 있는 경우

① 경과규정이 없는 경우

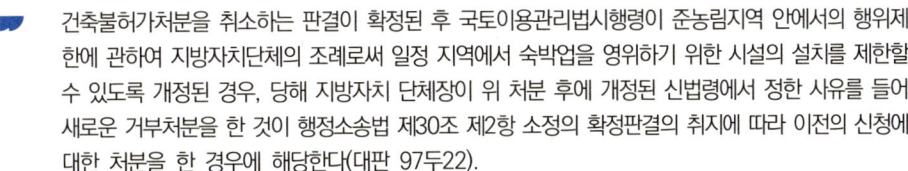

건축불허가처분을 취소하는 판결이 확정된 후 국토이용관리법시행령이 준농림지역 안에서의 행위제한에 관하여 지방자치단체의 조례로써 일정 지역에서 숙박업을 영위하기 위한 시설의 설치를 제한할 수 있도록 개정된 경우, 당해 지방자치 단체장이 위 처분 후에 개정된 신법령에서 정한 사유를 들어 새로운 거부처분을 한 것이 행정소송법 제30조 제2항 소정의 확정판결의 취지에 따라 이전의 신청에 대한 처분을 한 경우에 해당한다(대판 97두22).

② 경과규정이 있는 경우

> 개정된 도시계획법령에 그 시행 당시 이미 개발행위허가를 신청 중인 경우에는 종전 규정에 따른다는 경과규정을 두고 있으므로 위 사업승인신청에 대하여는 종전 규정에 따른 재처분을 하여야 함에도 불구하고 개정 법령을 적용하여 새로운 거부처분을 한 것은 확정된 종전 거부처분 취소판결의 기속력에 저촉되어 당연무효이다(대판 2002무22).

III 기판력

1 의의

기판력이란 소송물에 관하여 법원의 판결이 확정되면 이후 동일한 사항에 대하여 당사자 및 승계인은 법원의 판단내용에 반하는 주장을 하여 다투는 것이 허용되지 않으며, 법원도 그와 모순·저촉되는 판단을 해서는 안 되는 구속력을 말한다(대판 86다카2756). 행정소송법에는 기판력에 관한 명문규정은 없으나 판결의 본질적 효력인 기판력이 발생함은 당연하다. 기판력은 인용판결뿐만 아니라 청구기각의 판결에도 인정된다.

2 취지 및 내용

기판력은 분쟁의 종국적인 해결을 위하여 확정판결에 의해 이미 해결된 법적 분쟁에 대하여 다시 소송으로 다투는 것을 막기 위하여 인정된 판결의 효력이다. 일단 재판이 확정된 때에는 전소판결에서 청구의 대상이 된 동일한 소송물에 대하여 다시 소송을 제기할 수 없고(반복금지효), 비록 소송이 제기되더라도 당사자는 기판력이 발생한 전소의 확정판결에 반하는 내용을 후소에서 주장할 수 없으며 법원 역시 전소판결에 반하는 판단을 하여서는 아니된다(모순금지효).

3 기판력의 효력 범위

1) 주관적 범위

기판력은 당해 소송의 당사자와 당사자와 동일시할 수 있는 승계인 및 보조참가인에게만 미치고, 소송에 관여하지 않은 제3자에게는 미치지 않는다. 다만, 취소소송에서는 소송수행의 편의상 권리주체인 국가·공공단체가 아닌 처분행정청을 피고로 하는 것에 불과하기 때문에 그 판결의 기판력은 피고인 처분행정청이 속하는 국가나 공공단체에도 미친다. 따라서 과세처분 취소소송의 피고는 처분청이므로 행정청을 피고로 하는 취소소송에 있어서의 기판력은 당해 처분이 귀속하는 국가 또는 공공단체에 미친다(대판 98다10854).

2) 객관적 범위

기판력의 객관적 범위는 그 판결의 주문에 포함된 것, 즉 소송물로 주장된 법률관계의 존부에 관한 판단의 결론 그 자체에만 미치는 것이고 판결이유에 설시된 그 전제가 되는 법률관계의 존부에까지 미치는 것은 아니다(대판 86다카2756). 따라서 취소소송의 소송물을 위법성 일반이라고 보는 판례의 입장에 따르면 취소소송의 기판력은 인용판결의 경우에 당해 처분이 위법하다는 점에 미친다. 기각판결의 경우에 기판력은 당해 처분이 적법하다는 점에 미치지만, 사정판결의 경우에는 당해 처분이 위법하다는 점에 미친다.

3) 시간적 범위

종국판결은 사실심변론종결시까지 소송에 나타난 자료를 기초로 하여 행하여지므로 기판력은 사실심변론종결 당시를 기준으로 하여 발생한다. 따라서 사실심변론종결시까지 제출할 수 있었던 사실 및 증거를 가지고 다시 소제기하는 것은 허용되지 않는다.

---

1. 과세처분취소청구를 기각하는 판결이 확정되면 그 처분이 적법하다는 점에 관하여 기판력이 생기고 그 후 원고가 다시 이를 무효라 하여 그 무효확인을 소구할 수는 없는 것이어서, 과세처분의 취소소송에서 청구가 기각된 확정판결의 기판력은 그 과세처분의 무효확인을 구하는 소송에도 미친다(대판 95누1880).

2. 과세처분의 취소소송은 과세처분의 실체적, 절차적 위법을 그 취소원인으로 하는 것으로서 그 심리의 대상은 과세관청의 과세처분에 의하여 인정된 조세채무인 과세표준 및 세액의 객관적 존부, 즉 당해 과세처분의 적부가 심리의 대상이 되는 것이며, 과세처분 취소청구를 기각하는 판결이 확정되면 그 처분이 적법하다는 점에 관하여 기판력이 생기고 그 후 원고가 이를 무효라 하여 무효확인을 소구할 수 없는 것이어서 과세처분의 취소소송에서 청구가 기각된 확정판결의 기판력은 그 과세처분의 무효확인을 구하는 소송에도 미친다. 또한 과세처분 취소소송의 피고는 처분청이므로 행정청을 피고로 하는 취소소송에 있어서의 기판력은 당해 처분이 귀속하는 국가 또는 공공단체에 미친다(대판 98다10854).
따라서 국가 또는 공공단체를 상대로 한 부당이득반환청구 역시 소구할 수 없다.

---

4 취소소송 확정판결의 기판력이 국가배상청구소송에 미치는지 여부

1) 문제의 소재

일반적으로 취소소송의 위법은 처분 즉, 행정청의 행위자체의 위법을 의미하는데, 국가배상책임의 성립요건은 공무원의 위법행위로 인한 손해의 결과 및 고의, 과실을 요구하고 있는 바 국가배상의 위법을 어떻게 볼 것인지에 따라 취소소송의 기판력이 미치는 지가 결정된다.

2) 학설

① 결과불법설은 국가배상의 위법성을 가해행위의 결과인 손해의 불법으로 이해하면서 취소소송의 위법과 국가배상의 위법은 전혀 다른 개념이므로 기판력이 발생하지 않는다는 입장이다. ② 상대적 위법성설은 국가배상의 위법성을 행위 자체의 위법뿐만 아니라 침해행위의 정도 등을 종합적으로 고려하여 행위가 객관적 정당성을 결한 경우를 말한다고 하면서 양 소송의 목적·역할이 다르므로 기판력이 발생하지 않는다는 입장이다. ③ 협의의 행위위법설은 국가배상의 위법성 역시 행위 자체의 법령 위반으로 이해하면서 양자는 동일한 개념이므로 취소소송의 기판력은 인용판결이든 기각판결이든 국가배상청구소송에 미친다고 한다. ④ 광의의 행위위법설은 국가배상의 위법성에 엄격한 법령위반은 물론 신의성실, 사회질서 등 위반도 포함하면서 국가배상의 위법이 취소소송의 위법보다 넓은 개념이므로 취소소송의 인용판결은 기판력이 발생하지만 기각판결은 기판력이 미치지 않는다고 한다.

> **간단서술형**
>
> ① 무제한기판력긍정설은 협의의 행위위법성설의 입장이고 ② 무제한기판력부정설은 결과불법설 및 상대적 위법성설의 입장이며 ③ 제한적 기판력긍정설은 광의의 행위위법성설의 입장이다.

3) 판례

> 어떠한 행정처분이 후에 항고소송에서 취소되었다고 할지라도 그 기판력에 의하여 당해 행정처분이 곧바로 공무원의 고의 또는 과실로 인한 것으로서 불법행위를 구성한다고 단정할 수는 없는 것이고, 그 행정처분의 담당공무원이 객관적 주의의무를 결하여 그 행정처분이 객관적 정당성을 상실하였다면 국가배상책임의 요건을 충족하였다고 봄이 상당할 것이며, 이 때 객관적 정당성을 상실하였는지 여부는 피침해이익의 종류 및 성질 및 손해의 정도 등 제반 사정을 종합하여 판단하여야 한다고 판시하였다(대판 2001다65236).

4) 검토

생각건대 하나의 법질서 내에서 소송유형별로 위법의 개념이 달라진다는 것은 법질서의 통일성을 저해하므로 양자의 위법은 동일한 개념으로 보는 것이 타당하다. 이에 따르면 취소소송에서 기각판결이 선고된 경우에는 국가배상청구소송 역시 기각될 것이고 인용판결이나 사정판결이 선고된 경우에는 민사법원도 처분의 위법성은 인정하여야 한다.

> **광의의 행위위법성설**
>
> 생각건대 항고소송에서의 처분의 위법성은 공익도 고려해야 하지만 국가배상에서의 위법은 피해자인 국민에게 손해배상을 하기 위한 요건으로서 엄격한 법령위반은 물론 신의성실, 사회질서 등 위반도 포함하는 것이 타당하므로 국가배상청구에서의 위법이 더 넓다고 보는 것이 타당하다.

5 기판력의 조사

확정판결의 존부는 당사자의 주장이 없더라도 법원이 이를 직권으로 조사하여 판단하여야 한다.

사례연습

공인노무사 甲은 관할 세무서장의 소득세부과처분의 취소를 구하는 소를 제기하였으나 기각판결이 확정되었다. 그 후 甲은 소득세부과처분에 대하여 무효확인소송과 국가를 상대로 그 처분이 무효임을 전제로 납부한 세금의 반환을 구하는 소를 각각 관할법원에 제기하였다. 법원은 어떤 판결을 선고하여야 하는지 검토하시오.

목차

I. 논점의 정리

II. 취소소송의 소송물

III. 기판력(민사소송법제216조①, 제218조②)
  1. 의의
  2. 기판력의 범위
    1) 주관적 범위 (민소법제218조제1항)
    2) 객관적 범위 (민소법제216조제1항)
    3) 시간적 범위
  3. 기판력의 조사

IV. 사안의 해결
  1. 무효확인소송의 경우
  2. 부당이득반환청구소송

2021년 제30회 기출

모범 답안

I. 논점의 정리 ❷

먼저 취소소송의 소송물을 검토한 후 전소인 취소소송에서 확정된 기각판결의 기판력이 후소 중 무효확인소송에 미치는 지와 전소의 당사자인 피고 행정청이 아닌 국가 또는 지방자치단체에게도 기판력이 발생하는지 여부가 후소 중 부당이득반환청구와 관련이 있으므로 이를 검토해보아야 한다.

II. 취소소송의 소송물 ❹

소송물이란 소송상 분쟁의 대상을 말하는데 소송물의 범위에 따라 기판력의 범위 등이 달라지는 바 행정소송법에는 취소소송의 소송물에 대한 명문규정이 없어 학설상 ① 처분의 위법성 일반으로, ② 개개의 위법사유로, ③ 처분의 위법성 및 권리가 침해되었다는 원고의 주장이라는 입장 등이 있다. 대법원은 과세처분 취소소송의 소송물은 취소원인이 되는 위법성일반이라고 판시하였다. 생각건대 분쟁의 일회적 해결요청의 필요성에 비추어 처분의 위법성 일반으로 보는 것이 타당하다. 따라서 취소소송의 인용판결의 기판력은 처분의 위법성에, 기각판결의 경우에는 처분의 적법성에 대하여 미친다.

Ⅲ 기판력(민사소송법제216조①, 제218조①)

1 의의 ③

소송물에 관하여 법원의 판결이 확정되면 이후 동일한 사항에 대하여 당사자 등은 법원의 판단내용에 반하는 주장으로 다투는 것이 허용되지 않으며, 법원도 그와 모순·저촉되는 판단을 해서는 안 되는 구속력을 말하는 데 행정소송법에는 기판력에 관한 규정은 없지만 판결의 본질적 효력인 기판력이 발생함은 당연하고(행정소송법제8조②) 취소판결의 기속력과는 다른 효력이다.

2 기판력의 범위

1) 주관적 범위 (민소법제218조제1항) ③

기판력은 당해 소송의 당사자와 당사자와 동일시할 수 있는 승계인에게만 미치고, 소송에 관여하지 않은 제3자에게는 미치지 않는다. 다만, 취소소송에서는 소송편의상 권리주체인 국가·공공단체가 아닌 처분청을 피고로 하는 것에 불과하므로 기판력은 피고 처분청이 속하는 국가나 공공단체에도 미친다. 대법원도 취소소송의 기판력은 당해 처분이 귀속하는 국가 또는 공공단체에 미친다고 판시하였다.

2) 객관적 범위 (민소법제216조제1항) ③

기판력은 판결의 주문, 즉 소송물에 관한 판단의 결론 그 자체에만 미치는 것이지 판결이유에 설시된 그 전제가 되는 법률관계의 존부에까지 미치는 것은 아니다. 따라서 취소소송의 소송물을 위법성 일반으로 보게 되면 취소소송의 기판력은 인용판결의 경우에 당해 처분이 위법하다는 점에 미치고 기각판결의 경우에는 당해 처분이 적법하다는 점에 미친다.

3) 시간적 범위 ③

당사자는 사실심변론종결시까지 모든 주장과 증거를 제출할 수 있고 종국판결은 사실심변론종결시까지 소송에 나타난 자료를 기초로 행하여지므로 기판력은 사실심변론종결당시를 기준으로 하여 발생한다. 따라서 사실심변론종결시까지 제출할 수 있었던 증거를 가지고 동일한 소를 제기하는 것은 기판력에 반한다.

3 기판력의 조사 ②

확정판결의 존부는 당사자의 주장이 없더라도 법원이 이를 직권으로 조사하여 판단하는 것이고 기판력에 반하는 소제기에 대하여는 각하판결이 선고된다.

Ⅳ 사안의 해결

1 무효확인소송의 경우 2.5

甲의 소득세부과처분취소청구를 기각하는 판결이 확정되면 관할 세무서장의 과세처분이 적법하다는 점에 기판력이 생기므로 甲은 다시 과세처분이 위법무효라고 하면서 무효확인을 제기할 수 없으므로 甲이 제기한 무효확인소송은 기판력에 반하여 각하판결이 선고될 것이다.

2 부당이득반환청구소송 2.5

乙의 과세처분이 적법하다는 점에 기판력이 발생하였고 이는 처분청이 속하는 국가 또는 지방자치단체에게도 미치므로 甲이 관할 세무서장이 속하는 국가를 상대로 제기한 부당이득반환청구 역시 각하판결이 선고될 것이다.

甲은 어려운 환경 속에서도 흔들리지 않고 열심히 공부하여 결국 2019년 공인노무사 시험에 최종합격하였고 공인노무사법제5조의 2에 따른 연수교육을 모두 이수한 후에 공인노무사로서 직무를 수행하기 위하여 2020. 7. 1.에 고용노동부장관(이하 '乙'이라 한다)에게 제5조에 따른 등록신청을 하였다. 甲의 등록신청을 받은 乙은 甲이 법제5조제2항제2호 연수교육을 이수하지도 않았고, 甲은 법제4조제4호 파산선고를 받은 자로서 복권되지 아니한 자라고 생각하고 甲의 등록신청을 거부하였다. 甲은 거부처분취소소송을 제기하였고 인용판결이 확정되었다. 이에 甲은 관할 민사법원에 국가배상청구소송을 제기하였는데 민사법원은 乙의 거부처분의 위법성을 인정하여야 하는가?

목차

Ⅰ. 쟁점의 정리
Ⅱ. 취소소송의 소송물
Ⅲ. 확정판결의 기판력 일반
Ⅳ. 국가배상청구권의 성질

Ⅴ. 국가배상법상 위법개념
  1. 문제의 소재
  2. 학설
  3. 판례
  4. 검토
Ⅵ. 사안의 해결

모범답안

Ⅰ 쟁점의 정리 ❶

사안은 취소소송에서의 확정판결의 기판력이 국가배상청구소송에 미치는지가 문제된다. 즉, 취소소송의 위법과 국가배상책임의 요건으로서 위법의 개념이 동일한지 여부를 검토해보아야 한다.

Ⅱ 취소소송의 소송물 ❸

소송물이란 소송상 분쟁의 대상을 말하는데 소송물의 범위에 따라 기판력의 범위 등이 달라지는 바 행정소송법에는 취소소송의 소송물에 대한 명문규정이 없어 학설상 ① 처분의 위법성 일반으로, ② 개개의 위법사유로, ③ 처분의 위법성 및 권리가 침해되었다는 원고의 주장이라는 입장

등이 있다. 대법원은 과세처분 취소소송의 소송물은 취소원인이 되는 위법성일반이라고 판시하였다. 생각건대 분쟁의 일회적 해결요청의 필요성에 비추어 처분의 위법성 일반으로 보는 것이 타당하다. 따라서 취소소송의 인용판결의 기판력은 처분의 위법성에, 기각판결의 경우에는 처분의 적법성에 대하여 미친다.

III. 확정판결의 기판력 일반 ❷

기판력이란 소송물에 관하여 법원의 판결이 확정되면 이후 동일한 사항에 대하여 당사자 및 승계인은 법원의 판단내용에 반하는 주장을 하여 다투는 것이 허용되지 않으며, 법원도 그와 모순·저촉되는 판단을 해서는 안 되는 구속력을 말하는데 인용판결은 물론 청구기각의 판결의 주문에만 미치고 사실심변론종결시를 기준으로 발생한다(민소법 제216조, 제218조). 기판력은 취소판결에만 발생하여 행정청만을 구속하는 기속력(행소법 제30조)과는 다른 효력인데 대법원은 이를 혼용하고 있다.

IV. 국가배상청구권의 성질 ❷

일반적으로 학설은 국가배상청구권은 공의 직무행위로 발생한 손해배상청구권이므로 공권에 해당하고 당사자소송의 대상으로 이해하나, 대법원은 사권에 불과하고 민사소송의 대상이라고 판시하고 있는 데 논리적으로는 당사자소송으로 보는 것이 타당하다. 다만, 이하에서는 판례에 따라 민사소송을 전제로 검토하겠다.

V. 국가배상법상 위법개념

1. 문제의 소재 ❶

일반적으로 취소소송의 위법은 처분 즉, 행정청의 행위 자체의 위법을 의미하는 데, 국가배상책임의 성립요건은 공무원의 위법행위로 인한 손해의 결과 및 고의, 과실을 요구하고 있는 바 국가배상의 위법을 어떻게 보느냐에 따라 취소소송의 기판력이 미치는 지가 결정된다.

2. 학설 ❹

① 결과불법설은 국가배상의 위법성을 가해행위의 결과인 손해의 불법으로 이해하면서 취소소송의 위법과 국가배상의 위법은 전혀 다른 개념이므로 기판력이 발생하지 않는다는 입장이다. ② 상대적 위법성설은 국가배상의 위법성을 행위 자체의 위법뿐만 아니라 침해행위의 정도 등을 종합적으로 고려하여 행위가 객관적 정당성을 결한 경우를 말한다고 하면서 양 소송의 목적·역할이 다르므로 기판력이 발생하지 않는다는 입장이다. ③ 협의의 행위위법설은 국가배상의 위법성 역시 행위 자체의 법령 위반으로 이해하면서 양자는 동일한 개념이므로 취소소송의 기판력은 인용판결이든 기각판결이든 국가배상청구소송에 미친다고 한다. ④ 광의의 행위위법설은 국가배상의 위법성을 엄격한 법령위반은 물론 신의성실, 사회질서 등 위반도 포함하면서 국가배상의 위법이

취소소송의 위법보다 넓은 개념이므로 취소소송의 인용판결은 기판력이 발생하지만 기각판결은 기판력이 미치지 않는다고 한다.

3 판례 ❸

어떠한 행정처분이 후에 항고소송에서 취소되었다고 할지라도 그 기판력에 의하여 당해 행정처분이 곧바로 공무원의 고의 또는 과실로 인한 것으로서 불법행위를 구성한다고 단정할 수는 없는 것이고, 그 행정처분의 담당공무원이 객관적 주의의무를 결하여 그 행정처분이 객관적 정당성을 상실하였다면 국가배상책임의 요건을 충족하였다고 봄이 상당할 것이며, 이 때에 객관적 정당성을 상실하였는지 여부는 피침해이익의 종류 및 성질 및 손해의 정도 등 제반 사정을 종합하여 판단하여야 한다고 판시하였다.

4 검토 ❷

항고소송에서의 처분의 위법성은 공익도 고려해야 하지만 국가배상에서의 위법은 피해자인 국민에게 손해배상을 하기 위한 요건으로서 엄격한 법령 위반은 물론 신의성실, 사회질서 등 위반도 포함하는 것이 타당하므로 국가배상청구에서의 위법이 더 넓다고 보는 것이 타당하다.

VI 사안의 해결 ❷

甲이 제기한 거부처분취소소송의 인용판결의 기판력은 국가배상청구소송을 담당하는 후소 법원에도 미치므로 민사법원은 乙의 거부처분의 위법성을 인정하여야 하고 공무원의 고의, 과실 등 나머지 요건이 충족되면 인용판결을 선고할 것이다.

● 甲은 법무부장관에게 광복절 특별사면과 관련한 '사면실시건의서 및 사면심의에 관한 국무회의 안건자료'의 공개를 청구하였다. 이에 대하여 법무부장관은 위 정보에는 사면대상자 또는 제외자의 이름 및 그 사유 등이 포함되어 있어 「공공기관의 정보공개에 관한 법률」 제9조 제1항 제6호에 해당하여 공개될 경우 사생활의 비밀을 침해할 우려가 있다는 이유로 공개를 거부하였다. 甲은 이에 대해 법무부장관을 피고로 하여 정보공개거부처분 취소소송을 제기하였다.

1. 법무부장관이 위 취소소송 중에 위 정보가 같은 항 제4호의 형의 집행, 교정, 보안 처분에 관한 사항으로서 공개될 경우 그 직무수행을 현저히 곤란하게 한다고 인정할 만한 상당한 이유가 있는 정보에도 해당한다는 점을 비공개사유로 추가하는 것은 허용되는가?

목차

I. 논점의 정리
II. 처분사유의 추가, 변경의 의의
III. 허용여부
  1. 학설
  2. 판례
  3. 검토

IV. 기본적 사실관계의 동일성 판단기준
  1. 시간적 기준
  2. 객관적 기준
V. 사안의 해결

2. 만약 위 제4호의 처분사유의 추가가 허용되지 않고 법무부장관이 위 소송에서 패소하여 그 판결이 확정되었다면, 그 후 법무부장관이 위 정보가 같은 항 제4호에 해당한다는 사유로 재차 정보공개를 거부하는 것은 가능한가?

목차

I. 쟁점의 정리
II. 취소판결의 기속력
  1. 의의
  2. 기판력과의 구별
  3. 기속력의 범위
    1) 주
    2) 객
    3) 시
  4. 기속력의 내용
    1) 반
    2) 재
    3) 결
III. 사안의 해결

2010년 제19회, 2012년 제21회, 2018년 제27회 기출

모범 답안

설문 1.에 관하여

I. 논점의 정리

甲이 제기한 정보공개거부처분 취소소송 계속 중 피고인 법무부장관이 처분 당시에 제시하지 않았던 「공공기관의 정보공개에 관한 법률」(이하 '정보공개법'이라 한다) 제9조 제1항 제4호를 비공개사유로 추가하는 것이 허용되는 지에 관하여 행정소송법에는 명문의 규정이 없어 원고의 공격방어방법과 분쟁의 일회적 해결이라는 요청사이에서 문제가 발생한다.

II. 처분사유의 추가, 변경의 의의

처분 당시에 존재하였으나 행정청이 당초 처분의 근거로 삼지 않았던 사유를 행정쟁송의 단계에서 추가하거나 그 내용을 변경하는 것을 처분사유의 추가·변경이라 한다.

III. 허용여부

1 학설

① 원고의 공격방어방법을 침해하여 예상치 못한 불이익이 발생하므로 부정하는 입장과 ② 소송경제 및 분쟁의 일회적 해결에 부합하고, 이를 부정하면 법원이 취소판결을 한 후에 행정청은 처분시의 다른 사유를 들어 동일한 처분을 할 수 있으므로 긍정하는 입장과 ③ 기본적 사실관계의 동일성이 인정되는 범위에서만 인정하자는 제한적 긍정설이 있다.

2 판례

처분청은 당초 처분의 근거로 삼은 사유와 기본적 사실관계가 동일성이 있다고 인정되는 한도 내에서만 다른 사유를 추가하거나 변경할 수 있을 뿐, 기본적 사실관계와 동일성이 인정되지 않는 별개의 사실을 들어 처분사유로 주장함은 허용되지 않는다고 판시하면서 이와 같은 법리는 행정심판단계에서도 동일하게 적용된다고 판시하였다. 다만, 산업재해보상보험법상 심사청구는 처분청이 스스로 당해 처분의 적법성과 합목적성을 확보하고자 행하는 자신의 내부 시정절차에 해당하므로 기본적 사실관계의 동일성이 인정되지 않는 사유라고 하더라도 추가·변경할 수 있다고 판시하였다.

3 검토

생각건대 행정쟁송에서는 원고 내지 청구인의 쟁송상 공격방어권을 보호하고 소송경제 및 분쟁의 일회적 해결에도 기여할 수 있는 제한적 긍정설이 타당하고, 이의신청과 같은 행정청 스스로의

내부시정절차에서는 행정의 능률성 및 행정의 자기통제 취지에 비추어 기본적 사실관계의 동일성을 요구할 필요는 없다.

Ⅳ 기본적 사실관계의 동일성 판단기준

1 시간적 기준 ❶

소송경제에 비추어 처분시 이후의 사유도 포함하는 견해가 있으나, 처분의 위법성 판단시점은 처분시고 따라서 처분 당시에 존재하였던 사유를 기준으로 허용여부를 판단하여야 한다.

2 객관적 기준 ❹

대법원은 기본적 사실관계의 동일성 유무는 처분사유를 법적 평가 이전의 구체적인 사실의 기초가 되는 사회적 사실관계가 기본적인 점에서 동일한 지 여부에 따라 결정된다고 하면서 동일성은 시간적, 장소적 근접성, 행위태양 등을 종합적으로 고려하여 개별사안에 따라 구체적으로 판단하여야 한다고 판시하면서 지입제 운영행위에 있어서 명의이용금지와 직영조건위반은 기본적 사실관계의 동일성을 인정하였고, 무자료주류 판매사유와 무면허업자판매시유 및 정당한 이유없이 계약을 미이행한 사실과 계약과 관련하여 공무원에게 뇌물을 주었다는 사실은 동일성을 부정하였다.

Ⅴ 사안의 해결 ❸

피고 법무부장관이 소송계속 중 추가한 '형의 집행, 교정, 보안 처분에 관한 사항으로서 공개될 경우 그 직무수행을 현저히 곤란하게 한다고 인정할 만한 상당한 이유가 있는 정보'라는 사유는 당초 처분사유인 '공개될 경우 사생활의 비밀을 침해할 우려가 있다는 이유'라는 사유와 비교하면 시간적, 장소적 근접성 및 행위태양이 전혀 다르므로 이를 허용하면 甲은 기존 소송자료와는 전혀 다른 새로운 증거를 수집, 제출하여야 하는 문제를 발생시키므로 기본적 사실관계의 동일성이 인정되지 않는다. 따라서 법원은 피고가 추가한 사유로 처분의 위법 여부를 심리하여서는 아니된다.

설문 2.에 관하여

Ⅰ 쟁점의 정리 ❶

甲이 제기한 정보공개거부처분 취소소송에서 취소판결이 확정되었음에도 법무부장관이 다른 사유로 정보공개를 거부하는 것이 취소판결의 기속력에 위반되는 것은 아닌지 검토해보아야 한다.

II 취소판결의 기속력

1 의의 ❶

행정소송법제30조는 처분 등을 취소하는 확정판결은 그 사건에 관하여 당사자인 행정청과 그 밖의 관계행정청을 기속한다고 규정하고 있는 바, 취소판결의 실효성을 담보하기 위하여 행정청을 구속하기 위한 힘이다.

2 기판력과의 구별 ❸

취소판결의 기속력을 법원의 확정판결에 발생하는 기판력과 동일하게 보는 입장도 있지만, 기판력은 인용판결은 물론 기각판결에도 발생하고 당사자인 피고는 물론 원고에게도 발생하는 힘으로써 피고 행정청 및 관계행정청만을 구속하는 기속력과는 다르다고 보는 것이 타당하다. 즉, 기속력은 기판력과는 다른 취소판결의 특수한 효력이다.

3 기속력의 범위

1) 주관적 범위 ❶

기속력은 당사자인 행정청뿐만 아니라 그 밖의 관계행정청을 기속한다(법제30조.①).

2) 객관적 범위(판례) ❸

기속력은 판결주문과 그 전제로 된 요건사실의 인정과 효력의 판단에만 미치고, 판결의 결론과 직접 관계없는 사실판단에는 미치지 않는다. 기속력은 '판결이유에 적시된 개개의 위법사유'에 관해서 발생하므로 법원이 위법이라고 판단한 것과 동일한 이유나 자료(기본적 사실관계의 동일성)를 바탕으로 동일인에 대하여 동일행위를 하는 것을 금지할 뿐 별개의 이유를 들어 동일한 처분을 하는 것은 기속력에 위반한 것이 아니다.

3) 시간적 범위(판례) ❷

판례는 처분의 위법성 판단 기준시는 처분시라고 판시하는 바, 기속력은 처분 당시까지 존재하는 사유에 대해서만 미친다. 따라서 처분 이후에 발생한 새로운 법령 및 사실상태의 변동을 이유로 동일한 내용의 처분을 하는 것은 기속력에 반하지 않는다.

4 기속력의 내용

1) 반복금지효 ❷

행정청은 동일한 사실관계 아래에서 동일한 당사자에 대하여 동일한 내용의 처분 등을 반복해서는 아니된다. 판례는 확정판결의 당사자인 처분행정청이 다시 확정판결과 저촉되는 행정처분을 하는 것은 허용되지 않는 것으로서 이러한 행정처분은 당연무효라고 판시하였다.

2) 재처분의무(판례) ❸

행정청의 거부처분을 취소하는 판결이 확정된 경우에는 그 처분을 행한 행정청은 판결의 취지에 따라 이전의 신청에 대하여 재처분할 의무가 있고(행소법제30조제2항), 이 경우 판결의 취지에 따른다는 의미는 반드시 원고가 신청한대로 재처분을 하여야 하는 것을 의미하는 것이 아니라 취소된 거부처분의 위법사유를 보완하거나 기본적 사실관계가 다르거나 새로운 발생 사실을 이유로 다시 거부처분을 할 수도 있고 이 경우의 거부처분은 재처분의무를 이행한 것이 된다.

3) 결과제거의무 (원상회복의무) ❷

기속력의 내용으로서 행정청은 결과제거의무를 부담하기도 한다. 예컨대, 과세처분이 취소되면 행정청은 압류재산을 반환하여야 하는 경우와 같이, 처분의 취소판결이 확정되면 행정청은 결과적으로 위법한 처분에 의해 초래된 상태를 제거할 의무를 진다. 행정소송법 개정안은 결과제거의무를 명시하고 있다.

5 기속력 위반의 효과 ❷

대법원은 확정판결의 당사자인 행정청이 처분시의 사유를 내세워 다시 확정판결에 저촉되는 처분을 하였다면 이러한 행정처분은 하자가 중대하고 명백하여 무효라고 판시하였다.

Ⅲ 사안의 해결 ❷

취소판결이 확정된 법무부장관의 거부처분사유는 제6호의 '공개될 경우 사생활의 비밀을 침해할 우려가 있다'는 것이었는데 새로운 거부처분사유는 제4호의 '형의 집행 교정, 보안 처분에 관한 사항으로서 공개될 경우 그 직무수행을 현저히 곤란하게 한다고 인정할 만한 상당한 이유가 있다'는 것으로서 기본적 사실관계의 동일성이 인정되지 않으므로 법무부장관은 제4호를 이유로 다시 거부처분을 할 수 있고 이는 반복금지에 반하지 않는 재처분에 해당한다.

THEME 39 사정판결

행정소송법

제28조 【사정판결】 ① 원고의 청구가 이유있다고 인정하는 경우에도 처분등을 취소하는 것이 현저히 공공복리에 적합하지 아니하다고 인정하는 때에는 법원은 원고의 청구를 기각할 수 있다. 이 경우 법원은 그 판결의 주문에서 그 처분등이 위법함을 명시하여야 한다.
② 법원이 제1항의 규정에 의한 판결을 함에 있어서는 미리 원고가 그로 인하여 입게 될 손해의 정도와 배상방법 그 밖의 사정을 조사하여야 한다.
③ 원고는 피고인 행정청이 속하는 국가 또는 공공단체를 상대로 손해배상, 제해시설의 설치 그 밖에 적당한 구제방법의 청구를 당해 취소소송등이 계속된 법원에 병합하여 제기할 수 있다.

제32조 【소송비용의 부담】 취소청구가 제28조의 규정에 의하여 기각되거나 행정청이 처분등을 취소 또는 변경함으로 인하여 청구가 각하 또는 기각된 경우에는 소송비용은 피고의 부담으로 한다.

Ⅰ 의의

취소소송에 있어 심리의 결과 처분이 위법하면 이를 취소함이 원칙이다. 그러나 원고의 청구가 이유 있다고 인정되는 경우에도 처분등을 취소하는 것이 현저히 공공복리에 적합하지 아니하다고 인정하는 때에는 법원은 원고의 청구를 기각할 수 있고, 이를 사정판결이라 한다.

Ⅱ 요건(법제 조)

1 원고의 청구가 이유있을 것

본안심리의 결과 처분이 위법하여 원고의 청구가 이유있어야 하고, 이 때 처분의 위법성 판단시점에 관하여 견해의 대립이 있지만 처분시를 기준으로 판단하여야 한다.

2 처분등을 취소하는 것이 현저히 공공복리에 적합하지 않을 것

대법원은 위법한 행정처분을 존치시키는 것은 그 자체가 공공복리에 반하는 것이므로 행정처분이 위법함에도 불구하고 이를 취소하는 것이 현저히 공공복리에 적합하지 아니하다고 인정하여 사정판결을 함에 있어서는 극히 엄격한 요건 아래 제한적으로 하여야 할 것이고, 그 요건인 현저히 공공복리에 적합하지 아니한가의 여부를 판단함에 있어서는 위법·부당한 행정처분을 취소·변경하여야 할 필요성과 그로 인하여 발생할 수 있는 공공복리에 반하는 사태 등을 비교교량하여 그 적용여부를 판단하여야 한다(대판 99두7210)고 판시하였다.

3 사정조사 (법제 조)

법원은 사정판결을 함에 있어서는 미리 원고가 그로 인하여 입게 될 손해의 정도와 배상방법 그 밖의 사정을 조사하여야 한다.

> **사정판결을 인정**
>
> 법학전문대학원이 장기간의 논의 끝에 사법개혁의 일환으로 출범하여 2009년 3월초 일제히 개원한 점, 전남대 법학전문대학원도 120명의 입학생을 받아들여 교육을 하고 있는데 인가처분이 취소되면 그 입학생들이 피해를 입을 수 있는 점, 법학전문대학원의 인가 취소가 이어지면 우수한 법조인의 양성을 목적으로 하는 법학전문대학원 제도 자체의 운영에 큰 차질을 빚을 수 있는 점, 법학전문대학원의 설치인가 심사기준의 설정과 각 평가에 있어 법 제13조에 저촉되지 않는 점, 교수위원이 제15차 회의에 관여하지 않았다고 하더라도 그 소속대학의 평가점수에 비추어 동일한 결론에 이르렀을 것으로 보여, 전남대에 대한 이 사건 인가처분을 취소하고 다시 심의하는 것은 무익한 절차의 반복에 그칠 것으로 보이는 점 등을 종합하여, 전남대에 대한 이 사건 인가처분이 법 제13조에 위배되었음을 이유로 취소하는 것은 현저히 공공복리에 적합하지 아니하다고 인정하였다(대판 2009두8359).

> **사정판결을 부정**
>
> 1. 징계면직된 검사의 복직이 검찰조직의 안정과 인화를 저해할 우려가 있다는 등의 사정은 현저히 공공복리에 반하는 사유라고 볼 수 없으므로 사정판결을 할 경우에 해당하지 않는다(대판 2000두7704).
>
> 2. 행정소송법 제28조 제1항의 사정판결은 공공복리의 유지를 위하여 극히 예외적으로 인정된 제도인 만큼 그 적용은 극히 엄격한 요건 아래 제한적으로 하여야 할 것이고, 그 요건인 현저히 공공복리에 적합하지 아니한가의 여부를 판단함에 있어서는 위법, 부당한 행정처분을 취소, 변경하여야 할 필요와 그 취소, 변경으로 인하여 발생할 수 있는 현저히 공공복리를 해치는 사태 등을 비교, 교량하여 그 적용 여부를 판단하여야 한다. 따라서 신규업자에 대한 버스운송사업계획인가처분이 취소되면 이를 이용하던 승객들의 불편이 예상되지만 이는 일시적인 것이고 자동차운수사업에 관한 질서확립, 운수업체 간의 과당경쟁방지, 기존의 노선면허 있는 운수회사의 기득의 이익보호의 필요성, 사업계획변경인가처분의 취소 후에 행정청이 취할 수 있는 대응조치 등을 고려해 볼 때, 위 처분의 취소가 현저히 공공복리에 적합하지 아니하는 때에 해당하지 아니하여 사정판결의 요건을 갖추지 못하였다(대판 90누1359).

Ⅲ 처분의 위법성과 사정판결 필요성 판단의 기준시

사정판결에서도 처분의 위법성 판단의 기준시는 처분시가 된다. 그러나 사정판결의 필요성 판단은 사정판결제도의 취지에 비추어 처분의 위법성 판단과는 달리 판결시를 기준으로 하여야 한다.

Ⅳ 사정판결 필요성의 주장·입증의 책임

사정판결의 필요성에 대한 주장·입증의 책임은 사정판결의 예외성에 비추어 피고인 행정청이 부담하여야 한다.

V 사정판결의 효과

법원은 판결의 주문에서 그 처분등이 위법함을 명시하여야 하므로 그 처분 등의 위법성에 대하여는 기판력이 발생한다(법제 조). 따라서 원고는 손해배상 등과 관련하여 위법을 다시 입증할 필요가 없고 사정판결의 소송비용은 패소자인 원고가 아니라 피고가 부담하고, 원고는 피고인 행정청이 속하는 국가 또는 공공단체를 상대로 손해배상, 재해시설의 설치 및 그 밖에 적당한 구제방법의 청구를 당해 취소소송이 계속된 법원에 병합하여 제기할 수 있다(법제 조). 소송비용은 피고가 부담한다(법제 조).

VI 법원의 직권가능여부

1 문제의 소재

법원이 사정판결을 선고하기 위하여 반드시 피고인 행정청의 신청이 필요한지가 행정소송법 제26조 직권심리규정의 성격과 관련하여 문제 된다.

2 학설

① 변론주의보충설은 피고의 신청이 필요하다는 입장이고, ② 직권탐지주의설은 피고의 신청이 없어도 법원이 직권으로 사정판결여부를 결정할 수 있다는 입장이다.

3 판례

> 법원은 행정소송에 있어서 행정처분이 위법하여 운전자의 청구가 이유 있다고 인정하는 경우에도 그 처분 등을 취소하는 것이 현저히 공공복리에 적합하지 아니하다고 인정하는 때에는 원고의 청구를 기각하는 사정판결을 할 수 있고, 이러한 사정판결을 할 필요가 있다고 인정하는 때에는 당사자의 명백한 주장이 없는 경우에도 일건 기록에 나타난 사실을 기초로 하여 직권으로 사정판결을 할 수 있다(대판 95누4629).

4 검토

생각건대 행정소송법 제28조는 사정판결을 하기 위하여 피고의 신청이 필요하다는 규정이 없고 행정소송법 제26조는 직권탐지주의로 해석하는 것이 타당하므로 법원이 직권으로 사정판결을 할 수 있다고 보는 것이 타당하다.

VII 무효등확인소송에 인정여부

1 문제의 소재

행정소송법제38조제1항의 무효등 확인소송에는 행정소송법 제28조의 사정판결이 준용되지 않고 있음에도 해석상 사정판결이 허용되는지 문제된다.

2 학설

① 긍정설은 처분의 무효와 취소의 구별이 상대적이고 법적으로는 무효인 처분이더라도 사실상 형성된 공익을 보호할 필요가 있는 경우도 있으므로 허용하자는 입장이고 ② 부정설은 사정판결은 법치주의의 예외로서 엄격한 제한 아래 극히 예외적으로만 인정하여야 하므로 부정하는 입장이다.

3 판례

> 당연무효의 행정처분을 소송목적물로 하는 행정소송에서는 존치시킬 효력이 있는 행정행위가 없기 때문에 행정소송법 제28조 소정의 사정판결을 할 수 없다(대판 95누5509).

4 검토

생각건대 행정소송법은 무효등 확인소송에 사정판결을 준용하고 있지 않은 점, 사정판결은 법치주의의 예외로서 엄격한 제한 아래 극히 예외적으로만 인정되어야 하므로 부정하는 것이 타당하다.

사례연습

A시와 B시 구간의 시외버스 운송사업을 하고 있는 甲은 최근 자가용이용의 급증으로 시외버스 운송사업을 하는데 상당한 어려움에 처해 있다. 그런데 관할행정청 X는 甲이 운영하는 노선에 대해 인근에서 대규모 운송사업을 하고 있던 乙에게 새로운 시외버스 운송사업면허를 발급하였다. 甲은 취소소송을 제기하였고 법원은 X의 乙에 대한 시외버스 운송사업면허처분에 대하여 위법사유를 발견하고 乙에 대한 시외버스 운송사업면허처분을 취소하고자 한다. 그러나 이미 많은 시민들이 乙이 운영하는 버스를 이용하고 있다는 이유로 면허취소판결을 하지 않을 수 있는가?

목차

Ⅰ. 문제의 소재

Ⅱ. 사정판결의 의의

Ⅲ. 요건
  1. 원고의 청구가 이유 있을 것
  2. 피고 행정청의 신청이 필요한 지 여부
  3. 처분 등을 취소하는 것이 현저히 공공복리에 적합하지 않을 것
  4. 사정판결 필요성에 대한 판단시점 및 주장·입증책임

Ⅳ. 사안의 해결

2015년 제24회 기출

모범 답안

Ⅰ 문제의 소재 ❶

법원의 심리결과 乙에 대한 처분의 위법성이 발견되었는데도 취소판결이 아닌 기각판결을 선고할 수 있는지는 사정판결의 요건이 충족여부를 검토하여야 한다.

Ⅱ 사정판결의 의의 ❶

행정소송법제28조는 원고의 청구가 이유 있다고 인정되는 경우에도 처분 등을 취소청구를 기각할 수 있다고 규정하고 있는데 이를 사정판결이라 한다.

Ⅲ 요건

1 원고의 청구가 이유 있을 것 ❶

사정판결의 경우에는 처분 후의 사정까지 고려하여 위법성을 판단하여야 한다는 입장도 있지만

처분의 위법여부는 처분의 성립당시에 결정된다는 점에서 처분의 위법성 판단시점은 처분시를 기준으로 하여야 한다.

2 피고 행정청의 신청이 필요한 지 여부 ④

행정소송법제26조의 직권심리규정의 의미와 관련하여 변론주의보충설은 피고의 신청이 필요하다는 입장이고, 직권탐지주의설은 피고의 신청이 없어도 법원의 직권으로 가능하다는 입장이다. 대법원은 사정판결을 할 필요가 있는 때에는 당사자의 명백한 주장이 없는 경우에도 일건 기록에 나타난 사실을 기초로 하여 직권으로 사정판결을 할 수 있다고 판시하였다. 생각건대 법제28조의 명문규정이 피고의 신청을 요구하지 않고 법제26조는 문언상 직권탐지주의를 가미한 것으로 보는 것이 타당하므로 피고의 신청이 없어도 가능하다.

3 처분 등을 취소하는 것이 현저히 공공복리에 적합하지 않을 것 ②

대법원은 현저히 공공복리에 적합하지 아니한가의 여부를 판단함에 있어서는 극히 엄격한 제한 아래 위법한 행정처분을 취소·변경하여야 할 필요성과 그로 인하여 발생할 수 있는 공공복리에 반하는 사태 등을 비교형량하여 그 적용여부를 판단하여야 한다고 판시하면서 절차의 하자가 있는 로스쿨인가취소사건에서 사정판결을 선고한 바 있다.

4 사정판결 필요성에 대한 판단시점 및 주장·입증책임 ①

사정판결의 필요성에 대한 판단시점은 판결시이고 그 필요성에 관한 주장·입증의 책임은 사정판결의 예외성에 비추어 피고인 행정청이 부담하여야 한다.

Ⅳ 사안의 해결 ②

사정판결의 요건 중 乙에 대한 면허취소판결이 이미 많은 시민들이 乙이 운영하는 버스를 이용하고 있다는 점에서 시민들의 불편이 예상되지만 이는 일시적인 것에 불과하고 기존업자 甲이 운영하는 버스를 이용할 수도 있으므로 이를 이유로 사정판결을 한다면 기존업자 甲에게 발생하는 중대한 불이익과 비교형량하여 볼 때 乙의 면허를 취소하는 것이 현저히 공공복리에 적합하지 않다고 보기는 어렵다. 대법원도 사안과 유사한 사건에서 사정판결을 선고하지 않았다.

THEME 40 제3자의 재심청구

> **행정소송법**
>
> **제31조 【제3자에 의한 재심청구】** ① 처분 등을 취소하는 판결에 의하여 권리 또는 이익의 침해를 받은 제3자는 자기에게 책임없는 사유로 소송에 참가하지 못함으로써 판결의 결과에 영향을 미칠 공격 또는 방어방법을 제출하지 못한 때에는 이를 이유로 확정된 종국판결에 대하여 재심의 청구를 할 수 있다.
> ② 제1항의 규정에 의한 청구는 확정판결이 있음을 안 날로부터 30일 이내, 판결이 확정된 날로부터 1년 이내에 제기하여야 한다.
> ③ 제2항의 규정에 의한 기간은 불변기간으로 한다.

I 의의

행정소송법 제31조는 처분등을 취소하는 판결에 의하여 권리 또는 이익의 침해를 받은 제3자는 자기에게 책임없는 사유로 소송에 참가하지 못함으로써 판결의 결과에 영향을 미칠 공격 또는 방어방법을 제출하지 못한 때에는 이를 이유로 확정된 종국판결에 대하여 재심의 청구를 할 수 있다고 규정하고 있는 데 재심이란 확정판결의 후소법원에 대한 기판력을 배제하기 위한 소송으로서 예외적인 경우에만 허용된다.

II 요건(법제 조)

1 취소판결의 확정

처분 등을 취소하는 판결이 확정되어야 한다.

2 권리 또는 이익의 침해를 받은 제3자

여기서 말하는 권리 또는 이익은 제3자 소송참가의 요건과 동일한 것으로서 단순한 감정상, 경제상의 이해관계가 아니라 법률상 이익을 말한다.

3 자신에게 책임없는 사유로 참가하지 못했을 것

대법원은 '자기에게 책임 없는 사유'의 유무는 사회통념에 비추어 제3자가 통상인으로서 일반적 주의를 다하였어도 종전 소송의 계속을 알기 어려웠다는 것과 알고 있었던 경우에는 당해 소송에 참가를 할 수 없었던 특별한 사정이 있었을 것을 필요로 하고 이러한 사유에 관한 입증책임은 그러한 사유를 주장하는 제3자에게 있다고 판시하였다.

Ⅲ 청구기간

재심청구는 확정판결이 있음을 안 날로부터 30일 이내, 판결이 확정된 날로부터 1년 이내에 제기하여야 한다. 재심제도의 특성상 두 기간 모두 불변기간이다(법제   조   ).

사례연습

● X시장은 관련 법령에 따라 개발제한구역 내의 간선도로 중 특정 구간에 고시된 선정기준에 따라 사업자 1인을 선정하여 '가스충전소건축'을 허가하기로 하는 가스충전소 배치계획을 고시하였다. 이에 A와 B는 각자 자신이 고시된 선정기준에 따른 우선순위자임을 주장하면서 건축허가를 신청하였다. 이에 X시장은 각 신청서류를 검토한 결과 B가 우선순위자라고 인정하여 B에 대하여 가스충전소건축을 허가하였다. 이에 A는 X시장의 허가처분에 불복하여 취소소송을 제기하였다. 이 경우 A가 제기한 취소소송에서 취소판결이 확정된 이후 B의 행정소송법상 구제수단을 검토하시오.

목차

Ⅰ. 논점의 정리

Ⅱ. 취소판결의 제3자효
  1. 의의
  2. 취소판결의 제3자효의 범위(형성력, 대세효)

Ⅲ. 제3자의 재심청구
  1. 의의 및 취지

  2. 요건
    1) 취소판결의 확정
    2) 권리 또는 이익의 침해를 받은 제3자
    3) 자신에게 책임없는 사유로 참가하지 못했을 것
  3. 청구기간 (제31조②, ③)

Ⅳ. 사안의 해결

2016년 제25회 기출

모범 답안

Ⅰ 논점의 정리 ❶

乙이 제기한 취소소송에서 확정된 취소판결의 형성력이 소송에 참가하지 않은 甲에게도 발생하는지 및 甲의 구제수단으로서 행정소송법제31조의 재심청구를 검토해보아야 한다.

Ⅱ 취소판결의 제3자효 ❸

1 의의

행정소송법 제29조는 처분 등을 취소하는 확정판결은 제3자에 대하여도 효력이 있다고 규정하고 있는 데 이를 취소판결의 형성력이라고 한다.

2 취소판결의 제3자효의 범위(형성력, 대세효)

행정소송법제29조①은 처분등을 취소하는 확정판결은 제3자에 대하여도 효력이 있다고 규정하고 있는 바, 제3자의 범위에 관하여 견해의 대립이 있으나 판례는 무효확인판결의 효력은 취소판결과 같이 소송의 당사자는 물론 제3자에게도 미치는 것이라고 판시하였다. 생각건대 행정소송법 제16조(제3자의 소송참가) 및 제31조(제3자의 재심청구)는 권리 또는 이익의 침해를 받은 제3자로 한정하고 있음에 비추어 취소판결의 형성력은 이해관계 없는 제3자에게도 미친다고 보는 것이 타당하다.

Ⅲ. 제3자의 재심청구

1 의의 및 취지 ❷

행정소송법 제31조는 처분등을 취소하는 판결에 의하여 권리 또는 이익의 침해를 받은 제3자는 자기에게 책임없는 사유로 소송에 참가하지 못함으로써 판결의 결과에 영향을 미칠 공격 또는 방어방법을 제출하지 못한 때에는 이를 이유로 확정된 종국판결에 대하여 재심의 청구를 할 수 있다고 규정하고 있는 데 재심이란 확정판결의 후소법원에 대한 기판력을 배제하기 위한 소송으로서 예외적인 경우에만 허용된다.

2 요건

1) 취소판결의 확정 ❶

처분 등을 취소하는 판결이 확정되어야 한다.

2) 권리 또는 이익의 침해를 받은 제3자 ❷

여기서 말하는 권리 또는 이익은 제3자 소송참가의 요건과 동일한 것으로서 단순한 감정상, 경제상의 이해관계가 아니라 법률상 이익을 말한다.

3) 자신에게 책임없는 사유로 참가하지 못했을 것 ❸

대법원은 '자기에게 책임 없는 사유'의 유무는 사회통념에 비추어 제3자가 통상인으로서 일반적 주의를 다하였어도 종전 소송의 계속을 알기 어려웠다는 것과 알고 있었던 경우에는 당해 소송에 참가를 할 수 없었던 특별한 사정이 있었을 것을 필요로 하고 이러한 사유에 관한 입증책임은 그러한 사유를 주장하는 제3자에게 있다고 판시하였다.

3 청구기간 (제31조②, ③) ❶

재심청구는 확정판결이 있음을 안 날로부터 30일 이내, 판결이 확정된 날로부터 1년 이내에 제기하여야 한다. 재심제도의 특성상 두 기간 모두 불변기간이다.

Ⅳ. 사안의 해결 ❷

乙이 제기한 취소소송에서 甲에 대한 허가취소판결이 확정되었고 이로 인하여 甲은 자신의 권리를 침해받았으므로 자신에게 책임없는 사유로 참가하지 못한 사실을 입증하여 재심청구기간 내에 재심을 청구하여 구제받을 수 있다.

THEME 41 거부처분취소판결의 간접강제

행정소송법

제30조 【취소판결등의 기속력】 ① 처분등을 취소하는 확정판결은 그 사건에 관하여 당사자인 행정청과 그 밖의 관계행정청을 기속한다.
② 판결에 의하여 취소되는 처분이 당사자의 신청을 거부하는 것을 내용으로 하는 경우에는 그 처분을 행한 행정청은 판결의 취지에 따라 다시 이전의 신청에 대한 처분을 하여야 한다.
③ 제2항의 규정은 신청에 따른 처분이 절차의 위법을 이유로 취소되는 경우에 준용한다.

제33조 【소송비용에 관한 재판의 효력】 소송비용에 관한 재판이 확정된 때에는 피고 또는 참가인이었던 행정청이 소속하는 국가 또는 공공단체에 그 효력을 미친다.

제34조 【거부처분취소판결의 간접강제】 ① 행정청이 제30조제2항의 규정에 의한 처분을 하지 아니하는 때에는 제1심수소법원은 당사자의 신청에 의하여 결정으로써 상당한 기간을 정하고 행정청이 그 기간 내에 이행하지 아니하는 때에는 그 지연기간에 따라 일정한 배상을 할 것을 명하거나 즉시 손해배상을 할 것을 명할 수 있다.
② 제33조와 민사집행법 제262조의 규정은 제1항의 경우에 준용한다.

민사집행법

제262조 【채무자의 심문】 제260조 및 제261조의 결정은 변론 없이 할 수 있다. 다만, 결정하기 전에 채무자를 심문하여야 한다.

I 의의 및 취지

행정청이 재처분의무에 따른 처분을 하지 않고 있는 경우에 법원은 일정한 배상을 할 것을 명할 수 있는 바, 이를 간접강제라고 한다(법제 조). 이는 거부처분에 대한 취소판결 및 부작위위법확인판결이 확정되면 행정청은 판결의 기속력에 의해 당해 판결의 취지에 따른 재처분의무가 있는데, 행정청이 이를 이행하지 않을 경우 판결의 실효성을 확보하기 위해 필요한 것이다.

II 요건

거부처분에 대한 취소판결이 확정되어야 하고, 처분청이 거부처분취소판결의 취지에 따른 재처분을 하지 않고 있어야 한다. 대법원은 행정청이 재처분을 하였다 하더라도 그것이 취소판결의 기속력에 반하는 당연무효인 경우라면 재처분을 하지 아니한 것이라고 판시하였다.

> 거부처분에 대한 취소의 확정판결이 있음에도 행정청이 아무런 재처분을 하지 아니하거나, 재처분을 하였다 하더라도 그것이 종전 거부처분에 대한 취소의 확정판결의 기속력에 반하는 등으로 당연무효라면 이는 아무런 재처분을 하지 아니한 때와 마찬가지라 할 것이므로 이러한 경우에는 행정소송법 제30조 제2항, 제34조 제1항 등에 의한 간접강제신청에 필요한 요건을 갖춘 것으로 보아야 한다(대판 2002무22).

Ⅲ 절차

제1심수소법원은 당사자의 신청에 의하여 결정으로써 상당한 기간을 정하고 행정청이 그 기간 내에 이행하지 아니하는 때에는 그 지연기간에 따라 일정한 배상을 할 것을 명하거나 즉시 손해배상을 할 것을 명할 수 있다(법제 조). 이 경우 배상명령의 효력은 행정소송법 제33조에 의하여 행정청이 소속하는 국가 또는 공공단체에 그 효력을 미치고 민사집행법 제262조에 의하여 법원은 결정하기 전에 행정청을 심문하여야 한다(법제 조).

Ⅳ 배상금의 성질

대법원은 간접강제결정에 기한 배상금은 재처분의 지연에 대한 제재나 손해배상이 아니고 재처분의 이행에 관한 심리적 강제수단에 불과한 것이므로 특별한 사정이 없는 한 의무이행기한이 경과한 후에라도 확정판결의 취지에 따른 재처분의 이행이 있으면 배상금을 청구하는 것은 허용되지 않는다고 판시하였다.

> 행정소송법 제34조 소정의 간접강제결정에 기한 배상금은 거부처분취소판결이 확정된 경우 그 처분을 행한 행정청으로 하여금 확정판결의 취지에 따른 재처분의무의 이행을 확실히 담보하기 위한 것으로서, 확정판결의 취지에 따른 재처분의무내용의 불확정성과 그에 따른 재처분에의 해당 여부에 관한 쟁송으로 인하여 간접강제결정에서 정한 재처분의무의 기한 경과에 따른 배상금이 증가될 가능성이 자칫 행정청으로 하여금 인용처분을 강제하여 행정청의 재량권을 박탈하는 결과를 초래할 위험성이 있는 점 등을 감안하면, 이는 확정판결의 취지에 따른 재처분의 지연에 대한 제재나 손해배상이 아니고 재처분의 이행에 관한 심리적 강제수단에 불과한 것으로 보아야 하므로, 특별한 사정이 없는 한 간접강제결정에서 정한 의무이행기한이 경과한 후에라도 확정판결의 취지에 따른 재처분의 이행이 있으면 배상금을 추심함으로써 심리적 강제를 꾀할 목적이 상실되어 처분상대방이 더 이상 배상금을 추심하는 것은 허용되지 않는다(대판 2002두2444).

Ⅴ 인정범위

1 부작위위법확인소송의 경우

행정소송법 제38조제2항이 제34조를 준용하고 있으므로 부작위위법확인판결이 확정되었음에도 행정청이 재처분을 하지 않고 있는 경우에 간접강제를 신청할 수 있다. 이 때 절차적 심리설에 따르면 행정청이 거부처분을 포함하여 어떠한 형태로든 응답을 하였다면 간접강제는 허용되지 않는다.

> 부작위위법확인판결의 취지는 피신청인이 신청인의 광주광역시 지방부이사관 승진임용신청에 대하여 아무런 조치를 취하지 아니하는 것 자체가 위법함을 확인하는 것일 뿐이다. 따라서 피신청인이 신청인을 승진임용하는 처분을 하는 경우는 물론이고, 승진임용을 거부하는 처분을 하는 경우에도 위 확정판결의 취지에 따른 처분을 하였다고 볼 것이다. 그런데 위 확정판결이 있은 후에 피신청인은 신청인의 승진임용을 거부하는 처분을 하였다. 따라서 결국 신청인의 이 사건 간접강제신청은 그에 필요한 요건을 갖추지 못하였다는 것이다(대판 2009무153).

2 무효등 확인소송의 경우

1) 문제의 소재

행정소송법 제38조제1항이 무효확인판결에 관하여 취소판결에 관한 규정을 준용함에 있어서 법 제34조(간접강제)는 이를 준용한다는 규정을 두지 않고 있어 해석상 허용할 지가 문제된다.

2) 학설

① 긍정설은 행정소송법 제34조제1항이 재처분의무를 이행하고 있지 않은 때라고 규정하고 있으므로 허용하자는 입장이고 ② 부정설은 재처분의무는 인정되지만 명문의 준용규정이 없으므로 허용되지 않는다는 입장이다.

3) 판례

> 행정처분에 대하여 무효확인판결이 내려진 경우에는 그 행정처분이 거부처분인 경우에도 행정청에 판결의 취지에 따른 재처분의무가 인정될 뿐 그에 대하여 간접강제까지 허용되는 것은 아니라고 할 것이다(대판 98무37).

4) 검토

생각건대 무효확인판결에도 재처분의무는 인정되지만 해석상 간접강제를 인정하게 되면 권력분립의 측면에서 문제가 발생하므로 부정하는 것이 타당하다.

사례연습

관할 행정청 A는 폐기물처리업허가권한을 B에게 내부위임을 하였는데 甲의 폐기물처리업허가신청에 대하여 B는 자신의 명의로 허가를 하였고 이에 甲은 폐기물처리시설공사에 착수하였다. 만약 乙이 관할 행정청 A에게 폐기물처리시설에 대한 철거 등 원상복구조치를 신청하였는데 A가 거부처분을 하였고 乙이 거부처분무효확인소송을 제기하여 인용판결이 확정되었음에도 A가 원상복구조치를 하지 않아 乙이 간접강제를 신청하였다면 법원은 간접강제결정을 내릴 수 있는가? (15점)

목차

Ⅰ. 쟁점의 정리

Ⅱ. 무효확인판결의 기속력

Ⅲ. 간접강제의 의의

Ⅳ. 무효확인소송에 간접강제의 허용여부

1. 학설
2. 판례
3. 검토

Ⅴ. 사안의 해결

모범답안

Ⅰ. 쟁점의 정리 ❶

거부처분무효확인판결의 기속력을 살펴본 후 무효확인판결에 따른 재처분의무 불이행시에도 행정소송법제34조의 간접강제가 허용되는지 문제된다.

Ⅱ. 무효확인판결의 기속력 ❸

무효확인소송에서 인용판결이 확정된 경우 행정소송법제38조제1항은 취소판결의 기속력에 관한 법제30조를 준용하고 있으므로 행정청은 반복금지효, 재처분의무, 결과제거의무를 부담한다. 제30조 제2항은 판결에 의하여 취소되는 처분이 당사자의 신청을 거부하는 것을 내용으로 하는 경우에는 그 처분을 행한 행정청은 판결의 취지에 따라 다시 이전의 신청에 대한 처분을 하여야 하는 재처분의무를 규정하고 있으므로 관할 행정청 A는 乙의 원상복구조치 신청에 대하여 재처분의무를 부담한다.

Ⅲ. 간접강제 ❷

행정소송법제34조는 행정청이 제30조제2항의 규정에 의한 처분을 하지 아니하는 때 에는 제1심수소법원은 당사자의 신청에 의하여 결정으로써 상당한 기간을 정하고 행정청이 그 기간 내에 이행하지 아니하는 때에는 그 지연기간에 따라 일정한 배상을 할 것을 명하거나 즉시 손해배상을 할 것을 명할 수 있는 간접강제를 규정하고 있다.

Ⅳ 무효확인소송에 간접강제의 허용여부

1 학설 ❷

① 긍정설은 행정소송법 제34조제1항이 재처분의무를 이행하고 있지 않은 때라고 규정하고 있으므로 허용하자는 입장이고 ② 부정설은 재처분의무는 인정되지만 법제38조제1항은 제34조를 준용하고 있지 않으므로 허용되지 않는다는 입장이다.

2 판례 ❸

대법원은 행정처분에 대하여 무효확인판결이 내려진 경우에 그 행정처분이 거부처분인 경우에도 행정청에 판결의 취지에 따른 재처분의무가 인정될 뿐 그에 대하여 간접강제까지 허용되는 것은 아니라고 판시하였다.

3 검토 ❸

생각건대 무효확인판결에도 재처분의무는 인정되지만 해석상 간접강제를 인정하게 되면 권력분립의 측면에서 문제가 발생하므로 부정하는 것이 타당하다. 다만, 입법론으로는 행소법제38조제1항에 제34조를 준용하고, 행정소송법 개정안에서 의무이행소송과 가처분도입을 예정하고 있으므로 간접강제의 한계를 고려하여 법원의 직접처분을 도입하는 것이 필요하다.

Ⅴ 사안의 해결 ❶

乙이 제기한 소송에서 거부처분무효확인판결이 확정되었더라도 현행법상으로는 간접강제가 허용되지 않으므로 乙의 신청에 대하여 법원은 각하결정을 하게 될 것이다.

THEME 42 무효등 확인소송

행정소송법

제4조 【항고소송】 항고소송은 다음과 같이 구분한다.
  2. 무효등 확인소송 : 행정청의 처분등의 효력 유무 또는 존재여부를 확인하는 소송

제30조 【취소판결 등의 기속력】 ① 처분등을 취소하는 확정판결은 그 사건에 관하여 당사자인 행정청과 그 밖의 관계행정청을 기속한다.
② 판결에 의하여 취소되는 처분이 당사자의 신청을 거부하는 것을 내용으로 하는 경우에는 그 처분을 행한 행정청은 판결의 취지에 따라 다시 이전의 신청에 대한 처분을 하여야 한다.

제34조 【거부처분취소판결의 간접강제】 ① 행정청이 제30조제2항의 규정에 의한 처분을 하지 아니하는 때에는 제1심수소법원은 당사자의 신청에 의하여 결정으로써 상당한 기간을 정하고 행정청이 그 기간 내에 이행하지 아니하는 때에는 그 지연기간에 따라 일정한 배상을 할 것을 명하거나 즉시 손해배상을 할 것을 명할 수 있다.

제35조 【무효등 확인소송의 원고적격】 무효등 확인소송은 처분등의 효력 유무 또는 존재 여부의 확인을 구할 법률상 이익이 있는 자가 제기할 수 있다.

제37조 【소의 변경】 제21조의 규정은 무효등 확인소송이나 부작위위법확인소송을 취소소송 또는 당사자소송으로 변경하는 경우에 준용한다.

제38조 【준용규정】 ① 제9조, 제10조, 제13조 내지 제17조, 제19조, 제22조 내지 제26조, 제29조 내지 제31조 및 제33조의 규정은 무효등 확인소송의 경우에 준용한다.

Ⅰ 서설

무효등 확인소송이란 행정청의 처분등의 효력 유무 또는 존재 여부를 확인하는 소송을 말하는 바, 무효등 확인소송에는 무효확인소송 외에도 처분등의 존재확인소송, 부존재확인소송, 유효확인소송, 실효확인소송이 포함된다. 처분이 무효라면 논리적으로는 아무런 침익이 발생하지 않아야 하나, 처분이 무효인 경우에도 그 외관은 존재하고 행정청에 의하여 집행될 현실적 우려가 있으므로 무효확인소송이 필요한 것이다.

II 적용법규

무효등 확인소송은 행정청의 공권력행사에 불복하여 제기하는 항소소송이라는 점에서 취소소송과 공통점이 많으므로 취소소송에 대한 행정소송법상의 규정은 거의 대부분 무효등 확인소송에도 준용된다. 다만, 처분이 처음부터 무효라는 점에서 취소소송의 규정 중 필요적 행정심판전치주의, 제소기간, 간접강제, 사정판결은 무효등확인소송에 준용되지 않는다.

III 소송요건

1 원고적격

무효등 확인소송은 처분등의 효력 유무 또는 존재 여부의 확인을 구할 법률상 이익이 있는 자가 제기할 수 있고 여기에서 말하는 법률상 이익은 취소소송에서의 법률상 이익과 같다.

2 피고적격

취소소송의 피고적격에 관한 규정은 무효등 확인소송에도 준용되어 처분등을 행한 행정청이 피고가 된다. 또한 처분등이 있은 후에 그 권한이 다른 행정청에 승계된 때에는 이를 승계한 행정청이 피고가 된다. 기타 피고의 경정에 관한 취소소송의 규정도 무효등 확인소송에 준용된다.

3 소송의 대상

무효등 확인소송도 취소소송과 마찬가지로 처분등을 소송의 대상으로 한다. 한편 재결 등 무효확인소송의 경우에는 재결 자체에 고유한 위법이 있음을 이유로 하는 경우에만 가능하다. 따라서 법규범의 무효확인이나 법률관계가 아닌 단순한 사실관계의 확인을 구하는 소제기는 부적법하다(대판 91누1974).

4 제소기간

무효등 확인소송에는 제소기간의 제한이 없다. 다만, 무효선언적 의미의 취소소송에는 제소기간이 적용된다.

5 필요적 행정심판전치주의 적용 여부

무효등 확인소송은 개별법에서 예외적 행정심판전치주의를 규정하고 있는 경우에도 그 적용을 받지 아니한다.

6 권리보호의 필요

취소소송의 경우와 같이 무효확인소송의 경우에도 권리보호의 필요가 있어야 함은 당연하다. 체납처분에 기한 압류처분은 행정처분으로서 이에 기하여 이루어진 집행방법인 압류등기와는 구별되므로 압류처분에 기한 압류등기가 경료되어 있는 경우에도 압류처분의 무효확인을 구할 이익이 있다(대판 2002두3669).

7 확인의 이익과 확인소송의 보충성

1) 문제의 소재

'확인을 구할 법률상 이익'의 의미와 관련하여 무효등 확인소송에서도 민사소송에서의 확인의 이익, 즉 확인의 소보다 더 효과적인 다른 구제소송형태가 있는 경우에는 확인의 소송을 제기할 수 없는 보충성이 적용되는지가 문제 된다. 예를 들어 조세부과처분이 당연무효인 경우에는 곧바로 부당이득반환청구를 하게 되면 바로 권리회복이 되는데 이 경우에 무효확인소송을 제기하여 승소하더라도 다시 부당이득반환청구를 하여야 하므로 확인의 소의 보충성이 요구되는 것인지 문제 된다.

2) 학설

① 보충성 긍정설은 행정처분의 무효를 전제로 한 이행소송과 같은 실효적인 구제수단이 있는 경우에는 확인의 판결을 받은 후 다시 이행소송을 제기하여야 집행력이 발생하므로 확인의 소는 무익하다는 점을 근거로 한다. ② 보충성 부정설은 행정소송법 제38조제1항은 법 제30조의 취소판결의 기속력규정을 준용하고 있고, 우리 행정소송법은 외국의 입법례와 달리 무효확인소송의 보충성을 요구하는 명문의 규정이 없다는 점을 근거로 든다.

3) 판례

종전 판례는 무효등 확인소송에서 확인의 소의 보충성을 요구하고 있었으나 최근 견해를 변경하였다.

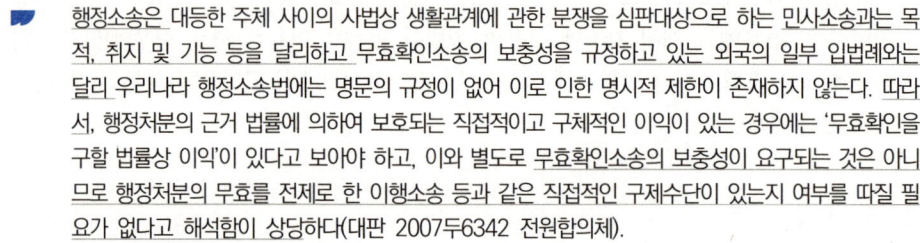

행정소송은 대등한 주체 사이의 사법상 생활관계에 관한 분쟁을 심판대상으로 하는 민사소송과는 목적, 취지 및 기능 등을 달리하고 무효확인소송의 보충성을 규정하고 있는 외국의 일부 입법례와는 달리 우리나라 행정소송법에는 명문의 규정이 없어 이로 인한 명시적 제한이 존재하지 않는다. 따라서, 행정처분의 근거 법률에 의하여 보호되는 직접적이고 구체적인 이익이 있는 경우에는 '무효확인을 구할 법률상 이익'이 있다고 보아야 하고, 이와 별도로 무효확인소송의 보충성이 요구되는 것은 아니므로 행정처분의 무효를 전제로 한 이행소송 등과 같은 직접적인 구제수단이 있는지 여부를 따질 필요가 없다고 해석함이 상당하다(대판 2007두6342 전원합의체).

4) 검토

생각건대 무효확인판결에도 취소판결의 기속력이 준용되어(행정소송법 제30조, 제38조제1항) 위법한 결과제거의무가 발생하므로 의무를 부과하는 이행소송의 기능도 가지고 있고, 명문의 규정이 없는데도 보충성을 요구하는 것은 국민의 재판청구권을 침해할 수도 있으므로 보충성 부정설이 타당하다.

Ⅳ 소송의 심리

1 주장책임과 입증책임

1) 문제의 소재

무효등 확인소송에 있어서도 취소소송과 마찬가지로 당사자가 주장하지 않은 사실을 판결의 기초로 삼아서는 안 되는데 입증책임과 관련하여 처분의 무효원인사실에 대한 입증책임분배에 관한 견해의 대립이 있다.

2) 학설

① 법률요건분류설은 하자의 중대명백성은 법해석 내지 경험칙에 의하여 판단될 사항이므로 입증책임과는 직접 관련이 없다는 입장이고 ② 원고책임설은 하자의 중대명백성은 예외적인 경우에 해당하고 제소기간의 제한이 없어 증거가 멸실되는 경우도 있기 때문에 원고가 입증을 하여야 한다는 입장이다.

3) 판례

> 행정처분의 당연무효를 구하는 소송에 있어서 그 무효를 구하는 사람에게 그 행정처분에 존재하는 하자가 중대하고 명백하다는 것을 주장 입증할 책임이 있다(대판 82누154).

4) 검토

생각건대 처분의 하자의 존재 여부에 대한 요건사실에 대한 입증과 달리 처분의 위법성의 정도 즉, 하자의 중대명백성은 법률요건이 아니므로 법원이 법해석 내지 경험칙에 의하여 판단하는 것이 타당하므로 입증책임의 일반원칙인 법률요건분류설이 타당하다.

2 위법성 판단의 기준시

취소소송의 경우와 동일하게 처분시를 기준으로 판단하여야 한다.

사례연습

B주식회사는 안동시에서 분뇨수집·운반업을 영위하기 위하여 하수도법 및 같은 법 시행령 소정의 시설, 장비 등을 구비하고 2011. 11. 10. 안동시장에게 분뇨수집·운반업 허가를 신청하여 같은 해 12. 1. 허가처분(이하 '이 사건 처분'이라 한다)을 받았다. 안동시장은 이 사건 처분을 함에 있어 분뇨수집·운반업 허가에 필요한 조건을 붙일 수 있다는 하수도법 제45조 제5항에 따라 B 주식회사에게 '지역발전기금 5억원 납부'와 '3년'간 허가한다는 조건을 부가하였다. 만약 B주식회사가 '지역발전기금 5억원 납부'가 당연무효에 해당함에도 안동시에 5억원을 납부한 이후에 이를 돌려받기 위하여 관할 행정법원에 무효확인소송을 제기한 경우 법원은 인용판결을 선고할 수 있는가?

목차

I. 논점의 정리

II. 무효확인판결의 기속력

III. 무효확인소송의 보충성 적용여부
  1. 학설
  2. 판례
  3. 검토

IV. 사안의 해결

2017년 제26회 기출

모범답안

I 논점의 정리 ❷

행정소송법 제35조의 '확인을 구할 법률상 이익'의 의미와 관련하여 무효등확인소송에서도 민사소송과 마찬가지로 확인의 소보다 이행소송과 같은 더 효과적인 다른 구제소송형태가 있는 경우에는 확인의 소송을 제기할 수 없는 보충성이 적용되는지가 문제된다.

II 무효확인판결의 기속력 ❷

무효확인소송에서 인용판결이 확정되면 행정소송법제38조제1항, 제30조에 의하여 행정청에게는 반복금지효, 재처분의무 및 결과제거의무가 발생한다. 행정소송법 개정안은 결과제거의무를 명시하고 있다.

Ⅲ 무효확인소송의 보충성 적용여부

1 학설 ③

① 보충성 긍정설은 행정처분의 무효를 전제로 한 이행소송과 같은 실효적인 구제수단이 있는 경우에는 확인의 판결을 받은 후 다시 이행소송을 제기하여야 집행력이 발생하므로 확인의 소는 무익하다는 점을 근거로 한다. ② 보충성 부정설은 행정소송법제38조제1항은 법제30조의 취소판결의 기속력규정을 준용하고 있고, 우리 행정소송법은 외국의 입법례와 달리 무효확인소송의 보충성을 요구하는 명문의 규정이 없다는 점을 근거로 든다.

2 판례 ③

대법원은 행정소송은 민사소송과는 목적, 취지 및 기능 등을 달리하고 무효확인소송의 보충성을 규정하고 있는 외국의 일부 입법례와는 달리 우리나라 행정소송법에는 명문의 규정이 없으므로 행정처분의 근거법률에 의하여 보호되는 직접적이고 구체적인 이익이 있는 경우에는 '무효확인을 구할 법률상 이익'이 있다고 보아야 하고, 이와 별도로 무효확인소송의 보충성이 요구되는 것은 아니라고 판시하여 최근 보충성을 부정하는 입장으로 견해를 변경하였다.

3 검토 ②

생각건대 무효확인판결에도 기속력이 인정되어(법제38조①, 제30조) 위법한 결과 제거의무가 발생하므로 의무를 부과하는 이행소송의 기능도 가지고 있고, 명문의 규정이 없는데도 보충성을 요구하는 것은 국민의 재판청구권을 침해할 수도 있으므로 보충성 부정설이 타당하다.

Ⅳ 사안의 해결 ②

甲이 제기한 무효확인소송에서 법원은 인용판결을 선고할 수 있고 안동시장은 위법한 결과제거의무가 발생하므로 B주식회사에게 5억원을 반환하여야 한다.

● 관할 행정청 A는 폐기물처리업허가권한을 B에게 내부위임을 하였는데 甲의 폐기물처리업허가신청에 대하여 B는 자신의 명의로 허가를 하였고 이에 甲은 폐기물처리시설공사에 착수하였다. 환경영향평가구역 내에 있는 인근 주민 乙은 허가무효확인소송을 제기하였는데 소송계속 중 폐기물처리시설 공사가 완료되었다. 법원은 乙의 청구가 이유 있음에도 불구하고 기각판결을 선고할 수 있는가?

목차

I. 문제의 소재

II. 사정판결의 의의

III. 허용여부
  1. 학설
  2. 판례
  3. 검토

IV. 사안의 해결

모범 답안

I. 문제의 소재

행정소송법제28조는 원고의 청구가 이유있다고 인정하는 경우에도 처분등을 취소하는 것이 현저히 공공복리에 적합하지 아니하다고 인정하는 때에는 법원은 원고의 청구를 기각할 수 있다고 규정하여 사정판결을 인정하고 있는 데 무효확인소송에도 사정판결이 허용되는 지 문제된다.

II. 사정판결의 의의 (행소법제28조)

취소소송에 있어 심리의 결과 처분이 위법하면 이를 취소함이 원칙이다. 그러나 원고의 청구가 이유 있다고 인정되는 경우에도 처분등을 취소하는 것이 현저히 공공복리에 적합하지 아니하다고 인정하는 때에는 법원은 원고의 청구를 기각할 수 있고, 이를 사정판결이라 한다. 사정판결도 기각판결이므로 원고는 당연히 상소할 수 있다.

III. 무효확인소송에 사정판결 허용여부

1. 학설

① 긍정설은 처분의 무효와 취소의 구별이 상대적이고 법적으로는 무효인 처분이더라도 사실상 형성된 공익을 보호할 필요가 있는 경우도 있으므로 허용하자는 입장이고 ② 부정설은 사정판결은 법치주의의 예외로서 엄격한 제한 아래 극히 예외적으로만 인정하여야 하고 행소법제38조제1항은 제28조를 준용하고 있지 않으므로 부정하는 입장이다.

2 판례 ❷

대법원은 당연무효의 행정처분을 소송목적물로 하는 행정소송에서는 존치시킬 효력이 있는 행정행위가 없기 때문에 행정소송법 제28조 소정의 사정판결을 할 수 없다고 판시하였다.

3 검토 ❷

생각건대 행정소송법제38조제1항은 무효 등확인소송에 사정판결을 준용하고 있지 않은 점, 사정판결은 법치주의의 예외로서 엄격한 제한 아래 극히 예외적으로만 인정되어야하므로 부정하는 것이 타당하다.

Ⅳ. 사안의 해결 ❶

법원은 乙이 제기한 무효확인청구가 이유 있는 경우에는 기각판결을 선고할 수 없고 무효확인판결을 선고하여야 한다.

THEME 43 취소소송과 무효등 확인소송의 관계

I 무효사유에 해당하는 처분에 대해 취소소송을 제기한 경우(무효선언적 의미의 취소소송)

당사자가 취소소송을 제기하였으나 법원의 심리결과 그 처분이 중대명백한 하자가 있어 무효사유에 해당하는 경우 법원은 어떠한 판결을 해야 하는지가 문제 된다. 판례는 이른바 무효선언적의미의 취소판결을 할 수 있다고 한다. 다만, 형식상 취소소송이므로 취소소송의 소송요건, 예컨대 예외적 행정심판전치주의, 제소기간 등의 요건을 준수해야만 한다(대판 84누175).

> 행정처분의 당연무효를 선언하는 의미에서 그 취소를 청구하는 행정소송을 제기하는 경우에도 소제기의 전치와 제소기간의 준수 등 취소소송의 제소요건을 갖추어야 하는 것이므로 원심이 확정한 바와 같이 원고 주장의 과세처분의 취소를 청구하는 이 사건 소송이 제소기간을 도과하여 제소요건을 갖추지 못한 부적법한 것이라면 소론과 같이 원고의 청구 가운데 위 과세처분의 당연무효를 선언하는 의미에서의 취소를 구하는 취지까지 포함되어 있다 하더라도 이는 결국 제소기간 경과후에 제소한 부적법한 소송으로서 각하를 면할 수 없다할 것이니 이 사건 소를 각하한 원심판결에 소론과 같은 심리미진이나 행정소송의 제소요건에 대한 법리를 오해한 위법이 있다 할 수 없다(대판 84누175).

II 취소사유에 해당하는 처분에 대해 무효확인소송을 제기한 경우

1 취소소송의 제기요건을 갖추지 못한 경우

제소기간의 도과 등 취소소송 제기에 필요한 요건을 갖추지 못한 경우에는 기각판결을 하여야 한다.

2 취소소송의 제기요건을 갖춘 경우

1) 원고의 처분권주의

처분권주의란 사적자치의 원칙이 소송법에 적용된 것으로 소송의 개시, 심판대상의 범위, 소송의 종결 등을 당사자의 의사에 맡기는 것을 말한다. 대법원은 원고가 청구하지 아니한 처분에 대하여 판결한 것은 처분권주의에 반한다고 판시하였다.

2) 소변경 필요여부

① 학설
㉠ 소변경필요설은 법원이 석명권을 행사하여 취소소송으로 소변경을 유도한 후 취소판결을 하여야 한다는 입장이고 ㉡ 취소판결설은 무효확인청구는 취소청구를 포함하고 있으므로 법원은 소변경 없이도 취소판결을 할 수 있다는 입장이다.

② 판례

> 일반적으로 행정처분의 무효확인을 구하는 소에는 원고가 그 처분의 취소를 구하지 아니한다고 밝히지 아니한 이상 그 처분이 만약 당연무효가 아니라면 그 취소를 구하는 취지도 포함되어 있는 것으로 보아야 한다(대판 94누477).

③ 검토

생각건대 소송경제 및 일반적인 원고의 의사는 처분이 무효가 아니라면 취소판결이라도 받기를 원하는 게 일반적이므로 법원이 취소판결을 할 수 있다고 보는 것이 타당하다.

THEME 44 부작위위법확인소송

> **행정소송법**
>
> **제2조 【정의】** ① 이 법에서 사용하는 용어의 정의는 다음과 같다.
> 2. "부작위"라 함은 행정청이 당사자의 신청에 대하여 상당한 기간 내에 일정한 처분을 하여야 할 법률상 의무가 있음에도 불구하고 이를 하지 아니하는 것을 말한다.
>
> **제4조 【항고소송】** 항고소송은 다음과 같이 구분한다.
> 3. 부작위위법확인소송 : 행정청의 부작위가 위법하다는 것을 확인하는 소송
>
> **제30조 【취소판결등의 기속력】** ① 처분등을 취소하는 확정판결은 그 사건에 관하여 당사자인 행정청과 그 밖의 관계행정청을 기속한다.
> ② 판결에 의하여 취소되는 처분이 당사자의 신청을 거부하는 것을 내용으로 하는 경우에는 그 처분을 행한 행정청은 판결의 취지에 따라 다시 이전의 신청에 대한 처분을 하여야 한다.
>
> **제36조 【부작위위법확인소송의 원고적격】** 부작위위법확인소송은 처분의 신청을 한 자로서 부작위의 위법의 확인을 구할 법률상 이익이 있는 자만이 제기할 수 있다.
>
> **제37조 【소의 변경】** 제21조의 규정은 무효등 확인소송이나 부작위위법확인소송을 취소소송 또는 당사자소송으로 변경하는 경우에 준용한다.
>
> **제38조 【준용규정】** ② 제9조, 제10조, 제13조 내지 제19조, 제20조, 제25조 내지 제27조, 제29조 내지 제31조, 제33조 및 제34조의 규정은 부작위위법확인소송의 경우에 준용한다.

I 서설

부작위위법확인소송은 행정청이 상대방의 신청에 대하여 상당한 기간 내에 일정한 처분을 해야 할 의무가 있음에도 불구하고 이를 방치하고 있는 경우에 이러한 부작위가 위법한 것임을 확인하는 소송으로서 법률관계를 변동하는 것이 아니라 부작위에 의해 초래된 법상태가 위법임을 확인하는 것으로 확인소송의 성질을 가진다. '공권력행사로서의 행정청의 처분'의 부작위를 대상으로 하는 것이다.

II 적용법규

부작위위법확인소송은 항고소송의 일종으로 취소소송에 관한 대부분의 규정이 부작위위법확인소송에도 준용된다. 다만, 처분변경으로 인한 소 변경, 집행정지결정, 사정판결에 관한 규정은 성질상 부작위위법확인소송에 준용되지 않는다.

Ⅲ 소송요건

1 원고적격

부작위위법확인소송은 처분의 신청을 한 자로서 부작위의 위법의 확인을 구할 법률상 이익이 있는 자만이 제기할 수 있다고 규정하고 있다.

2 피고적격

취소소송의 피고적격에 관한 규정이 준용되어 신청을 받은 부작위행정청이 피고가 된다. 또한 피고의 경정에 관한 규정도 준용된다.

3 소송의 대상(위법한 부작위의 성립요건)

1) 당사자의 신청이 있을 것

① 문제의 소재
신청의 대상은 처분이어야 하는 데 부작위가 성립되기 위한 요건으로서 신청이외에도 법규상 조리상 신청권이 필요한지가 문제 된다.

② 학설
㉠ 신청권은 원고적격의 문제라는 원고적격설, ㉡ 신청권이 있는 자의 신청에 대한 부작위이어야 한다는 대상적격설과 ㉢ 신청권 유무는 본안문제라는 본안문제설이 있다.

③ 판례

> 당사자가 행정청에 대하여 어떠한 행정행위를 하여 줄 것을 신청하지 아니하거나 그러한 신청을 하였더라도 당사자가 행정청에 대하여 그러한 행정행위를 하여 줄 것을 요구할 수 있는 법규상 또는 조리상의 권리를 갖고 있지 아니하든지 또는 행정청이 당사자의 신청에 대하여 거부처분을 한 경우에는 원고적격이 없거나 항고소송의 대상인 위법한 부작위가 있다고 볼 수 없어 그 부작위위법확인의 소는 부적법하다(대판 95누7345).

④ 검토
생각건대 부작위가 항고소송의 대상이 되기 위하여는 행정청에 대하여 그 신청에 따른 처분을 해 줄 것을 요구할 수 있는 법규상 또는 조리상 신청권이 있어야 한다고 보는 것이 타당하다.

2) 상당한 기간의 경과

부작위가 성립하기 위해서는 당사자의 신청 후 상당한 기간이 경과했는데도 행정청이 아무런 처분을 하지 않아야 한다. 상당한 기간이란 사회통념상 그 신청에 따르는 처분을 하는 데 필요한 것으로 인정되는 기간이다.

3) 처분을 할 법률상 의무의 존재

부작위란 행정청이 어떤 행위를 해야 할 법률상 의무가 있음에도 불구하고 아무런 처분을 하지 않은 경우에 성립한다. 한편, 법률상 의무에는 명문규정에 의해 인정되는 경우뿐만 아니라 조리상 인정되는 경우도 포함된다.

4) 처분의 부존재

처분이 존재하는 경우에는 부작위가 아니므로 부작위위법확인소송을 제기할 것이 아니라 취소소송을 제기하여야 한다. 행정청이 당사자의 신청에 대하여 거부처분을 한 경우에는 항고소송의 대상인 위법한 부작위가 있다고 볼 수 없어 그 부작위위법확인의 소는 부적법하다.

4 제소기간

행정심판을 거친 경우에는 취소소송의 제소기간이 준용되어 행정심판의 재결서의 정본을 송달받은 날로부터 90일 이내에 제기하여야 한다. 행정심판을 거치지 않은 경우에는 처분등이 있음을 안 날로부터 90일, 처분이 있은 날로부터 1년 내에 제기하도록 한 규정을 준용하고 있으나 부작위위법확인소송의 경우에는 처분이 없으므로 성질상 취소소송의 제소기간이 적용되지 않는다.

5 필요적 행정심판전치주의

부작위위법확인소송에는 필요적 행정심판에 관한 규정이 준용된다. 따라서 개별법에 '필요적 행정심판전치주의'가 규정되어 있는 경우에는 행정심판을 거쳐야 한다. 이 경우 행정심판은 의무이행심판을 거치게 될 것이다.

6 소의 이익

부작위가 위법하다는 것을 구할 확인의 이익이 있어야 하므로 부작위위법확인판결을 받는다 하더라도 원고의 권리와 이익을 보호 받는 것이 불가능하게 되었다면 소의 이익이 없다. 따라서 소제기의 전후를 통하여 판결시까지 행정청이 그 신청에 대하여 적극 또는 소극의 처분을 함으로써 부작위상태가 해소된 때에는 소의 이익을 상실하게 되어 당해 소는 각하를 면할 수가 없다(대판 89누4758).

Ⅳ 소송의 심리

1 심리의 범위

1) 문제의 소재

부작위위법확인판결이 있는 경우 행정소송법 제30조제2항이 준용되어 행정청은 (재)처분의무가 발생하는 데 이 경우 재처분의무의 내용이 법원의 심리범위와 관련하여 문제 된다.

2) 학설
① 절차적 심리설
부작위위법확인소송은 행정청의 부작위가 위법한 것임을 확인하는 소송으로서 법원의 심판대상은 부작위의 위법성에 불과하므로 법원은 부작위의 위법 여부를 확인하는 데 그칠 뿐 행정청이 행할 처분의 구체적 내용까지는 심리·판단할 수 없다고 본다.
② 실체적 심리설
부작위위법확인소송의 심리범위는 실체적 심리에까지 미쳐 부작위의 위법여부뿐만 아니라 행정청의 특정 작위의무의 존재까지도 심리·판단할 수 있다는 견해이다.

3) 판례
부작위위법확인의 소는 행정청이 당사자의 법규상 또는 조리상의 권리에 기한 신청에 대하여 상당한 기간 내에 그 신청을 인용하는 적극적 처분을 하거나 각하 또는 기각하는 등의 소극적 처분을 하여야 할 법률상의 응답의무가 있음에도 불구하고 이를 하지 아니하는 경우, 그 부작위 위법을 확인함으로써 행정청의 응답을 신속하게 하여 부작위 내지 무응답이라고 하는 소극적인 위법상태를 제거하는 것을 목적으로 하는 것이라고 판시하였다.

4) 검토
생각건대 실체적 심리설에 따르게 되면 부작위위법확인소송은 의무이행소송화 되어 부작위위법확인소송 자체는 형해화되는 문제가 있으므로 절차적 심리설이 타당하다.

2 입증책임
일정한 처분을 신청한 사실, 신청권의 존재, 상당한 기간이 경과하였다는 사실은 원고에게 입증책임이 있다. 그러나 상당한 기간이 경과하였음에도 신청에 따른 처분을 하지 못한 것을 정당화하는 사유에 대해서는 행정청이 입증책임을 진다.

3 위법성 판단의 기준시
부작위위법확인소송에서는 처분이 존재하지 않으므로 위법판단은 판결시를 기준으로 한다.

V 간접강제

행정소송법 제38조제2항이 제34조를 준용하고 있으므로 부작위위법확인판결이 확정되었음에도 행정청이 처분을 하지 않고 있는 경우에 간접강제를 신청할 수 있다. 이 때 절차적 심리설에 따르면 행정청이 거부처분을 포함하여 어떠한 형태로든 응답을 하였다면 간접강제는 허용되지 않는다.

> 부작위위법확인판결의 취지는 피신청인이 신청인의 광주광역시 지방부이사관 승진임용신청에 대하여 아무런 조치를 취하지 아니하는 것 자체가 위법함을 확인하는 것일 뿐이다. 따라서 피신청인이 신청인을 승진임용하는 처분을 하는 경우는 물론이고, 승진임용을 거부하는 처분을 하는 경우에도 위 확정판결의 취지에 따른 처분을 하였다고 볼 것이다. 그런데 위 확정판결이 있은 후에 피신청인은 신청인의 승진임용을 거부하는 처분을 하였다. 따라서 결국 신청인의 이 사건 간접강제신청은 그에 필요한 요건을 갖추지 못하였다는 것이다(대판 2009무153).

사례연습

광주광역시장 乙은 2004. 3. 2. 2명의 3급 승진요인이 발생하자 국가서기관 4급으로서 광주광역시 기획관으로 근무하던 甲을 포함한 8명의 4급 공무원을 지방부이사관 승진후보자로 선정한 다음, 광주광역시 인사위원회에 3급 승진 대상자 2명을 선정하여 주도록 요청하였다. 위 인사위원회는 2004. 3. 31. 현직급 경력, 초임과장 보직일, 시정의 공헌도 등을 종합적으로 고려하되, 정책판단, 종합기획, 조정능력, 조직통솔력 등 관리자로서의 능력과 자질을 겸비하였는지를 심사하여 甲과 다른 1명을 3급 승진대상자로 선정하였다. 그 후 乙은 2004. 8. 1.자 인사발령을 하면서 甲을 제외한 나머지 부이사관 승진예정자에 대한 승진발령을 하였고, 甲은 이후의 인사발령에서도 승진발령을 받지 못하게 되자, 乙에게 자신을 지방부이사관으로 승진임용하라는 신청을 하였으나 乙은 아무런 응답을 하지 않았다. 이에 甲은 2005. 9. 30. 광주광역시 소청심사위원회에 甲의 의사에 반하는 불리한 부작위를 대상으로 소청심사를 청구하였으나 2006. 2. 20. 기각되었다. 이에 甲은 2006. 3. 8. 乙을 피고로 하여 관할 행정법원에 부작위위법확인의 소를 제기하였다.

1. 甲의 소제기는 적법한가?

목차

Ⅰ. 논점의 정리

Ⅱ. 부작위위법확인소송의 의의

Ⅲ. 부작위위법확인소송의 소송요건
   1. 원고적격
   2. 피고적격

3. 부작위의 성립요건(대상적격)
4. 제소기간
5. 필요적 심판전치주의
6. 소의 이익

Ⅳ. 사안의 해결

2. 위 부작위위법확인소송에서 인용판결이 확정된 후, 乙이 승진임용거부처분을 하였다면 甲은 간접강제를 신청할 수 있는가?

목차

Ⅰ. 논점의 정리

Ⅱ. 부작위위법확인판결의 기속력

Ⅲ. 간접강제(행정소송법제38조제2항, 제34조)
   1. 의의 및 취지
   2. 요건

Ⅳ. 부작위위법확인소송의 심리범위
   1. 학설
   2. 판례
   3. 검토

Ⅴ. 사안의 해결

2014년 제23회, 2020년 제29회 기출

모범 답안

설문 1.에 관하여

I 논점의 정리

乙의 부작위가 위법한 부작위가 성립되기 위하여 신청권이 필요한지 및 나머지 소송요건을 검토해보아야 한다.

II 부작위위법확인소송의 의의

부작위위법확인소송이란 행정청이 당사자의 신청에 대하여 상당한 기간 내에 일정한 처분을 하여야 할 법률상 의무가 있음에도 불구하고 이를 하지 아니하는 경우에 이러한 행정청의 부작위가 위법하다는 확인을 구하는 항고소송을 말한다(행소법제2조제2호, 제4조제3호).

III 부작위위법확인소송의 소송요건

1 원고적격

행정소송법제36조는 부작위위법확인소송은 처분의 신청을 한 자로서 부작위의 위법의 확인을 구할 법률상 이익이 있는 자만이 제기할 수 있다고 규정하고 있는데 이때 신청권이 필요한지 여부에 관하여 견해의 대립이 있다.

2 피고적격

취소소송의 피고적격에 관한 규정이 준용되어 신청을 받은 부작위행정청이 피고가 된다(법제38조제2항, 제13조).

3 부작위의 성립요건(대상적격)

1) 신청 이외에 신청권 필요여부

① 문제점
부작위위법확인소송의 대상인 부작위가 성립하기 위하여 신청한 사실 이외에 신청권이 필요한지가 문제되고 일반적으로 공무원에게는 법규상 승진임용신청권이 없는데도 조리상 신청권을 인정할 수 있는 지를 검토하여야 한다.

② 신청권 필요여부 및 신청권의 내용
학설상 ① 원고적격설, ② 대상적격설 및 ③ 본안문제설이 대립하고, 판례는 당사자가 행정청에 대하여 신청을 하였더라도 그러한 행정행위를 하여 줄 것을 요구할 수 있는 법규상 또는 조리상

의 권리를 갖고 있지 아니한 경우에는 항고소송의 대상인 위법한 부작위가 있다고 볼 수 없다고 판시하였다. 생각건대 부작위가 항고소송의 대상이 되기 위하여는 행정청에 대하여 그 신청에 따른 처분을 해줄 것을 요구할 수 있는 법규상 또는 조리상 신청권이 있어야 한다고 보는 것이 타당하다. 여기서 말하는 신청권은 신청인이 그 신청에 따른 단순한 응답을 받을 권리를 넘어서 신청의 인용이라는 만족적 결과를 얻을 권리를 의미하는 것은 아니다.

③ 조리상 무하자재량행사청구권 인정여부 ❸

남소를 우려하여 부정하는 견해도 있지만 국민의 권리구제 및 재량통제의 실익이 있으므로 긍정하는 것이 타당하다. 대법원도 국공립대학조교수사건 및 검사임용거부처분취소소송에서 검사의 임용여부는 임용권자의 자유재량에 속하지만 적어도 임용신청자에게는 재량권의 일탈이나 남용이 없는 적법한 응답을 요구할 권리가 있다고 판시하여 재량영역에서도 무하자재량행사청구권이라는 권리를 인정하고 있다.

④ 사안의 경우 ❷

광주광역시장 乙은 인사위원회에 3급 승진대상자 2명의 추천을 요청하여 인사위원회는 甲을 추천하였고 乙은 甲을 3급 승진대상자로 결정하고 그 사실을 대내외에 공표까지 하였다면 신뢰보호의 원칙상 乙에게는 적어도 하자없는 응답을 요구할 수 있는 승진임용신청권이 있다고 보는 것이 타당하다. 대법원도 유사한 사건에서 조리상 신청권을 인정하였다.

2) 그 이외의 요건 ❷

① 행정청은 처분을 할 법률상 의무가 있음에도 불구하고 ② 사회통념상 처분을 하는데 필요한 상당한 기간이 경과하였음에도 ③ 처분을 하지 않고 있어야 한다.

4 제소기간 ❷

부작위위법확인소송에도 취소소송의 제소기간이 준용되고 있는데(법제38조②, 법20조) 부작위가 계속되고 있는 경우에는 성질상 제소기간의 제한을 받지 않지만 심판절차를 거친 경우에는 재결서 정본을 송달받은 날로부터 90일 이내에 소를 제기하여야 한다.

5 필요적 심판전치주의 ❸

행정소송법은 임의적 행정심판전치주의를 채택하면서 법제18조제1항단서에서 '다만 다른 법률에 당해 처분에 대한 행정심판의 재결을 거치지 아니하면 취소소송을 제기할 수 없다'고 규정하여 예외적으로 필요적 행정심판전치주의를 채택하고 있는 바, 필요적 심판전치주의에 해당하는 경우로서 국세기본법상 국세청장의 심사청구 또는 조세심판원의 심판청구, 지방세, 지방세공무원의 징계 등 불이익한 처분에 대한 소청, 도로교통법상의 운전면허 관련처분에 대한 행정심판이 있다. 甲은 공무원에 해당하고 乙의 부작위는 甲에게 불이익하므로 소청심사를 거쳐야 한다.

6 소의 이익 ❶

소제기의 전후를 통하여 판결시까지 행정청이 그 신청에 대하여 적극 또는 소극의 처분을 함으로써 부작위상태가 해소된 때에는 소의 이익을 상실하게 되어 당해 소는 각하를 면할 수가 없다.

Ⅳ. 사안의 해결 ❷

甲에게는 조리상 신청권이 인정되고 乙은 하자없는 응답을 하여야 할 법률상 의무가 있음에도 2005. 9. 30.부터 20006. 3. 8.까지의 부작위는 상당한 기간이 경과하였고 2006. 2. 20. 소청심사위원회에서 기각결정을 받은 후 90일이 지나지 않은 같은 해 3. 8.에 이 사건 소를 제기하였으므로 甲의 소제기는 적법하다.

설문 2.에 관하여

Ⅰ. 논점의 정리 ❶

먼저 간접강제신청의 요건을 검토해보고 乙의 거부처분이 인용판결의 기속력에 반하는 처분에 해당하는지가 부작위위법확인소송의 심리범위와 관련하여 문제된다.

Ⅱ. 부작위위법확인판결의 기속력 ❶

부작위위법확인소송에서 인용판결이 확정되면 행정소송법제38조제2항, 제30조에 의하여 乙에게는 甲의 신청에 대하여 판결주문은 물론 판결이유에 위배되지 않는 처분을 하여야 할 의무가 발생한다.

Ⅲ. 간접강제(행정소송법제38조제2항, 제34조)

1. 의의 및 취지(법제34조) ❶

거부처분에 대한 취소판결 및 부작위위법확인판결이 확정되면 행정청은 판결의 기속력에 의해 당해 판결의 취지에 따른 재처분의무가 있는데, 행정청이 이를 이행하지 않을 경우 판결의 실효성을 확보하기 위해 필요한 것이다.

2. 요건 ❶·❺

처분청이 거부처분취소판결의 취지에 따른 재처분을 하지 않고 있어야 한다. 대법원은 재처분을 하였다 하더라도 그것이 취소판결의 기속력에 반하는 당연무효인 경우라면 재처분을 하지 아니한 것이라고 판시하였다.

3. 배상금의 성질 ❶·❺

판례는 간접강제결정에 기한 배상금은 재처분의 지연에 대한 제재나 손해배상이 아니고 재처분의 이행에 관한 심리적 강제수단에 불과한 것이므로 특별한 사정이 없는 한 의무이행기한이 경과한 후에라도 확정판결의 취지에 따른 재처분의 이행이 있으면 배상금을 청구하는 것은 허용되지 않는다고 판시하였다.

Ⅳ. 부작위위법확인소송의 심리범위

1. 문제의 소재 ❶

부작위위법확인판결이 있는 경우 행정소송법 제30조제2항이 준용되어 행정청은 (재)처분의무가 발생하는 데 이 경우 재처분의무의 내용이 법원의 심리범위와 관련하여 문제 된다.

2. 학설 ❸

① 절차적 심리설은 부작위위법확인소송은 행정청의 부작위가 위법한 것임을 확인하는 소송으로서 법원은 부작위의 위법 여부를 확인하는 데 그칠 뿐 행정청이 행할 처분의 구체적 내용까지는 심리·판단할 수 없다고 본다. ② 실체적 심리설은 부작위위법확인소송의 심리범위는 실체적 심리에까지 미쳐 부작위의 위법여부뿐만 아니라 행정청의 특정 작위의무의 존재까지도 심리·판단할 수 있다는 견해이다.

3. 판례 ❷

대법원은 부작위위법확인의 소는 행정청이 법률상의 응답의무가 있음에도 불구하고 이를 하지 아니하는 경우, 그 부작위 위법을 확인함으로써 부작위 내지 무응답이라고 하는 소극적인 위법상태를 제거하는 것을 목적으로 하는 것이라고 판시하였다.

4. 검토 ❶

실체적 심리설에 의하면 결국 의무이행소송을 인정하는 결과가 되고, 현행 행정소송법이 의무이행소송 대신 명문으로 부작위위법확인소송을 규정한 취지에 비추어 절차적 심리설이 타당하다. 따라서 乙은 부작위위법확인소송의 인용판결의 기속력에 따라 하자없는 응답처분을 하여야 한다.

Ⅴ. 사안의 해결 ❷

부작위위법확인소송의 인용판결의 기속력으로 乙은 승진임용처분을 하여야 하는 것은 아니므로 乙의 거부처분은 적법한 처분에 해당하므로 간접강제의 요건을 갖추지 못하였으므로 甲은 간접강제를 신청할 수 없다. 대법원도 유사한 사안에서 각하결정을 하였다.

THEME 45 당사자소송

> **행정소송법**
>
> **제3조【행정소송의 종류】** 행정소송은 다음의 네 가지로 구분한다.
> 2. 당사자소송 : 행정청의 처분등을 원인으로 하는 법률관계에 관한 소송 그 밖에 공법상의 법률관계에 관한 소송으로서 그 법률관계의 한쪽 당사자를 피고로 하는 소송
>
> **제39조【피고적격】** 당사자소송은 국가·공공단체 그 밖의 권리주체를 피고로 한다.
>
> **제40조【재판관할】** 제9조의 규정은 당사자소송의 경우에 준용한다. 다만, 국가 또는 공공단체가 피고인 경우에는 관계행정청의 소재지를 피고의 소재지로 본다.
>
> **제41조【제소기간】** 당사자소송에 관하여 법령에 제소기간이 정하여져 있는 때에는 그 기간은 불변기간으로 한다.
>
> **제42조【소의 변경】** 제21조의 규정은 당사자소송을 항고소송으로 변경하는 경우에 준용한다.
>
> **제44조【준용규정】** ① 제14조 내지 제17조, 제22조, 제25조, 제26조(직권심리), 제30조제1항, 제32조 및 제33조의 규정은 당사자소송의 경우에 준용한다.
> ② 제10조의 규정은 당사자소송과 관련청구소송이 각각 다른 법원에 계속되고 있는 경우의 이송과 이들 소송의 병합의 경우에 준용한다.

I 서설

당사자소송이란 공법상의 법률관계(공권과 공의무)에 관하여 의문이나 다툼이 있는 경우에 그 법률관계에 관하여 다투는 소송을 말한다. 항고소송은 공행정주체가 우월한 지위에서 갖는 공권력의 행사·불행사와 관련된 분쟁의 해결을 위한 소송이나 당사자소송은 그러한 공권력 행사·불행사의 결과로서 생긴 법률관계에 관한 소송, 그 밖에 대등한 당사자 간의 공법상의 권리·의무에 관한 소송이다.

II 당사자소송의 종류

1 실질적 당사자소송

실질적 당사자소송이란 공법상의 법률관계에 관한 소송으로서 그 법률관계의 한쪽 당사자를 피고로 하는 소송을 말하며, 통상의 당사자소송이 이에 해당한다.

1) 처분등을 원인으로 하는 법률관계에 관한 소송

무효인 과세처분을 전제로 이미 납부한 세금의 반환을 구하는 부당이득반환청구소송, 위법한 공권력행사로 인한 손해배상청구소송 등이 여기에 해당한다. 다만, 판례는 이러한 소송을 민사소송으로 다루고 있다.

2) 기타 공법상 법률관계에 관한 소송

조세채무부존재확인소송, 공무원지위확인소송, 공무원보수지급청구 등 공법상 금전지급청구를 위한 소송, 공법상 지위신분의 확인을 구하는 소송 등이 이에 해당한다.

> **당사자소송의 대상**
>
> 1. 광주민주화운동관련자보상등에관한법률에 의거하여 관련자 및 유족들이 갖게 되는 보상 등에 관한 권리는 헌법 제23조 제3항에 따른 재산권침해에 대한 손실보상청구나 국가배상법에 따른 손해배상청구와는 그 성질을 달리하는 것으로서 법률이 특별히 인정하고 있는 공법상의 권리라고 하여야 할 것이므로 그에 관한 소송은 행정소송법 제3조 제2호 소정의 당사자소송에 의하여야 할 것이다(대판 92누3335).
>
> 2. 공무원연금관리공단이 퇴직연금 중 일부 금액에 대하여 지급거부의 의사표시를 하였다고 하더라도 그 의사표시는 퇴직연금청구권을 형성·확정하는 행정처분이 아니라 공법상의 법률관계의 한쪽 당사자로서 그 지급의무의 존부 및 범위에 관하여 나름대로의 사실상·법률상 의견을 밝힌 것일 뿐이어서, 이를 행정처분이라고 볼 수는 없고, 이 경우 미지급퇴직연금에 대한 지급청구권은 공법상 권리로서 그의 지급을 구하는 소송은 공법상의 법률관계에 관한 소송인 공법상 당사자소송에 해당한다(대판 2004두244).
>
> 3. 지방자치단체와 그 소속 경력직 공무원인 지방소방공무원 사이의 관계, 즉 지방소방공무원의 근무관계는 사법상의 근로계약관계가 아닌 공법상의 근무관계에 해당하고, 그 근무관계의 주요한 내용 중 하나인 지방소방공무원의 보수에 관한 법률관계는 공법상의 법률관계라고 보아야 한다. 나아가 지방공무원법, 지방공무원 수당 등에 관한 규정을 종합하여 보면, 지방소방공무원의 초과근무수당 지급청구권은 법령의 규정에 의하여 직접 그 존부나 범위가 정하여지고 법령에 규정된 수당의 지급요건에 해당하는 경우에는 곧바로 발생한다고 할 것이므로, 지방소방공무원이 자신이 소속된 지방자치단체를 상대로 초과근무수당의 지급을 구하는 청구에 관한 소송은 행정소송법 제3조 제2호에 규정된 당사자소송의 절차에 따라야 한다(대판 2012다102629).
>
> 3. 고용보험 및 산업재해보상보험의 보험료징수 등에 관한 법률 각 규정에 의하면, 사업주가 당연가입자가 되는 고용보험 및 산재보험에서 보험료 납부의무 부존재확인의 소는 공법상의 법률관계 자체를 다투는 소송으로서 공법상 당사자소송이다(대판 2016다221658).
>
> 4. 명예퇴직수당 지급대상자의 결정과 수당액 산정 등에 관한 구 국가공무원법 제74조의2 제1항, 제4항, 구 법관 및 법원공무원 명예퇴직수당 등 지급규칙 제3조 제1항, 제2항, 제7조, 제4조 [별표 1]의 내용과 취지 등에 비추어 보면, 명예퇴직수당은 명예퇴직수당 지급신청자 중에서 일정한 심사를 거쳐 피고가 명예퇴직수당 지급대상자로 결정한 경우에 비로소 지급될 수 있지만, 명예퇴직수당 지급대상자로 결정된 법관에 대하여 지급할 수당액은 명예퇴직수당규칙 제4조 [별표 1]에 산정 기준이 정해져 있으므로, 위 법관은 위 규정에서 정한 정당한 산정 기준에 따라 산정된 명예퇴직수당액을 수령할 구체적인 권리를 가진다. 따라서 명예퇴직한 법관이 미지급 명예퇴직수당액에 대하여 가지는 권리는 명예퇴직수당 지급대상자 결정 절차를 거쳐 명예퇴직수당규칙에 의하여 확정된 공법상 법률관계에 관한 권리로서, 그 지급을 구하는 소송은 행정소송법의 당사자소송에 해당하며, 그 법률관계의 당사자인 국가를 상대로 제기하여야 한다(대판 2013두14863).
>
> 5. 부가가치세법령이 환급세액의 정의 규정, 그 지급시기와 산출방법에 관한 구체적인 규정과 함께 부가가치세 납세의무를 부담하는 사업자(이하 '납세의무자'라 한다)에 대한 국가의 환급세액 지급의무를 규정한 이유는 어느 과세기간에 거래징수된 세액이 거래징수를 한 세액보다 많은 경우에는 그 납세의무자가 창출한 부가가치에 상응하는

세액보다 많은 세액이 거래징수되게 되므로 이를 조정하기 위한 과세기술상, 조세 정책적인 요청에 따라 특별히 인정한 것이라고 할 수 있다. 그렇다면 납세의무자에 대한 국가의 부가가치세 환급세액 지급의무에 대응하는 국가에 대한 납세의무자의 부가가치세 환급세액 지급청구는 민사소송이 아니라 행정소송법 제3조 제2호에 규정된 당사자소송의 절차에 따라야 한다(대판 2011다95564 전원합의체 판결).

6. 국가공무원법 제67조, 구 공무원복무규정(1996. 12. 14. 대통령령 제14825호로 개정되기 전의 것) 제15조, 제16조 제5항, 제17조 등의 각 규정에 비추어 보면, 공무원의 연가보상비청구권은 공무원이 연가를 실시하지 아니하는 등 법령상 정해진 요건이 충족되면 그 자체만으로 지급기준일 또는 보수지급기관의 장이 정한 지급일에 구체적으로 발생하고 행정청의 지급결정에 의하여 비로소 발생하는 것은 아니라고 할 것이므로, 행정청이 공무원에게 연가보상비를 지급하지 아니한 행위로 인하여 공무원의 연가보상비청구권 등 법률상 지위에 아무런 영향을 미친다고 할 수는 없으므로 행정청의 연가보상비 부지급 행위는 항고소송의 대상이 되는 처분이라고 볼 수 없다(대판 97누10857).

▶ 당사자소송 부정(항고소송의 대상)

1. '민주화운동관련자 명예회복 및 보상 등에 관한 법률' 규정들의 취지와 내용에 비추어 보면, 민주화운동과 관련한 피해 유형을 추상적으로 규정한 것에 불과하여 동 법규정들만으로는 바로 법상의 보상금 등의 지급 대상자가 확정된다고 볼 수 없고, '민주화운동관련자 명예회복 및 보상심의위원회'에서 심의·결정을 받아야만 비로소 보상금 등의 지급대상자로 확정될 수 있다. 따라서 그와 같은 심의위원회의 결정은 국민의 권리의무에 직접 영향을 미치는 행정처분에 해당하므로, 관련자 등으로서 보상금 등을 지급받고자 하는 신청에 대하여 심의위원회가 관련자 해당 요건의 전부 또는 일부를 인정하지 아니하여 보상금 등의 지급을 기각하는 결정을 한 경우에는 신청인은 심의위원회를 상대로 그 결정의 취소를 구하는 항고소송을 제기하여 보상금 등의 지급대상자가 될 수 있는 것이다(대판 2005두16185 전원합의체).

2. 공무원연금법령상 급여를 받으려고 하는 자는 우선 관계 법령에 따라 공무원연금공단에 급여지급을 신청하여 공무원연금공단이 이를 거부하거나 일부 금액만 인정하는 급여지급결정을 하는 경우 그 결정을 대상으로 항고소송을 제기하는 등으로 구체적 권리를 인정받아야 하고, 구체적인 권리가 발생하지 않은 상태에서 곧바로 공무원연금공단을 상대로 한 당사자소송으로 권리의 확인이나 급여의 지급을 소구하는 것은 허용되지 아니한다(대판 2014두43264).

2 형식적 당사자소송

1) 의의

형식적 당사자소송이란 실질은 행정청의 처분·재결 등을 다투는 것이나 형식적으로는 처분등의 결과로써 형성된 법률관계에 대하여 그 법률관계의 한쪽 당사자를 피고로 하여 제기하는 소송을 말한다. 예를 들어 토지수용위원회의 수용재결 중 보상금 부분에 불복이 있을 때 재결취소소송을 제기하지 않고 곧바로 사업시행자를 피고로 하여 보상금액의 증액을 청구하는 경우이다.

2) 형식적 당사자소송의 필요성

행정소송법은 의무이행소송을 인정하고 있지 않으므로 만약 형식적 당사자소송을 인정하지 않으면 취소소송을 수차례 제기하여야 하는 불편함이 있으므로 행정청을 배제하고 실질적인 이해관계자를 소송당사자로 함으로써 신속한 권리구제를 도모하고 소송절차를 최소화하는 기능을 한다.

3) 실정법상 인정례

> **공익사업을 위한 토지 등의 취득 및 보상에 관한 법률**
>
> **제85조【행정소송의 제기】** ① 사업시행자·토지 소유자 또는 관계인은 제34조에 따른 (수용)재결에 불복할 때에는 재결서를 받은 날부터 90일 이내에, 이의신청을 거친 때에는 이의신청에 대한 재결서를 받은 날부터 60일 이내에 각각 행정소송을 제기할 수 있다. (항고소송:원처분주의)
> ② 제1항에 따라 제기하려는 행정소송이 보상금의 증감에 관한 소송인 경우 그 소송을 제기하는 자가 토지소유자 또는 관계인일 때에는 사업시행자를, 사업시행자일 때에는 토지소유자 또는 관계인을 각각 피고로 한다. (형식적 당사자소송)

4) 해석상 인정 여부

① 문제의 소재

형식적 당사자소송을 인정하는 명문의 규정이 없는 경우에도 이를 인정할 수 있는지 문제된다.

② 학설

㉠ 부정설은 처분의 공정력을 항고소송으로 제거하지 않고 그로 인하여 발생한 법률관계를 법원이 판단하는 것은 공정력을 인정하는 취지에 반한다는 입장이고 ㉡ 긍정설은 현재 의무이행소송이 인정되지 않으므로 국민의 권리구제 및 분쟁의 일회적 해결에 비추어 인정하자는 입장이다.

③ 판례

> 공무원연금법령상 급여를 받으려고 하는 자는 우선 관계 법령에 따라 공무원연금공단에 급여지급을 신청하여 공무원연금공단이 이를 거부하거나 일부 금액만 인정하는 급여지급결정을 하는 경우 그 결정을 대상으로 항고소송을 제기하는 등으로 구체적 권리를 인정받아야 하고, 구체적인 권리가 발생하지 않은 상태에서 곧바로 공무원연금공단을 상대로 한 당사자소송으로 권리의 확인이나 급여의 지급을 소구하는 것은 허용되지 아니한다(대판 2014두43264).

④ 검토

생각건대 개별법에 명문으로 형식적 당사자소송을 인정하고 있지 않는 경우에도 이를 인정하게 되면 항고소송은 무용해지므로 명문의 규정이 없는 경우에는 부정하는 것이 타당하다.

Ⅲ 소송요건

1 당사자 및 관계인

당사자소송은 민사소송과 유사한 형태의 소송이므로, 당사자소송의 원고적격 및 소의 이익에는 취소소송의 원고적격 및 소의 이익에 관한 규정이 준용되지 아니하고 일반 민사소송에 관한 규정이 준용된다. 따라서 판례는 당사자소송으로서 확인소송을 제기하는 경우에는 확인의 이익이 요구된다고 판시하였다.

2 피고적격

1) 권리주체

납세의무부존재확인의 소는 공법상의 법률관계 그 자체를 다투는 소송으로서 당사자소송이라 할 것이므로 행정소송법 제3조 제2호, 제39조에 의하여 그 법률관계의 한쪽 당사자인 국가·공공단체 그 밖의 권리주체가 피고적격을 가진다(대판 99두2765).

2) 피고경정

당사자소송에도 피고경정에 관한 규정이 적용되므로 원고가 피고를 잘못 지정한 때에는 법원은 원고의 신청에 의해 결정으로써 피고의 경정을 허가할 수 있다.

Ⅳ 당사자소송에의 민사집행법상 가처분 준용

> 당사자소송에 대하여는 행정소송법 제23조 제2항의 집행정지에 관한 규정이 준용되지 아니하므로(행정소송법 제44조 제1항 참조), 이를 본안으로 하는 가처분에 대하여는 행정소송법 제8조 제2항에 따라 민사집행법상 가처분에 관한 규정이 준용되어야 한다(대판 2015무26).

Ⅴ 당사자소송의 소의 이익

공법상 당사자소송에는 민사소송법의 규정이 대부분 준용되므로 당사자소송 중 확인소송은 항고소송인 무효확인소송과 달리 보충성이 요구된다.

> 이 사건과 같이 이미 채용기간이 만료되어 소송 결과에 의해 법률상 그 직위가 회복되지 않는 이상 채용계약 해지의 의사표시의 무효확인만으로는 당해 소송에서 추구하는 권리구제의 기능이 있다고 할 수 없고, 침해된 급료지급청구권이나 사실상의 명예를 회복하는 수단은 바로 급료의 지급을 구하거나 명예훼손을 전제로 한 손해배상을 구하는 등의 이행청구소송으로 직접적인 권리구제방법이 있는 이상 무효확인소송은 적절한 권리구제 수단이라 할 수 없어 확인소송의 또 다른 소송요건(보충성)을 구비하지 못하고 있다(대판 95재다199 전원합의체 판결).

사례연습

공인노무사 甲은 관악구 내에 나대지 1,000㎡를 소유하고 있는데 사업시행자인 관악구는 甲의 토지를 포함하여 그 일대를 공원으로 조성하기로 하고 지방토지수용위원회에 수용재결을 신청하였고 이에 지방토지수용위원회는 甲의 토지전부에 대하여 '10억원에 수용한다'라는 수용재결을 하였고 甲은 중앙토지수용위원회에 이의신청을 하였으나 기각되었다. 이에 甲은 수용자체는 반대하지 않지만 보상액만 더 받고 싶다고 생각하는 경우에 제기하는 소송유형 및 요건에 대하여 검토하시오. (30점)

목차

I. 논점의 정리

II. 형식적 당사자소송
  1. 의의
  2. 형식적 당사자소송의 필요성
  3. 해석상 인정 여부
      1) 문제의 소재
      2) 학설
      3) 판례
      4) 검토

III. 당사자소송의 소송요건
  1. 원고적격 및 소의 이익
  2. 피고적격
  3. 재판관할 (법제40조)
  4. 제소기간 (법제41조)

IV. 사안의 해결

2010년 제19회, 2019년 제28회 기출

모범 답안

I. 논점의 정리

甲은 공토법제85조제1항에 따라 중앙토지수용위원회의 기각재결서를 받은 날로부터 60일 이내에 사업시행자인 관악구를 상대로 행정소송 중 당사자소송(법제3조제2호)으로 보상금증가청구소송을 제기할 수 있는데 보상금증가청구소송의 법적 성질이 형식적 당사자소송에 해당하는지, 명문의 규정이 없는 경우에 해석상 형식적 당사자소송을 인정할 수 있는지 및 당사자소송의 일반적인 규정을 검토해보아야 한다.

II. 형식적 당사자소송

1. 의의

형식적 당사자소송이란 실질은 행정청의 처분·재결 등을 다투는 것이나 형식적으로는 처분 등의 결과로써 형성된 법률관계에 대하여 그 법률관계의 한쪽 당사자를 피고로 하여 제기하는 소송을 말한다. 사안처럼 甲이 공토법상 토지수용위원회의 수용재결 중 보상금 부분에 불복이 있을 때 재결취소소송을 제기하지 않고 곧바로 사업시행자를 피고로 하여 보상금액의 증액을 청구하는 경우이다.

2 형식적 당사자소송의 필요성 ❷

행정소송법은 의무이행소송을 인정하고 있지 않으므로 만약 형식적 당사자소송을 인정하지 않으면 취소소송을 수차례 제기하여야 하는 불편함이 있으므로 행정청을 배제하고 실질적인 이해관계자를 소송당사자로 함으로써 신속한 권리구제를 도모하고 소송절차를 최소화하는 기능을 한다.

3 해석상 인정 여부

1) 문제의 소재 ❶

형식적 당사자소송을 인정하는 명문의 규정이 없는 경우에도 이를 인정할 수 있는지 문제된다.

2) 학설 ❷

① 행정행위의 공정력을 항고소송이 아닌 당사자소송으로 배제할 수 있다는 것은 문제가 있으므로 부정하는 입장과 ② 의무이행소송을 인정하고 있지 않으므로 분쟁의 일회적 해결을 위하여 긍정하는 입장이 있다.

3) 판례 ❸

대법원은 공무원의 급여지급신청에 대하여 공단이 이를 거부하거나 일부금액만 인정하는 결정을 한 경우 그 결정을 대상으로 항고소송을 제기하여야 하고, 구체적인 권리가 발생하지 않은 상태에서 곧바로 공단 등을 상대로 당사자소송을 제기하는 것은 허용되지 아니한다고 판시하였고, 민주화운동보상금사건에서도 동일한 취지의 판시를 하였다.

4) 검토 ❷

생각건대 처분은 항고소송의 대상이므로 명문의 규정이 없는 한 인정하기 어렵다고 보는 것이 타당하다. 입법론으로는 행정소송법에 의무이행소송이 도입되기 전까지는 국민의 실효적인 권리구제를 위하여 개별 법률에서 형식적 당사자소송의 도입을 확대할 필요가 있다.

Ⅲ 당사자소송의 소송요건

1 원고적격 및 소의 이익 ❹

당사자소송은 민사소송과 유사한 형태의 소송이므로, 당사자소송의 원고적격 및 소의 이익에는 취소소송의 원고적격 및 소의 이익에 관한 규정이 준용되지 아니하고 행소법제8조제2항에 의하여 민사소송법이 대부분 준용된다. 따라서 판례는 당사자소송으로서 확인소송을 제기하는 경우에는 확인의 이익이 요구된다고 판시하였다.

2 피고적격

1) 권리, 의무의 주체 ❶

행정소송법 제3조 제2호, 제39조에 의하여 그 법률관계의 한쪽 당사자인 국가·공공단체 그 밖의 권리주체가 피고적격을 가진다.

2) 피고경정 (법제44조 ①) ❷

당사자소송에도 피고경정에 관한 규정이 적용되므로 원고가 피고를 잘못 지정한 때에는 법원은 원고의 신청에 의해 결정으로써 피고의 경정을 허가할 수 있다.

3 재판관할 (법제40조) ❶

법제9조 취소소송의 관할규정은 당사자소송의 경우에 준용한다. 다만, 국가 또는 공공단체가 피고인 경우에는 관계행정청의 소재지를 피고의 소재지로 본다.

4 제소기간 (법제41조) ❶

취소소송의 제소기간은 당사자소송에 준용되지 않으므로 원칙적으로 제소기간의 제한이 없지만 개별법률에서 제소기간을 정한 경우에는 불변기간에 해당한다.

Ⅳ 사안의 해결 ❷

甲은 사업시행자인 관악구를 상대로 서울행정법원에 형식적 당사자소송인 보상금증가청구소송을 불변기간 이내에 제기하여 구제받을 수 있다.

THEME 46 소의 변경

> **행정소송법**
>
> **제21조 【소의 변경】** ① 법원은 취소소송을 당해 처분등에 관계되는 사무가 귀속하는 국가 또는 공공단체에 대한 당사자소송 또는 취소소송외의 항고소송으로 변경하는 것이 상당하다고 인정할 때에는 청구의 기초에 변경이 없는 한 사실심의 변론종결시까지 원고의 신청에 의하여 결정으로써 소의 변경을 허가할 수 있다.
> ② 제1항의 규정에 의한 허가를 하는 경우 피고를 달리하게 될 때에는 법원은 새로이 피고로 될 자의 의견을 들어야 한다.
> ③ 제1항의 규정에 의한 허가결정에 대하여는 즉시항고할 수 있다.
> ④ 제1항의 규정에 의한 허가결정에 대하여는 제14조제2항·제4항 및 제5항의 규정을 준용한다.
>
> **제22조 【처분변경으로 인한 소의 변경】** ① 법원은 행정청이 소송의 대상인 처분을 소가 제기된 후 변경한 때에는 원고의 신청에 의하여 결정으로써 청구의 취지 또는 원인의 변경을 허가할 수 있다.
> ② 제1항의 규정에 의한 신청은 처분의 변경이 있음을 안 날로부터 60일 이내에 하여야 한다.
> ③ 제1항의 규정에 의하여 변경되는 청구는 제18조제1항 단서의 규정에 의한 요건을 갖춘 것으로 본다.

I 의의 및 취지

소의 변경이란 소송의 계속 중에 원고가 판결을 받을 내용을 변경하는 것을 말하며, 청구의 변경이라고도 한다. 소의 변경은 당초의 소제기에 의하여 개시된 소송절차의 동일성이 유지되어 소의 변경시에도 소송증거자료 등이 그대로 승계된다는 점에 의의가 있다. 한편, 소의 변경은 청구 그 자체의 변경을 요하므로 청구를 이유 있게 하기 위한 공격방어방법의 변경은 소의 변경이 아니다.

II 행정소송법상 소의 변경

행정소송법은 소의 변경에 관하여 소 종류의 변경과 처분변경으로 인한 소의 변경 두 가지를 규정하고 있다.

1 소 종류의 변경(법제　조　)

1) 의의 및 취지

법원은 취소소송을 당해 처분등에 관계되는 사무가 귀속하는 국가 또는 공공단체에 대한 당사자소송 또는 취소소송 외의 항고소송으로 변경하는 것이 상당하다고 인정할 때에는 청구의 기초에 변경이 없는 한 사실심의 변론종결시까지 원고의 신청에 의하여 결정으로써 소의 변경을 허가할 수 있는 바, 이를 소 종류의 변경이라고 한다.

2) 유형
① 항고소송 간의 변경
㉠ 취소소송을 무효등 확인소송 또는 부작위위법확인소송으로, ㉡ 무효등 확인소송을 취소소송으로, ㉢ 부작위위법확인소송을 거부처분취소소송으로 변경하는 것이 가능하다.
② 항고소송과 당사자소송 간의 변경
항고소송을 당해 처분등에 관계되는 사무가 귀속되는 국가 또는 공공단체에 대한 당사자소송으로 변경하거나, 당사자소송을 항고소송으로 변경하는 것이 가능하다.

3) 요건(법제 조)
① 소의 변경이 상당하다고 인정될 것
상당성은 각 사건에 따라 구체적으로 판단할 것이나, 각종 증거, 소송자료의 이용가능성, 소송의 지연여부, 새로운 피고에 입히는 불이익의 정도 등을 종합적으로 고려하여야 할 것이다.
② 청구의 기초에 변경이 없을 것
소의 종류의 변경은 청구의 기초의 변경이 없어야 허용되는데, 이는 전후의 소송이 달성하려고 하는 이익이 동일하고, 동일한 사실적 기반에 서 있어 소송자료를 공통으로 사용할 수 있는 경우를 말한다.
③ 변경의 대상이 되는 소가 사실심에 계속중이고 변론종결 전일 것
원고가 소의 변경을 신청하기 위하여는 소송이 사실심의 변론종결 전이어야 한다. 소송요건의 흠결로 인하여 소송이 부적법한 경우에도 각하되기 전이라면 소의 변경신청을 할 수 있다.

4) 절차(법제 조)
① 원고의 신청이 있을 것
소 변경은 구소를 취하하고 신소를 제기하는 것과 마찬가지이므로 처분권주의에 따라 직권에 의한 소 변경은 있을 수 없고 원고의 신청이 반드시 필요하다.
② 의견청취
피고의 변경을 수반하는 소 변경의 신청이 있는 경우에는 법원은 반드시 그 허가 결정에 앞서 새로이 피고로 될 자의 의견을 들어야 한다.
③ 법원의 결정
행정소송법상의 소의 종류의 변경은 법원의 허가결정이 있어야 한다. 피고가 변경되는 소 변경의 경우에는 허가결정의 정본을 새로운 피고에게 송달하여야 한다.

5) 효과(법제   조   )

소 변경을 허가하는 결정이 있게 되면, 구소는 취하되고 새로운 소가 계속된 것으로 본다. 또한 소 변경을 허가하는 결정이 있게 되면 새로운 소송은 변경 전의 구소를 제기한 때에 제기된 것으로 본다.

6) 불복방법

소종류의 변경을 허가하는 결정에 대하여는 새 피고나 종래의 피고는 즉시항고를 할 수 있다. 불허가결정에 대한 불복방법은 행정소송법에서 규정하고 있지 않은 바, 원고는 새로운 피고를 상대로 별소를 제기할 수 있다.

2 처분변경으로 인한 소의 변경(법제   조   )

1) 의의

행정청이 소송의 대상인 처분을 소송 계속 중에 다른 처분으로 변경한 때에 원고가 법원의 허가를 얻어 청구의 취지 또는 원인을 변경하는 경우를 말한다.

2) 요건(법제   조   )

① 소송이 계속중일 것
처분변경으로 인한 소의 변경은 소송이 제기된 후 사실심 계속 중에 행하여질 것을 요한다. 이때에는 변경된 처분에 대하여 별도로 행정심판을 거칠 필요가 없다.

② 행정청의 처분변경 행위가 존재할 것
행정청이 소송의 대상인 처분을 소가 제기된 후 변경하였어야 한다.

③ 청구의 기초에 변경이 없을 것을 요하는지 여부
청구의 기초에 변경이 없을 것을 요하는지 여부가 문제될 수 있으나, 소의 종류의 변경과는 달리 이를 요하는 명문의 규정이 없으므로 필요하지 않다고 보아야 할 것이다.

3) 절차(법제   조   )

소의 변경을 위하여는 원고가 처분의 변경이 있음을 안 날로부터 60일 이내에 소의 변경을 신청하여야 하고, 이에 대한 법원의 변경허가결정이 있어야 한다.

4) 효과

① 구소 취하 및 신소 제기
소의 변경을 허가하는 결정이 있으면 새로운 소가 제기되고, 동시에 구소는 취하된 것으로 본다.

② 행정심판제기의 효과
처분변경으로 인한 새로운 청구는 행정심판 전치주의가 적용되는 경우에도 전치요건을 갖춘 것으로 간주된다. 따라서 원고는 이에 대해 새로이 행정심판을 제기하지 않아도 된다.

Ⅲ. 행정소송과 민사소송간의 변경

1 문제의 소재

행정소송법은 행정소송과 민사소송간의 소변경 허용여부에 관하여 명문의 규정이 없어 문제된다.

2 학설

① 항고소송을 민사소송으로 변경하는 경우에는 당사자의 변경이 생기고 관할법원이 서로 다르므로 부정하는 입장과 ② 처분을 원인으로 하는 민사소송으로 변경하는 경우 피고가 처분청에서 국가 등으로 변경되지만 실질적으로는 동일성이 유지되고 소송경제를 위하여 긍정하는 입장이 있다.

3 판례

원고가 고의 또는 중대한 과실 없이 행정소송으로 제기하여야 할 사건을 민사소송으로 잘못 제기한 경우 수소법원으로서는 만약 그 행정소송에 대한 관할도 동시에 가지고 있는 경우라면, 원고로 하여금 항고소송으로 소 변경을 하도록 하여 그 1심법원으로 심리·판단하여야 한다(대판 97다42250). 다만, 민사소송으로 제기하여야 할 사건을 행정소송으로 제기한 경우의 소변경에 관한 판례는 없다.

4 검토

생각건대 실무상 어떤 청구가 민사소송의 대상인지 행정소송의 대상인지 구별이 애매하므로 소송경제 및 국민의 권리구제를 위하여 인정하는 것이 타당하다. 행정소송법 개정안은 민사소송과 행정소송 간의 소의 변경을 폭넓게 인정하고 있다.

사례연습

● 甲은 공무원으로 임용되어 근무하다가 퇴직하여 구) 공무원연금법 따른 퇴직연금 지급대상자가 되었고, 그 후 철차산업 주식회사(이하 '철차산업'이라 한다) 직원으로 다시 임용되어 근무하면서도 퇴직연금을 수령해왔는데, 공무원 연금관리공단 乙은 甲이 근무하는 철차산업이 공무원연금법의 개정으로 연금지급정지대상기관으로 지정됨에 따라 2000. 2. 19. 무렵 甲에 대하여 같은 해 2. 1. 이후 매월마다 퇴직연금 중 2분의 1에 해당하는 금액의 지급이 정지된다는 것을 통보한 다음 甲에 대한 퇴직연금 중 일부 금액을 지급하였다. 이에 甲이 乙에게 퇴직연금 중 일부 미지급된 금액의 지급을 청구한 데 대하여, 乙은 2000. 9. 4. 甲이 근무하는 철차산업이 개정된 공무원연금법에 의하여 퇴직연금 중 2분의 1에 해당하는 연금일부 지급정지대상기관으로 지정되었다는 이유로 이를 지급할 수 없다고 거부하였다. 이에 甲은 乙을 피고로 거부처분 취소소송을 제기하였다.

甲이 제기한 취소소송은 적법한가? 만약 부적법하다면 소송계속 중 甲의 구제수단을 검토하시오.(25점)

> ▶ 구) 공무원연금법
> **제47조 【퇴직연금 또는 조기퇴직연금의 지급정지】** ① 퇴직연금 또는 조기퇴직연금의 수급자가 다음 각 호의 어느 하나에 해당하는 경우에는 그 재직기간 중 해당 연금의 2분의 1에 해당하는 금액의 지급을 정지한다.
> 1. 철차산업에 취업하여 근무하는 경우

목차

Ⅰ. 쟁점의 정리

Ⅱ. 항고소송과 당사자소송의 구별

Ⅲ. 취소소송의 적법여부
1. 소송요건
2. 乙의 지급거부행위가 처분에 해당하는 지 여부
3. 사안의 경우

Ⅳ. 소의 변경(행소법제21조)
1. 의의
2. 요건
  1) 소의 변경이 상당하다고 인정될 것
  2) 청구의 기초에 변경이 없을 것
  3) 변경의 대상이 되는 소가 계속 중이고 사실심 변론종결 전일 것
3. 절차
  1) 원고의 신청이 있을 것(법제21조①)
  2) 의견청취(법제21조②)
  3) 법원의 결정(법제21조④, 법제14조②)
4. 효과

Ⅴ. 사안의 해결

모범 답안

I. 쟁점의 정리 ❶

甲의 미지급 퇴직연금청구에 대하여 乙은 공무원연금법 개정을 이유로 지급을 거부하였는 바, 甲이 제기한 취소소송이 적법한지 먼저 취소소송의 요건, 특히 거부행위의 처분성 유무를 검토해보아야 하고, 만약 부적법하다면 당사자소송으로 소의 변경을 검토해보아야 한다.

II. 항고소송과 당사자소송의 구별 ❸

행정소송법제3조제1호는 항고소송이란 행정청의 처분 등이나 부작위에 대하여 제기하는 소송이라고 규정하고 있고 동조제2호는 당사자소송이란 행정청의 처분 등을 원인으로 하는 법률관계에 관한 소송 그 밖에 공법상의 법률관계에 관한 소송으로서 그 법률관계의 한쪽 당사자를 피고로 하는 소송이라고 규정하고 있다. 따라서 만약 乙의 거부행위가 처분에 해당하지 않는다면 甲의 미지급퇴직연금에 대한 지급청구권은 공법상 권리로서 그의 지급을 구하는 소송은 공법상의 법률관계에 관한 소송인 공법상 당사자소송에 해당한다. 대법원도 광주민주화운동보상금은 당사자소송의 대상이나, 민주화운동보상금지급거부는 항고소송의 대상이라고 판시하였다.

III. 취소소송의 적법여부

1 소송요건 ❷

취소소송은 처분의 취소를 구할 법률상 이익이 있는 자가(행소법제12조) 처분청을 상대방으로(법제13조) 처분을 대상으로(법제제19조) 제소기간 내에(법제20조) 필요적 행정심판전치가 적용되는 처분의 경우에는 행정심판을 거친 후(법제18조) 관할 행정법원에 제기하여야 하고(법제9조), 소의 이익이 있어야 한다(법제12조제2문).

2 乙의 지급거부행위가 처분에 해당하는 지 여부 ❸

취소소송의 대상으로서 처분이란 행정청이 행하는 구체적 사실에 관한 법집행으로서 공권력의 행사 또는 그 거부 그 밖에 이에 준하는 작용을 말하는 바(법제2조제2항제1호), 특히 판례는 거부가 처분이 되기 위해서는 첫째, 신청인은 법규상 조리상 신청권이 있어야 하고 둘째, 신청의 대상인 행위가 공권력의 행사에 해당하여야 하며 셋째, 그 거부가 신청인의 법률관계에 변동을 일으키는 것이어야 한다고 하면서 여기서 '법률관계에 변동을 일으킨다'는 의미는 신청인의 실체상의 권리관계에 직접적인 변동을 일으키는 것은 물론, 신청인이 권리행사에 중대한 지장을 초래하는 것을 포함한다고 판시하였다.

3 사안의 경우 ❷

설문상 甲이 제기한 거부처분취소소송의 다른 요건은 문제되지 않으나, 甲의 퇴직연금 중 2분의

1에 해당하는 금액의 지급이 정지된 것은 공무원연금법의 개정으로 당연히 정지되는 것이지, 乙의 거부행위로 정지되는 것이 아니므로 乙의 거부행위는 퇴직연금 청구권을 형성·확정하는 처분이 아니라 법률상 의견을 밝힌 것에 불과하여 거부처분에 해당하지 않는다. 따라서 甲이 제기한 취소소송은 대상적격이 결여되어 부적법하다. 대법원도 유사한 사안에서 처분성을 부정하였다.

Ⅳ. 소의 변경(행소법제21조)

1. 의의 ①

법원은 취소소송을 당해 처분 등에 관계되는 사무가 귀속하는 국가 또는 공공단체에 대한 당사자소송 또는 취소소송외의 항고소송으로 변경하는 것이 상당하다고 인정할 때에는 청구의 기초에 변경이 없는 한 사실심의 변론종결시까지 원고의 신청에 의하여 결정으로써 소의 변경을 허가할 수 있다고 규정하고 있다(행소법제21조제1항).

2. 요건

1) 소의 변경이 상당하다고 인정될 것 ②

상당성 유무는 개별 사건마다 구체적으로 판단하여, 소송자료의 이용가능성, 소송의 지연여부, 새로운 피고에 입히는 불이익의 정도 등을 종합적으로 고려하여야 한다.

2) 청구의 기초에 변경이 없을 것 ②

청구의 기초란 변경 전후의 소송이 달성하려고 하는 이익이 동일하고, 동일한 사실적 기반에 서 있어 소송자료를 공통으로 사용할 수 있는 경우를 말한다. 이는 변경 전의 소를 기준으로 공격방어방법을 준비하였던 피고에게 불이익이 발생하는 것을 방지하기 위한 것이다.

3) 변경의 대상이 되는 소가 계속 중이고 사실심 변론종결 전일 것 ②

사실심인 제1심 또는 항소심에 계속 중이어야 한다. 소송요건의 흠결로 인하여 소송이 부적법한 경우에도 각하되기 전이라면 소의 변경신청을 할 수 있다.

3. 절차 ③

1) 원고의 신청이 있을 것(법제21조①)

소 변경은 구소를 취하하고 신소를 제기하는 것과 마찬가지이므로 처분권주의에 따라 직권에 의한 소 변경은 있을 수 없고 원고의 신청이 반드시 필요하다.

2) 의견청취(법제21조②)

피고의 변경을 수반하는 소 변경의 신청이 있는 경우에는 법원은 반드시 그 허가 결정에 앞서 새로이 피고로 될 자의 의견을 들어야 한다.

3) 법원의 결정(법제21조④, 법제14조②)

행정소송법상의 소의 종류의 변경은 법원의 허가결정이 있어야 한다. 피고가 변경되는 소 변경의 경우에는 허가결정의 정본을 새로운 피고에게 송달하여야 한다.

4 효과(법제21조④, 법제14조④, ⑤) ❷

소 변경을 허가하는 결정이 있게 되면, 구소는 취하되고 새로운 소가 계속된 것으로 본다. 또한 소 변경을 허가하는 결정이 있게 되면 새로운 소송은 변경 전의 구소를 제기한 때에 제기된 것으로 본다.

Ⅴ 사안의 해결 ❷

甲은 부적법한 거부처분취소소송에 대하여 각하판결이 선고되기 전에 수소법원에 미지급퇴직연금청구를 공무원연금관리공단을 피고로 한 당사자소송으로 소의 변경신청을 하고 법원의 허가결정이 있게 되면 당사자소송으로 구제받을 수 있다.

THEME 47 민중소송 및 기관소송

> **행정소송법**
>
> **제3조 【행정소송의 종류】** 행정소송은 다음의 네 가지로 구분한다.
>   3. 민중소송 : 국가 또는 공공단체의 기관이 법률에 위반되는 행위를 한 때에 직접 자기의 법률상 이익과 관계없이 그 시정을 구하기 위하여 제기하는 소송
>   4. 기관소송 : 국가 또는 공공단체의 기관상호 간에 있어서의 권한의 존부 또는 그 행사에 관한 다툼이 있을 때에 이에 대하여 제기하는 소송. 다만, 헌법재판소법 제2조의 규정에 의하여 헌법재판소의 관장사항으로 되는 소송은 제외한다.
>
> **제45조 【소의 제기】** 민중소송 및 기관소송은 법률이 정한 경우에 법률에 정한 자에 한하여 제기할 수 있다.
>
> **제46조 【준용규정】** ① 민중소송 또는 기관소송으로써 처분등의 취소를 구하는 소송에는 그 성질에 반하지 아니하는 한 취소소송에 관한 규정을 준용한다.
> ② 민중소송 또는 기관소송으로써 처분등의 효력 유무 또는 존재 여부나 부작위의 위법의 확인을 구하는 소송에는 그 성질에 반하지 아니하는 한 각각 무효등 확인소송 또는 부작위위법확인소송에 관한 규정을 준용한다.
> ③ 민중소송 또는 기관소송으로서 제1항 및 제2항에 규정된 소송외의 소송에는 그 성질에 반하지 아니하는 한 당사자소송에 관한 규정을 준용한다.

I 민중소송

민중소송이란 국가 또는 공공단체의 기관이 법률에 위반되는 행위를 한 때에 직접 자기의 법률상 이익과 관계없이 그 시정을 구하기 위하여 제기하는 소송으로서 개인의 권리구제를 직접 목적으로 하는 것이 아니고, 행정의 적법성 보장을 목적으로 한다는 점에서 기관소송과 함께 객관적 소송에 포함된다.

1 공직선거법상의 선거소송·당선소송

공직선거법

제222조 【선거소송】 ① 대통령선거 및 국회의원선거에 있어서 선거의 효력에 관하여 이의가 있는 선거인·정당(후보자를 추천한 정당에 한한다) 또는 후보자는 선거일부터 30일 이내에 당해 선거구선거관리위원회위원장을 피고로 하여 대법원에 소를 제기할 수 있다.

제223조 【당선소송】 ① 대통령선거 및 국회의원선거에 있어서 당선의 효력에 이의가 있는 정당(후보자를 추천한 정당에 한한다) 또는 후보자는 당선인결정일부터 30일이내에 제52조 제1항·제3항 또는 제192조 제1항부터 제3항까지의 사유에 해당함을 이유로 하는 때에는 당선인을, 제187조(대통령당선인의 결정·공고·통지)제1항·제2항, 제188조(지역구국회의원당선인의 결정·공고·통지)제1항 내지 제4항, 제189조(비례대표국회의원의석의 배분과 당선인의 결정·공고·통지) 또는 제194조(당선인의 재결정과 비례대표국회의원의석 및 비례대표지방의회의원의석의 재배분)제4항의 규정에 의한 결정의 위법을 이유로 하는 때에는 대통령선거에 있어서는 그 당선인을 결정한 중앙선거관리위원회위원장 또는 국회의장을, 국회의원선거에 있어서는 당해 선거구선거관리위원회위원장을 각각 피고로 하여 대법원에 소를 제기할 수 있다.

2 지방자치법상 주민소송

주민이 지방자치단체의 위법한 재무회계행위를 시정하기 위하여 법원에 제기하는 소송을 말한다.

지방자치법

제16조 【주민의 감사청구】 ① 지방자치단체의 19세 이상의 주민은 시·도는 500명, 제175조에 따른 인구 50만 이상 대도시는 300명, 그 밖의 시·군 및 자치구는 200명을 넘지 아니하는 범위에서 그 지방자치단체의 조례로 정하는 19세 이상의 주민 수 이상의 연서로, 시·도에서는 주무부장관에게, 시·군 및 자치구에서는 시·도지사에게 그 지방자치단체와 그 장의 권한에 속하는 사무의 처리가 법령에 위반되거나 공익을 현저히 해친다고 인정되면 감사를 청구할 수 있다.

제17조 【주민소송】 ① 제16조 제1항에 따라 공금의 지출에 관한 사항, 재산의 취득·관리·처분에 관한 사항, 해당 지방자치단체를 당사자로 하는 매매·임차·도급 계약이나 그 밖의 계약의 체결·이행에 관한 사항 또는 지방세·사용료·수수료·과태료 등 공금의 부과·징수를 게을리한 사항을 감사청구한 주민은 다음 각 호의 어느 하나에 해당하는 경우에 그 감사청구한 사항과 관련이 있는 위법한 행위나 업무를 게을리 한 사실에 대하여 해당 지방자치단체의 장(해당 사항의 사무처리에 관한 권한을 소속 기관의 장에게 위임한 경우에는 그 소속 기관의 장을 말한다. 이하 이 조에서 같다)을 상대방으로 하여 소송을 제기할 수 있다.

> **보충**
> 주민소송이란 주민이 지방자치단체의 위법한 재무회계행위를 시정하기 위하여 법원에 제기하는 소송을 말하는 바, 민중소송으로서 객관소송에 해당한다.

1. 주민소송 제도는 주민으로 하여금 지방자치단체의 위법한 재무회계행위의 방지 또는 시정을 구할 수 있도록 함으로써 지방재무회계에 관한 행정의 적법성을 확보하려는 데 목적이 있다. 그러므로 지방자치법 제17조 제1항, 제2항 제2호, 제3호 등에 따라 주민소송의 대상이 되는 '재산의 관리·처분에 관한 사항'이나 '공금의 부과·징수를 게을리한 사항'이란 지방자치단체의 소유에 속하는 재산의 가치를 유지·보전 또는 실현함을 직접 목적으로 하는 행위 또는 그와 관련된 공금의 부과·징수를 게을리한 행위를 말하고, 그 밖에 재무회계와 관련이 없는 행위는 그것이 지방자치단체의 재정에 어떤 영향을 미친다고 하더라도, 주민소송의 대상이 되는 '재산의 관리·처분에 관한 사항' 또는 '공금의 부과·징수를 게을리한 사항'에 해당하지 않는다. 이행강제금은 지방자치단체의 재정수입을 구성하는 재원 중 하나로서 '지방세외수입금의 징수 등에 관한 법률'에서 이행강제금의 효율적인 징수 등에 필요한 사항을 특별히 규정하는 등 그 부과·징수를 재무회계 관점에서도 규율하고 있으므로, 이행강제금의 부과·징수를 게을리한 행위는 주민소송의 대상이 되는 공금의 부과·징수를 게을리한 사항에 해당한다(대판 2013두16746).

2. 도로 등 공물이나 공공용물을 특정 사인이 배타적으로 사용하도록 하는 점용허가가 도로 등의 본래 기능 및 목적과 무관하게 그 사용가치를 실현·활용하기 위한 것으로 평가되는 경우에는 주민소송의 대상이 되는 재산의 관리·처분에 해당한다(대판 2014두8490).

Ⅱ 기관소송

기관소송이란 국가 또는 공공단체의 기관 상호 간에 있어서 권한의 존부 또는 그 행사에 대한 다툼이 있을 때 제기하는 소송을 말하는 바, 헌법재판소에서 관장하는 권한쟁의심판은 행정소송법의 기관소송에서 제외되고 있어 결국 행정소송상의 기관소송은 동일한 지방자치단체 내의 장(교육감)과 의회 간의 다툼만이 이에 해당한다. 기관소송 역시 객관소송이므로 법률이 정한 경우에만 허용된다.

> **헌법재판소법**
>
> **제62조 【권한쟁의심판의 종류】** ① 권한쟁의심판의 종류는 다음 각 호와 같다.
>   1. 국가기관 상호간의 권한쟁의심판
>   2. 국가기관과 지방자치단체 간의 권한쟁의심판
>   3. 지방자치단체 상호간의 권한쟁의심판

사례연습

甲은 2010. 6. 실시된 지방선거에서부터 2018. 6. 실시된 지방선거에서까지 세 차례 연속하여 A시의 시장으로 당선되어 2022. 6.까지 12년간 연임하게 되었다. 甲의 후원회 회장 乙은 자신이 운영하는 주유소 확장 공사를 위하여 보도의 상당 부분을 점하는 도로점용허가를 신청하였고, 甲은 이를 허가하였다. A시의 주민 丙은 甲이 도로 본래의 기능과 목적을 침해하는 과도한 범위의 도로점용을 허가하였다고 주장하며, 이 도로점용허가(이하 '이 사건 허가'라 한다)에 대하여 다투고자 한다.

시장 甲의 乙에 대한 '이 사건 허가'에 대하여 주민 丙이 다툴 수 있는 행정소송상 구제방법을 검토하시오.

목차

I. 논점의 정리

II. 항고소송 가능여부
  1. 법률상 이익의 의미 및 범위
  2. 사안의 경우

III. 주민소송의 대상
  1. 주민소송의 의의 및 성질
  2. 민중소송의 종류

  3. 당사자적격
     1) 원고적격
     2) 피고적격
  4. 재판관할
  5. 적용법규

IV. 사안의 해결

모범답안

I. 논점의 정리 ❷

시장 甲의 乙에 대한 도로점용허가처분(이하 '처분'이라 합니다)의 직접 상대방이 아닌 제3자 丙이 처분을 다투기 위하여 주관소송인 항고소송을 제기하여야 하는지 아니면 객관소송인 주민소송을 제기하여야 하는지 문제된다.

II. 항고소송 가능여부(행소법 제12조 제1문, 법률상 이익 침해 유무)

1. 법률상 이익의 의미 및 법률의 범위 ❸

법률상 이익의 의미에 관하여 견해의 대립이 있지만 통설과 판례는 법률상 보호되는 이익구제설의 입장이고 타당하다. 법률의 범위에 관하여도 견해대립이 있으나 헌법상 기본권은 핵심적인 권리라는 점에서 근거법률, 관련법률은 물론 헌법상 기본권까지 포함하는 것이 타당하다.

2 사안의 경우 ❷

甲의 乙에 대한 도로점용허가는 행정재산의 사용, 수익허가로서 이로 인하여 주민 丙에게 구체적, 직접적인 권리나 의무에 영향을 미치는 것이 아니므로 丙은 법률상 이익의 침해가 발생하지 않는다. 따라서 주관소송인 항고소송을 제기할 수 없다.

Ⅲ 주민소송 가능여부

1 주민소송의 의의 및 성질 ❷

주민이 지방자치단체의 위법한 재무회계행위를 시정하기 위하여 법원에 제기하는 소송을 말하는 바 민중소송으로서 객관소송에 해당한다.

2 민중소송(행정소송법제3조제3호)

1) 의의 ❷

민중소송이란 국가 또는 공공단체의 기관이 법률에 위반되는 행위를 한 때에 직접 자기의 법률상 이익과 관계없이 그 시정을 구하기 위하여 제기하는 소송으로서 개인의 권리구제를 직접 목적으로 하는 것이 아니다.

2) 종류 ❷

① 공직선거법상 대통령·국회의원선거에 관한 소송, 지방의회의원·지방자치단체의 장 선거에 관한 소송 ② 국민투표법상 국민투표무효확인소송 ③ 지방자치법상 주민소송 등이 있다.

3 당사자적격

1) 원고적격 ❷

행정소송법제45조는 민중소송 및 기관소송은 법률이 정한 경우에 법률에 정한 자에 한하여 제기할 수 있다고 규정하고 있다. 즉, 객관소송에서의 원고적격은 개별법상 일정한 제약을 받는다.

2) 피고적격 ❶

피고적격 역시 개별 법률에서 정하고 있다.

4 재판관할 ❶

기관소송의 재판관할에 대하여도 개별법이 정하는 바에 따른다.

5 적용법규(행소법제46조) ❶

① 민중소송 또는 기관소송으로써 처분등의 취소를 구하는 소송에는 그 성질에 반하지 아니하는 한 취소소송에 관한 규정을 준용한다. ② 민중소송 또는 기관소송으로써 처분등의 효력 유무 또는 존재 여부나 부작위의 위법의 확인을 구하는 소송에는 그 성질에 반하지 아니하는 한 각각 무효등

확인소송 또는 부작위위법확인소송에 관한 규정을 준용한다. 민중소송 또는 기관소송으로서 제1항 및 제2항에 규정된 소송외의 소송에는 그 성질에 반하지 아니하는 한 당사자소송에 관한 규정을 준용한다.

Ⅳ 사안의 해결 ❷

시장 甲의 乙에 대한 도로점용허가는 재산의 관리, 처분에 관한 사항으로서 항고소송이 아닌 주민소송의 대상에 해당하므로 丙은 감사원에 감사청구를 한 이후 시장 甲을 상대로 관할 법원에 주민소송을 제기할 수 있다.

> **지방자치법**
>
> **제17조【주민소송】** ① 제16조제1항에 따라 공금의 지출에 관한 사항, 재산의 취득·관리·처분에 관한 사항, 해당 지방자치단체를 당사자로 하는 매매·임차·도급 계약이나 그 밖의 계약의 체결·이행에 관한 사항 또는 지방세·사용료·수수료·과태료 등 공금의 부과·징수를 게을리한 사항을 (감사원) 감사청구한 주민은 다음 각 호의 어느 하나에 해당하는 경우에 그 감사청구한 사항과 관련이 있는 위법한 행위나 업무를 게을리 한 사실에 대하여 해당 지방자치단체의 장(해당 사항의 사무처리에 관한 권한을 소속 기관의 장에게 위임한 경우에는 그 소속 기관의 장을 말한다. 이하 이 조에서 같다)을 상대방으로 하여 소송을 제기할 수 있다.

THEME 48 행정심판 개관

> **행정심판법**
>
> **제1조 【목적】** 이 법은 행정심판 절차를 통하여 행정청의 위법 또는 부당한 처분이나 부작위로 침해된 국민의 권리 또는 이익을 구제하고, 아울러 행정의 적정한 운영을 꾀함을 목적으로 한다.
>
> **제2조 【정의】** 이 법에서 사용하는 용어의 뜻은 다음과 같다.
> 1. "처분"이란 행정청이 행하는 구체적 사실에 관한 법집행으로서의 공권력의 행사 또는 그 거부, 그 밖에 이에 준하는 행정작용을 말한다.
> 2. "부작위"란 행정청이 당사자의 신청에 대하여 상당한 기간 내에 일정한 처분을 하여야 할 법률상 의무가 있는데도 처분을 하지 아니하는 것을 말한다.
> 3. "재결"이란 행정심판의 청구에 대하여 제6조에 따른 행정심판위원회가 행하는 판단을 말한다.
> 4. "행정청"이란 행정에 관한 의사를 결정하여 표시하는 국가 또는 지방자치단체의 기관, 그 밖에 법령 또는 자치법규에 따라 행정권한을 가지고 있거나 위탁을 받은 공공단체나 그 기관 또는 사인을 말한다.
>
> **제3조 【행정심판의 대상】** ① 행정청의 처분 또는 부작위에 대하여는 다른 법률에 특별한 규정이 있는 경우 외에는 이 법에 따라 행정심판을 청구할 수 있다.
> ② 대통령의 처분 또는 부작위에 대하여는 다른 법률에서 행정심판을 청구할 수 있도록 정한 경우 외에는 행정심판을 청구할 수 없다.
>
> **제5조 【행정심판의 종류】** 행정심판의 종류는 다음 각 호와 같다.
> 1. 취소심판 : 행정청의 위법 또는 부당한 처분을 취소하거나 변경하는 행정심판
> 2. 무효등 확인심판 : 행정청의 처분의 효력 유무 또는 존재 여부를 확인하는 행정심판
> 3. 의무이행심판 : 당사자의 신청에 대한 행정청의 위법 또는 부당한 거부처분이나 부작위에 대하여 일정한 처분을 하도록 하는 행정심판

I 행정심판의 관념

행정심판이란 행정상 법률관계의 분쟁을 법원이 아니라 행정기관인 행정심판위원회가 심리·재결하는 행정쟁송절차를 말한다. 행정심판은 약식쟁송의 하나로서 행정청의 위법 또는 부당한 처분, 그 밖에 공권력의 행사·불행사 등으로 인하여 권리나 이익을 침해당한 자가 행정기관에 대하여 그 시정을 구하는 절차를 말하고, 행정소송은 위법한 처분이나 부작위를 대상으로 하지만 행정심판은 위법은 물론

부당한 처분 등도 그 대상에 포함시켜 권리구제확대에 기여하고 있다. 행정심판의 재결은 그 자체가 준법률행위적 행정행위로서 확인에 해당한다.

II 구별제도

1 행정소송

행정심판과 행정소송은 모두 행정쟁송수단인 점에서는 동일하나 행정심판과 행정소송은 기본적으로 심판기관에 의해 구별된다. 즉, 행정심판의 심판기관은 행정부 소속의 행정기관이지만 행정소송은 대법원을 최고법원으로 하는 사법부에서 판단한다. 행정부의 행위에 대하여 행정부가 판단하는 행정심판은 어느 누구도 자기행위의 심판관이 될 수 없다는 자연적 정의의 원칙에 반하는 제도이나, 행정청 스스로 심판기관이 됨으로써 행정의 자기통제 기능의 기회를 부여할 수 있고 현대사회의 분쟁은 전문성·기술성을 내포하고 있는 경우가 많은데 이러한 분쟁을 해결함에 있어서는 법원보다는 전문적 지식을 가지고 있는 행정청이 판단하는 것이 더 용이할 수 있고 신속·간편한 행정심판에 의해 분쟁을 해결함으로써 행정소송사건을 줄여 법원의 부담도 완화할 수 있는 순기능이 있다.

2 이의신청

1) 의의

이의신청이란 행정청의 위법·부당한 처분으로 인해 권리나 이익이 침해된 자가 당해 처분을 한 처분청에 불복을 제기하는 절차로서 개별법에서 허용하고 있는 경우에만 가능하다.

2) 구별기준

① 심판기관의 차이

원칙적으로 이의신청이란 당해 처분을 한 처분청에 불복을 제기하는 절차이고 행정심판은 일반적으로 처분청의 직근 상급행정청 소속의 행정심판위원회에 제기하는 쟁송이다.

② 사법절차의 준용여부

실질적 행정심판은 판단기관의 독립성과 공정성, 대심적 심리구조, 당사자의 절차적 권리보장 등 사법절차가 준용되지만 이의신청은 사법절차가 준용되지 않는다.

3) 개별적 검토

① 이의신청에 불과한 경우

㉠ 민원처리법상 이의신청

민원처리에 관한 법률(이하 '민원처리법'이라 한다) 제18조 제1항에서 정한 거부처분에 대한 이의신청(이하 '민원 이의신청'이라 한다)은 행정청의 위법 또는 부당한 처분이나 부작위로 침해된 국민의 권리 또는 이익을 구제함을 목적으로 하여 행정청과 별도의 행정심판기관에 대하여 불복할 수 있도록 한 절차인 행정심판과는 달리, 민원사무처리법에 의하여 민원사무처리를 거부한 처분청이 민원인의 신청 사항을 다시 심사하여 잘못이 있는 경우 스스로 시정하도록 한 절차이다. 따라서 이의신청을 받아들이지 않는 취지의 기각 결정 내지 그 취지의 통지는 종전의 거부처분을 유지함을 전제로 한 것에 불과하고 또한 거부처분에 대한 행정심판이나 행정소송의 제기에도 영향을 주지 못하므로, 결국 민원 이의신청인의 권리·의무에 새로운 변동을 가져오는 공권력의 행사나 이에 준하는 행정작용이라고 할 수 없어, 독자적인 항고소송의 대상이 된다고 볼 수 없다고 봄이 타당하다(대판 2010두8676).

ⓒ 국세기본법상 이의신청
국세기본법상 이의신청은 해당 처분을 한 세무서장에게 하거나 세무서장을 거쳐 관할 지방국세청장에게 하는 것으로서 사법절차가 준용되지 않고 이의신청과 별도로 특별법상 행정심판에 해당하는 심사청구 또는 심판청구를 제기할 수 있으므로 단순한 진정에 불과하다. 다만, 국세기본법은 이의신청을 거친 경우에 결정통지를 받은 날부터 심사청구기간을 다시 기산하는 특별규정을 두고 있다.

국세기본법

제55조【불복】 ③ 제1항과 제2항에 따른 처분이 국세청장이 조사·결정 또는 처리하거나 하였어야 할 것인 경우를 제외하고는 그 처분에 대하여 심사청구 또는 심판청구에 앞서 이 장의 규정에 따른 이의신청을 할 수 있다.

제61조【청구기간】 ① 심사청구는 해당 처분이 있음을 안 날(처분의 통지를 받은 때에는 그 받은 날)부터 90일 이내에 제기하여야 한다.
② 이의신청을 거친 후 심사청구를 하려면 이의신청에 대한 결정의 통지를 받은 날부터 90일 이내에 제기하여야 한다.

제66조【이의신청】 ① 이의신청은 대통령령으로 정하는 바에 따라 불복의 사유를 갖추어 해당 처분을 하였거나 하였어야 할 세무서장에게 하거나 세무서장을 거쳐 관할 지방국세청장에게 하여야 한다.

ⓒ 산업재해보상보험법상 심사청구
산업재해보상보험법 규정의 내용, 형식 및 취지 등에 비추어 보면, 산업재해보상보험법상 심사청구에 관한 절차는 보험급여 등에 관한 처분을 한 근로복지공단으로 하여금 스스로의 심사를 통하여 당해 처분의 적법성과 합목적성을 확보하도록 하는 근로복지공단 내부의 시정절차에 해당한다고 보아야 한다. 따라서 처분청이 스스로 당해 처분의 적법성과 합목적성을 확보하고자 행하는 자신의 내부 시정절차에서는 당초 처분의 근거로 삼은 사유와 기본적 사실관계의 동일성이 인정되지 않는 사유라고 하더라도 이를 처분의 적법성과 합목적성을 뒷받침하는 처분사유로 추가·변경할 수 있다고 보는 것이 타당하다(대판 2012두3859).

㉣ 공공기관의 정보공개

> **공공기관의 정보공개에 관한 법률**
>
> 제18조【이의신청】① 청구인이 정보공개와 관련한 공공기관의 비공개 결정 또는 부분 공개 결정에 대하여 불복이 있거나 정보공개 청구 후 20일이 경과하도록 정보공개 결정이 없는 때에는 공공기관으로부터 정보공개 여부의 결정 통지를 받은 날 또는 정보공개 청구 후 20일이 경과한 날부터 30일 이내에 해당 공공기관에 문서로 이의신청을 할 수 있다.
>
> 제19조【행정심판】② 청구인은 제18조에 따른 이의신청 절차를 거치지 아니하고 행정심판을 청구할 수 있다.

② 실질적 행정심판에 해당하는 경우
    ㉠ 국세기본법상 심사청구 및 심판청구

> **국세기본법**
>
> 제55조【불복】③ 제1항과 제2항에 따른 처분이 국세청장이 조사·결정 또는 처리하거나 하였어야 할 것인 경우를 제외하고는 그 처분에 대하여 심사청구 또는 심판청구에 앞서 이 장의 규정에 따른 이의신청을 할 수 있다.

국세기본법상 심사청구 및 심판청구는 특별법상 행정심판에 해당한다.
    ㉡ 공익사업을 위한 토지 등의 취득 및 보상에 관한 법률

> **공익사업을 위한 토지 등의 취득 및 보상에 관한 법률**
>
> 제85조【행정소송의 제기】① 사업시행자, 토지소유자 또는 관계인은 제34조에 따른 (수용)재결에 불복할 때에는 재결서를 받은 날부터 90일 이내에, 이의신청을 거쳤을 때에는 이의신청에 대한 (이의)재결서를 받은 날부터 60일 이내에 각각 행정소송을 제기할 수 있다.

공익사업을 위한 토지 등의 취득 및 보상에 관한 법률상 이의신청을 거친 경우에는 이의신청에 대한 재결서를 받은 날부터 60일 이내에 행정심판이 아닌 행정소송을 제기할 수 있으므로 동 법상의 이의신청은 실질적 행정심판에 해당한다.

4) 구별의 필요성

① 심판청구의 가능성

이의신청을 거치더라도 특별한 규정이 없는 한 행정심판을 청구할 수 있음은 당연하다. 다만, 각 개별법상의 이의신청의 실질이 행정심판에 해당하는 경우에는 다시 행정심판을 청구할 수 없다. 물론 행정소송은 가능하다.

> **행정심판법**
>
> **제51조 【행정심판 재청구의 금지】** 심판청구에 대한 재결이 있으면 그 재결 및 같은 처분 또는 부작위에 대하여 다시 행정심판을 청구할 수 없다.

② 심판청구 기간 내지 제소기간

이의신청의 실질이 행정심판에 해당하는 경우에는 이의신청에 대한 결정서 정본을 송달받은 날로부터 취소소송의 제소기간을 산정하고, 이의신청에 불과한 경우에도 최근 신설된 행정기본법에서는 개별법에 특별한 규정이 없는 한 이의신청에 대한 결과를 통지받은 날부터 90일 이내에 행정심판 또는 행정소송을 제기할 수 있다고 규정하고 있다.

> **행정소송법**
>
> **제20조 【제소기간】** ① 취소소송은 처분 등이 있음을 안 날부터 90일 이내에 제기하여야 한다. 다만, 제18조제1항 단서에 규정한 경우와 그 밖에 행정심판청구를 할 수 있는 경우 또는 행정청이 행정심판청구를 할 수 있다고 잘못 알린 경우에 행정심판청구가 있은 때의 기간은 재결서의 정본을 송달받은 날부터 기산한다.

> **행정기본법**
>
> **제36조 【처분에 대한 이의신청】** ① 행정청의 처분(「행정심판법」 제3조에 따라 같은 법에 따른 행정심판의 대상이 되는 처분을 말한다. 이하 이 조에서 같다)에 이의가 있는 당사자는 처분을 받은 날부터 30일 이내에 해당 행정청에 이의신청을 할 수 있다.
> ② 행정청은 제1항에 따른 이의신청을 받으면 그 신청을 받은 날부터 14일 이내에 그 이의신청에 대한 결과를 신청인에게 통지하여야 한다. 다만, 부득이한 사유로 14일 이내에 통지할 수 없는 경우에는 그 기간을 만료일 다음 날부터 기산하여 10일의 범위에서 한 차례 연장할 수 있으며, 연장 사유를 신청인에게 통지하여야 한다.
> ③ 제1항에 따라 이의신청을 한 경우에도 그 이의신청과 관계없이 「행정심판법」에 따른 행정심판 또는 「행정소송법」에 따른 행정소송을 제기할 수 있다.
> ④ 이의신청에 대한 결과를 통지받은 후 행정심판 또는 행정소송을 제기하려는 자는 그 결과를 통지

> 받은 날(제2항에 따른 통지기간 내에 결과를 통지받지 못한 경우에는 같은 항에 따른 통지기간이 만료되는 날의 다음 날을 말한다)부터 90일 이내에 행정심판 또는 행정소송을 제기할 수 있다.
> ⑤ 다른 법률에서 이의신청과 이에 준하는 절차에 대하여 정하고 있는 경우에도 그 법률에서 규정하지 아니한 사항에 관하여는 이 조에서 정하는 바에 따른다

③ 결정의 처분성

행정심판의 재결은 처분에 해당하지만 이의신청에 대한 기각결정은 항고소송의 대상인 처분이 아니다.

THEME 49 의무이행심판

> **행정심판법**
>
> **제5조 【행정심판의 종류】** 행정심판의 종류는 다음 각 호와 같다.
> 3. 의무이행심판 : 당사자의 신청에 대한 행정청의 위법 또는 부당한 거부처분이나 부작위에 대하여 일정한 처분을 하도록 하는 행정심판

I 의의 및 취지

의무이행심판이란 당사자의 신청에 대한 행정청의 위법 또는 부당한 거부처분이나 부작위에 대하여 일정한 처분을 하도록 하는 행정심판을 말한다(행정심판법 제5조제3호). 행정소송법은 권력분립의 문제로 인하여 의무이행소송이 아닌 부작위위법확인소송을 규정하고 있어 거부나 부작위와 같이 소극적인 처분의 경우에 권리구제에 한계가 있는 바, 행정심판법은 이러한 문제점을 해결하기 위하여 적극적 구제수단으로서 의무이행심판을 규정한 것이다.

II 성질

행정심판법 제43조는 위원회는 의무이행심판의 청구가 이유가 있다고 인정하면 지체 없이 신청에 따른 처분을 하거나 처분을 할 것을 피청구인에게 명한다고 규정하고 있어 의무이행심판은 형성쟁송과 이행쟁송의 성질이 모두 있다.

III 심판청구요건

1 청구인적격

처분을 신청한 자로서 일정한 처분을 구할 법률상 이익이 있는 자가 청구할 수 있다(법 제13조제3항).

2 피청구인적격

청구인의 신청에 대하여 부작위하고 있는 행정청 또는 거부처분을 한 처분청이 피청구인적격을 갖는다(법 제17조).

3 대상적격 및 청구기간

거부처분을 대상으로 거부처분이 있음을 안 날로부터 90일, 거부처분이 있은 날로부터 180일 이내에 청구하여야 한다(법 제3조제1항, 법 제27조제1항, 제3항).

Ⅳ 인용재결의 종류

1 의의 및 성질

위원회는 의무이행심판의 청구가 이유가 있다고 인정하면 지체 없이 신청에 따른 처분을 하거나(처분재결), 처분을 할 것을 피청구인에게 명한다(처분명령재결). 처분재결은 형성재결의 성질을, 처분명령재결은 이행재결의 성질을 갖는다.

2 위법 내지 부당의 판단기준시

1) 문제의 소재

부작위에 대한 의무이행심판의 위법, 부당의 판단기준시는 재결시인데, 거부처분에 대한 판단기준시가 처분시인지, 재결시인지에 대한 견해의 대립이 있다.

2) 학설

① 의무이행심판 역시 항고심판으로서 위법, 부당한 처분의 사후통제절차로서 처분시를 기준으로 보는 견해와 ② 의무이행심판의 취지가 재결시점에서 일정한 처분을 하는 것이 타당한지를 심리하는 것이므로 재결시를 기준으로 보는 견해가 있다.

3) 검토

생각건대 의무이행심판의 청구취지는 거부처분취소가 아니라 처분의 발급이라는 점에 비추어 재결시를 기준으로 종전의 거부처분을 유지할 지, 새로운 처분을 발급할 것인지를 결정하는 것이 타당하다.

3 인용재결내용의 구분

1) 기속행위의 경우

청구대상인 행위가 기속행위인 경우에는 원칙적으로 청구의 대상인 특정처분을 할 것을 명하는 재결을 하거나 특정처분재결을 하여야 한다.

2) 재량행위의 경우

청구대상인 행위가 행정청의 재량행위인 경우에는 위원회가 청구의 대상인 특정처분을 할 것을 명하는 재결을 하거나 특정처분재결을 할 수는 없고 하자없는 재량행사를 명하는 재결을 하여야 한다.

4 처분재결과 처분명령재결의 우선순위의 문제

행정심판법 제43조제5항은 처분재결과 처분명령재결의 우선순위에 관하여 명문의 규정이 없는 바, 이에 관하여 위원회가 어느 재결을 할 지에 관하여 재량을 갖는다는 입장과 처분명령재결을 우선하여야 한다는 입장이 있다. 생각건대 행정기관 간의 권한존중의 취지상 처분명령재결을 우선하고 이로써 목적달성이 어려운 경우에 처분재결을 하는 것이 타당하다.

사례연습

● 근로자 甲은 콩고 국적의 외국인으로서 대한민국에서 생활하던 중 콩고국의 징집을 거부하면서 법무부장관에게 난민인정신청을 하였으나 법무부장관은 콩고국의 정치적 상황은 문제가 없다는 이유로 거부처분을 하였다. 이에 甲이 쟁송을 제기하여 쟁송 계속 중에 콩고국의 정치적 상황이 변경되어 정치적 피난민이 속출하고 있는 경우에 甲이 거부처분취소소송을 제기한 경우와 의무이행심판을 청구한 경우로 나누어 인용여부를 검토하시오. (난민인정은 기속행위임을 전제로 한다) (20점)

목차

Ⅰ. 논점의 정리

Ⅱ. 거부처분취소소송의 경우
  1. 문제의 소재
  2. 학설
  3. 판례
  4. 검토

Ⅲ. 의무이행심판의 경우
  1. 문제의 소재
  2. 학설
  3. 검토

Ⅳ. 사안의 해결

모범 답안

Ⅰ. 논점의 정리 ❷

甲의 난민인정거부처분에 대한 쟁송 계속 중 처분 이후에 사정변경이 있는 경우에 거부처분의 위법성 판단시점이 문제된다.

Ⅱ. 거부처분취소소송의 경우

1. 문제의 소재 ❷

처분이 있은 후에 법령 및 사실상태가 변경된 경우 특히 신청에 대한 거부처분의 경우에 법원은 어느 시점을 위법성 판단의 기준시로 할 것인지가 문제 된다.

2. 학설 ❸

① 판결시설, ② 처분시의 법령과 사실상태를 기준으로 하여야 한다는 처분시설, ③ 원칙적으로는 처분시를 기준으로 하되 거부처분취소소송의 경우에는 행정소송법 제30조제2항의 재처분의무규정과 결부하여 실질적으로 의무이행소송과 유사하므로 판결시로 보는 것이 타당하다는 절충설이 있다.

3 판례 ❸

대법원은 행정소송에서 행정처분의 위법 여부는 행정처분이 행하여졌을 때의 법령과 사실 상태를 기준으로 하여 판단하여야 하고, 처분 후 법령의 개폐나 사실상태의 변동에 의하여 영향을 받지는 않는다 하면서, 난민인정거부처분 취소소송에서도 그 거부처분을 한 후 국적국의 정치적 상황이 변화하였다고 하여 처분의 적법 여부가 달라지는 것은 아니라고 판시하였다.

4 검토 ❷

생각건대 판결시설은 처분시에 위법 또는 적법했던 처분이 판결의 시기에 따라 적법 또는 위법해질 수도 있다는 문제점이 있고 절충설은 취소판결의 기속력의 시간적 범위는 처분시를 기준으로 발생하여 타당하지 않으므로 처분시설이 타당하다.

Ⅲ 의무이행심판의 경우

1 문제의 소재 ❶

부작위에 대한 의무이행심판의 위법, 부당의 판단기준시는 당연히 재결시인데, 거부 처분에 대한 판단기준시가 처분시인지, 재결시인지에 대한 견해의 대립이 있다.

2 학설 ❸

① 의무이행심판 역시 항고심판으로서 위법, 부당한 처분의 사후통제절차로서 처분시를 기준으로 보는 견해와 ③ 의무이행심판의 취지가 재결시점에서 일정한 처분을 하는 것이 타당한지를 심리하는 것이므로 재결시를 기준으로 보는 견해가 있다.

3 검토 ❷

생각건대 의무이행심판의 청구취지는 거부처분취소가 아니라 처분의 발급이라는 점에 비추어 재결시를 기준으로 종전의 거부처분을 유지할 지, 새로운 처분을 발급할 것인지를 결정하는 것이 타당하다.

Ⅳ 사안의 해결 ❷

甲이 제기한 거부처분취소소송은 기각될 것이고 의무이행심판청구는 인용될 것이다.

THEME 50 청구인적격

> **행정심판법**
>
> **제13조 【청구인 적격】** ① 취소심판은 처분의 취소 또는 변경을 구할 법률상 이익이 있는 자가 청구할 수 있다. 처분의 효과가 기간의 경과, 처분의 집행, 그 밖의 사유로 소멸된 뒤에도 그 처분의 취소로 회복되는 법률상 이익이 있는 자의 경우에도 또한 같다.

I 청구인적격

청구인적격이란 심판청구인이 되어 재결을 받을 수 있는 법적 자격을 말하는 것으로서, 소송의 원고적격에 대응하는 개념이다. 행정심판법은 청구인적격으로 '법률상 이익'을 요구하는 바, 이때 법률상 이익의 의미에 관하여 견해대립이 있으나, 통설과 판례는 법률상 보호되는 이익구제설의 입장이다.

II 행정심판법상 청구인적격에 관한 입법론적 문제점

1 문제의 소재

행정소송법은 위법한 처분에 대해서만 소를 제기할 수 있지만(행소법 제1조), 행정심판법은 위법은 물론 부당한 처분에 대하여도 심판청구를 제기할 수 있도록 규정(심판법 제1조)하고 있음에도 행정심판법은 청구인적격을 원고적격과 동일하게 "법률상 이익"이 있는 자로 규정(심판법 제13조)하고 있는 바, 청구인적격에 관한 규정이 입법상 과오인지 여부에 관하여 견해의 대립이 있다.

2 학설

① 부당한 처분으로 인하여 발생하는 불이익은 법률상 이익 침해가 아니라 반사적 이익이나 사실상 이익침해에 해당하는 데도 청구인적격을 법률상 이익으로 규정한 것은 입법과오라는 견해, ② 법률상 이익은 청구인적격에 관한 규정이고 법률상 이익을 침해하는 처분은 위법한 처분은 물론 부당한 처분일 수도 있다. 예를 들면 부당한 감봉처분으로 공무원의 보수청구권이 침해될 수도 있는 것이므로 입법과오가 아니라는 견해 ③ 원칙적으로는 입법비과오론을 지지하면서 입법적인 개선이 필요하다는 견해가 있다.

3 검토

생각건대 행정심판의 심리를 받기 위한 청구인적격과 청구인의 권리를 침해하는 처분의 위법 또는 부당의 판단은 논의의 대상이 다르므로 입법비과오론이 타당하다. 다만, 행정심판의 자기통제 기능에 비추어 청구인적격을 확대할 필요가 있다.

사례연습

● A회사의 근로자 甲은 노동조합을 설립하고자 「노동조합 및 노동관계조정법」제10조에 따라 설립신고를 하였으나, 甲이 설립하려는 노동조합은 경비의 주된 부분을 사용자로부터 원조받는 조직으로, 동법 제2조제4호에 의해 노동조합으로 보지 아니하는 것이다. 그럼에도 불구하고 관할 행정청은 甲의 조합설립신고를 수리하였고, 이에 A회사는 甲의 조합은 무자격조합임을 이유로 신고수리에 대한 취소심판을 제기하였다. 다음 물음에 답하시오.

A회사가 제기한 심판청구의 적법성에 관한 법적 쟁점을 설명하시오. (30점)

목차

I. 논점의 정리
II. 청구인적격 인정여부
  1. 청구인적격 (법제13조)
    1) 의의
    2) 법률상 이익의 의미
    3) 법률의 범위
    4) 법률상 이익이 있는 '자'의 범위
  2. 행정심판법상 청구인적격에 관한 입법론적 문제점
    1) 문제의 소재
    2) 학설
    3) 검토
  3. 사안의 경우
III. 노동조합 설립신고의 법적 성격
  1. 사인의 공법행위로서 신고의 의의 및 종류
  2. 구별기준
  3. 사안의 경우
IV. 사안의 해결

2014년 제23회 기출

모범 답안

I. 논점의 정리

취소심판청구가 적법하기 위해서는 청구인적격이 있는 자(행정심판법제13조)가 처분을 대상(법제3조①)으로 청구기간 내(법제27조)에 피청구인적격이 있는 자(법제17조)를 상대방으로 피청구인 또는 관할 위원회(법제6조)에 청구하여야 하는바, 사안에서 다른 요건은 문제되지 않고 처분의 직접 상대방이 아닌 A회사가 청구인적격이 인정되는지와 노조설립신고수리가 처분에 해당하는지가 문제된다.

Ⅱ 청구인적격 인정여부

1. 청구인적격 (법제13조)

1) 의의

청구인적격이란 심판청구인이 되어 재결을 받을 수 있는 법적 자격을 말하는 것으로서, 소송의 원고적격에 대응하는 개념이다.

2) 법률상 이익의 의미

학설상 ① 권리구제설 ② 법률상 보호되는 이익구제설 ③ 소송상 보호가치 있는 이익구제설 ④ 적법성보장설이 있고, 판례는 처분의 근거법규 및 관련법규에 의하여 개별적, 구체적, 직접적으로 보호되는 이익을 말하고 단순히 간접적, 사실적, 경제적 이해관계에 불과한 경우는 포함되지 않는다고 판시하였다. 생각건대 권리구제설은 권리개념의 확장에 따라 법률상 보호되는 이익구제설과 차이가 없고 보호가치 있는 이익구제설은 법관의 자의가 개입되는 문제점이 있고 적법성보장설은 취소소송을 객관소송화하는 문제가 있으므로 명문의 규정상 법률상 보호되는 이익구제설이 타당하다. 또한 행정소송법 개정안은 원고적격을 '**법률상 이익**'에서 '**법적 이익**'으로 개정하여 '명령·규칙 등' 하위법령에서 보호되는 권리를 침해받은 사람도 행정소송을 제기할 수 있게 함으로써 국민의 실질적 권익구제를 확대하고 있다.

3) 법률의 범위

학설상 ① 당해 처분의 근거법규에 한정하는 견해 ② 근거법규 외에 관련법규까지 포함하는 견해 ③ 근거법규, 관련법규는 물론 헌법상 기본권까지 고려하여야 한다는 견해가 있다. 판례상 대법원은 법률상 이익이란 근거법규 및 관련법규에 의하여 보호되는 이익이라고 하면서도 최근 상지학교법인 임원선임처분사건에서 사립학교법 및 헌법상 대학의 자율성 및 교육을 받을 권리를 근거로 원고적격을 인정하였다. 또한 헌법재판소는 처분의 제3자의 헌법소원 청구인적격에서 헌법상 기본권인 경쟁의 자유가 법률상 이익이 된다고 판시하였다. 생각건대 오늘날 권리의 개념이 확대되어 가고 있는 점, 헌법상 기본권은 국민에게 핵심적인 권리라는 점에 비추어 헌법상 기본권까지 고려하는 것이 타당하다.

4) 법률상 이익이 있는 '자'의 범위

법률상 이익의 주체에는 자연인, 법인, 법인격 없는 단체가 포함되고, 최근 대법원은 선거관리위원회위원장 및 소방청장 사건에서 국가기관의 당사자능력 및 원고적격을 인정하였다.

2. 행정심판법상 청구인적격에 관한 입법론적 문제점

1) 문제의 소재

행정소송법제1조는 위법한 처분에 대해서만 소를 제기할 수 있지만, 행정심판법제1조는 위법은 물론 부당한 처분에 대하여도 심판청구를 제기할 수 있도록 규정하고 있음에도 행정심판법 제13조는 청구인적격을 원고적격과 동일하게 "법률상 이익"이 있는 자로 규정하고 있는 바,

청구인적격에 관한 규정이 입법상 과오인지 여부에 관하여 견해의 대립이 있다.

2) 학설

① 부당한 처분으로 인하여 발생하는 불이익은 법률상 이익 침해가 아니라 반사적 이익이나 사실상 이익침해에 해당하는 데도 청구인적격을 법률상 이익으로 규정한 것은 입법과오라는 견해, ② 법률상 이익은 청구인적격에 관한 규정이고 법률상 이익을 침해하는 처분은 위법한 처분은 물론 부당한 처분일 수도 있다. 예를 들면 부당한 감봉처분으로 공무원의 보수청구권이 침해될 수 있으므로 입법과오가 아니라는 견해 ③ 원칙적으로는 입법비과오론을 지지하면서 입법적인 개선이 필요하다는 견해가 있다.

3) 검토

생각건대 행정심판의 심리를 받기 위한 청구인적격과 청구인의 권리를 침해하는 처분의 위법 또는 부당의 판단은 논의의 대상이 다르므로 입법비과오론이 타당하다. 다만, 행정심판의 자기통제기능에 비추어 청구인적격을 확대할 필요가 있다.

3. 사안의 경우

노동조합법의 규정 및 취지에 비추어 사용자는 무자격조합이 생기지 않는다는 이익을 받고 있다고 볼 수 있을지라도 이러한 이익은 노동조합법 규정에 의하여 직접적이고 구체적으로 보호되는 이익이라고 볼 수는 없고, 노동조합 설립신고의 수리 그 자체에 의하여 사용자에게 어떤 공적 의무가 부과되는 것도 아니라고 할 것이어서 관할 행정청이 노동조합의 설립신고를 수리한 것만으로는 당해 회사의 어떤 법률상의 이익이 침해되었다고 할 수 없으므로 당해 회사는 노동조합 설립신고의 수리처분 그 자체만을 다툴 청구인적격은 없다. 대법원도 유사한 사건에서 원고적격을 부정하였다.

Ⅲ. 노동조합 설립신고의 법적 성격

1. 사인의 공법행위로서 신고의 의의 및 종류

사인이 행정주체에 대하여 공법적 효과의 발생을 목적으로 일정한 사실을 알리는 행위로서 사인이 행정청에 대하여 일정한 사항을 통지하여 행정청에 도달함으로써 법적 효과가 발생하는 자체완성적 신고와 사인이 행정청에 대하여 일정한 사항을 통지하고 행정청이 그에 대하여 수리 내지 등록이라는 행위를 함으로써 비로소 법적 효과가 발생하는 완화된 허가제로서의 행위요건적 신고가 있다.

2. 구별기준

자체완성적 신고의 경우에 행정청은 필요서류의 구비 등 신고서에 대한 형식적 심사만이 허용되나, 행위요건적 신고의 경우에는 원칙적으로 그 내용에 관하여 형식적 심사권만을 가지나 예외적으로 실질적 심사권이 있는 경우도 있다.

3. 사안의 경우

노동조합법제10조는 노동조합을 설립하고자 하는 자는 신고서를 관할 행정청에게 제출하여야 하고 관할 행정청은 기재사항 등에 관하여 형식적 심사 및 동법제2조 각호에 해당하는 사유가 있는지 실질적 심사가 이루어지므로 노동조합설립신고는 행위요건적 신고에 해당하고 그에 따른 행정청의 수리 및 반려는 항고소송의 대상인 처분에 해당한다. 대법원 역시 노동조합설립 신고에 대하여 관할 행정청은 형식적 심사는 물론 객관적인 기준에 따른 실질적 심사를 할 수 있고 신고에 대한 수리 및 반려를 당연히 처분으로 인정하고 있다. 따라서 관할 행정청의 수리행위는 처분이다.

Ⅳ. 사안의 해결

甲의 조합설립신고에 대한 관할 행정청의 수리행위는 취소심판의 대상인 처분에 해당하지만 이로 인하여 A회사는 침해받는 법률상 이익이 없으므로 청구인적격이 인정되지 않으므로 A회사의 취소심판청구는 각하될 것이다(법제43조제1항).

THEME 51 행정심판위원회

행정심판법

제6조 【행정심판위원회의 설치】 ① 다음 각 호의 행정청 또는 그 소속 행정청(행정기관의 계층구조와 관계없이 그 감독을 받거나 위탁을 받은 모든 행정청을 말하되, 위탁을 받은 행정청은 그 위탁받은 사무에 관하여는 위탁한 행정청의 소속 행정청으로 본다. 이하 같다)의 처분 또는 부작위에 대한 행정심판의 청구(이하 "심판청구"라 한다)에 대하여는 다음 각 호의 행정청에 두는 행정심판위원회에서 심리·재결한다.
　1. 감사원, 국가정보원장, 그 밖에 대통령령으로 정하는 대통령 소속기관의 장
　3. 국가인권위원회, 그 밖에 지위·성격의 독립성과 특수성 등이 인정되어 대통령령으로 정하는 행정청
　　예 국가인권위원회의 처분에 대한 행정심판은 국가인권위원회소속 심판위원회

② 다음 각 호의 행정청의 처분 또는 부작위에 대한 심판청구에 대하여는 「부패방지 및 국민권익위원회의 설치와 운영에 관한 법률」에 따른 국민권익위원회(이하 "국민권익위원회"라 한다)에 두는 중앙행정심판위원회에서 심리·재결한다.
　1. 제1항에 따른 행정청 외의 국가행정기관의 장(행정각부의 장) 또는 그 소속 행정청
　2. 특별시장·광역시장·특별자치시장·도지사·특별자치도지사(특별시·광역시·특별자치시·도 또는 특별자치도의 교육감을 포함한다. 이하 "시·도지사"라 한다) 또는 특별시·광역시·특별자치시·도·특별자치도(이하 "시·도"라 한다)의 의회(의장, 위원회의 위원장, 사무처장 등 의회 소속 모든 행정청을 포함한다)
　　예 법무부장관, 서울시장 및 서울시의회의 처분은 중앙행정심판위원회

③ 다음 각 호의 행정청의 처분 또는 부작위에 대한 심판청구에 대하여는 시·도지사 소속으로 두는 행정심판위원회에서 심리·재결한다.
　1. 시·도 소속 행정청
　2. 시·도의 관할구역에 있는 시·군·자치구의 장, 소속 행정청 또는 시·군·자치구의 의회(의장, 위원회의 위원장, 사무국장, 사무과장 등 의회 소속 모든 행정청을 포함한다)
　3. 시·도의 관할구역에 있는 둘 이상의 지방자치단체(시·군·자치구를 말한다)·공공법인 등이 공동으로 설립한 행정청
　　예 관악구청장의 처분은 서울시장 소속 심판위원회
　　　속초시장의 처분은 강원도지사 소속 심판위원회

THEME 52 행정심판 청구기간

행정심판법

제27조 [심판청구의 기간] ① 행정심판은 처분이 있음을 알게 된 날부터 90일 이내에 청구하여야 한다.
② 청구인이 천재지변, 전쟁, 사변, 그 밖의 불가항력으로 인하여 제1항에서 정한 기간에 심판청구를 할 수 없었을 때에는 그 사유가 소멸한 날부터 14일 이내에 행정심판을 청구할 수 있다. 다만, 국외에서 행정심판을 청구하는 경우에는 그 기간을 30일로 한다.
③ 행정심판은 처분이 있었던 날부터 180일이 지나면 청구하지 못한다. 다만, 정당한 사유가 있는 경우에는 그러하지 아니하다.
④ 제1항과 제2항의 기간은 불변기간으로 한다.
⑤ 행정청이 심판청구 기간을 제1항에 규정된 기간보다 긴 기간으로 잘못 알린 경우 그 잘못 알린 기간에 심판청구가 있으면 그 행정심판은 제1항에 규정된 기간에 청구된 것으로 본다.
⑥ 행정청이 심판청구 기간을 알리지 아니한 경우에는 제3항에 규정된 기간(180일)에 심판청구를 할 수 있다.
⑦ 제1항부터 제6항까지의 규정은 무효등 확인심판청구와 부작위에 대한 의무이행심판청구에는 적용하지 아니한다.

2015년 제24회 기출

I 서설

정심판은 소정의 청구기간 내에 제기하여야 한다. 다만, 행정심판 가운데 무효등 확인심판과 부작위에 대한 의무이행심판은 청구기간의 제한이 없으므로, 청구기간의 제한을 받는 것은 취소심판과 거부처분에 대한 의무이행심판이다.

II 심판청구기간

행정심판은 원칙적으로 처분이 있음을 알게 된 날부터 90일 이내, 처분이 있었던 날부터 180일 이내에 청구하여야 하는 바, 전자는 불변기간이고 후자는 불변기간이 아니다. 두 기간 중 어느 하나라도 먼저 경과하면 청구기간은 도과된 것이어서 그 후의 심판청구는 부적법 각하된다. 다만, 청구인이 천재지변, 전쟁, 사변, 그 밖의 불가항력으로 인하여 90일 이내에 심판청구를 할 수 없었을 때에는 그 사유가 소멸한 날부터 14일 이내에 행정심판을 청구할 수 있다.

Ⅲ 제3자효 행정행위와 심판청구기간

제3자효행정행위에 있어 처분의 상대방이 아닌 제3자가 행정심판을 제기하는 경우에도 그 기간은 원칙적으로 처분이 있음을 안 날로부터 90일 이내, 처분이 있었던 날로부터 180일 이내이다. 그런데 처분의 제3자는 통지의 상대방이 아니므로 특별한 사정이 없는 한 행정행위가 있었음을 정당한 사유로 알 수 없는 경우가 많으므로 처분이 있었던 날로부터 180일이 기준이 되나, 특별한 사정이 없는 한 정당한 사유가 있는 경우에 해당하여 위와 같은 심판청구기간이 경과한 뒤에도 심판을 청구할 수 있다(대판 88누5150).

Ⅳ 불고지·오고지의 경우

1 불고지의 효과

심판청구기간을 고지하지 아니한 때에는 심판청구기간은 처분이 있었던 날로부터 180일로 된다.

> 지방자치법에서 이의제출기간(실질은 행정심판)을 행정심판법 제18조 제3항 소정기간보다 짧게 정하였다고 하여도 도로관리청인 피고가 원고들에게 이의제출기간 등을 알려주지 아니하였다면 원고들은 지방자치법상의 이의제출기간에 구애됨이 없이 행정심판법규정에 의하여 징수고지처분이 있은 날로부터 180일 이내에 이의를 제출할 수 있다고 보아야 할 것이다(대판 89누6839).

2 오고지의 효과

행정청이 법률에 규정된 고지기간보다 길게 고지한 경우에는 그 고지된 청구기간 내에 심판청구가 있으면, 법정의 청구기간이 경과된 때에도 적법한 기간 내에 심판청구가 있은 것으로 보고 반대로 법정기간보다도 짧게 고지한 것은 아무런 효과를 가질 수 없으므로 법정기간 내에 제기하면 족하다.

THEME 53 행정심판의 고지제도

> **행정심판법**
>
> **제23조【심판청구서의 제출】** ② 행정청이 제58조에 따른 고지를 하지 아니하거나 잘못 고지하여 청구인이 심판청구서를 다른 행정기관에 제출한 경우에는 그 행정기관은 그 심판청구서를 지체 없이 정당한 권한이 있는 피청구인에게 보내야 한다.
> ③ 제2항에 따라 심판청구서를 보낸 행정기관은 지체 없이 그 사실을 청구인에게 알려야 한다.
> ④ 제27조에 따른 심판청구 기간을 계산할 때에는 제1항에 따른 피청구인이나 위원회 또는 제2항에 따른 행정기관에 심판청구서가 제출되었을 때에 행정심판이 청구된 것으로 본다.
>
> **제27조【심판청구의 기간】** ① 행정심판은 처분이 있음을 알게 된 날부터 90일 이내에 청구하여야 한다.
> ③ 행정심판은 처분이 있었던 날부터 180일이 지나면 청구하지 못한다. 다만, 정당한 사유가 있는 경우에는 그러하지 아니하다.
> ⑤ 행정청이 심판청구 기간을 제1항에 규정된 기간보다 긴 기간으로 잘못 알린 경우 그 잘못 알린 기간에 심판청구가 있으면 그 행정심판은 제1항에 규정된 기간에 청구된 것으로 본다.
> ⑥ 행정청이 심판청구 기간을 알리지 아니한 경우에는 제3항에 규정된 기간(180일)에 심판청구를 할 수 있다.
>
> **제58조【행정심판의 고지】** ① 행정청이 처분을 할 때에는 처분의 상대방에게 다음 각 호의 사항을 알려야 한다.
> 1. 해당 처분에 대하여 행정심판을 청구할 수 있는지
> 2. 행정심판을 청구하는 경우의 심판청구 절차 및 심판청구 기간
> ② 행정청은 이해관계인이 요구하면 다음 각 호의 사항을 지체 없이 알려 주어야 한다. 이 경우 서면으로 알려 줄 것을 요구받으면 서면으로 알려 주어야 한다.
> 1. 해당 처분이 행정심판의 대상이 되는 처분인지
> 2. 행정심판의 대상이 되는 경우 소관 위원회 및 심판청구 기간

I 고지의 의의 및 성질

고지제도는 행정청이 처분을 함에 있어서 상대방에게 그 처분에 대하여 행정심판을 제기할 수 있는지 여부, 심판청구절차, 청구기간 등 행정심판의 제기에 필요한 사항을 미리 알려 주는 제도로서 국민에게 행정심판제도의 이용기회를 보장하고 행정청의 처분의 신중·적정성을 도모하는 기능을 한다. 고지는 불복제기의 가능 여부 및 불복청구의 요건 등 불복청구에 필요한 사항을 알려주는 비권력적 사실

행위로서 그 자체로는 아무런 법적 효과를 발생시키지 않으므로 처분이 아니다. 고지에 관한 규정은 강행규정의 성질을 갖는다.

II 고지의 종류

1 직권에 의한 고지(법제58조 제1항)

직권에 의한 고지는 행정청이 당사자의 신청을 전제로 하지 않고 고지해야 하는 경우를 말한다. 직권고지의 대상이 되는 처분은 행정심판법상의 심판청구의 대상이 되는 처분에 한정되는 것이 아니라 다른 법률에 의해 행정심판의 대상이 되는 처분도 포함된다. 신청에 대한 허가처분이 있는 경우에는 상대방이 다툴 이유가 없기 때문에 고지가 불필요하다. 직권고지의 주체는 행정청이고 그 상대방은 당해 처분의 상대방을 의미한다. 고지의 방법과 시기에 관해 명문규정은 없으나 처분시에 서면으로 하는 것이 일반적이다.

2 청구에 의한 고지(법제58조 제2항)

행정청은 이해관계인이 요구하면 일정한 사항을 지체 없이 알려 주어야 한다. 이 경우 서면으로 알려 줄 것을 요구받으면 서면으로 알려 주어야 한다(법제58조제2항). 여기서 '지체 없이'란 행정심판을 제기하는 데 불편을 주지 않는 합리적 기간 내를 의미한다.

III 고지의무위반의 효과

1 불고지의 효과

행정청이 행정심판청구에 관한 사항을 고지하지 않거나 잘못 고지하여 청구인이 다른 행정기관에 심판청구서를 제출한 때에는 당해 행정기관은 심판청구서를 지체 없이 정당한 권한 있는 피청구인에게 보내고, 그 사실을 청구인에게 알려야 한다(동법 제23조 제2·3항). 심판청구기간을 고지하지 아니한 때에는 심판청구기간은 처분이 있었던 날로부터 180일로 된다. 이 경우 청구인이 실제로 처분이 있었음을 알았는지 여부와 심판청구기간에 관해 알았는지 여부는 묻지 아니하고 처분이 있었던 날로부터 180일이 적용된다.

> 지방자치법에서 이의제출기간(실질은 행정심판)을 행정심판법 제18조 제3항 소정기간보다 짧게 정하였다고 하여도 도로관리청인 피고가 원고들에게 이의제출기간 등을 알려주지 아니하였다면 원고들은 지방자치법상의 이의제출기간에 구애됨이 없이 행정심판법규정에 의하여 징수고지처분이 있은 날로부터 180일 이내에 이의를 제출할 수 있다고 보아야 할 것이다(대판 89누6839).

2 오고지의 효과

행정청이 잘못 고지하여 청구인이 심판청구서를 다른 행정기관에 제출한 때에는, 불고지의 경우와 같이 그 심판청구서를 접수한 행정기관은 그 심판청구서를 지체 없이 정당한 권한 있는 피청구인에 송부하고 그 사실을 청구인에게 알려야 한다. 법률에 규정된 고지기간보다 길게 고지한 경우에는 그 고지된 청구기간 내에 심판청구가 있으면, 법정의 청구기간이 경과된 때에도 적법한 기간 내에 심판청구가 있는 것으로 보고 반대로 법정기간보다 짧게 고지한 경우에는 법정기간 내에 제기하면 족하다.

1. 행정청이 법정 심판청구기간보다 긴 기간으로 잘못 알린 경우에 그 잘못 알린 기간 내에 심판청구가 있으면 그 심판청구는 법정 심판청구기간 내에 제기된 것으로 본다는 취지의 행정심판법 제18조 제5항의 규정은 행정심판 제기에 관하여 적용되는 규정이지, 행정소송 제기에도 당연히 적용되는 규정이라고 할 수 없으므로 행정처분시나 그 이후 행정청으로부터 행정심판 제기기간에 관하여 법정 심판청구기간보다 긴 기간으로 잘못 통지받은 경우에 보호할 신뢰이익은 그 통지받은 기간 내에 행정심판을 제기한 경우에 한하는 것이지 행정소송을 제기한 경우에까지 확대된다고 할 수 없다(대판 2000두6916).

2. 이미 제소기간이 지남으로써 불가쟁력이 발생하여 불복청구를 할 수 없었던 경우라면 그 이후에 행정청이 행정심판청구를 할 수 있다고 잘못 알렸다고 하더라도 그 때문에 처분 상대방이 적법한 제소기간 내에 취소소송을 제기할 수 있는 기회를 상실하게 된 것은 아니므로 이러한 경우에 잘못된 안내에 따라 청구된 행정심판 재결서 정본을 송달받은 날부터 다시 취소소송의 제소기간이 기산되는 것은 아니다. 불가쟁력이 발생하여 더 이상 불복청구를 할 수 없는 처분에 대하여 행정청의 잘못된 안내가 있었다고 하여 처분 상대방의 불복청구 권리가 새로이 생겨나거나 부활한다고 볼 수는 없기 때문이다(대판 2011두27247).

3 행정심판전치의 불요

행정소송법은 처분을 행한 행정청이 행정심판을 거칠 필요가 없다고 잘못 알린 때에는 행정심판을 제기할 필요 없이 행정소송을 제기할 수 있다고 규정하고 있다(행정소송법 제18조 제3항 제4호).

Ⅳ 고지의 하자와 처분의 효력

고지절차에 관한 규정은 행정처분의 상대방이 그 처분에 대한 행정심판의 절차를 밟는 데 있어 편의를 제공하려는 데 있으며 처분청이 위 규정에 따른 고지의무를 이행하지 아니하였다고 하더라도 경우에 따라서는 행정심판의 제기기간이 연장될 수 있는 것에 그치고 이로 인하여 심판의 대상이 되는 행정처분에 어떤 하자가 수반된다고 할 수 없다(대판 87누529).

사례연습

甲은 바닥면적 합계 5,000㎡ 이상인 판매시설로서 건축법시행령제5조제4항제4호 가목에 의하여 위원회의 건축계획심의 대상인 L마트점의 신축을 위하여 A도의 B시장에게 건축계획심의신청을 하였다. B시장은 먼저 사업지 남쪽 중앙로에 지하입체 횡단보도를 개설하고 개설조건 등을 협의한 후에 건축계획심의신청을 수리하겠다고 하였으나 甲이 이에 응하지 아니하자 행정심판청구절차 및 심판청구기간을 고지하지 아니한 채 위 신청을 반려하였다. 이에 중앙행정심판위원회에 위 반려처분 취소심판을 청구하였다.

甲의 위 행정심판제기는 적법한가? 만약 적법하지 않다면 중앙행정심판위원회는 이 심판제기를 어떻게 처리해야 하는가? (20점)

목차

Ⅰ. 쟁점의 정리

Ⅱ. 거부처분취소심판의 요건
1. 청구인적격 (법제13조)
2. 피청구인적격(법제17조)
3. 대상적격 (법제2조, 제3조)
4. 청구기간(법27조)
5. 심판청구서 제출

Ⅲ. 관할 행정심판위원회 및 처리
1. 관할 행정심판위원회
2. 중앙행정심판위원회의 처리(법제23조)

Ⅳ. 사안의 해결

2015년 제24회 기출

모범 답안

Ⅰ. 쟁점의 정리 ❷

먼저 甲이 제기한 취소심판청구의 적법요건을 검토해보고 만약 행정심판 불고지로 甲의 심판청구가 부적법한 경우 중앙행정심판위원회는 어떻게 처리하여야 하는지를 행정심판법(이하 "법"이라 한다)에 따라 검토하겠다.

Ⅱ. 거부처분취소심판의 요건

1 청구인적격 (법제13조) ❶

취소심판은 처분의 취소를 구할 법률상 이익이 있는 자가 제기하여야 하는 바, 甲은 건축법 부칙에 명문규정으로 건축계획심의를 신청할 수 있는 법률상 이익이 있는 자이다.

2 피청구인적격(법제17조) ①

취소심판의 피청구인은 처분청이므로 甲의 신청에 대하여 반려처분을 한 B시장이 피청구인적격을 갖는다.

3 대상적격 (법제2조, 제3조)

1) 반려행위가 처분에 해당하기 위한 요건 ②

취소소송의 대상으로서 거부가 처분이 되기 위해서 신청권이 필요한지에 관하여 ① 원고적격설 ② 본안문제설이 있으나 ③ 신청권의 유무는 대상적격으로 보는 것이 타당하고 판례도 거부가 처분이 되기 위해서는 첫째, 신청인은 법규상 조리상 신청권이 있어야 하고 둘째, 신청의 대상인 행위가 공권력의 행사에 해당하여야 하며 셋째, 그 거부가 신청인의 법률관계에 변동을 일으키는 것이어야 한다고 하면서 여기서 '법률관계에 변동을 일으킨다'는 의미는 신청인의 실체상의 권리관계에 직접적인 변동을 일으키는 것은 물론, 신청인이 권리행사에 중대한 지장을 초래하는 것을 포함한다고 하면서 이 경우 신청권의 내용은 단순히 응답을 요구할 수 있는 것으로도 충분하다고 판시하였다.

2) 사안의 경우 ②

건축법제4조의 2는 건축계획심의신청권을 규정하고 있고 이에 대한 반려는 B시장이 우월한 지위에서 한 것이고, 동 반려처분으로 인하여 甲은 건축법제11조의 건축허가를 받기 위한 신청을 할 수 없게 되므로 법률관계에 변동 내지는 허가신청권 행사에 중대한 지장이 발생하므로 B시장의 반려는 처분이다. 대법원도 유사한 사안에서 건축계획심의신청에 대한 반려의 처분성을 인정하였다.

4 청구기간(법27조) ②

취소심판은 처분이 있음을 안 날로부터 90일, 있은 날로부터 180일 이내에 청구하여야 하는 바, 甲은 반려처분이 있은 후 바로 제기한 것으로 보이므로 청구기간은 지킨 것으로 보여진다. 다만, B시장은 행정심판법상 고지를 하지 아니하였으므로 甲은 180일 이내에 청구하면 될 것이다(제27조제6항).

5 심판청구서 제출 ①

행정심판법제23조제1항은 행정심판을 청구하려는 자는 제28조에 따라 심판청구서를 작성하여 피청구인이나 관할 심판위원회에 제출하여야 한다고 규정하고 있다.

Ⅲ 관할 행정심판위원회 및 처리

1 관할 행정심판위원회 ②

甲에 대한 반려처분은 A도의 B시장이 한 처분으로서 관할 행정심판위원회는 법제6조제3항에 의하면 A도지사 소속 행정심판위원회이다. 그런데 甲은 중앙행정심판위원회에 심판청구를 하였으므로 관할권이 없는 행정심판위원회에 심판을 청구한 것이다.

2 중앙행정심판위원회의 처리(법제23조) ❸

B시장은 甲에게 반려처분을 하면서 행정심판의 고지를 하지 않아 甲이 중앙행정심판위원회에 심판청구서를 잘못 제출한 것인데 법제23조 제2항은 행정청이 제58조에 따른 고지를 하지 아니하거나 잘못 고지하여 청구인이 심판청구서를 다른 행정기관에 제출한 경우에는 그 행정기관은 그 심판청구서를 지체없이 정당한 권한이 있는 피청구인에게 보내야 한다고 규정하고 있으므로 중앙행정심판위원회는 지체없이 甲의 심판청구서를 B시장에게 보내고 이 사실을 甲에게 알려야 한다. 이 때 甲의 심판청구는 중앙행정심판위원회에 제출한 때에 청구한 것으로 본다.

Ⅳ 사안의 해결 ❶

甲의 거부처분취소심판청구는 청구인적격, 피청구인적격, 대상적격, 청구기간을 모두 준수하였고 행정심판 불고지로 인하여 관할권이 없는 중앙행정심판위원회에 제출하게 된 것이므로 중앙행정심판위원회는 甲의 심판청구서를 B시장에게 보내야 한다.

THEME 54 행정심판법상 집행정지

행정심판법

제30조 【집행정지】 ① 심판청구는 처분의 효력이나 그 집행 또는 절차의 속행에 영향을 주지 아니한다.
② 위원회는 처분, 처분의 집행 또는 절차의 속행 때문에 중대한 손해가 생기는 것을 예방할 필요성이 긴급하다고 인정할 때에는 직권으로 또는 당사자의 신청에 의하여 처분의 효력, 처분의 집행 또는 절차의 속행의 전부 또는 일부의 정지(이하 "집행정지"라 한다)를 결정할 수 있다. 다만, 처분의 효력정지는 처분의 집행 또는 절차의 속행을 정지함으로써 그 목적을 달성할 수 있을 때에는 허용되지 아니한다.
③ 집행정지는 공공복리에 중대한 영향을 미칠 우려가 있을 때에는 허용되지 아니한다.
④ 위원회는 집행정지를 결정한 후에 집행정지가 공공복리에 중대한 영향을 미치거나 그 정지사유가 없어진 경우에는 직권으로 또는 당사자의 신청에 의하여 집행정지 결정을 취소할 수 있다.
⑤ 집행정지 신청은 심판청구와 동시에 또는 심판청구에 대한 제7조제6항 또는 제8조제7항에 따른 위원회나 소위원회의 의결이 있기 전까지, 집행정지 결정의 취소신청은 심판청구에 대한 제7조제6항 또는 제8조제7항에 따른 위원회나 소위원회의 의결이 있기 전까지 신청의 취지와 원인을 적은 서면을 위원회에 제출하여야 한다. 다만, 심판청구서를 피청구인에게 제출한 경우로서 심판청구와 동시에 집행정지 신청을 할 때에는 심판청구서 사본과 접수증명서를 함께 제출하여야 한다.
⑥ 제2항과 제4항에도 불구하고 위원회의 심리·결정을 기다릴 경우 중대한 손해가 생길 우려가 있다고 인정되면 위원장은 직권으로 위원회의 심리·결정을 갈음하는 결정을 할 수 있다. 이 경우 위원장은 지체 없이 위원회에 그 사실을 보고하고 추인을 받아야 하며, 위원회의 추인을 받지 못하면 위원장은 집행정지 또는 집행정지 취소에 관한 결정을 취소하여야 한다.
⑦ 위원회는 집행정지 또는 집행정지의 취소에 관하여 심리·결정하면 지체 없이 당사자에게 결정서 정본을 송달하여야 한다.

THEME 55 임시처분

> **행정심판법**
>
> **제31조【임시처분】** ① 위원회는 처분 또는 부작위가 위법·부당하다고 상당히 의심되는 경우로서 처분 또는 부작위 때문에 당사자가 받을 우려가 있는 중대한 불이익이나 당사자에게 생길 급박한 위험을 막기 위하여 임시지위를 정하여야 할 필요가 있는 경우에는 직권으로 또는 당사자의 신청에 의하여 임시처분을 결정할 수 있다.
> ② 제1항에 따른 임시처분에 관하여는 제30조제3항부터 제7항까지를 준용한다. 이 경우 같은 조 제6항 전단 중 "중대한 손해가 생길 우려"는 "중대한 불이익이나 급박한 위험이 생길 우려"로 본다.
> ③ 제1항에 따른 임시처분은 제30조제2항에 따른 집행정지로 목적을 달성할 수 있는 경우에는 허용되지 아니한다.

I 의의

처분 또는 부작위가 위법·부당하다고 상당히 의심되는 경우로서 처분 또는 부작위 때문에 당사자가 받을 우려가 있는 중대한 불이익이나 당사자에게 생길 급박한 위험을 막기 위하여 임시지위를 정하여야 할 필요가 있는 경우에 위원회가 청구인에게 임시적 지위를 인정해주는 가구제 수단이다.

II 요건

① 임시처분은 그 전제가 되는 심판청구가 계속 되어 있어야 하고 ② 처분 또는 부작위가 위법·부당하다고 상당히 의심되는 경우이어야 하며 ③ 당사자에게 중대한 불이익이나 급박한 위험을 막기 위하여 필요한 경우에 인정된다(법제 조). 다만, 당사자의 임시지위를 정하는 것이 ④ 공공복리에 중대한 영향을 미칠 우려가 있을 때에는 허용되지 아니한다. 여기에서 집행정지의 요건 중 "중대한 손해가 생길 우려"는 "중대한 불이익이나 급박한 위험이 생길 우려"로 본다(법제 조).

III 절차

임시처분은 당사자의 신청 또는 행정심판위원회의 직권으로 결정할 수 있으며, 행정심판위원회는 임시처분을 결정한 후에 임시처분이 공공복리에 중대한 영향을 미치거나 그 조치사유가 없어진 경우에는 직권으로 또는 당사자의 신청에 의하여 임시처분결정을 취소할 수 있다(법제 조).

IV 보충성

임시처분은 집행정지로 목적을 달성할 수 있는 경우에는 허용되지 않는다(법제 조).

사례연습

甲은 바닥면적 합계 5,000㎡ 이상인 판매시설로서 건축법시행령제5조제4항제4호 가목에 의하여 위원회의 건축계획심의 대상인 L마트점의 신축을 위하여 A도의 B시장에게 건축계획심의신청을 하였다. B시장은 먼저 사업지 남쪽 중앙로에 지하입체 횡단보도를 개설하고 개설조건 등을 협의한 후에 건축계획심의신청을 수리하겠다고 하였으나 甲이 이에 응하지 아니하자 행정심판청구절차 및 심판청구기간을 고지하지 아니한 채 위 신청을 반려하였다. 이에 중앙행정심판위원회에 위 반려처분 취소심판을 청구하였다. 이 지역에 H마트 개설이 임박한 상황이라 먼저 손님확보를 할 긴급한 필요성이 있고, 건축자재수요의 급증으로 그 공급가격의 대폭인상이 예상되는 등 건축공사 지연으로 인한 막대한 손해가 발생할 우려가 있다. 이 때 甲은 위 취소심판 계속 중 어떠한 행정심판법상 수단을 강구할 수 있는가?

목차

I. 쟁점의 정리

II. 집행정지 신청(법제30조)
   집행정지결정의 이익 유무

III. 임시처분 (법제31조)
   1. 의의
   2. 요건
   3. 사안의 경우

IV. 사안의 해결

2015년 제24회, 2018년 제27회 기출

모범 답안

I. 쟁점의 정리

B시장의 심의반려처분으로 甲은 건축허가 신청을 할 수 없게 되었는데 이로 인하여 甲은 막대한 손해가 발생할 우려가 있는 바, 취소심판의 본안재결이 나오기 전에 행정심판법상 임시구제제도로서 집행정지 내지 임시처분을 신청할 수 있는지 문제된다.

II. 집행정지 신청(법제30조)

신청에 대한 반려에 대한 집행정지결정의 이익이 있는지에 관하여 긍정설, 부정설, 제한적 긍정설이 대립하는 바, 대법원은 신청에 대한 거부처분의 효력을 정지하더라도 신청시의 상태로 되돌아가는 것에 불과하므로 정지결정의 이익이 없다고 판시하였다. 다만, 최근 하급심에서는 한약사시험원서접수를 반려한 사건에서 집행정지결정의 이익을 인정한 바 있다. 생각건대 일률적으로 거부처분의 경우에 집행정지를 부정하는 것보다는 구체적인 사안의 경우에 예외적으로 정지결정의 이익이 있는 경우에는 인정하는 것이 타당하나, 사안의 경우에는 예외적인 경우에 해당하지 않으므로 집행정지신청은 각하될 것이다.

Ⅲ 임시처분 (법제31조)

1 의의 ❶

임시처분이란 위원회가 처분 또는 부작위로 인하여 당사자가 받을 우려가 있는 중대한 불이익이나 당사자에게 생길 급박한 위험을 막기 위하여 임시지위를 정하여 주는 결정을 말한다.

2 요건 ❷

적극적 요건으로 ① 심판청구의 계속 ② 거부처분 또는 부작위가 위법·부당하다고 상당히 의심될 것 ③ 거부처분 또는 부작위 때문에 당사자가 받을 중대한 불이익이나 당사자에게 생길 급박한 위험이 존재 ④ 이를 막기 위하여 임시지위를 정할 필요가 있어야 하고, 소극적 요건으로 ① 공공복리에 중대한 영향을 미칠 우려가 없어야 하고 ②심판청구가 이유없음이 명백하지 않아야 하고 ③집행정지로 목적을 달성할 수 있는 경우가 아니어야 한다.

3 사안의 경우 ❸

甲은 취소심판을 청구한 상태이고 B시장의 반려처분은 甲이 지하입체 횡단보도를 설치하지 않은 것을 이유로 하였는 바, 건축허가 여부가 불분명한 건축심의단계에서 이를 요구하는 것은 적어도 부당은 상당히 의심되고 현재 경쟁업체인 H마트의 개설이 임박하여 손님확보가 긴급히 필요하고 건축자재가격의 급등으로 막대한 손해발생우려가 있으므로 임시지위를 정할 필요성이 있어 보인다. 또한 甲에게 임시처분결정을 하더라도 공공복리에 중대한 영향을 미칠 우려는 없어 보이고 거부처분은 집행정지로 목적을 달성할 수 없는 경우에 해당한다.

Ⅳ 사안의 해결 ❷

甲의 취소심판청구에 대하여 본안재결이 나오기 이전이라도 집행정지신청은 결정의 이익이 없어 각하되겠지만 임시처분의 요건이 충족되었으므로 위원회는 임시처분으로 건축계획심의신청에 대하여 수리처분을 내려야 한다.

THEME 56 행정심판의 재결의 종류

행정심판법

제43조【재결의 구분】 ① 위원회는 심판청구가 적법하지 아니하면 그 심판청구를 각하한다.
② 위원회는 심판청구가 이유가 없다고 인정하면 그 심판청구를 기각한다.
③ 위원회는 취소심판의 청구가 이유가 있다고 인정하면 처분을 취소 또는 다른 처분으로 변경하거나 처분을 다른 처분으로 변경할 것을 피청구인에게 명한다.
④ 위원회는 무효등 확인심판의 청구가 이유가 있다고 인정하면 처분의 효력 유무 또는 처분의 존재 여부를 확인한다.
⑤ 위원회는 의무이행심판의 청구가 이유가 있다고 인정하면 지체 없이 신청에 따른 처분을 하거나 처분을 할 것을 피청구인에게 명한다.

제44조【사정재결】 ① 위원회는 심판청구가 이유가 있다고 인정하는 경우에도 이를 인용하는 것이 공공복리에 크게 위배된다고 인정하면 그 심판청구를 기각하는 재결을 할 수 있다. 이 경우 위원회는 재결의 주문에서 그 처분 또는 부작위가 위법하거나 부당하다는 것을 구체적으로 밝혀야 한다.
② 위원회는 제1항에 따른 재결을 할 때에는 청구인에 대하여 상당한 구제방법을 취하거나 상당한 구제방법을 취할 것을 피청구인에게 명할 수 있다.
③ 제1항과 제2항은 무효등 확인심판에는 적용하지 아니한다.

제47조【재결의 범위】 ① 위원회는 심판청구의 대상이 되는 처분 또는 부작위 외의 사항에 대하여는 재결하지 못한다.
② 위원회는 심판청구의 대상이 되는 처분보다 청구인에게 불리한 재결을 하지 못한다.

제48조【재결의 송달과 효력 발생】 ① 위원회는 지체 없이 당사자에게 재결서의 정본을 송달하여야 한다. 이 경우 중앙행정심판위원회는 재결 결과를 소관 중앙행정기관의 장에게도 알려야 한다.
② 재결은 청구인에게 제1항 전단에 따라 송달되었을 때에 그 효력이 생긴다.
③ 위원회는 재결서의 등본을 지체 없이 참가인에게 송달하여야 한다.
④ 처분의 상대방이 아닌 제3자가 심판청구를 한 경우 위원회는 재결서의 등본을 지체 없이 피청구인을 거쳐 처분의 상대방에게 송달하여야 한다.

I 각하재결

위원회는 심판청구가 적법하지 아니하면 그 심판청구를 각하한다.

II 기각재결

위원회는 심판청구가 이유가 없다고 인정하면 그 심판청구를 기각한다.

III 사정재결

사정재결은 취소심판 및 의무이행심판에서만 인정되고 무효등 확인심판에서는 인정되지 않는다.

IV 인용재결

1 취소심판

위원회는 취소심판의 청구가 이유가 있다고 인정하면 처분을 취소 또는 다른 처분으로 변경하거나 처분을 다른 처분으로 변경할 것을 피청구인에게 명한다. 이 중 취소재결 및 처분변경재결은 형성재결의 성질이 있고, 처분변경명령재결은 위원회가 처분청에게 처분의 변경을 명령하는 것으로서 이행재결의 성질을 갖는다. 취소재결에는 전부취소는 물론 일부취소가 포함되고 처분변경재결 및 처분변경명령재결은 불이익금지의 원칙(법 제47조제2항)상 원처분보다 청구인에게 유리한 변경을 의미한다. 이 점이 통설 및 판례가 취소소송에서의 변경은 일부취소로 보는 것과 다르다.

2 무효등 확인심판

위원회는 무효등 확인심판의 청구가 이유가 있다고 인정하면 처분의 효력 유무 또는 처분의 존재 여부를 확인한다.

3 의무이행심판의 재결

1) 의의 및 성질

위원회는 의무이행심판의 청구가 이유가 있다고 인정하면 지체 없이 신청에 따른 처분을 하거나(처분재결), 처분을 할 것을 피청구인에게 명한다(처분명령재결). 처분재결은 형성재결의 성질을, 처분명령재결은 이행재결의 성질을 갖는다.

2) 인용재결의 종류(처분재결 및 처분명령재결)

① 행정행위의 성질에 따른 구분
  ㉠ 기속행위의 경우
    청구대상인 행위가 기속행위인 경우에는 원칙적으로 청구의 대상인 특정처분을 할 것을 명하는 재결을 하거나 특정처분재결을 하여야 한다.
  ㉡ 재량행위의 경우
    청구대상인 행위가 행정청의 재량행위인 경우에는 위원회가 청구의 대상인 특정처분을 할 것을 명하는 재결을 하거나 특정처분재결을 할 수는 없고 하자없는 재량행사를 명하는 재결을 하여야 한다.

THEME 57 재결의 효력

> **행정심판법**
>
> **제49조 【재결의 기속력 등】** ① 심판청구를 인용하는 재결은 피청구인과 그 밖의 관계 행정청을 기속한다.
> ② 재결에 의하여 취소되거나 무효 또는 부존재로 확인되는 처분이 당사자의 신청을 거부하는 것을 내용으로 하는 경우에는 그 처분을 한 행정청은 재결의 취지에 따라 다시 이전의 신청에 대한 처분을 하여야 한다. 〈신설 2017.4.18〉
> ③ 당사자의 신청을 거부하거나 부작위로 방치한 처분의 이행을 명하는 재결이 있으면 행정청은 지체 없이 이전의 신청에 대하여 재결의 취지에 따라 처분을 하여야 한다.

I 인용재결의 특수한 효력

1 형성력

형성력이란 처분을 취소하는 재결이 있으면 당해 처분은 행정청의 별도의 처분이 없더라도 처분시에 소급하여 효력이 소멸되어 처음부터 존재하지 않은 것으로 되는 효력을 의미한다. 이러한 형성력은 제3자에게도 미친다. 다만, 모든 재결에 형성력이 인정되는 것은 아니고 행정심판위원회가 처분변경명령재결 등의 명령재결을 한 경우에는 형성력이 발생하는 것이 아니라 기속력이 발생하게 된다.

> 행정심판에 있어서 재결청의 재결 내용이 처분청의 취소를 명하는 것이 아니라 처분청의 처분을 스스로 취소하는 것일 때에는 그 재결의 형성력이 발생하여 당해 행정처분은 별도의 행정처분을 기다릴 것 없이 당연히 취소되어 소멸되는 것이다. 따라서 재결청(현 위원회)으로부터 '처분청의 공장설립변경신고수리처분을 취소한다'는 내용의 형성적 재결을 송부받은 처분청이 당해 처분의 상대방에게 재결결과를 통보하면서 공장설립변경신고 수리시 발급한 확인서를 반납하도록 요구한 것은 사실의 통지에 불과하고 항고소송의 대상이 되는 새로운 행정처분이라고 볼 수 없다(대판 96누14678).

2 인용재결의 기속력

1) 의의

재결의 기속력이란 청구인이 아니라 피청구인인 행정청이나 관계행정청으로 하여금 재결의 취지에 따라 행위 할 의무를 발생시키는 효력을 말하는 바, 이러한 재결의 기속력은 인용재결의 경우에만 인정되고 각하재결, 기각재결에는 인정되지 않는다. 각하재결, 기각재결은 청구인의 심판청구를 배척하는 데 그칠 뿐이기 때문이다. 다만, 처분청과 그 밖에 관계행정청에 대하여 원처분을 유지시켜야 할 의무를 지우는 것은 아니므로 처분청은 기각 또는 각하재결이 있은 뒤에도 정당한 사유가 있으면 직권으로 원처분을 취소·변경 또는 철회할 수 있다. 한편 인용재결이 내려진 경우라면 재결의 기속력으로 인해 처분청 즉 피청구인은 이에 불복하여 항고소송을 제기할 수 없다(대판 97누15432).

2) 기속력의 내용

① 반복금지의무

청구인용재결이 있게 되면 행정청은 동일한 사정하에서 동일인에게 인용재결의 내용에 반하는 동일한 처분을 할 수 없다. 다만, 다른 사유를 들어 동일한 처분을 하는 것도 기속력에 반하는 것인지 문제되고 이는 기본적 사실관계의 동일성 유무를 기준으로 판단한다.

② 재처분의무

재결에 의하여 취소되거나 무효 또는 부존재로 확인되는 처분이 당사자의 신청을 거부하는 것을 내용으로 하는 경우에는 그 처분을 한 행정청은 재결의 취지에 따라 다시 이전의 신청에 대한 처분을 하여야 한다(법제   조   ).

③ 결과제거의무(원상회복의무)

취소재결의 기속력에는 해석상 원상회복의무가 포함되므로 취소재결이 확정되면 행정청은 취소된 처분에 의하여 초래된 현재의 위법상태를 제거하여 원상회복할 의무가 있다.

3) 기속력의 범위

① 주관적 범위

기속력은 당사자인 행정청뿐 만 아니라, 그 밖의 모든 관계행정청에도 미친다. 여기서 그 밖의 관계행정청이란 당해 판결에 의하여 취소된 처분에 관계되는 어떠한 처분권한을 가지는 행정청, 즉 취소된 처분 등을 기초로 하여 그와 관련되는 처분이나 부수되는 행위를 할 수 있는 행정청을 모두 포함한다.

② 객관적 범위

기속력은 인용재결의 실효성을 도모하기 위해 인정된 효력이므로 재결주문과 그 전제로 된 요건사실의 인정과 효력의 판단에만 미치고, 재결의 결론과 직접 관계없는 사실판단에는 미치지 아니한다. 기속력은 '재결이유에 적시된 개개의 위법사유'에 관해서 발생하므로 위원회가 위법 내지 부당이라고 판단한 것과 동일한 이유나 자료를 바탕으로 동일인에 대하여 동일행위를 하는 것을 금지할 뿐 별개의 이유를 바탕으로 동일한 처분을 하는 것은 기속력을 위반한 것이 아니다.

③ 시간적 범위

견해의 대립이 있지만 의무이행심판을 제외하고는 처분의 위법성 판단 기준시는 처분시이므로 처분시까지의 위법사유에 대해서만 미친다. 따라서 처분 이후에 발생한 새로운 법령 및 사실상태의 변동을 이유로 동일한 내용의 처분을 하는 것은 기속력에 반하지 않는다.

II. 거부처분취소재결에 따른 재처분의무 인정여부(행정심판법 개정 전 논의)

1 문제의 소재

구) 행정심판법은 행정소송법과 달리 거부처분취소재결에 따른 처분청의 재처분의무를 규정하고 있지 않았는데, 이러한 경우에도 동 법 제49조제1항에 의하여 재처분의무를 인정할 수 있는지 문제되었다.

2 학설

① 긍정설은 행정심판법 제49조제1항을 기속력에 관한 일반적 규정으로 이해하여 재처분의무가 포함된다고 본다. ② 부정설은 명문의 규정이 없는 한 행정청에게 적극적인 작위의무를 부과하기는 어렵다고 주장한다.

3 판례

대법원은 거부처분을 취소하는 재결이 있는 경우에 행정청은 그 재결의 취지에 따라 다시 이전의 신청에 대한 처분을 하여야 한다고 판시하여 긍정설의 입장이다(대판 88누7880).

4 검토

생각건대 행정기관 상호 간에도 권한존중의 이념은 지켜져야 하므로 명문의 규정이 없는 한 행정청의 재처분의무는 부정하는 것이 타당하고 이를 인정하기 위해서는 입법적으로 해결하여야 하는 바, 최근 행정심판법제49조제2항이 신설되어 거부처분취소재결의 재처분의무를 명시하였다.

THEME 58 위원회의 직접처분

> **행정심판법**
>
> **제50조 【위원회의 직접처분】** ① 위원회는 피청구인이 제49조제3항에도 불구하고 처분을 하지 아니하는 경우에는 당사자가 신청하면 기간을 정하여 서면으로 시정을 명하고 그 기간에 이행하지 아니하면 직접 처분을 할 수 있다. 다만, 그 처분의 성질이나 그 밖의 불가피한 사유로 위원회가 직접 처분을 할 수 없는 경우에는 그러하지 아니하다.
> ② 위원회는 제1항 본문에 따라 직접 처분을 하였을 때에는 그 사실을 해당 행정청에 통보하여야 하며, 그 통보를 받은 행정청은 위원회가 한 처분을 자기가 한 처분으로 보아 관계 법령에 따라 관리·감독 등 필요한 조치를 하여야 한다.

I 의의 및 취지

행정심판법 제50조는 위원회는 피청구인이 처분명령재결에도 불구하고(법 제49조제3항) 처분을 하지 아니하는 경우에는 당사자가 신청하면 기간을 정하여 서면으로 시정을 명하고 그 기간에 이행하지 아니하면 직접처분을 할 수 있다고 규정하고 있다. 행정소송법은 권력분립의 원칙상 재처분의무의 실효성확보수단으로 간접강제만을 규정하고 있으나 행정심판법은 행정의 자기통제라는 특성에 따라 직접처분을 규정한 것이다.

II 요건

1 적극적 요건

① 처분청이 처분명령재결에도 불구하고 처분을 하지 않고 있어야 하고, ② 당사자의 신청이 있어야 한다. ③ 위원회가 기간을 정하여 행정청에게 서면으로 시정을 명하였음에도 그 기간 내에 이행하지 아니하여야 한다.

2 소극적 요건

행정심판법 제50조제1항 단서는 그 처분의 성질이나 그 밖의 불가피한 사유로 위원회가 직접 처분을 할 수 없는 경우에는 그러하지 아니하다고 규정하여 직접처분에도 한계가 있음을 규정하고 있는데 이러한 경우에는 '재량행위', '자치사무', '정보비공개결정', '처분명령재결 이후의 사정변경' 등이 해당된다.

1) 재량행위

행정청의 재량행위에 대한 위원회의 직접처분은 재량권을 침해할 수 있다는 점에서 구체적 타당성 확보 및 권한존중의 원칙상 제한되는 것이다.

2) 자치사무

견해의 대립이 있지만 지방자치단체의 자치사무에 관한 처분을 위원회가 직접하는 경우에는 헌법에서 인정하고 있는 자치권을 침해할 수 있으므로 제한된다고 보는 것이 타당하다.

3) 정보비공개결정

정보공개거부처분에 대한 행정심판절차에서 대상정보가 위원회에 제출되지 않은 경우에는 위원회에 당해 정보가 없다는 점에서 직접처분을 할 수가 없다.

4) 처분명령재결 이후의 사정변경

행정청의 거부나 부작위에 대한 의무이행심판에서 위원회가 허가명령재결을 한 이후에 법령의 개정 또는 사정변경으로 허가가 금지되는 경우 등을 말한다.

Ⅲ 직접처분에 대한 불복

1 제3자의 불복

위원회의 직접처분으로 인하여 법률상 이익이 침해된 자는 위원회를 피고로 하여 취소소송 등을 제기할 수 있다(행정소송법 제12조). 그러나 직접처분도 심판재결의 성질이 있으므로 다시 행정심판을 제기할 수는 없다(행정심판법 제51조).

2 자치사무에 대한 직접처분의 경우

지방자치단체가 위원회의 직접처분으로 자신의 자치권이 침해되었음을 이유로 행정소송을 제기할 수 있는지에 관하여 직접처분은 행정심판작용으로서 기속력이 발생하므로 부정하는 입장도 있으나 지방자치단체의 자치권은 헌법이 부여한 권리이므로 긍정하는 것이 타당하다.

Ⅳ 직접처분에 따른 행정청의 후속조치

위원회는 직접처분을 하였을 때에는 그 사실을 해당 행정청에 통보하여야 하며, 그 통보를 받은 행정청은 위원회가 한 처분을 자기가 한 처분으로 보아 관계 법령에 따라 관리·감독 등 필요한 조치를 하여야 한다(행정심판법 제50조제2항). 즉 행정청은 위원회의 직접처분을 자신이 한 처분으로 인정하고 그에 따른 조치를 하여야 한다는 것이다.

THEME 59 위원회의 간접강제

행정심판법

제49조 【재결의 기속력 등】 ② 재결에 의하여 취소되거나 무효 또는 부존재로 확인되는 처분이 당사자의 신청을 거부하는 것을 내용으로 하는 경우에는 그 처분을 한 행정청은 재결의 취지에 따라 다시 이전의 신청에 대한 처분을 하여야 한다. 〈신설 2017.4.18〉
③ 당사자의 신청을 거부하거나 부작위로 방치한 처분의 이행을 명하는 재결이 있으면 행정청은 지체 없이 이전의 신청에 대하여 재결의 취지에 따라 처분을 하여야 한다.
④ 신청에 따른 처분이 절차의 위법 또는 부당을 이유로 재결로써 취소된 경우에는 제2항을 준용한다.

제50조의2 【위원회의 간접강제】 ① 위원회는 피청구인이 제49조제2항(제49조제4항에서 준용하는 경우를 포함한다) 또는 제3항에 따른 처분을 하지 아니하면 청구인의 신청에 의하여 결정으로 상당한 기간을 정하고 피청구인이 그 기간 내에 이행하지 아니하는 경우에는 그 지연기간에 따라 일정한 배상을 하도록 명하거나 즉시 배상을 할 것을 명할 수 있다.
② 위원회는 사정의 변경이 있는 경우에는 당사자의 신청에 의하여 제1항에 따른 결정의 내용을 변경할 수 있다.
③ 위원회는 제1항 또는 제2항에 따른 결정을 하기 전에 신청 상대방의 의견을 들어야 한다.
④ 청구인은 제1항 또는 제2항에 따른 결정에 불복하는 경우 그 결정에 대하여 행정소송을 제기할 수 있다.
⑤ 제1항 또는 제2항에 따른 결정의 효력은 피청구인인 행정청이 소속된 국가·지방자치단체 또는 공공단체에 미치며, 결정서 정본은 제4항에 따른 소송제기와 관계없이 「민사집행법」에 따른 강제집행에 관하여는 집행권원과 같은 효력을 가진다. 이 경우 집행문은 위원장의 명에 따라 위원회가 소속된 행정청 소속 공무원이 부여한다.
⑥ 간접강제 결정에 기초한 강제집행에 관하여 이 법에 특별한 규정이 없는 사항에 대하여는 「민사집행법」의 규정을 준용한다. 다만, 「민사집행법」 제33조(집행문부여의 소), 제34조(집행문부여 등에 관한 이의신청), 제44조(청구에 관한 이의의 소) 및 제45조(집행문부여에 대한 이의의 소)에서 관할 법원은 피청구인의 소재지를 관할하는 행정법원으로 한다.

사례연습

주식회사 甲은 2000. 4. 14. 부산 해운대구청장 乙에게, 부산 해운대구 중동 938-6 전 등 6필지의 토지 합계 면적 3,772㎡ 지상에 지하 4층, 지상 17층 규모의 88세대 공동주택 및 근린생활시설을 건축하는 내용의 주택건설사업계획승인신청을 하였다. 乙은 2000. 6. 1. '① 이 사건 토지는 새천년 언덕조성사업 시행구간으로 보존되어야 할 지역으로서 공원지역으로서의 용도지역 변경을 추진 중에 있고, ② 도시설계구역으로 지정되어 도시설계용역 중에 있어 이후 공고·시행되는 도시설계에 적합하게 사업계획을 수립하여야 하므로, 그 승인을 유보한다.'는 사유로 甲의 사업승인신청을 반려하였다.

이에 甲이 거부처분에 대하여 의무이행심판을 청구하여 부산시행정심판위원회에서 처분명령재결이 있음에도 乙이 부작위하는 경우 甲의 행정심판법상 구제수단을 검토하시오.

목차

I. 논점의 정리

II. 처분명령재결의 기속력

III. 위원회의 직접처분
1. 의의 및 취지
2. 요건
   1) 적극적 요건
   2) 소극적 요건
3. 사안의 경우

IV. 위원회의 간접강제
1. 의의 및 취지
2. 요건 및 절차
3. 배상명령의 효과
4. 간접강제 결정에 기초한 강제집행
5. 불복방법
6. 배상금의 성질

V. 사안의 해결

2010년 제19회, 2013년 제22회, 2014년 제23회, 2019년 제28회 기출

모범 답안

I. 논점의 정리 ❶

처분명령재결의 기속력에 따라 乙은 재처분의무가 발생함에도 이를 이행하지 않는 경우 행정심판법상 위원회의 직접처분(심판법제50조) 및 최근 신설된 간접강제(제50조의2)를 검토해보아야 한다.

II. 처분명령재결의 기속력 ❸

행정심판법제49조제1항은 심판청구를 인용하는 재결은 피청구인과 그 밖의 관계 행정청을 기속하고, 동조제3항은 당사자의 신청을 거부하거나 부작위로 방치한 처분의 이행을 명하는 재결이 있으면 행정청은 지체 없이 이전의 신청에 대하여 재결의 취지에 따라 처분을 하여야 한다고 규정하고 있으므로 乙은 위원회의 처분명령재결에 따라 甲의 신청에 대하여 승인처분이 기속행위인 경우에는 승인처분을, 재량행위의 경우에는 재량권의 일탈, 남용이 없는 승인 내지 거부처분을 하여야 할 의무가 발생 한다.

Ⅲ 위원회의 직접처분

1 의의 및 취지 ❷

행정심판법 제50조는 위원회는 피청구인이 처분명령재결에도 불구하고(법제49조③) 처분을 하지 아니하는 경우에는 당사자가 신청하면 기간을 정하여 서면으로 시정을 명하고 그 기간에 이행하지 아니하면 직접처분을 할 수 있다고 규정하고 있다. 행정소송법은 권력분립의 원칙상 재처분의무의 실효성확보수단으로 간접강제만을 규정하고 있으나 행정심판법은 행정의 자기통제라는 특성에 따라 직접처분을 규정한 것이다.

2 요건

1) 적극적 요건 ❶

① 처분청이 처분명령재결에도 불구하고 처분을 하지 않고 있어야 하고, ② 당사자의 신청이 있어야 한다. ③ 위원회가 기간을 정하여 행정청에게 서면으로 시정을 명하였음에도 그 기간 내에 이행하지 아니하여야 한다.

2) 소극적 요건 ❶

행정심판법제50조①단서는 그 처분의 성질이나 그 밖의 불가피한 사유로 위원회가 직접 처분을 할 수 없는 경우에는 그러하지 아니하다고 규정하여 직접처분에도 한계가 있음을 규정하고 있는 데 이러한 경우에는 '재량행위', '자치사무', '정보비공개결정' 등이 해당된다.

- ① 재량행위 ❶
  행정청의 재량행위에 대한 위원회의 직접처분은 재량권을 침해할 수 있다는 점에서 구체적 타당성 확보 및 권한존중의 원칙상 제한되는 것이다.

- ② 자치사무 ❷
  견해의 대립이 있지만 지방자치단체의 자치사무에 관한 처분을 위원회가 직접 하는 경우에는 헌법에서 인정하고 있는 자치권을 침해할 수 있으므로 제한된다고 보는 것이 타당하다.

- ③ 정보비공개결정 ❶
  정보공개거부처분에 대한 행정심판절차에서 대상정보가 위원회에 제출되지 않은 경우에는 위원회에 당해 정보가 없다는 점에서 직접처분이 제한될 수 있다.

- ④ 처분명령재결 이후의 사정변경 ❶
  행정청의 거부나 부작위에 대한 의무이행심판에서 위원회가 허가명령재결을 한 이후에 법령의 개정 또는 사정변경으로 허가가 금지되는 경우 등을 말한다.

3 사안의 경우 ❷

도시계획법령상 주택건설사업계획신청에 대한 승인처분은 강학상 특허로서 재량행위에 해당하는 바, 관할 행정청 乙의 공익판단을 위한 재량권을 존중할 필요가 있으므로 부산시행정심판위원회가 직접처분을 하는 것이 제한받을 수 있다.

Ⅳ 위원회의 간접강제

1 의의 및 취지 ❷

행정청이 인용재결의 기속력에 따른 재처분을 하지 않고 있는 경우에 위원회는 일정한 배상을 할 것을 명할 수 있는 바, 이를 위원회의 간접강제라고 한다(법 제50조의2①). 직접처분이 제한되는 경우 및 인용재결의 실효성을 확보하기 위해 필요한 것으로 최근 행정심판법 개정으로 도입된 제도이다.

2 요건 및 절차 ❷

위원회는 피청구인이 거부처분취소재결, 무효등확인재결 또는 의무이행재결에 따른 처분을 하지 아니하면 청구인의 신청에 의하여 결정으로 상당한 기간을 정하고 피청구인이 그 기간 내에 이행하지 아니하는 경우에는 그 지연기간에 따라 일정한 배상을 하도록 명하거나 즉시 배상을 할 것을 명할 수 있다. 위원회는 결정을 하기 전에 신청 상대방의 의견을 들어야 한다(동조③).

3 배상명령의 효과 ❶

배상명령의 효력은 피청구인인 행정청이 소속된 국가·지방자치단체 또는 공공단체에 미치며, 결정서 정본은 「민사집행법」에 따른 강제집행에 관하여는 집행권원과 같은 효력을 가진다. 이 경우 집행문은 위원장의 명에 따라 위원회가 소속된 행정청 소속 공무원이 부여한다(동조⑤).

4 간접강제 결정에 기초한 강제집행 ❶

행정심판법에 특별한 규정이 없는 사항에 대하여는 「민사집행법」의 규정을 준용한다. 다만, 「민사집행법」 제33조(집행문부여의 소), 제34조(집행문부여 등에 관한 이의신청), 제44조(청구에 관한 이의의 소) 및 제45조(집행문부여에 대한 이의의 소)에서 관할 법원은 피청구인의 소재지를 관할하는 행정법원으로 한다.

5 불복방법 ❶

청구인은 간접강제 신청에 대한 각하 내지 기각결정에 불복하는 경우 그 결정에 대하여 행정소송을 제기할 수 있다(동조④).

6 배상금의 성질 ❷

행정심판법상 간접강제명령에 따른 배상금의 성질에 대하여 아직 대법원판례는 없지만 행정소송법상 배상금에 대하여는 재처분의 지연에 대한 제재나 손해배상이 아니고 재처분의 이행에 관한 심리적 강제수단에 불과하다고 판시하였다.

Ⅴ 사안의 해결 ❶

부산시행정심판위원회에서 처분명령재결이 있음에도 乙이 부작위하는 경우 甲은 위원회에 직접 처분을 신청할 수 있고, 이와 별도로 간접강제를 신청하여 구제받을 수 있다.

THEME 60 재결에 대한 불복

> **행정심판법**
>
> **제49조 【재결의 기속력 등】** ① 심판청구를 인용하는 재결은 피청구인과 그 밖의 관계 행정청을 기속한다.
>
> **제51조 【행정심판 재청구의 금지】** 심판청구에 대한 재결이 있으면 그 재결 및 같은 처분 또는 부작위에 대하여 다시 행정심판을 청구할 수 없다.

I 재심판청구의 금지

행정심판법은 심판청구에 대한 재결이 있는 경우에는, 당해 재결 및 동일한 처분 또는 부작위에 대하여 다시 심판청구를 제기할 수 없도록 하여 행정심판의 단계를 단일화하였다. 따라서 재결에 불복이 있으면 행정소송을 제기하여야 한다.

II 재결에 대한 행정소송

행정소송법은 원처분주의를 취하고 있다. 따라서 재결에 불복하는 경우에 행정소송은 원칙상 재결이 아니라 원처분을 대상으로 하여 제기하여야 한다. 단, 재결 자체의 고유한 위법이 있는 경우는 재결 자체를 대상으로 행정소송을 제기한다.

III 인용재결(또는 직접처분)에 대한 피청구인의 불복허용여부

1 문제의 소재

행정심판법 제49조①은 인용재결의 기속력을 규정하고 있는데 피청구인이 인용재결을 대상으로 항고소송을 제기하는 것이 허용되는지 문제된다.

2 학설

① 행정심판법 제49조의 기속력에 비추어 부정하는 입장과 ② 원칙적으로는 허용되지 않지만 지방자치단체의 자치권을 침해하는 재결의 경우에는 예외적으로 긍정하는 입장이 있다.

3 판례

대법원은 처분행정청은 인용재결에 기속되어 재결의 취지에 따른 처분의무를 부담하게 되므로 이에 불복하여 항고소송을 제기할 수 없다 할 것이며, 이 규정이 헌법상의 지방자치의 제도적 보장을 침해하는 것으로 볼 수 없다고 판시하였다(대판 97누15432).

4 검토

생각건대 원칙적으로 행정심판법 제49조 명문의 규정상 부정하는 것이 타당하다. 다만, 자치사무에 대하여는 긍정하는 것이 헌법상 부여된 자치권보장을 위해 타당하다고 본다. 이 경우 지방자치단체의 장은 지방자치단체를 대표하여 위원회를 상대로 항고소송을 제기할 수 있다고 본다.

사례연습

광주광역시장 乙은 2004. 3. 2. 2명의 3급 승진요인이 발생하자 국가서기관 4급으로서 광주광역시 기획관으로 근무하던 甲을 포함한 8명의 4급 공무원을 지방부이사관 승진후보자로 선정한 다음, 광주광역시 인사위원회에 3급 승진 대상자 2명을 선정하여 주도록 요청하였다. 위 인사위원회는 2004. 3. 31. 현직급 경력, 초임과장 보직일, 시정의 공헌도 등을 종합적으로 고려하되, 정책판단, 종합기획, 조정능력, 조직통솔력 등 관리자로서의 능력과 자질을 겸비하였는지를 심사하여 甲과 다른 1명을 3급 승진대상자로 선정하였다. 그 후 乙은 2004. 8. 1.자 인사발령을 하면서 甲을 제외한 나머지 부이사관 승진예정자에 대한 승진발령을 하였고, 甲은 이후의 인사발령에서도 승진발령을 받지 못하게 되자, 乙에게 자신을 지방부이사관으로 승진임용하라는 신청을 하였으나 乙은 아무런 응답을 하지 않았다. 이에 甲은 2005. 9. 30. 광주광역시 소청심사위원회에 甲의 의사에 반하는 불리한 부작위를 대상으로 소청심사를 청구하였고 甲의 소청심사청구에 대하여 소청심사위원회에서 인용재결이 나온 경우 乙은 인용재결에 대하여 불복할 수 있는 지 검토하시오. (15점)

목차

I. 논점의 정리
II. 심판청구의 가능성
III. 재결에 대한 항고소송(행정소송법제19조)
IV. 인용재결에 대한 피청구인의 불복여부
   1. 문제의 소재

2. 학설
3. 판례
4. 검토

V. 사안의 해결

모범 답안

I. 논점의 정리

피청구인이 乙이 소청심사위원회의 인용재결에 대한 불복수단으로서 행정심판을 청구할 수 있는지, 인용재결의 기속력에 불구하고 항고소송을 제기할 수 있는지를 검토해보아야 한다.

II. 심판청구의 가능성

행정심판법제51조는 심판청구에 대한 재결이 있으면 그 재결 및 같은 처분 또는 부작위에 대하여 다시 행정심판을 청구할 수 없다고 규정하고 있으므로 乙은 특별행정심판인 소청심사위원회의 재결을 대상으로 행정심판을 청구할 수 없다.

Ⅲ. 재결에 대한 항고소송(행정소송법제19조)

행정소송법은 원처분주의를 취하고 있다. 따라서 재결에 불복하는 경우에 행정소송은 원칙상 재결이 아니라 원처분을 대상으로 하여 제기하여야 한다. 단, 재결 자체의 고유한 위법이 있는 경우는 재결 자체를 대상으로 행정소송을 제기할 수 있다.

Ⅳ. 인용재결에 대한 피청구인의 불복여부

1. 문제의 소재

행정심판법 제49조① 및 지방공무원법제20조의 인용재결의 기속력에 불구하고 피청구인이 인용재결을 대상으로 항고소송을 제기하는 것이 허용되는지 문제된다.

2. 학설

① 행정심판법 제49조의 기속력에 비추어 부정하는 입장과 ② 원칙적으로는 허용되지 않지만 지방자치단체의 자치권을 침해하는 재결의 경우에는 예외적으로 긍정하는 입장이 있다.

3. 판례

대법원은 처분행정청은 인용재결에 기속되어 재결의 취지에 따른 처분의무를 부담하게 되므로 이에 불복하여 항고소송을 제기할 수 없다할 것이며, 이 규정이 헌법상의 지방자치의 제도적 보장을 침해하는 것으로 볼 수 없다고 판시하였다.

4. 검토

생각건대 행정심판법 제49조 명문의 규정상 부정하는 것이 타당하다. 다만, 자치사무에 대하여는 긍정하는 것이 헌법상 부여된 자치권보장을 위해 타당하다고 본다.

Ⅴ. 사안의 해결

지방공무원법제20조의 명문규정 및 소청심사위원회가 광주광역시 내부에 설치되어 있는 점에 비추어 자치권 침해가 없으므로 乙은 소청심사위원회의 인용재결에 대하여 항고소송을 제기할 수 없다.

THEME 61 행정심판법상 조정

> **행정심판법**
>
> **제43조의2 【조정】** ① 위원회는 당사자의 권리 및 권한의 범위에서 당사자의 동의를 받아 심판청구의 신속하고 공정한 해결을 위하여 조정을 할 수 있다. 다만, 그 조정이 공공복리에 적합하지 아니하거나 해당 처분의 성질에 반하는 경우에는 그러하지 아니하다.
> ② 위원회는 제1항의 조정을 함에 있어서 심판청구된 사건의 법적·사실적 상태와 당사자 및 이해관계자의 이익 등 모든 사정을 참작하고, 조정의 이유와 취지를 설명하여야 한다.
> ③ 조정은 당사자가 합의한 사항을 조정서에 기재한 후 당사자가 서명 또는 날인하고 위원회가 이를 확인함으로써 성립한다.
> ④ 제3항에 따른 조정에 대하여는 제48조(송달 효력발생)부터 49조(기속력) 제50조까지(직접처분), 제50조의2(간접강제), 제51조(재청구의 금지)의 규정을 준용한다.

I 의의 및 한계

위원회는 당사자의 권리 및 권한의 범위에서 당사자의 동의를 받아 심판청구의 신속하고 공정한 해결을 위하여 조정을 할 수 있다. 다만, 그 조정이 공공복리에 적합하지 아니하거나 해당 처분의 성질에 반하는 경우에는 그러하지 아니하다(법제 조).

II 절차

위원회는 조정을 함에 있어서 심판청구된 사건의 법적·사실적 상태와 당사자 및 이해관계자의 이익 등 모든 사정을 참작하고, 조정의 이유와 취지를 설명하여야 한다(법제 조).

III 성립

조정은 당사자가 합의한 사항을 조정서에 기재한 후 당사자가 서명 또는 날인하고 위원회가 이를 확인함으로써 성립한다(법제 조).

IV 효력

조정은 조정서가 상대방에게 송달된 때에 효력이 발생하고 피청구인에게는 기속력이 발생한다. 만약 피청구인이 조정의 내용대로 이행하지 않으면 직접처분과 간접강제를 신청할 수 있고 다시 심판을 청구할 수는 없다(법제 조).

THEME 62 하자의 승계

I 서설

하자의 승계란 행정결정이 여러 단계의 행정행위를 거쳐 행해지는 경우에 선행정행위가 위법하지만 쟁송제기기간의 경과로 불가쟁력이 발생한 경우에는 선행정행위를 대상으로 취소소송을 제기할 수 없다. 이 경우 후행정행위 자체는 적법하다고 하여 나머지 일련의 절차가 진행된다고 하면 이는 행정청의 목적달성 전에 위법한 선행정행위의 불가쟁력 발생으로 국민은 심각한 침해를 받게 되는 바, 이러한 문제를 해결하기 위하여 등장한 것이 하자의 승계이론이다. 즉, 선행정행위가 불가쟁력이 발생한 경우에 후행정행위를 소송의 대상으로 하여 당해 소송에서 선행정행위의 위법성을 주장하여 후행정행위를 취소할 수 있는지의 문제인 것이다.

II 논의의 전제

1 선행정행위와 후행정행위 모두 처분일 것

항고소송의 대상은 처분에 해당하여야 하므로 처분성이 없다면 하자승계여부를 따질 필요가 없다.

2 선행정행위의 취소사유

본 쟁점은 선행정행위에 취소사유에 해당하는 하자가 있을 경우에 문제가 된다. 왜냐하면, 선행행위가 무효인 경우에는 불가쟁력이 발생하지 아니하므로 당사자는 선행정행위의 무효를 언제나 주장할 수 있고 선행정행위가 무효인 경우에는 후행정행위 역시 선행정행위 없이 이루어진 것으로서 당연히 하자가 있게 되는 것이므로 하자의 승계여부를 논할 실익이 없기 때문이다.

3 선행정행위에 불가쟁력이 발생하였을 것

선행정행위가 아직 제소기간을 도과하지 않는 경우에는 선행정행위의 위법 여부를 직접 다투면 되므로 후행정행위에 하자가 승계되는 가를 논할 필요가 없다.

4 후행정행위는 적법할 것

후행정행위에 고유한 위법사유가 있으면 굳이 하자의 승계이론을 논의하지 않더라도 후행정행위를 직접 다투면 되기 때문이다.

Ⅲ 하자승계의 인정범위에 관한 기준

1 학설

1) 하자의 승계론(통설)

통설과 판례는 선행정행위와 후행정행위가 결합하여 하나의 법률효과의 발생을 목적으로 하는 경우에는 하자의 승계를 긍정하고, 양 행위가 서로 독립하여 별개의 법률효과의 발생을 목적으로 하는 경우에는 하자의 승계를 부정한다.

2) 선행정행위에 발생한 불가쟁력의 후행행위에 대한 구속력 이론

행정결정이 여러 단계의 행정행위를 거쳐 행해지는 경우에 선행정행위가 위법하지만 쟁송제기기간의 경과로 발생한 불가쟁력 때문에 후행정행위는 선행행위와 모순되어서는 안 된다고 하면서 상대방이 동일하고, 동일한 사실상태 하에서 동일한 목적을 추구하여 법적 효과가 일치한다면 선행행위의 하자를 이유로 후행정행위를 다툴 수 없다고 한다. 다만, 구속력을 인정하는 것이 상대방에게 지나치게 가혹하고 예측불가능한 사정이 있는 경우에는 구속력이 배제되므로 후행행정행위를 다툴 수 있다고 한다.

2 판례 (원칙 : 하자의 승계론)

> **판례**
>
> **선행정행위와 후행정행위가 결합하여 하나의 법률효과를 목적으로 하기 때문에 하자의 승계를 긍정**
> 1. 대집행의 계고·대집행영장에 의한 통지·대집행의 실행·대집행에 요한 비용의 납부명령 등은 타인이 대신하여 행할 수 있는 행정의무의 이행을 의무자의 비용부담하에 확보하고자 하는 동일한 행정목적을 달성하기 위하여 단계적인 일련의 절차로 연속하여 행하여지는 것으로서, 서로 결합하여 하나의 법률효과를 발생시키는 것이므로 선행처분인 계고처분이 위법한 것이기 때문에 그 계고처분을 전제로 행하여진 대집행비용납부명령도 위법한 것이라는 주장을 할 수 있다(대판 93누14271).
> 2. 국세징수법 제21조, 제22조 소정의 가산금, 중가산금은 국세체납이 있는 경우에 위 법조에 따라 당연히 발생하고, 그 액수도 확정되는 것이기는 하나 그에 관한 징수절차를 개시하려면 독촉장에 의하여 그 납부를 독촉함으로써 가능한 것이고 위 가산금 및 중가산금의 납부독촉이 부당하거나 그 절차에 하자가 있는 경우에는 그 징수(체납)처분에 대하여도 취소소송에 의한 불복이 가능하다(대판 86누147).
>
> **선행정행위와 후행정행위가 서로 별개의 법률효과를 목적으로 하기 때문에 하자의 승계를 부정**
> 1. 과세처분이 무효 또는 부존재가 아닌 한 그 과세처분에 있어서의 하자는 그 강제징수처분에 당연히 승계된다고는 할 수 없다(대판 98두9530).
> 2. 건물철거명령이 당연무효가 아닌 이상 행정심판이나 소송을 제기하여 그 위법함을 소구하는 절차를 거치지 아니하였다면 위 선행행위인 건물철거명령은 적법한 것으로 확정되었다고 할 것이므로 후행행위인 대집행계고처분에서는 그 건물이 무허가건물이 아닌 적법한 건축물이라는 주장이나 그러한 사실인정을 하지 못한다(대판 97누20502).
> 3. 직위해제처분과 면직처분은 후자가 전자의 처분을 전제로 한 것이기는 하나 각각 단계적으로 별개의 법률효과를 발생하는 행정처분이어서 선행직위 해제처분의 위법사유가 면직처분에는 승계되지 아니한다(대판 84누191).
> 4. 보충역편입처분에 하자가 있다고 할지라도 그것이 당연무효라고 볼만한 특단의 사정이 없는 한 그 위법을 이유로

공익근무요원소집처분의 효력을 다툴 수 없다(대판 2001두5422).

선행정행위와 후행정행위가 서로 별개의 법률효과를 목적으로 하지만 하자의 승계를 긍정

1. 개별공시지가결정은 이를 기초로 한 과세처분 등과는 별개의 독립된 처분으로서 서로 독립하여 별개의 법률효과를 목적으로 하는 것이나, 개별공시지가는 이를 토지소유자나 이해관계인에게 개별적으로 고지하도록 되어 있는 것이 아니어서 토지소유자 등이 개별공시지가결정 내용을 알고 있었다고 전제하기도 곤란할 뿐만 아니라 결정된 개별공시지가가 자신에게 유리하게 작용될 것인지 또는 불이익하게 작용될 것인지 여부를 쉽사리 예견할 수 있는 것도 아니며, 과세처분 등 행정처분의 취소를 구하는 행정소송에서도 선행처분인 개별공시지가결정의 위법을 독립된 위법사유로 주장할 수 있다고 해석함이 타당하다(대판 93누8542).

2. 표준지공시지가결정은 이를 기초로 한 수용재결 등과는 별개의 독립된 처분으로서 서로 독립하여 별개의 법률효과를 목적으로 하지만, 표준지공시지가는 이를 인근 토지의 소유자나 기타 이해관계인에게 개별적으로 고지하도록 되어 있는 것이 아니어서 인근 토지의 소유자 등이 표준지공시지가결정 내용을 알고 있었다고 전제하기가 곤란할 뿐만 아니라, 구체적인 불이익이 현실적으로 나타나게 되었을 경우에 비로소 권리구제의 길을 찾는 것이 우리 국민의 권리의식임을 감안하여 볼 때, <u>위법한 표준지공시지가를 기초로 한 수용재결 등 후행 행정처분에서 표준지공시지가결정의 위법을 주장할 수 없도록 하는 것은 수인한도를 넘는 불이익을 강요하는 것으로서 수용보상금의 증액을 구하는 소송에서도 선행처분으로서 그 수용대상 토지 가격 산정의 기초가 된 비교표준지공시지가결정의 위법을 독립한 사유로 주장할 수 있다</u>(대판 2007두13845).

행정기본법 [시행일: 2023. 3. 24.]

제37조 【처분의 재심사】 ① 당사자는 처분(제재처분 및 행정상 강제는 제외한다. 이하 이 조에서 같다)이 행정심판, 행정소송 및 그 밖의 쟁송을 통하여 다툴 수 없게 된 경우(법원의 확정판결이 있는 경우는 제외한다)라도 다음 각 호의 어느 하나에 해당하는 경우에는 해당 처분을 한 행정청에 처분을 취소·철회하거나 변경하여 줄 것을 신청할 수 있다.
　1. 처분의 근거가 된 사실관계 또는 법률관계가 추후에 당사자에게 유리하게 바뀐 경우
　2. 당사자에게 유리한 결정을 가져다주었을 새로운 증거가 있는 경우
　3. 「민사소송법」 제451조에 따른 재심사유에 준하는 사유가 발생한 경우 등 대통령령으로 정하는 경우

사례연습

甲은 1976. 7. 18. 출생한 남자로서, 1995. 7. 20. 서울지방병무청에서 실시한 신체검사 결과 수핵탈출증으로 신체등위 5급 판정을 받고 그에 기하여 같은 날 제2국민역편입처분(병역면제)을 받았다. 그런데 관할 행정청 乙은 甲의 아버지가 甲의 신체등위 판정을 담당하였던 군의관에게 300만원을 공여하였다.'는 이유로 1999. 4. 27. 위 제2국민역편입처분을 취소하였다. 그 후 乙은 甲의 신체검사를 다시 한 후 신체등위 2급 판정을 하고 보충역편입처분을 하였는데 甲은 이를 다투지 않고 90일이 경과하였다. 그 후 乙은 보충역편입처분에 기초하여 적법한 공익소집처분을 하면서 군사훈련소 입소기일을 통지하였다. 그런데 甲은 앉거나 걷기 등을 할 수 없어 군사훈련을 받을 수 없는 신체상태였다. 甲은 공익소집처분을 대상으로 취소소송을 제기하여 구제받을 수 있는가? (보충역편입처분은 위법, 유효) (20점)

목차

I. 논점의 정리

II. 하자의 승계론

III. 논의의 전제

IV. 하자승계의 인정범위에 관한 기준
  1. 학설
    1) 하자의 승계론

  2) 불가쟁력의 구속력 이론
  2. 판례
  3. 검토

V. 사안의 해결

VI. 행정기본법상 재심사청구

모범 답안

I. 논점의 정리 ❷

甲이 적법한 공익소집처분에 대하여 취소소송을 제기하여 인용판결을 받을 수 있는 지는 선행처분인 보충역편입처분의 하자가 후행처분인 공익소집처분에 승계되는지를 검토해보아야 한다.

II. 하자의 승계론 ❷

하자의 승계론이란 선행 처분에 불가쟁력이 발생한 경우 후행 처분을 취소소송의 대상으로 하면서 당해 소송에서 선행 처분의 위법성을 주장하여 후행 처분을 취소할 수 있는지에 관한 논의이다.

III. 논의의 전제 ③

① 선행행위와 후행행위 모두 처분이고 ② 선행 처분의 하자는 취소사유에 해당하며 ③ 선행 처분에 불가쟁력이 발생하였을 것, ④ 후행 처분 자체는 적법하여야 한다. 사안의 경우 보충역편입처분은 현역병에서 제외하는 처분이고, 공익근무요원소집처분은 보충역편입처분을 받은 자에게 공익복무를 명하는 처분으로서 모두 처분이다. 또한 공익소집처분 자체는 적법하고 보충역편입처분은 취소사유에 해당하지만 제소기간을 도과하였으므로 논의의 전제요건은 충족되었다.

IV. 하자승계의 인정범위에 관한 기준

1. 학설 ④

1) 하자의 승계론

선행 처분과 후행 처분이 결합하여 하나의 법률효과의 발생을 목적으로 하는 경우에는 하자의 승계를 긍정하고, 양 행위가 서로 독립하여 별개의 법률효과의 발생을 목적으로 하는 경우에는 하자의 승계를 부정한다.

2) 불가쟁력의 구속력이론

원칙적으로 후행 처분은 선행 처분과 모순되어서는 안된다고 하면서 선행 처분의 하자를 이유로 후행 처분을 다툴 수 없다고 한다. 다만, 상대방에게 지나치게 가혹한 사정이 있는 경우에는 구속력이 배제되므로 후행 처분을 다툴 수 있다고 한다.

2. 판례 ④

대법원은 원칙적으로 하자의 승계론과 동일한 입장에서 보충역편입처분과 공익소집처분은 승계를 부정하지만 독촉처분과 압류처분의 경우에는 승계를 긍정한다. 다만, 최근 개별공시지가결정과 조세부과처분 및 표준지가결정과 수용재결처분은 서로 별개의 효과를 목적으로 하지만 국민에게 지나치게 가혹한 사정을 인정하여 하자의 승계를 긍정하였다.

3. 검토 ②

생각건대 원칙적으로는 공익보호의 효과와 국민의 권리구제를 조화롭게 해석하는 하자의 승계론을 기준으로 하되 구체적 타당성에 비추어 국민의 수인가능성을 함께 고려하는 판례의 입장이 타당하다.

V. 사안의 해결 ③

보충역소집처분과 공익소집처분은 서로 별개의 효과를 목적으로 하지만 하자의 승계를 부정하면 甲은 앉거나 걷기 등을 할 수 없어 군사훈련을 받을 수 없는 신체상태임에도 군사훈련을 받다가 생명, 신체에 중대한 위해가 발생할 수 있고 이는 甲에게 너무나 가혹한 결과에 해당하므로 하자의 승계를 인정하는 것이 타당하다. 따라서 뛰은 공익소집처분에 대한 취소소송에서 인용판결을 받을 수 있다. 다만, 판례에 따르면 기각될 것이다.

Ⅵ 행정기본법상 재심사청구

만약 하자의 승계가 인정되지 않는 경우라면 국민은 행정기본법상 처분의 재심사제도를 적극 활용하여야 하고, 처분청 역시 위법한 처분은 직권취소하여야 한다.

부록 법전

- 행정소송법
- 행정심판법

행정소송법

제1장 총칙

제1조(목적) 이 법은 행정소송절차를 통하여 행정청의 위법한 처분 그 밖에 공권력의 행사·불행사등으로 인한 국민의 권리 또는 이익의 침해를 구제하고, 공법상의 권리관계 또는 법적용에 관한 다툼을 적정하게 해결함을 목적으로 한다.

제2조(정의) ①이 법에서 사용하는 용어의 정의는 다음과 같다.
1. "처분등"이라 함은 행정청이 행하는 구체적 사실에 관한 법집행으로서의 공권력의 행사 또는 그 거부와 그 밖에 이에 준하는 행정작용(이하 "처분"이라 한다) 및 행정심판에 대한 재결을 말한다.
2. "부작위"라 함은 행정청이 당사자의 신청에 대하여 상당한 기간내에 일정한 처분을 하여야 할 법률상 의무가 있음에도 불구하고 이를 하지 아니하는 것을 말한다.

②이 법을 적용함에 있어서 행정청에는 법령에 의하여 행정권한의 위임 또는 위탁을 받은 행정기관, 공공단체 및 그 기관 또는 사인이 포함된다.

제3조(행정소송의 종류) 행정소송은 다음의 네가지로 구분한다.
1. 항고소송: 행정청의 처분등이나 부작위에 대하여 제기하는 소송
2. 당사자소송: 행정청의 처분등을 원인으로 하는 법률관계에 관한 소송 그 밖에 공법상의 법률관계에 관한 소송으로서 그 법률관계의 한쪽 당사자를 피고로 하는 소송
3. 민중소송: 국가 또는 공공단체의 기관이 법률에 위반되는 행위를 한 때에 직접 자기의 법률상 이익과 관계없이 그 시정을 구하기 위하여 제기하는 소송
4. 기관소송: 국가 또는 공공단체의 기관상호간에 있어서의 권한의 존부 또는 그 행사에 관한 다툼이 있을 때에 이에 대하여 제기하는 소송. 다만, 헌법재판소법 제2조의 규정에 의하여 헌법재판소의 관장사항으로 되는 소송은 제외한다.

제4조(항고소송) 항고소송은 다음과 같이 구분한다.
1. 취소소송: 행정청의 위법한 처분등을 취소 또는 변경하는 소송
2. 무효등 확인소송: 행정청의 처분등의 효력 유무 또는 존재여부를 확인하는 소송
3. 부작위위법확인소송: 행정청의 부작위가 위법하다는 것을 확인하는 소송

제5조(국외에서의 기간) 이 법에 의한 기간의 계산에 있어서 국외에서의 소송행위추완에 있어서는 그 기간을 14일에서 30일로, 제3자에 의한 재심청구에 있어서는 그 기간을 30일에서 60일로, 소의 제기에 있어서는 그 기간을 60일에서 90일로 한다.

제6조(명령·규칙의 위헌판결등 공고) ① 행정소송에 대한 대법원판결에 의하여 명령·규칙이 헌법

또는 법률에 위반된다는 것이 확정된 경우에는 대법원은 지체없이 그 사유를 행정안전부장관에게 통보하여야 한다.
② 제1항의 규정에 의한 통보를 받은 행정안전부장관은 지체없이 이를 관보에 게재하여야 한다.

제7조(사건의 이송) 민사소송법 제34조제1항의 규정은 원고의 고의 또는 중대한 과실없이 행정소송이 심급을 달리하는 법원에 잘못 제기된 경우에도 적용한다.

제8조(법적용예) ① 행정소송에 대하여는 다른 법률에 특별한 규정이 있는 경우를 제외하고는 이 법이 정하는 바에 의한다.
② 행정소송에 관하여 이 법에 특별한 규정이 없는 사항에 대하여는 법원조직법과 민사소송법 및 민사집행법의 규정을 준용한다.

제2장 취소소송

제1절 재판관할

제9조(재판관할) ① 취소소송의 제1심관할법원은 피고의 소재지를 관할하는 행정법원으로 한다.
② 제1항에도 불구하고 다음 각 호의 어느 하나에 해당하는 피고에 대하여 취소소송을 제기하는 경우에는 대법원소재지를 관할하는 행정법원에 제기할 수 있다.
1. 중앙행정기관, 중앙행정기관의 부속기관과 합의제행정기관 또는 그 장
2. 국가의 사무를 위임 또는 위탁받은 공공단체 또는 그 장
③ 토지의 수용 기타 부동산 또는 특정의 장소에 관계되는 처분등에 대한 취소소송은 그 부동산 또는 장소의 소재지를 관할하는 행정법원에 이를 제기할 수 있다.

제10조(관련청구소송의 이송 및 병합) ① 취소소송과 다음 각호의 1에 해당하는 소송(이하 "관련청구소송"이라 한다)이 각각 다른 법원에 계속되고 있는 경우에 관련청구소송이 계속된 법원이 상당하다고 인정하는 때에는 당사자의 신청 또는 직권에 의하여 이를 취소소송이 계속된 법원으로 이송할 수 있다.
1. 당해 처분등과 관련되는 손해배상·부당이득반환·원상회복등 청구소송
2. 당해 처분등과 관련되는 취소소송
② 취소소송에는 사실심의 변론종결시까지 관련청구소송을 병합하거나 피고외의 자를 상대로 한 관련청구소송을 취소소송이 계속된 법원에 병합하여 제기할 수 있다.

제11조(선결문제) ① 처분등의 효력 유무 또는 존재 여부가 민사소송의 선결문제로 되어 당해 민사소송의 수소법원이 이를 심리·판단하는 경우에는 제17조, 제25조, 제26조 및 제33조의 규정을 준용한다.
② 제1항의 경우 당해 수소법원은 그 처분등을 행한 행정청에게 그 선결문제로 된 사실을 통지하여야 한다.

제2절 당사자

제12조(원고적격) 취소소송은 처분등의 취소를 구할 법률상 이익이 있는 자가 제기할 수 있다. 처분등의 효과가 기간의 경과, 처분등의 집행 그 밖의 사유로 인하여 소멸된 뒤에도 그 처분등의 취소로 인하여 회복되는 법률상 이익이 있는 자의 경우에는 또한 같다.

제13조(피고적격) ① 취소소송은 다른 법률에 특별한 규정이 없는 한 그 처분등을 행한 행정청을 피고로 한다. 다만, 처분등이 있은 뒤에 그 처분등에 관계되는 권한이 다른 행정청에 승계된 때에는 이를 승계한 행정청을 피고로 한다.
② 제1항의 규정에 의한 행정청이 없게 된 때에는 그 처분등에 관한 사무가 귀속되는 국가 또는 공공단체를 피고로 한다.

제14조(피고경정) ① 원고가 피고를 잘못 지정한 때에는 법원은 원고의 신청에 의하여 결정으로써 피고의 경정을 허가할 수 있다.
② 법원은 제1항의 규정에 의한 결정의 정본을 새로운 피고에게 송달하여야 한다.
③ 제1항의 규정에 의한 신청을 각하하는 결정에 대하여는 즉시항고할 수 있다.
④ 제1항의 규정에 의한 결정이 있은 때에는 새로운 피고에 대한 소송은 처음에 소를 제기한 때에 제기된 것으로 본다.
⑤ 제1항의 규정에 의한 결정이 있은 때에는 종전의 피고에 대한 소송은 취하된 것으로 본다.
⑥ 취소소송이 제기된 후에 제13조제1항 단서 또는 제13조제2항에 해당하는 사유가 생긴 때에는 법원은 당사자의 신청 또는 직권에 의하여 피고를 경정한다. 이 경우에는 제4항 및 제5항의 규정을 준용한다.

제15조(공동소송) 수인의 청구 또는 수인에 대한 청구가 처분등의 취소청구와 관련되는 청구인 경우에 한하여 그 수인은 공동소송인이 될 수 있다.

제16조(제3자의 소송참가) ① 법원은 소송의 결과에 따라 권리 또는 이익의 침해를 받을 제3자가 있는 경우에는 당사자 또는 제3자의 신청 또는 직권에 의하여 결정으로써 그 제3자를 소송에 참가시킬 수 있다.
② 법원이 제1항의 규정에 의한 결정을 하고자 할 때에는 미리 당사자 및 제3자의 의견을 들어야 한다.
③ 제1항의 규정에 의한 신청을 한 제3자는 그 신청을 각하한 결정에 대하여 즉시항고할 수 있다.
④ 제1항의 규정에 의하여 소송에 참가한 제3자에 대하여는 민사소송법 제67조의 규정을 준용한다.

제17조(행정청의 소송참가) ① 법원은 다른 행정청을 소송에 참가시킬 필요가 있다고 인정할 때에는 당사자 또는 당해 행정청의 신청 또는 직권에 의하여 결정으로써 그 행정청을 소송에 참가시킬 수 있다.
② 법원은 제1항의 규정에 의한 결정을 하고자 할 때에는 당사자 및 당해 행정청의 의견을 들어야 한다.

③ 제1항의 규정에 의하여 소송에 참가한 행정청에 대하여는 민사소송법 제76조의 규정을 준용한다.

제3절 소의 제기

제18조(행정심판과의 관계) ① 취소소송은 법령의 규정에 의하여 당해 처분에 대한 행정심판을 제기할 수 있는 경우에도 이를 거치지 아니하고 제기할 수 있다. 다만, 다른 법률에 당해 처분에 대한 행정심판의 재결을 거치지 아니하면 취소소송을 제기할 수 없다는 규정이 있는 때에는 그러하지 아니하다.
② 제1항 단서의 경우에도 다음 각호의 1에 해당하는 사유가 있는 때에는 행정심판의 재결을 거치지 아니하고 취소소송을 제기할 수 있다.
1. 행정심판청구가 있은 날로부터 60일이 지나도 재결이 없는 때
2. 처분의 집행 또는 절차의 속행으로 생길 중대한 손해를 예방하여야 할 긴급한 필요가 있는 때
3. 법령의 규정에 의한 행정심판기관이 의결 또는 재결을 하지 못할 사유가 있는 때
4. 그 밖의 정당한 사유가 있는 때
③ 제1항 단서의 경우에 다음 각호의 1에 해당하는 사유가 있는 때에는 행정심판을 제기함이 없이 취소소송을 제기할 수 있다.
1. 동종사건에 관하여 이미 행정심판의 기각재결이 있은 때
2. 서로 내용상 관련되는 처분 또는 같은 목적을 위하여 단계적으로 진행되는 처분중 어느 하나가 이미 행정심판의 재결을 거친 때
3. 행정청이 사실심의 변론종결후 소송의 대상인 처분을 변경하여 당해 변경된 처분에 관하여 소를 제기하는 때
4. 처분을 행한 행정청이 행정심판을 거칠 필요가 없다고 잘못 알린 때
④ 제2항 및 제3항의 규정에 의한 사유는 이를 소명하여야 한다.

제19조(취소소송의 대상) 취소소송은 처분등을 대상으로 한다. 다만, 재결취소소송의 경우에는 재결 자체에 고유한 위법이 있음을 이유로 하는 경우에 한한다.

제20조(제소기간) ① 취소소송은 처분등이 있음을 안 날부터 90일 이내에 제기하여야 한다. 다만, 제18조제1항 단서에 규정한 경우와 그 밖에 행정심판청구를 할 수 있는 경우 또는 행정청이 행정심판청구를 할 수 있다고 잘못 알린 경우에 행정심판청구가 있은 때의 기간은 재결서의 정본을 송달받은 날부터 기산한다.
② 취소소송은 처분등이 있은 날부터 1년(第1項 但書의 경우는 裁決이 있은 날부터 1年)을 경과하면 이를 제기하지 못한다. 다만, 정당한 사유가 있는 때에는 그러하지 아니하다.
③ 제1항의 규정에 의한 기간은 불변기간으로 한다.

제21조(소의 변경) ① 법원은 취소소송을 당해 처분등에 관계되는 사무가 귀속하는 국가 또는 공공단체에 대한 당사자소송 또는 취소소송외의 항고소송으로 변경하는 것이 상당하다고 인정할

때에는 청구의 기초에 변경이 없는 한 사실심의 변론종결시까지 원고의 신청에 의하여 결정으로써 소의 변경을 허가할 수 있다.
② 제1항의 규정에 의한 허가를 하는 경우 피고를 달리하게 될 때에는 법원은 새로이 피고로 될 자의 의견을 들어야 한다.
③ 제1항의 규정에 의한 허가결정에 대하여는 즉시항고할 수 있다.
④ 제1항의 규정에 의한 허가결정에 대하여는 제14조제2항·제4항 및 제5항의 규정을 준용한다.

제22조(처분변경으로 인한 소의 변경) ① 법원은 행정청이 소송의 대상인 처분을 소가 제기된 후 변경한 때에는 원고의 신청에 의하여 결정으로써 청구의 취지 또는 원인의 변경을 허가할 수 있다.
② 제1항의 규정에 의한 신청은 처분의 변경이 있음을 안 날로부터 60일 이내에 하여야 한다.
③ 제1항의 규정에 의하여 변경되는 청구는 제18조제1항 단서의 규정에 의한 요건을 갖춘 것으로 본다.

제23조(집행정지) ① 취소소송의 제기는 처분등의 효력이나 그 집행 또는 절차의 속행에 영향을 주지 아니한다.
② 취소소송이 제기된 경우에 처분등이나 그 집행 또는 절차의 속행으로 인하여 생길 회복하기 어려운 손해를 예방하기 위하여 긴급한 필요가 있다고 인정할 때에는 본안이 계속되고 있는 법원은 당사자의 신청 또는 직권에 의하여 처분등의 효력이나 그 집행 또는 절차의 속행의 전부 또는 일부의 정지(이하 "執行停止"라 한다)를 결정할 수 있다. 다만, 처분의 효력정지는 처분등의 집행 또는 절차의 속행을 정지함으로써 목적을 달성할 수 있는 경우에는 허용되지 아니한다.
③ 집행정지는 공공복리에 중대한 영향을 미칠 우려가 있을 때에는 허용되지 아니한다.
④ 제2항의 규정에 의한 집행정지의 결정을 신청함에 있어서는 그 이유에 대한 소명이 있어야 한다.
⑤ 제2항의 규정에 의한 집행정지의 결정 또는 기각의 결정에 대하여는 즉시항고할 수 있다. 이 경우 집행정지의 결정에 대한 즉시항고에는 결정의 집행을 정지하는 효력이 없다.
⑥ 제30조제1항의 규정은 제2항의 규정에 의한 집행정지의 결정에 이를 준용한다.

제24조(집행정지의 취소) ① 집행정지의 결정이 확정된 후 집행정지가 공공복리에 중대한 영향을 미치거나 그 정지사유가 없어진 때에는 당사자의 신청 또는 직권에 의하여 결정으로써 집행정지의 결정을 취소할 수 있다.
② 제1항의 규정에 의한 집행정지결정의 취소결정과 이에 대한 불복의 경우에는 제23조제4항 및 제5항의 규정을 준용한다.

제4절 심리

제25조(행정심판기록의 제출명령) ① 법원은 당사자의 신청이 있는 때에는 결정으로써 재결을 행

한 행정청에 대하여 행정심판에 관한 기록의 제출을 명할 수 있다.
② 제1항의 규정에 의한 제출명령을 받은 행정청은 지체없이 당해 행정심판에 관한 기록을 법원에 제출하여야 한다.

제26조(직권심리) 법원은 필요하다고 인정할 때에는 직권으로 증거조사를 할 수 있고, 당사자가 주장하지 아니한 사실에 대하여도 판단할 수 있다.

제5절 재판

제27조(재량처분의 취소) 행정청의 재량에 속하는 처분이라도 재량권의 한계를 넘거나 그 남용이 있는 때에는 법원은 이를 취소할 수 있다.

제28조(사정판결) ① 원고의 청구가 이유있다고 인정하는 경우에도 처분등을 취소하는 것이 현저히 공공복리에 적합하지 아니하다고 인정하는 때에는 법원은 원고의 청구를 기각할 수 있다. 이 경우 법원은 그 판결의 주문에서 그 처분등이 위법함을 명시하여야 한다.
② 법원이 제1항의 규정에 의한 판결을 함에 있어서는 미리 원고가 그로 인하여 입게 될 손해의 정도와 배상방법 그 밖의 사정을 조사하여야 한다.
③ 원고는 피고인 행정청이 속하는 국가 또는 공공단체를 상대로 손해배상, 제해시설의 설치 그 밖에 적당한 구제방법의 청구를 당해 취소소송등이 계속된 법원에 병합하여 제기할 수 있다.

제29조(취소판결등의 효력) ① 처분등을 취소하는 확정판결은 제3자에 대하여도 효력이 있다.
② 제1항의 규정은 제23조의 규정에 의한 집행정지의 결정 또는 제24조의 규정에 의한 그 집행정지결정의 취소결정에 준용한다.

제30조(취소판결등의 기속력) ① 처분등을 취소하는 확정판결은 그 사건에 관하여 당사자인 행정청과 그 밖의 관계행정청을 기속한다.
② 판결에 의하여 취소되는 처분이 당사자의 신청을 거부하는 것을 내용으로 하는 경우에는 그 처분을 행한 행정청은 판결의 취지에 따라 다시 이전의 신청에 대한 처분을 하여야 한다.
③ 제2항의 규정은 신청에 따른 처분이 절차의 위법을 이유로 취소되는 경우에 준용한다.

제6절 보칙

제31조(제3자에 의한 재심청구) ① 처분등을 취소하는 판결에 의하여 권리 또는 이익의 침해를 받은 제3자는 자기에게 책임없는 사유로 소송에 참가하지 못함으로써 판결의 결과에 영향을 미칠 공격 또는 방어방법을 제출하지 못한 때에는 이를 이유로 확정된 종국판결에 대하여 재심의 청구를 할 수 있다.
② 제1항의 규정에 의한 청구는 확정판결이 있음을 안 날로부터 30일 이내, 판결이 확정된 날로부터 1년 이내에 제기하여야 한다.
③ 제2항의 규정에 의한 기간은 불변기간으로 한다.

제32조(소송비용의 부담) 취소청구가 제28조의 규정에 의하여 기각되거나 행정청이 처분등을 취소 또는 변경함으로 인하여 청구가 각하 또는 기각된 경우에는 소송비용은 피고의 부담으로 한다.

제33조(소송비용에 관한 재판의 효력) 소송비용에 관한 재판이 확정된 때에는 피고 또는 참가인이

었던 행정청이 소속하는 국가 또는 공공단체에 그 효력을 미친다.

제34조(거부처분취소판결의 간접강제) ① 행정청이 제30조제2항의 규정에 의한 처분을 하지 아니하는 때에는 제1심수소법원은 당사자의 신청에 의하여 결정으로써 상당한 기간을 정하고 행정청이 그 기간내에 이행하지 아니하는 때에는 그 지연기간에 따라 일정한 배상을 할 것을 명하거나 즉시 손해배상을 할 것을 명할 수 있다.
② 제33조와 민사집행법 제262조의 규정은 제1항의 경우에 준용한다.

제3장 취소소송외의 항고소송

제35조(무효등 확인소송의 원고적격) 무효등 확인소송은 처분등의 효력 유무 또는 존재 여부의 확인을 구할 법률상 이익이 있는 자가 제기할 수 있다.

제36조(부작위위법확인소송의 원고적격) 부작위위법확인소송은 처분의 신청을 한 자로서 부작위의 위법의 확인을 구할 법률상 이익이 있는 자만이 제기할 수 있다.

제37조(소의 변경) 제21조의 규정은 무효등 확인소송이나 부작위위법확인소송을 취소소송 또는 당사자소송으로 변경하는 경우에 준용한다.

제38조(준용규정) ① 제9조, 제10조, 제13조 내지 제17조, 제19조, 제22조 내지 제26조, 제29조 내지 제31조 및 제33조의 규정은 무효등 확인소송의 경우에 준용한다.
② 제9조, 제10조, 제13조 내지 제19조, 제20조, 제25조 내지 제27조, 제29조 내지 제31조, 제33조 및 제34조의 규정은 부작위위법확인소송의 경우에 준용한다.

제4장 당사자소송

제39조(피고적격) 당사자소송은 국가·공공단체 그 밖의 권리주체를 피고로 한다.

제40조(재판관할) 제9조의 규정은 당사자소송의 경우에 준용한다. 다만, 국가 또는 공공단체가 피고인 경우에는 관계행정청의 소재지를 피고의 소재지로 본다.

제41조(제소기간) 당사자소송에 관하여 법령에 제소기간이 정하여져 있는 때에는 그 기간은 불변기간으로 한다.

제42조(소의 변경) 제21조의 규정은 당사자소송을 항고소송으로 변경하는 경우에 준용한다.

제43조(가집행선고의 제한) 국가를 상대로 하는 당사자소송의 경우에는 가집행선고를 할 수 없다.

[단순위헌, 2020헌가12, 2022.2.24, 행정소송법(1984. 12. 15. 법률 제3754호로 전부개정된 것) 제43조는 헌법에 위반된다.]

제44조(준용규정) ① 제14조 내지 제17조, 제22조, 제25조, 제26조, 제30조제1항, 제32조 및 제33조의 규정은 당사자소송의 경우에 준용한다.
② 제10조의 규정은 당사자소송과 관련청구소송이 각각 다른 법원에 계속되고 있는 경우의 이송과 이들 소송의 병합의 경우에 준용한다.

제5장 민중소송 및 기관소송

제45조(소의 제기) 민중소송 및 기관소송은 법률이 정한 경우에 법률에 정한 자에 한하여 제기할 수 있다.

제46조(준용규정) ① 민중소송 또는 기관소송으로서 처분등의 취소를 구하는 소송에는 그 성질에 반하지 아니하는 한 취소소송에 관한 규정을 준용한다.
② 민중소송 또는 기관소송으로서 처분등의 효력 유무 또는 존재 여부나 부작위의 위법의 확인을 구하는 소송에는 그 성질에 반하지 아니하는 한 각각 무효등 확인소송 또는 부작위위법확인소송에 관한 규정을 준용한다.
③ 민중소송 또는 기관소송으로서 제1항 및 제2항에 규정된 소송외의 소송에는 그 성질에 반하지 아니하는 한 당사자소송에 관한 규정을 준용한다.

행정심판법

제1장 총칙

제1조(목적) 이 법은 행정심판 절차를 통하여 행정청의 위법 또는 부당한 처분이나 부작위로 침해된 국민의 권리 또는 이익을 구제하고, 아울러 행정의 적정한 운영을 꾀함을 목적으로 한다.

제2조(정의) 이 법에서 사용하는 용어의 뜻은 다음과 같다.
1. "처분"이란 행정청이 행하는 구체적 사실에 관한 법집행으로서의 공권력의 행사 또는 그 거부, 그 밖에 이에 준하는 행정작용을 말한다.
2. "부작위"란 행정청이 당사자의 신청에 대하여 상당한 기간 내에 일정한 처분을 하여야 할 법률상 의무가 있는데도 처분을 하지 아니하는 것을 말한다.
3. "재결(裁決)"이란 행정심판의 청구에 대하여 제6조에 따른 행정심판위원회가 행하는 판단을 말한다.
4. "행정청"이란 행정에 관한 의사를 결정하여 표시하는 국가 또는 지방자치단체의 기관, 그 밖에 법령 또는 자치법규에 따라 행정권한을 가지고 있거나 위탁을 받은 공공단체나 그 기관 또는 사인(私人)을 말한다.

제3조(행정심판의 대상) ① 행정청의 처분 또는 부작위에 대하여는 다른 법률에 특별한 규정이 있는 경우 외에는 이 법에 따라 행정심판을 청구할 수 있다.
② 대통령의 처분 또는 부작위에 대하여는 다른 법률에서 행정심판을 청구할 수 있도록 정한 경우 외에는 행정심판을 청구할 수 없다.

제4조(특별행정심판 등) ① 사안(事案)의 전문성과 특수성을 살리기 위하여 특히 필요한 경우 외에는 이 법에 따른 행정심판을 갈음하는 특별한 행정불복절차(이하 "특별행정심판"이라 한다)나 이 법에 따른 행정심판 절차에 대한 특례를 다른 법률로 정할 수 없다.
② 다른 법률에서 특별행정심판이나 이 법에 따른 행정심판 절차에 대한 특례를 정한 경우에도 그 법률에서 규정하지 아니한 사항에 관하여는 이 법에서 정하는 바에 따른다.
③ 관계 행정기관의 장이 특별행정심판 또는 이 법에 따른 행정심판 절차에 대한 특례를 신설하거나 변경하는 법령을 제정·개정할 때에는 미리 중앙행정심판위원회와 협의하여야 한다.

제5조(행정심판의 종류) 행정심판의 종류는 다음 각 호와 같다.
1. 취소심판: 행정청의 위법 또는 부당한 처분을 취소하거나 변경하는 행정심판
2. 무효등확인심판: 행정청의 처분의 효력 유무 또는 존재 여부를 확인하는 행정심판
3. 의무이행심판: 당사자의 신청에 대한 행정청의 위법 또는 부당한 거부처분이나 부작위에 대하여 일정한 처분을 하도록 하는 행정심판

제2장 심판기관

제6조(행정심판위원회의 설치) ① 다음 각 호의 행정청 또는 그 소속 행정청(행정기관의 계층구조와 관계없이 그 감독을 받거나 위탁을 받은 모든 행정청을 말하되, 위탁을 받은 행정청은 그 위탁받은 사무에 관하여는 위탁한 행정청의 소속 행정청으로 본다. 이하 같다)의 처분 또는 부작위에 대한 행정심판의 청구(이하 "심판청구"라 한다)에 대하여는 다음 각 호의 행정청에 두는 행정심판위원회에서 심리·재결한다.
1. 감사원, 국가정보원장, 그 밖에 대통령령으로 정하는 대통령 소속기관의 장
2. 국회사무총장·법원행정처장·헌법재판소사무처장 및 중앙선거관리위원회사무총장
3. 국가인권위원회, 그 밖에 지위·성격의 독립성과 특수성 등이 인정되어 대통령령으로 정하는 행정청

② 다음 각 호의 행정청의 처분 또는 부작위에 대한 심판청구에 대하여는 「부패방지 및 국민권익위원회의 설치와 운영에 관한 법률」에 따른 국민권익위원회(이하 "국민권익위원회"라 한다)에 두는 중앙행정심판위원회에서 심리·재결한다.
1. 제1항에 따른 행정청 외의 국가행정기관의 장 또는 그 소속 행정청
2. 특별시장·광역시장·특별자치시장·도지사·특별자치도지사(특별시·광역시·특별자치시·도 또는 특별자치도의 교육감을 포함한다. 이하 "시·도지사"라 한다) 또는 특별시·광역시·특별자치시·도·특별자치도(이하 "시·도"라 한다)의 의회(의장, 위원회의 위원장, 사무처장 등 의회 소속 모든 행정청을 포함한다)
3. 「지방자치법」에 따른 지방자치단체조합 등 관계 법률에 따라 국가·지방자치단체·공공법인 등이 공동으로 설립한 행정청. 다만, 제3항제3호에 해당하는 행정청은 제외한다.

③ 다음 각 호의 행정청의 처분 또는 부작위에 대한 심판청구에 대하여는 시·도지사 소속으로 두는 행정심판위원회에서 심리·재결한다.
1. 시·도 소속 행정청
2. 시·도의 관할구역에 있는 시·군·자치구의 장, 소속 행정청 또는 시·군·자치구의 의회(의장, 위원회의 위원장, 사무국장, 사무과장 등 의회 소속 모든 행정청을 포함한다)
3. 시·도의 관할구역에 있는 둘 이상의 지방자치단체(시·군·자치구를 말한다)·공공법인 등이 공동으로 설립한 행정청

④ 제2항제1호에도 불구하고 대통령령으로 정하는 국가행정기관 소속 특별지방행정기관의 장의 처분 또는 부작위에 대한 심판청구에 대하여는 해당 행정청의 직근 상급행정기관에 두는 행정심판위원회에서 심리·재결한다.

제7조(행정심판위원회의 구성) ① 행정심판위원회(중앙행정심판위원회는 제외한다. 이하 이 조에서 같다)는 위원장 1명을 포함하여 50명 이내의 위원으로 구성한다.
② 행정심판위원회의 위원장은 그 행정심판위원회가 소속된 행정청이 되며, 위원장이 없거나 부득이한 사유로 직무를 수행할 수 없거나 위원장이 필요하다고 인정하는 경우에는 다음 각 호의 순서에 따라 위원이 위원장의 직무를 대행한다.
1. 위원장이 사전에 지명한 위원
2. 제4항에 따라 지명된 공무원인 위원(2명 이상인 경우에는 직급 또는 고위공무원단에 속하

는 공무원의 직무등급이 높은 위원 순서로, 직급 또는 직무등급도 같은 경우에는 위원 재직 기간이 긴 위원 순서로, 재직기간도 같은 경우에는 연장자 순서로 한다)

③ 제2항에도 불구하고 제6조제3항에 따라 시·도지사 소속으로 두는 행정심판위원회의 경우에는 해당 지방자치단체의 조례로 정하는 바에 따라 공무원이 아닌 위원을 위원장으로 정할 수 있다. 이 경우 위원장은 비상임으로 한다.

④ 행정심판위원회의 위원은 해당 행정심판위원회가 소속된 행정청이 다음 각 호의 어느 하나에 해당하는 사람 중에서 성별을 고려하여 위촉하거나 그 소속 공무원 중에서 지명한다.

1. 변호사 자격을 취득한 후 5년 이상의 실무 경험이 있는 사람
2. 「고등교육법」 제2조제1호부터 제6호까지의 규정에 따른 학교에서 조교수 이상으로 재직하거나 재직하였던 사람
3. 행정기관의 4급 이상 공무원이었거나 고위공무원단에 속하는 공무원이었던 사람
4. 박사학위를 취득한 후 해당 분야에서 5년 이상 근무한 경험이 있는 사람
5. 그 밖에 행정심판과 관련된 분야의 지식과 경험이 풍부한 사람

⑤ 행정심판위원회의 회의는 위원장과 위원장이 회의마다 지정하는 8명의 위원(그중 제4항에 따른 위촉위원은 6명 이상으로 하되, 제3항에 따라 위원장이 공무원이 아닌 경우에는 5명 이상으로 한다)으로 구성한다. 다만, 국회규칙, 대법원규칙, 헌법재판소규칙, 중앙선거관리위원회규칙 또는 대통령령(제6조제3항에 따라 시·도지사 소속으로 두는 행정심판위원회의 경우에는 해당 지방자치단체의 조례)으로 정하는 바에 따라 위원장과 위원장이 회의마다 지정하는 6명의 위원(그중 제4항에 따른 위촉위원은 5명 이상으로 하되, 제3항에 따라 공무원이 아닌 위원이 위원장인 경우에는 4명 이상으로 한다)으로 구성할 수 있다.

⑥ 행정심판위원회는 제5항에 따른 구성원 과반수의 출석과 출석위원 과반수의 찬성으로 의결한다.

⑦ 행정심판위원회의 조직과 운영, 그 밖에 필요한 사항은 국회규칙, 대법원규칙, 헌법재판소규칙, 중앙선거관리위원회규칙 또는 대통령령으로 정한다.

제8조(중앙행정심판위원회의 구성) ① 중앙행정심판위원회는 위원장 1명을 포함하여 70명 이내의 위원으로 구성하되, 위원 중 상임위원은 4명 이내로 한다.

② 중앙행정심판위원회의 위원장은 국민권익위원회의 부위원장 중 1명이 되며, 위원장이 없거나 부득이한 사유로 직무를 수행할 수 없거나 위원장이 필요하다고 인정하는 경우에는 상임위원(상임으로 재직한 기간이 긴 위원 순서로, 재직기간이 같은 경우에는 연장자 순서로 한다)이 위원장의 직무를 대행한다.

③ 중앙행정심판위원회의 상임위원은 일반직공무원으로서 「국가공무원법」 제26조의5에 따른 임기제공무원으로 임명하되, 3급 이상 공무원 또는 고위공무원단에 속하는 일반직공무원으로 3년 이상 근무한 사람이나 그 밖에 행정심판에 관한 지식과 경험이 풍부한 사람 중에서 중앙행정심판위원회 위원장의 제청으로 국무총리를 거쳐 대통령이 임명한다.

④ 중앙행정심판위원회의 비상임위원은 제7조제4항 각 호의 어느 하나에 해당하는 사람 중에서 중앙행정심판위원회 위원장의 제청으로 국무총리가 성별을 고려하여 위촉한다.

⑤ 중앙행정심판위원회의 회의(제6항에 따른 소위원회 회의는 제외한다)는 위원장, 상임위원

및 위원장이 회의마다 지정하는 비상임위원을 포함하여 총 9명으로 구성한다.

⑥ 중앙행정심판위원회는 심판청구사건(이하 "사건"이라 한다) 중 「도로교통법」에 따른 자동차 운전면허 행정처분에 관한 사건(소위원회가 중앙행정심판위원회에서 심리·의결하도록 결정한 사건은 제외한다)을 심리·의결하게 하기 위하여 4명의 위원으로 구성하는 소위원회를 둘 수 있다.

⑦ 중앙행정심판위원회 및 소위원회는 각각 제5항 및 제6항에 따른 구성원 과반수의 출석과 출석위원 과반수의 찬성으로 의결한다.

⑧ 중앙행정심판위원회는 위원장이 지정하는 사건을 미리 검토하도록 필요한 경우에는 전문위원회를 둘 수 있다.

⑨ 중앙행정심판위원회, 소위원회 및 전문위원회의 조직과 운영 등에 필요한 사항은 대통령령으로 정한다.

제9조(위원의 임기 및 신분보장 등) ① 제7조제4항에 따라 지명된 위원은 그 직에 재직하는 동안 재임한다.

② 제8조제3항에 따라 임명된 중앙행정심판위원회 상임위원의 임기는 3년으로 하며, 1차에 한하여 연임할 수 있다.

③ 제7조제4항 및 제8조제4항에 따라 위촉된 위원의 임기는 2년으로 하되, 2차에 한하여 연임할 수 있다. 다만, 제6조제1항제2호에 규정된 기관에 두는 행정심판위원회의 위촉위원의 경우에는 각각 국회규칙, 대법원규칙, 헌법재판소규칙 또는 중앙선거관리위원회규칙으로 정하는 바에 따른다.

④ 다음 각 호의 어느 하나에 해당하는 사람은 제6조에 따른 행정심판위원회(이하 "위원회"라 한다)의 위원이 될 수 없으며, 위원이 이에 해당하게 된 때에는 당연히 퇴직한다.
1. 대한민국 국민이 아닌 사람
2. 「국가공무원법」 제33조 각 호의 어느 하나에 해당하는 사람

⑤ 제7조제4항 및 제8조제4항에 따라 위촉된 위원은 금고(禁錮) 이상의 형을 선고받거나 부득이한 사유로 장기간 직무를 수행할 수 없게 되는 경우 외에는 임기 중 그의 의사와 다르게 해촉(解囑)되지 아니한다.

제10조(위원의 제척·기피·회피) ① 위원회의 위원은 다음 각 호의 어느 하나에 해당하는 경우에는 그 사건의 심리·의결에서 제척(除斥)된다. 이 경우 제척결정은 위원회의 위원장(이하 "위원장"이라 한다)이 직권으로 또는 당사자의 신청에 의하여 한다.
1. 위원 또는 그 배우자나 배우자이었던 사람이 사건의 당사자이거나 사건에 관하여 공동 권리자 또는 의무자인 경우
2. 위원이 사건의 당사자와 친족이거나 친족이었던 경우
3. 위원이 사건에 관하여 증언이나 감정(鑑定)을 한 경우
4. 위원이 당사자의 대리인으로서 사건에 관여하거나 관여하였던 경우
5. 위원이 사건의 대상이 된 처분 또는 부작위에 관여한 경우

② 당사자는 위원에게 공정한 심리·의결을 기대하기 어려운 사정이 있으면 위원장에게 기피

신청을 할 수 있다.
③ 위원에 대한 제척신청이나 기피신청은 그 사유를 소명(疏明)한 문서로 하여야 한다. 다만, 불가피한 경우에는 신청한 날부터 3일 이내에 신청 사유를 소명할 수 있는 자료를 제출하여야 한다.
④ 제척신청이나 기피신청이 제3항을 위반하였을 때에는 위원장은 결정으로 이를 각하한다.
⑤ 위원장은 제척신청이나 기피신청의 대상이 된 위원에게서 그에 대한 의견을 받을 수 있다.
⑥ 위원장은 제척신청이나 기피신청을 받으면 제척 또는 기피 여부에 대한 결정을 하고, 지체 없이 신청인에게 결정서 정본(正本)을 송달하여야 한다.
⑦ 위원회의 회의에 참석하는 위원이 제척사유 또는 기피사유에 해당되는 것을 알게 되었을 때에는 스스로 그 사건의 심리·의결에서 회피할 수 있다. 이 경우 회피하고자 하는 위원은 위원장에게 그 사유를 소명하여야 한다.
⑧ 사건의 심리·의결에 관한 사무에 관여하는 위원 아닌 직원에게도 제1항부터 제7항까지의 규정을 준용한다.

제11조(벌칙 적용 시의 공무원 의제) 위원 중 공무원이 아닌 위원은 「형법」과 그 밖의 법률에 따른 벌칙을 적용할 때에는 공무원으로 본다.

제12조(위원회의 권한 승계) ① 당사자의 심판청구 후 위원회가 법령의 개정·폐지 또는 제17조제5항에 따른 피청구인의 경정 결정에 따라 그 심판청구에 대하여 재결할 권한을 잃게 된 경우에는 해당 위원회는 심판청구서와 관계 서류, 그 밖의 자료를 새로 재결할 권한을 갖게 된 위원회에 보내야 한다.
② 제1항의 경우 송부를 받은 위원회는 지체 없이 그 사실을 다음 각 호의 자에게 알려야 한다.
1. 행정심판 청구인(이하 "청구인"이라 한다)
2. 행정심판 피청구인(이하 "피청구인"이라 한다)
3. 제20조 또는 제21조에 따라 심판참가를 하는 자(이하 "참가인"이라 한다)

제3장 당사자와 관계인

제13조(청구인 적격) ① 취소심판은 처분의 취소 또는 변경을 구할 법률상 이익이 있는 자가 청구할 수 있다. 처분의 효과가 기간의 경과, 처분의 집행, 그 밖의 사유로 소멸된 뒤에도 그 처분의 취소로 회복되는 법률상 이익이 있는 자의 경우에도 또한 같다.
② 무효등확인심판은 처분의 효력 유무 또는 존재 여부의 확인을 구할 법률상 이익이 있는 자가 청구할 수 있다.
③ 의무이행심판은 처분을 신청한 자로서 행정청의 거부처분 또는 부작위에 대하여 일정한 처분을 구할 법률상 이익이 있는 자가 청구할 수 있다.

제14조(법인이 아닌 사단 또는 재단의 청구인 능력) 법인이 아닌 사단 또는 재단으로서 대표자나

관리인이 정하여져 있는 경우에는 그 사단이나 재단의 이름으로 심판청구를 할 수 있다.

제15조(선정대표자) ① 여러 명의 청구인이 공동으로 심판청구를 할 때에는 청구인들 중에서 3명 이하의 선정대표자를 선정할 수 있다.
② 청구인들이 제1항에 따라 선정대표자를 선정하지 아니한 경우에 위원회는 필요하다고 인정하면 청구인들에게 선정대표자를 선정할 것을 권고할 수 있다.
③ 선정대표자는 다른 청구인들을 위하여 그 사건에 관한 모든 행위를 할 수 있다. 다만, 심판청구를 취하하려면 다른 청구인들의 동의를 받아야 하며, 이 경우 동의받은 사실을 서면으로 소명하여야 한다.
④ 선정대표자가 선정되면 다른 청구인들은 그 선정대표자를 통해서만 그 사건에 관한 행위를 할 수 있다.
⑤ 선정대표자를 선정한 청구인들은 필요하다고 인정하면 선정대표자를 해임하거나 변경할 수 있다. 이 경우 청구인들은 그 사실을 지체 없이 위원회에 서면으로 알려야 한다.

제16조(청구인의 지위 승계) ① 청구인이 사망한 경우에는 상속인이나 그 밖에 법령에 따라 심판청구의 대상에 관계되는 권리나 이익을 승계한 자가 청구인의 지위를 승계한다.
② 법인인 청구인이 합병(合倂)에 따라 소멸하였을 때에는 합병 후 존속하는 법인이나 합병에 따라 설립된 법인이 청구인의 지위를 승계한다.
③ 제1항과 제2항에 따라 청구인의 지위를 승계한 자는 위원회에 서면으로 그 사유를 신고하여야 한다. 이 경우 신고서에는 사망 등에 의한 권리·이익의 승계 또는 합병 사실을 증명하는 서면을 함께 제출하여야 한다.
④ 제1항 또는 제2항의 경우에 제3항에 따른 신고가 있을 때까지 사망자나 합병 전의 법인에 대하여 한 통지 또는 그 밖의 행위가 청구인의 지위를 승계한 자에게 도달하면 지위를 승계한 자에 대한 통지 또는 그 밖의 행위로서의 효력이 있다.
⑤ 심판청구의 대상과 관계되는 권리나 이익을 양수한 자는 위원회의 허가를 받아 청구인의 지위를 승계할 수 있다.
⑥ 위원회는 제5항의 지위 승계 신청을 받으면 기간을 정하여 당사자와 참가인에게 의견을 제출하도록 할 수 있으며, 당사자와 참가인이 그 기간에 의견을 제출하지 아니하면 의견이 없는 것으로 본다.
⑦ 위원회는 제5항의 지위 승계 신청에 대하여 허가 여부를 결정하고, 지체 없이 신청인에게는 결정서 정본을, 당사자와 참가인에게는 결정서 등본을 송달하여야 한다.
⑧ 신청인은 위원회가 제5항의 지위 승계를 허가하지 아니하면 결정서 정본을 받은 날부터 7일 이내에 위원회에 이의신청을 할 수 있다.

제17조(피청구인의 적격 및 경정) ① 행정심판은 처분을 한 행정청(의무이행심판의 경우에는 청구인의 신청을 받은 행정청)을 피청구인으로 하여 청구하여야 한다. 다만, 심판청구의 대상과 관계되는 권한이 다른 행정청에 승계된 경우에는 권한을 승계한 행정청을 피청구인으로 하여야 한다.
② 청구인이 피청구인을 잘못 지정한 경우에는 위원회는 직권으로 또는 당사자의 신청에 의하

여 결정으로써 피청구인을 경정(更正)할 수 있다.
③ 위원회는 제2항에 따라 피청구인을 경정하는 결정을 하면 결정서 정본을 당사자(종전의 피청구인과 새로운 피청구인을 포함한다. 이하 제6항에서 같다)에게 송달하여야 한다.
④ 제2항에 따른 결정이 있으면 종전의 피청구인에 대한 심판청구는 취하되고 종전의 피청구인에 대한 행정심판이 청구된 때에 새로운 피청구인에 대한 행정심판이 청구된 것으로 본다.
⑤ 위원회는 행정심판이 청구된 후에 제1항 단서의 사유가 발생하면 직권으로 또는 당사자의 신청에 의하여 결정으로써 피청구인을 경정한다. 이 경우에는 제3항과 제4항을 준용한다.
⑥ 당사자는 제2항 또는 제5항에 따른 위원회의 결정에 대하여 결정서 정본을 받은 날부터 7일 이내에 위원회에 이의신청을 할 수 있다.

제18조(대리인의 선임) ① 청구인은 법정대리인 외에 다음 각 호의 어느 하나에 해당하는 자를 대리인으로 선임할 수 있다.
 1. 청구인의 배우자, 청구인 또는 배우자의 사촌 이내의 혈족
 2. 청구인이 법인이거나 제14조에 따른 청구인 능력이 있는 법인이 아닌 사단 또는 재단인 경우 그 소속 임직원
 3. 변호사
 4. 다른 법률에 따라 심판청구를 대리할 수 있는 자
 5. 그 밖에 위원회의 허가를 받은 자
② 피청구인은 그 소속 직원 또는 제1항제3호부터 제5호까지의 어느 하나에 해당하는 자를 대리인으로 선임할 수 있다.
③ 제1항과 제2항에 따른 대리인에 관하여는 제15조제3항 및 제5항을 준용한다.

제18조의2(국선대리인) ① 청구인이 경제적 능력으로 인해 대리인을 선임할 수 없는 경우에는 위원회에 국선대리인을 선임하여 줄 것을 신청할 수 있다.
② 위원회는 제1항의 신청에 따른 국선대리인 선정 여부에 대한 결정을 하고, 지체 없이 청구인에게 그 결과를 통지하여야 한다. 이 경우 위원회는 심판청구가 명백히 부적법하거나 이유 없는 경우 또는 권리의 남용이라고 인정되는 경우에는 국선대리인을 선정하지 아니할 수 있다.
③ 국선대리인 신청절차, 국선대리인 지원 요건, 국선대리인의 자격·보수 등 국선대리인 운영에 필요한 사항은 국회규칙, 대법원규칙, 헌법재판소규칙, 중앙선거관리위원회규칙 또는 대통령령으로 정한다.

제19조(대표자 등의 자격) ① 대표자·관리인·선정대표자 또는 대리인의 자격은 서면으로 소명하여야 한다.
② 청구인이나 피청구인은 대표자·관리인·선정대표자 또는 대리인이 그 자격을 잃으면 그 사실을 서면으로 위원회에 신고하여야 한다. 이 경우 소명 자료를 함께 제출하여야 한다.

제20조(심판참가) ① 행정심판의 결과에 이해관계가 있는 제3자나 행정청은 해당 심판청구에 대한 제7조제6항 또는 제8조제7항에 따른 위원회나 소위원회의 의결이 있기 전까지 그 사건에

대하여 심판참가를 할 수 있다.

② 제1항에 따른 심판참가를 하려는 자는 참가의 취지와 이유를 적은 참가신청서를 위원회에 제출하여야 한다. 이 경우 당사자의 수만큼 참가신청서 부본을 함께 제출하여야 한다.

③ 위원회는 제2항에 따라 참가신청서를 받으면 참가신청서 부본을 당사자에게 송달하여야 한다.

④ 제3항의 경우 위원회는 기간을 정하여 당사자와 다른 참가인에게 제3자의 참가신청에 대한 의견을 제출하도록 할 수 있으며, 당사자와 다른 참가인이 그 기간에 의견을 제출하지 아니하면 의견이 없는 것으로 본다.

⑤ 위원회는 제2항에 따라 참가신청을 받으면 허가 여부를 결정하고, 지체 없이 신청인에게는 결정서 정본을, 당사자와 다른 참가인에게는 결정서 등본을 송달하여야 한다.

⑥ 신청인은 제5항에 따라 송달을 받은 날부터 7일 이내에 위원회에 이의신청을 할 수 있다.

제21조(심판참가의 요구) ① 위원회는 필요하다고 인정하면 그 행정심판 결과에 이해관계가 있는 제3자나 행정청에 그 사건 심판에 참가할 것을 요구할 수 있다.

② 제1항의 요구를 받은 제3자나 행정청은 지체 없이 그 사건 심판에 참가할 것인지 여부를 위원회에 통지하여야 한다.

제22조(참가인의 지위) ① 참가인은 행정심판 절차에서 당사자가 할 수 있는 심판절차상의 행위를 할 수 있다.

② 이 법에 따라 당사자가 위원회에 서류를 제출할 때에는 참가인의 수만큼 부본을 제출하여야 하고, 위원회가 당사자에게 통지를 하거나 서류를 송달할 때에는 참가인에게도 통지하거나 송달하여야 한다.

③ 참가인의 대리인 선임과 대표자 자격 및 서류 제출에 관하여는 제18조, 제19조 및 이 조 제2항을 준용한다.

제4장 행정심판 청구

제23조(심판청구서의 제출) ① 행정심판을 청구하려는 자는 제28조에 따라 심판청구서를 작성하여 피청구인이나 위원회에 제출하여야 한다. 이 경우 피청구인의 수만큼 심판청구서 부본을 함께 제출하여야 한다.

② 행정청이 제58조에 따른 고지를 하지 아니하거나 잘못 고지하여 청구인이 심판청구서를 다른 행정기관에 제출한 경우에는 그 행정기관은 그 심판청구서를 지체 없이 정당한 권한이 있는 피청구인에게 보내야 한다.

③ 제2항에 따라 심판청구서를 보낸 행정기관은 지체 없이 그 사실을 청구인에게 알려야 한다.

④ 제27조에 따른 심판청구 기간을 계산할 때에는 제1항에 따른 피청구인이나 위원회 또는 제2항에 따른 행정기관에 심판청구서가 제출되었을 때에 행정심판이 청구된 것으로 본다.

제24조(피청구인의 심판청구서 등의 접수·처리) ① 피청구인이 제23조제1항·제2항 또는 제26조제1항에 따라 심판청구서를 접수하거나 송부받으면 10일 이내에 심판청구서(제23조제1항·제2항의 경우만 해당된다)와 답변서를 위원회에 보내야 한다. 다만, 청구인이 심판청구를 취하한 경우에는 그러하지 아니하다.

② 제1항에도 불구하고 심판청구가 그 내용이 특정되지 아니하는 등 명백히 부적법하다고 판단되는 경우에 피청구인은 답변서를 위원회에 보내지 아니할 수 있다. 이 경우 심판청구서를 접수하거나 송부받은 날부터 10일 이내에 그 사유를 위원회에 문서로 통보하여야 한다.

③ 제2항에도 불구하고 위원장이 심판청구에 대하여 답변서 제출을 요구하면 피청구인은 위원장으로부터 답변서 제출을 요구받은 날부터 10일 이내에 위원회에 답변서를 제출하여야 한다.

④ 피청구인은 처분의 상대방이 아닌 제3자가 심판청구를 한 경우에는 지체 없이 처분의 상대방에게 그 사실을 알려야 한다. 이 경우 심판청구서 사본을 함께 송달하여야 한다.

⑤ 피청구인이 제1항 본문에 따라 심판청구서를 보낼 때에는 심판청구서에 위원회가 표시되지 아니하였거나 잘못 표시된 경우에도 정당한 권한이 있는 위원회에 보내야 한다.

⑥ 피청구인은 제1항 본문 또는 제3항에 따라 답변서를 보낼 때에는 청구인의 수만큼 답변서 부본을 함께 보내되, 답변서에는 다음 각 호의 사항을 명확하게 적어야 한다.
1. 처분이나 부작위의 근거와 이유
2. 심판청구의 취지와 이유에 대응하는 답변
3. 제4항에 해당하는 경우에는 처분의 상대방의 이름·주소·연락처와 제4항의 의무 이행 여부

⑦ 제4항과 제5항의 경우에 피청구인은 송부 사실을 지체 없이 청구인에게 알려야 한다.

⑧ 중앙행정심판위원회에서 심리·재결하는 사건인 경우 피청구인은 제1항 또는 제3항에 따라 위원회에 심판청구서 또는 답변서를 보낼 때에는 소관 중앙행정기관의 장에게도 그 심판청구·답변의 내용을 알려야 한다.

제25조(피청구인의 직권취소등) ① 제23조제1항·제2항 또는 제26조제1항에 따라 심판청구서를 받은 피청구인은 그 심판청구가 이유 있다고 인정하면 심판청구의 취지에 따라 직권으로 처분을 취소·변경하거나 확인을 하거나 신청에 따른 처분(이하 이 조에서 "직권취소등"이라 한다)을 할 수 있다. 이 경우 서면으로 청구인에게 알려야 한다.

② 피청구인은 제1항에 따라 직권취소등을 하였을 때에는 청구인이 심판청구를 취하한 경우가 아니면 제24조제1항 본문에 따라 심판청구서·답변서를 보내거나 같은 조 제3항에 따라 답변서를 보낼 때 직권취소등의 사실을 증명하는 서류를 위원회에 함께 제출하여야 한다.

제26조(위원회의 심판청구서 등의 접수·처리) ① 위원회는 제23조제1항에 따라 심판청구서를 받으면 지체 없이 피청구인에게 심판청구서 부본을 보내야 한다.

② 위원회는 제24조제1항 본문 또는 제3항에 따라 피청구인으로부터 답변서가 제출된 경우 답변서 부본을 청구인에게 송달하여야 한다.

제27조(심판청구의 기간) ① 행정심판은 처분이 있음을 알게 된 날부터 90일 이내에 청구하여야 한다.

② 청구인이 천재지변, 전쟁, 사변(事變), 그 밖의 불가항력으로 인하여 제1항에서 정한 기간에 심판청구를 할 수 없었을 때에는 그 사유가 소멸한 날부터 14일 이내에 행정심판을 청구할 수 있다. 다만, 국외에서 행정심판을 청구하는 경우에는 그 기간을 30일로 한다.
③ 행정심판은 처분이 있었던 날부터 180일이 지나면 청구하지 못한다. 다만, 정당한 사유가 있는 경우에는 그러하지 아니하다.
④ 제1항과 제2항의 기간은 불변기간(不變期間)으로 한다.
⑤ 행정청이 심판청구 기간을 제1항에 규정된 기간보다 긴 기간으로 잘못 알린 경우 그 잘못 알린 기간에 심판청구가 있으면 그 행정심판은 제1항에 규정된 기간에 청구된 것으로 본다.
⑥ 행정청이 심판청구 기간을 알리지 아니한 경우에는 제3항에 규정된 기간에 심판청구를 할 수 있다.
⑦ 제1항부터 제6항까지의 규정은 무효등확인심판청구와 부작위에 대한 의무이행심판청구에는 적용하지 아니한다.

제28조(심판청구의 방식) ① 심판청구는 서면으로 하여야 한다.
② 처분에 대한 심판청구의 경우에는 심판청구서에 다음 각 호의 사항이 포함되어야 한다.
1. 청구인의 이름과 주소 또는 사무소(주소 또는 사무소 외의 장소에서 송달받기를 원하면 송달장소를 추가로 적어야 한다)
2. 피청구인과 위원회
3. 심판청구의 대상이 되는 처분의 내용
4. 처분이 있음을 알게 된 날
5. 심판청구의 취지와 이유
6. 피청구인의 행정심판 고지 유무와 그 내용

③ 부작위에 대한 심판청구의 경우에는 제2항제1호·제2호·제5호의 사항과 그 부작위의 전제가 되는 신청의 내용과 날짜를 적어야 한다.
④ 청구인이 법인이거나 제14조에 따른 청구인 능력이 있는 법인이 아닌 사단 또는 재단이거나 행정심판이 선정대표자나 대리인에 의하여 청구되는 것일 때에는 제2항 또는 제3항의 사항과 함께 그 대표자·관리인·선정대표자 또는 대리인의 이름과 주소를 적어야 한다.
⑤ 심판청구서에는 청구인·대표자·관리인·선정대표자 또는 대리인이 서명하거나 날인하여야 한다.

제29조(청구의 변경) ① 청구인은 청구의 기초에 변경이 없는 범위에서 청구의 취지나 이유를 변경할 수 있다.
② 행정심판이 청구된 후에 피청구인이 새로운 처분을 하거나 심판청구의 대상인 처분을 변경한 경우에는 청구인은 새로운 처분이나 변경된 처분에 맞추어 청구의 취지나 이유를 변경할 수 있다.
③ 제1항 또는 제2항에 따른 청구의 변경은 서면으로 신청하여야 한다. 이 경우 피청구인과 참가인의 수만큼 청구변경신청서 부본을 함께 제출하여야 한다.
④ 위원회는 제3항에 따른 청구변경신청서 부본을 피청구인과 참가인에게 송달하여야 한다.

⑤ 제4항의 경우 위원회는 기간을 정하여 피청구인과 참가인에게 청구변경 신청에 대한 의견을 제출하도록 할 수 있으며, 피청구인과 참가인이 그 기간에 의견을 제출하지 아니하면 의견이 없는 것으로 본다.
⑥ 위원회는 제1항 또는 제2항의 청구변경 신청에 대하여 허가할 것인지 여부를 결정하고, 지체 없이 신청인에게는 결정서 정본을, 당사자 및 참가인에게는 결정서 등본을 송달하여야 한다.
⑦ 신청인은 제6항에 따라 송달을 받은 날부터 7일 이내에 위원회에 이의신청을 할 수 있다.
⑧ 청구의 변경결정이 있으면 처음 행정심판이 청구되었을 때부터 변경된 청구의 취지나 이유로 행정심판이 청구된 것으로 본다.

제30조(집행정지) ① 심판청구는 처분의 효력이나 그 집행 또는 절차의 속행(續行)에 영향을 주지 아니한다.
② 위원회는 처분, 처분의 집행 또는 절차의 속행 때문에 중대한 손해가 생기는 것을 예방할 필요성이 긴급하다고 인정할 때에는 직권으로 또는 당사자의 신청에 의하여 처분의 효력, 처분의 집행 또는 절차의 속행의 전부 또는 일부의 정지(이하 "집행정지"라 한다)를 결정할 수 있다. 다만, 처분의 효력정지는 처분의 집행 또는 절차의 속행을 정지함으로써 그 목적을 달성할 수 있을 때에는 허용되지 아니한다.
③ 집행정지는 공공복리에 중대한 영향을 미칠 우려가 있을 때에는 허용되지 아니한다.
④ 위원회는 집행정지를 결정한 후에 집행정지가 공공복리에 중대한 영향을 미치거나 그 정지 사유가 없어진 경우에는 직권으로 또는 당사자의 신청에 의하여 집행정지 결정을 취소할 수 있다.
⑤ 집행정지 신청은 심판청구와 동시에 또는 심판청구에 대한 제7조제6항 또는 제8조제7항에 따른 위원회나 소위원회의 의결이 있기 전까지, 집행정지 결정의 취소신청은 심판청구에 대한 제7조제6항 또는 제8조제7항에 따른 위원회나 소위원회의 의결이 있기 전까지 신청의 취지와 원인을 적은 서면을 위원회에 제출하여야 한다. 다만, 심판청구서를 피청구인에게 제출한 경우로서 심판청구와 동시에 집행정지 신청을 할 때에는 심판청구서 사본과 접수증명서를 함께 제출하여야 한다.
⑥ 제2항과 제4항에도 불구하고 위원회의 심리·결정을 기다릴 경우 중대한 손해가 생길 우려가 있다고 인정되면 위원장은 직권으로 위원회의 심리·결정을 갈음하는 결정을 할 수 있다. 이 경우 위원장은 지체 없이 위원회에 그 사실을 보고하고 추인(追認)을 받아야 하며, 위원회의 추인을 받지 못하면 위원장은 집행정지 또는 집행정지 취소에 관한 결정을 취소하여야 한다.
⑦ 위원회는 집행정지 또는 집행정지의 취소에 관하여 심리·결정하면 지체 없이 당사자에게 결정서 정본을 송달하여야 한다.

제31조(임시처분) ① 위원회는 처분 또는 부작위가 위법·부당하다고 상당히 의심되는 경우로서 처분 또는 부작위 때문에 당사자가 받을 우려가 있는 중대한 불이익이나 당사자에게 생길 급박한 위험을 막기 위하여 임시지위를 정하여야 할 필요가 있는 경우에는 직권으로 또는 당사

자의 신청에 의하여 임시처분을 결정할 수 있다.

② 제1항에 따른 임시처분에 관하여는 제30조제3항부터 제7항까지를 준용한다. 이 경우 같은 조 제6항 전단 중 "중대한 손해가 생길 우려"는 "중대한 불이익이나 급박한 위험이 생길 우려"로 본다.

③ 제1항에 따른 임시처분은 제30조제2항에 따른 집행정지로 목적을 달성할 수 있는 경우에는 허용되지 아니한다.

제5장 심리

제32조(보정) ① 위원회는 심판청구가 적법하지 아니하나 보정(補正)할 수 있다고 인정하면 기간을 정하여 청구인에게 보정할 것을 요구할 수 있다. 다만, 경미한 사항은 직권으로 보정할 수 있다.

② 청구인은 제1항의 요구를 받으면 서면으로 보정하여야 한다. 이 경우 다른 당사자의 수만큼 보정서 부본을 함께 제출하여야 한다.

③ 위원회는 제2항에 따라 제출된 보정서 부본을 지체 없이 다른 당사자에게 송달하여야 한다.

④ 제1항에 따른 보정을 한 경우에는 처음부터 적법하게 행정심판이 청구된 것으로 본다.

⑤ 제1항에 따른 보정기간은 제45조에 따른 재결 기간에 산입하지 아니한다.

⑥ 위원회는 청구인이 제1항에 따른 보정기간 내에 그 흠을 보정하지 아니한 경우에는 그 심판청구를 각하할 수 있다.

제32조의2(보정할 수 없는 심판청구의 각하) 위원회는 심판청구서에 타인을 비방하거나 모욕하는 내용 등이 기재되어 청구 내용을 특정할 수 없고 그 흠을 보정할 수 없다고 인정되는 경우에는 제32조제1항에 따른 보정요구 없이 그 심판청구를 각하할 수 있다.

제33조(주장의 보충) ① 당사자는 심판청구서·보정서·답변서·참가신청서 등에서 주장한 사실을 보충하고 다른 당사자의 주장을 다시 반박하기 위하여 필요하면 위원회에 보충서면을 제출할 수 있다. 이 경우 다른 당사자의 수만큼 보충서면 부본을 함께 제출하여야 한다.

② 위원회는 필요하다고 인정하면 보충서면의 제출기한을 정할 수 있다.

③ 위원회는 제1항에 따라 보충서면을 받으면 지체 없이 다른 당사자에게 그 부본을 송달하여야 한다.

제34조(증거서류 등의 제출) ① 당사자는 심판청구서·보정서·답변서·참가신청서·보충서면 등에 덧붙여 그 주장을 뒷받침하는 증거서류나 증거물을 제출할 수 있다.

② 제1항의 증거서류에는 다른 당사자의 수만큼 증거서류 부본을 함께 제출하여야 한다.

③ 위원회는 당사자가 제출한 증거서류의 부본을 지체 없이 다른 당사자에게 송달하여야 한다.

제35조(자료의 제출 요구 등) ① 위원회는 사건 심리에 필요하면 관계 행정기관이 보관 중인 관련

문서, 장부, 그 밖에 필요한 자료를 제출할 것을 요구할 수 있다.
② 위원회는 필요하다고 인정하면 사건과 관련된 법령을 주관하는 행정기관이나 그 밖의 관계 행정기관의 장 또는 그 소속 공무원에게 위원회 회의에 참석하여 의견을 진술할 것을 요구하거나 의견서를 제출할 것을 요구할 수 있다.
③ 관계 행정기관의 장은 특별한 사정이 없으면 제1항과 제2항에 따른 위원회의 요구에 따라야 한다.
④ 중앙행정심판위원회에서 심리·재결하는 심판청구의 경우 소관 중앙행정기관의 장은 의견서를 제출하거나 위원회에 출석하여 의견을 진술할 수 있다.

제36조(증거조사) ① 위원회는 사건을 심리하기 위하여 필요하면 직권으로 또는 당사자의 신청에 의하여 다음 각 호의 방법에 따라 증거조사를 할 수 있다.
  1. 당사자나 관계인(관계 행정기관 소속 공무원을 포함한다. 이하 같다)을 위원회의 회의에 출석하게 하여 신문(訊問)하는 방법
  2. 당사자나 관계인이 가지고 있는 문서·장부·물건 또는 그 밖의 증거자료의 제출을 요구하고 영치(領置)하는 방법
  3. 특별한 학식과 경험을 가진 제3자에게 감정을 요구하는 방법
  4. 당사자 또는 관계인의 주소·거소·사업장이나 그 밖의 필요한 장소에 출입하여 당사자 또는 관계인에게 질문하거나 서류·물건 등을 조사·검증하는 방법
② 위원회는 필요하면 위원회가 소속된 행정청의 직원이나 다른 행정기관에 촉탁하여 제1항의 증거조사를 하게 할 수 있다.
③ 제1항에 따른 증거조사를 수행하는 사람은 그 신분을 나타내는 증표를 지니고 이를 당사자나 관계인에게 내보여야 한다.
④ 제1항에 따른 당사자 등은 위원회의 조사나 요구 등에 성실하게 협조하여야 한다.

제37조(절차의 병합 또는 분리) 위원회는 필요하면 관련되는 심판청구를 병합하여 심리하거나 병합된 관련 청구를 분리하여 심리할 수 있다.

제38조(심리기일의 지정과 변경) ① 심리기일은 위원회가 직권으로 지정한다.
② 심리기일의 변경은 직권으로 또는 당사자의 신청에 의하여 한다.
③ 위원회는 심리기일이 변경되면 지체 없이 그 사실과 사유를 당사자에게 알려야 한다.
④ 심리기일의 통지나 심리기일 변경의 통지는 서면으로 하거나 심판청구서에 적힌 전화, 휴대전화를 이용한 문자전송, 팩시밀리 또는 전자우편 등 간편한 통지 방법(이하 "간이통지방법"이라 한다)으로 할 수 있다.

제39조(직권심리) 위원회는 필요하면 당사자가 주장하지 아니한 사실에 대하여도 심리할 수 있다.

제40조(심리의 방식) ① 행정심판의 심리는 구술심리나 서면심리로 한다. 다만, 당사자가 구술심리를 신청한 경우에는 서면심리만으로 결정할 수 있다고 인정되는 경우 외에는 구술심리를 하

여야 한다.
② 위원회는 제1항 단서에 따라 구술심리 신청을 받으면 그 허가 여부를 결정하여 신청인에게 알려야 한다.
③ 제2항의 통지는 간이통지방법으로 할 수 있다.

제41조(발언 내용 등의 비공개) 위원회에서 위원이 발언한 내용이나 그 밖에 공개되면 위원회의 심리·재결의 공정성을 해칠 우려가 있는 사항으로서 대통령령으로 정하는 사항은 공개하지 아니한다.

제42조(심판청구 등의 취하) ① 청구인은 심판청구에 대하여 제7조제6항 또는 제8조제7항에 따른 의결이 있을 때까지 서면으로 심판청구를 취하할 수 있다.
② 참가인은 심판청구에 대하여 제7조제6항 또는 제8조제7항에 따른 의결이 있을 때까지 서면으로 참가신청을 취하할 수 있다.
③ 제1항 또는 제2항에 따른 취하서에는 청구인이나 참가인이 서명하거나 날인하여야 한다.
④ 청구인 또는 참가인은 취하서를 피청구인 또는 위원회에 제출하여야 한다. 이 경우 제23조제2항부터 제4항까지의 규정을 준용한다.
⑤ 피청구인 또는 위원회는 계속 중인 사건에 대하여 제1항 또는 제2항에 따른 취하서를 받으면 지체 없이 다른 관계 기관, 청구인, 참가인에게 취하 사실을 알려야 한다.

제6장 재결

제43조(재결의 구분) ① 위원회는 심판청구가 적법하지 아니하면 그 심판청구를 각하(却下)한다.
② 위원회는 심판청구가 이유가 없다고 인정하면 그 심판청구를 기각(棄却)한다.
③ 위원회는 취소심판의 청구가 이유가 있다고 인정하면 처분을 취소 또는 다른 처분으로 변경하거나 처분을 다른 처분으로 변경할 것을 피청구인에게 명한다.
④ 위원회는 무효등확인심판의 청구가 이유가 있다고 인정하면 처분의 효력 유무 또는 처분의 존재 여부를 확인한다.
⑤ 위원회는 의무이행심판의 청구가 이유가 있다고 인정하면 지체 없이 신청에 따른 처분을 하거나 처분을 할 것을 피청구인에게 명한다.

제43조의2(조정) ① 위원회는 당사자의 권리 및 권한의 범위에서 당사자의 동의를 받아 심판청구의 신속하고 공정한 해결을 위하여 조정을 할 수 있다. 다만, 그 조정이 공공복리에 적합하지 아니하거나 해당 처분의 성질에 반하는 경우에는 그러하지 아니하다.
② 위원회는 제1항의 조정을 함에 있어서 심판청구된 사건의 법적·사실적 상태와 당사자 및 이해관계자의 이익 등 모든 사정을 참작하고, 조정의 이유와 취지를 설명하여야 한다.
③ 조정은 당사자가 합의한 사항을 조정서에 기재한 후 당사자가 서명 또는 날인하고 위원회가 이를 확인함으로써 성립한다.
④ 제3항에 따른 조정에 대하여는 제48조부터 제50조까지, 제50조의2, 제51조의 규정을 준용한다.

제44조(사정재결) ① 위원회는 심판청구가 이유가 있다고 인정하는 경우에도 이를 인용(認容)하는 것이 공공복리에 크게 위배된다고 인정하면 그 심판청구를 기각하는 재결을 할 수 있다. 이 경우 위원회는 재결의 주문(主文)에서 그 처분 또는 부작위가 위법하거나 부당하다는 것을 구체적으로 밝혀야 한다.
② 위원회는 제1항에 따른 재결을 할 때에는 청구인에 대하여 상당한 구제방법을 취하거나 상당한 구제방법을 취할 것을 피청구인에게 명할 수 있다.
③ 제1항과 제2항은 무효등확인심판에는 적용하지 아니한다.

제45조(재결 기간) ① 재결은 제23조에 따라 피청구인 또는 위원회가 심판청구서를 받은 날부터 60일 이내에 하여야 한다. 다만, 부득이한 사정이 있는 경우에는 위원장이 직권으로 30일을 연장할 수 있다.
② 위원장은 제1항 단서에 따라 재결 기간을 연장할 경우에는 재결 기간이 끝나기 7일 전까지 당사자에게 알려야 한다.

제46조(재결의 방식) ① 재결은 서면으로 한다.
② 제1항에 따른 재결서에는 다음 각 호의 사항이 포함되어야 한다.
 1. 사건번호와 사건명
 2. 당사자·대표자 또는 대리인의 이름과 주소
 3. 주문
 4. 청구의 취지
 5. 이유
 6. 재결한 날짜
③ 재결서에 적는 이유에는 주문 내용이 정당하다는 것을 인정할 수 있는 정도의 판단을 표시하여야 한다.

제47조(재결의 범위) ① 위원회는 심판청구의 대상이 되는 처분 또는 부작위 외의 사항에 대하여는 재결하지 못한다.
② 위원회는 심판청구의 대상이 되는 처분보다 청구인에게 불리한 재결을 하지 못한다.

제48조(재결의 송달과 효력 발생) ① 위원회는 지체 없이 당사자에게 재결서의 정본을 송달하여야 한다. 이 경우 중앙행정심판위원회는 재결 결과를 소관 중앙행정기관의 장에게도 알려야 한다.
② 재결은 청구인에게 제1항 전단에 따라 송달되었을 때에 그 효력이 생긴다.
③ 위원회는 재결서의 등본을 지체 없이 참가인에게 송달하여야 한다.
④ 처분의 상대방이 아닌 제3자가 심판청구를 한 경우 위원회는 재결서의 등본을 지체 없이 피청구인을 거쳐 처분의 상대방에게 송달하여야 한다.

제49조(재결의 기속력 등) ① 심판청구를 인용하는 재결은 피청구인과 그 밖의 관계 행정청을 기속(羈束)한다.

② 재결에 의하여 취소되거나 무효 또는 부존재로 확인되는 처분이 당사자의 신청을 거부하는 것을 내용으로 하는 경우에는 그 처분을 한 행정청은 재결의 취지에 따라 다시 이전의 신청에 대한 처분을 하여야 한다.
③ 당사자의 신청을 거부하거나 부작위로 방치한 처분의 이행을 명하는 재결이 있으면 행정청은 지체 없이 이전의 신청에 대하여 재결의 취지에 따라 처분을 하여야 한다.
④ 신청에 따른 처분이 절차의 위법 또는 부당을 이유로 재결로써 취소된 경우에는 제2항을 준용한다.
⑤ 법령의 규정에 따라 공고하거나 고시한 처분이 재결로써 취소되거나 변경되면 처분을 한 행정청은 지체 없이 그 처분이 취소 또는 변경되었다는 것을 공고하거나 고시하여야 한다.
⑥ 법령의 규정에 따라 처분의 상대방 외의 이해관계인에게 통지된 처분이 재결로써 취소되거나 변경되면 처분을 한 행정청은 지체 없이 그 이해관계인에게 그 처분이 취소 또는 변경되었다는 것을 알려야 한다.

제50조(위원회의 직접 처분) ① 위원회는 피청구인이 제49조제3항에도 불구하고 처분을 하지 아니하는 경우에는 당사자가 신청하면 기간을 정하여 서면으로 시정을 명하고 그 기간에 이행하지 아니하면 직접 처분을 할 수 있다. 다만, 그 처분의 성질이나 그 밖의 불가피한 사유로 위원회가 직접 처분을 할 수 없는 경우에는 그러하지 아니하다.
② 위원회는 제1항 본문에 따라 직접 처분을 하였을 때에는 그 사실을 해당 행정청에 통보하여야 하며, 그 통보를 받은 행정청은 위원회가 한 처분을 자기가 한 처분으로 보아 관계 법령에 따라 관리·감독 등 필요한 조치를 하여야 한다.

제50조의2(위원회의 간접강제) ① 위원회는 피청구인이 제49조제2항(제49조제4항에서 준용하는 경우를 포함한다) 또는 제3항에 따른 처분을 하지 아니하면 청구인의 신청에 의하여 결정으로 상당한 기간을 정하고 피청구인이 그 기간 내에 이행하지 아니하는 경우에는 그 지연기간에 따라 일정한 배상을 하도록 명하거나 즉시 배상을 할 것을 명할 수 있다.
② 위원회는 사정의 변경이 있는 경우에는 당사자의 신청에 의하여 제1항에 따른 결정의 내용을 변경할 수 있다.
③ 위원회는 제1항 또는 제2항에 따른 결정을 하기 전에 신청 상대방의 의견을 들어야 한다.
④ 청구인은 제1항 또는 제2항에 따른 결정에 불복하는 경우 그 결정에 대하여 행정소송을 제기할 수 있다.
⑤ 제1항 또는 제2항에 따른 결정의 효력은 피청구인인 행정청이 소속된 국가·지방자치단체 또는 공공단체에 미치며, 결정서 정본은 제4항에 따른 소송제기와 관계없이 「민사집행법」에 따른 강제집행에 관하여는 집행권원과 같은 효력을 가진다. 이 경우 집행문은 위원장의 명에 따라 위원회가 소속된 행정청 소속 공무원이 부여한다.
⑥ 간접강제 결정에 기초한 강제집행에 관하여 이 법에 특별한 규정이 없는 사항에 대하여는 「민사집행법」의 규정을 준용한다. 다만, 「민사집행법」 제33조(집행문부여의 소), 제34조(집행문부여 등에 관한 이의신청), 제44조(청구에 관한 이의의 소) 및 제45조(집행문부여에 대한 이의의 소)에서 관할 법원은 피청구인의 소재지를 관할하는 행정법원으로 한다.

제51조(행정심판 재청구의 금지) 심판청구에 대한 재결이 있으면 그 재결 및 같은 처분 또는 부작위에 대하여 다시 행정심판을 청구할 수 없다.

제7장 전자정보처리조직을 통한 행정심판 절차의 수행

제52조(전자정보처리조직을 통한 심판청구 등) ① 이 법에 따른 행정심판 절차를 밟는 자는 심판청구서와 그 밖의 서류를 전자문서화하고 이를 정보통신망을 이용하여 위원회에서 지정·운영하는 전자정보처리조직(행정심판 절차에 필요한 전자문서를 작성·제출·송달할 수 있도록 하는 하드웨어, 소프트웨어, 데이터베이스, 네트워크, 보안요소 등을 결합하여 구축한 정보처리능력을 갖춘 전자적 장치를 말한다. 이하 같다)을 통하여 제출할 수 있다.
② 제1항에 따라 제출된 전자문서는 이 법에 따라 제출된 것으로 보며, 부본을 제출할 의무는 면제된다.
③ 제1항에 따라 제출된 전자문서는 그 문서를 제출한 사람이 정보통신망을 통하여 전자정보처리조직에서 제공하는 접수번호를 확인하였을 때에 전자정보처리조직에 기록된 내용으로 접수된 것으로 본다.
④ 전자정보처리조직을 통하여 접수된 심판청구의 경우 제27조에 따른 심판청구 기간을 계산할 때에는 제3항에 따른 접수가 되었을 때 행정심판이 청구된 것으로 본다.
⑤ 전자정보처리조직의 지정내용, 전자정보처리조직을 이용한 심판청구서 등의 접수와 처리 등에 관하여 필요한 사항은 국회규칙, 대법원규칙, 헌법재판소규칙, 중앙선거관리위원회규칙 또는 대통령령으로 정한다.

제53조(전자서명등) ① 위원회는 전자정보처리조직을 통하여 행정심판 절차를 밟으려는 자에게 본인(本人)임을 확인할 수 있는 「전자서명법」 제2조제2호에 따른 전자서명(서명자의 실지명의를 확인할 수 있는 것을 말한다)이나 그 밖의 인증(이하 이 조에서 "전자서명등"이라 한다)을 요구할 수 있다.
② 제1항에 따라 전자서명등을 한 자는 이 법에 따른 서명 또는 날인을 한 것으로 본다.
③ 전자서명등에 필요한 사항은 국회규칙, 대법원규칙, 헌법재판소규칙, 중앙선거관리위원회규칙 또는 대통령령으로 정한다.

제54조(전자정보처리조직을 이용한 송달 등) ① 피청구인 또는 위원회는 제52조제1항에 따라 행정심판을 청구하거나 심판참가를 한 자에게 전자정보처리조직과 그와 연계된 정보통신망을 이용하여 재결서나 이 법에 따른 각종 서류를 송달할 수 있다. 다만, 청구인이나 참가인이 동의하지 아니하는 경우에는 그러하지 아니하다.
② 제1항 본문의 경우 위원회는 송달하여야 하는 재결서 등 서류를 전자정보처리조직에 입력하여 등재한 다음 그 등재 사실을 국회규칙, 대법원규칙, 헌법재판소규칙, 중앙선거관리위원회규칙 또는 대통령령으로 정하는 방법에 따라 전자우편 등으로 알려야 한다.
③ 제1항에 따른 전자정보처리조직을 이용한 서류 송달은 서면으로 한 것과 같은 효력을 가진다.

④ 제1항에 따른 서류의 송달은 청구인이 제2항에 따라 등재된 전자문서를 확인한 때에 전자정보처리조직에 기록된 내용으로 도달한 것으로 본다. 다만, 제2항에 따라 그 등재사실을 통지한 날부터 2주 이내(재결서 외의 서류는 7일 이내)에 확인하지 아니하였을 때에는 등재사실을 통지한 날부터 2주가 지난 날(재결서 외의 서류는 7일이 지난 날)에 도달한 것으로 본다.
⑤ 서면으로 심판청구 또는 심판참가를 한 자가 전자정보처리조직의 이용을 신청한 경우에는 제52조·제53조 및 이 조를 준용한다.
⑥ 위원회, 피청구인, 그 밖의 관계 행정기관 간의 서류의 송달 등에 관하여는 제52조·제53조 및 이 조를 준용한다.
⑦ 제1항 본문에 따른 송달의 방법이나 그 밖에 필요한 사항은 국회규칙, 대법원규칙, 헌법재판소규칙, 중앙선거관리위원회규칙 또는 대통령령으로 정한다.

제8장 보칙

제55조(증거서류 등의 반환) 위원회는 재결을 한 후 증거서류 등의 반환 신청을 받으면 신청인이 제출한 문서·장부·물건이나 그 밖의 증거자료의 원본(原本)을 지체 없이 제출자에게 반환하여야 한다.

제56조(주소 등 송달장소 변경의 신고의무) 당사자, 대리인, 참가인 등은 주소나 사무소 또는 송달장소를 바꾸면 그 사실을 바로 위원회에 서면으로 또는 전자정보처리조직을 통하여 신고하여야 한다. 제54조제2항에 따른 전자우편주소 등을 바꾼 경우에도 또한 같다.

제57조(서류의 송달) 이 법에 따른 서류의 송달에 관하여는 「민사소송법」 중 송달에 관한 규정을 준용한다.

제58조(행정심판의 고지) ① 행정청이 처분을 할 때에는 처분의 상대방에게 다음 각 호의 사항을 알려야 한다.
1. 해당 처분에 대하여 행정심판을 청구할 수 있는지
2. 행정심판을 청구하는 경우의 심판청구 절차 및 심판청구 기간
② 행정청은 이해관계인이 요구하면 다음 각 호의 사항을 지체 없이 알려 주어야 한다. 이 경우 서면으로 알려 줄 것을 요구받으면 서면으로 알려 주어야 한다.
1. 해당 처분이 행정심판의 대상이 되는 처분인지
2. 행정심판의 대상이 되는 경우 소관 위원회 및 심판청구 기간

제59조(불합리한 법령 등의 개선) ① 중앙행정심판위원회는 심판청구를 심리·재결할 때에 처분 또는 부작위의 근거가 되는 명령 등(대통령령·총리령·부령·훈령·예규·고시·조례·규칙 등을 말한다. 이하 같다)이 법령에 근거가 없거나 상위 법령에 위배되거나 국민에게 과도한 부담을 주는 등 크게 불합리하면 관계 행정기관에 그 명령 등의 개정·폐지 등 적절한 시정조치를 요청할 수 있다. 이 경우 중앙행정심판위원회는 시정조치를 요청한 사실을 법제처장에게 통보하여야 한다.
② 제1항에 따른 요청을 받은 관계 행정기관은 정당한 사유가 없으면 이에 따라야 한다.

제60조(조사·지도 등) ① 중앙행정심판위원회는 행정청에 대하여 다음 각 호의 사항 등을 조사하고, 필요한 지도를 할 수 있다.
1. 위원회 운영 실태
2. 재결 이행 상황
3. 행정심판의 운영 현황
② 행정청은 이 법에 따른 행정심판을 거쳐 「행정소송법」에 따른 항고소송이 제기된 사건에 대하여 그 내용이나 결과 등 대통령령으로 정하는 사항을 반기마다 그 다음 달 15일까지 해당 심판청구에 대한 재결을 한 중앙행정심판위원회 또는 제6조제3항에 따라 시·도지사 소속으로 두는 행정심판위원회에 알려야 한다.

③ 제6조제3항에 따라 시·도지사 소속으로 두는 행정심판위원회는 중앙행정심판위원회가 요청하면 제2항에 따라 수집한 자료를 제출하여야 한다.

제61조(권한의 위임) 이 법에 따른 위원회의 권한 중 일부를 국회규칙, 대법원규칙, 헌법재판소규칙, 중앙선거관리위원회규칙 또는 대통령령으로 정하는 바에 따라 위원장에게 위임할 수 있다.

참고문헌

- 홍준형 한국 행정법의 쟁점 (서울대학교 출판부)
- 김남철 행정법강론 제8판 (박영사)
- 홍정선 행정법원론 제30판 (박영사)
- 정하중 행정법개론 제16판 (법문사)
- 박균성 행정법강의 제21판 (박영사)
- 류준세 행정법 WORKBOOK (법문사)
- 행·변사기 기출문제 2024 (학연)
- 5급공채, 입법고시 대비 행정법 기출문제 (고시계사)

MEMO

문일 변호사

▎약력

사법시험 합격, 사법연수원 39기 수료
공공행정실무, 행정구제법 전공
서울행정법원 실무연수

前) 법무법인 오름 대표변호사
前) 대법원, 헌법재판소 국선변호인
前) LG전자 공인노무사 양성과정 행정쟁송법 전임

現) 한림법학원 공인노무사 행정쟁송법 전임
現) 삼성전자 공인노무사 양성과정 행정쟁송법 전임
現) 나무경영아카데미 세무사 행정소송법 전임
現) 한국공인회계사회 행정쟁송법 실무연수
現) 메가스터디 7·9급 공무원 행정법 전임

문일 변호사 쓸수 있는 행정쟁송법 공인노무사 동차합격 ISBN 979-11-983422-1-8

발행일·2023年 6月 16日 초판 1쇄
저 자·문일
발행인·이용중
발행처·(주)배움출판사 | **주소**·서울시 영등포구 영등포로 400 신성빌딩 2층 (신길동)
주문 및 배본처 | Tel·02)813-5334 | Fax·02)814-5334

본서의 無斷轉載·複製를 禁함 | 본서의 무단 전제·복제행위는 저작권법 제136조에 의거 5년 이하의 징역 또는 5,000만 원 이하의 벌금에 처하거나 이를 병과할 수 있습니다. | 파본은 구입처에서 교환하시기 바랍니다.

정가 20,000원